R 2617.
B a

DOCTRINE

DES

RAPPORTS DU PHYSIQUE

ET DU MORAL.

ON TROUVE CHEZ LES MÊMES LIBRAIRES :

Doctrine médicale de l'École de Montpellier, et Comparaison de ses principes avec ceux des autres Ecoles de l'Europe, par F. BÉRARD ; un vol. in-8º de 500 pages. Prix. . . . . 7 fr.

Sous presse :

Détermination expérimentale des rapports du système nerveux en général, et de ses parties, avec la vie animale et organique, dans les animaux de toutes les classes, depuis les Insectes jusqu'aux Mammifères ; par F. BÉRARD.

DOCTRINE

DES

RAPPORTS DU PHYSIQUE

ET DU MORAL,

POUR SERVIR DE FONDEMENT A LA PHYSIOLOGIE DITE
INTELLECTUELLE ET A LA MÉTAPHYSIQUE.

Par F. BÉRARD,

Médecin de la Charité, Professeur particulier de Médecine-pratique, Membre des Sociétés de Médecine-pratique de Paris, de Montpellier, etc.

> Je veux montrer que les sciences, quoique indépendantes, ne sont pas destinées à une guerre perpétuelle, et qu'il existe pour elles une sorte de droit public qui maintient leurs liaisons réciproques, comme un droit intérieur qui garantit leur liberté particulière. Je veux faire soupçonner qu'une science qui se déclarerait en opposition formelle avec toute autre, doit être sortie des faits par quelque point. La vérité se concilie tous les intérêts : elle n'est que paix et harmonie dans le monde intellectuel.
>
> *Doctr. Méd. de l'Ecole de Montpellier*, t. I, p. 209.

A PARIS,

CHEZ GABON ET COMPAGNIE, LIBRAIRES,

RUE DE L'ÉCOLE-DE-MÉDECINE;

ET A MONTPELLIER, CHEZ LES MÊMES LIBRAIRES.

1823.

PRÉFACE.

Divers motifs m'ont engagé à publier ces *Études* métaphysiques et physiologiques. J'ai voulu les soumettre, comme au moyen d'épreuve le plus sûr, à l'examen réfléchi et au jugement impartial des physiologistes et des métaphysiciens. La hardiesse de mes vues légitime toute défiance de ma part, et autorise toutes les précautions.

Livré par goût et par état à l'exercice de la médecine-pratique, un travail de ce genre, qui a tant occupé les premières années de mon existence philosophique, ne peut plus désormais m'arrêter qu'en passant et dans les momens d'un loisir toujours trop court. Je n'aurai plus peut-être ni le temps ni la volonté d'en dire jamais davantage sur ce sujet.

J'ai voulu pouvoir renvoyer à ce travail particulier, pour l'intelligence d'un ouvrage, différent par les moyens logiques, quoique analogue par le sujet qu'il traite et par les résultats qu'il présente. Cet ouvrage aura pour titre : *Détermination expérimentale des rapports du système nerveux en général et de ses parties avec la vie animale et organique, dans les Animaux de toutes les Classes, depuis les Insectes jusques aux Mammifères.* J'ai cru important d'éclairer les questions qui en sont l'objet, par l'association des lumières théoriques et des lumières expérimentales. J'ai jugé convenable cependant d'isoler ces deux sortes de preuves de la doctrine que j'y présente des fonctions nerveuses, pour qu'elles ne se nuisissent pas réciproquement, soit dans la rédaction même, soit dans l'esprit du lecteur, et qu'elles acquissent par là une plus grande force. Pour mon compte, j'ai commencé par les expériences, qui m'ont occupé depuis 1811 jusqu'en 1816. Ce sont elles qui, en m'obligeant à considérer sous un point de vue particulier les principes de la physiologie du système nerveux, dans l'exercice des fonctions morales, m'ont conduit à des résultats vers lesquels ma pensée ne s'était d'abord nullement portée. Je me suis convaincu que la doctrine généralement admise est repoussée par les connaissances métaphysiques, comme par les recherches expérimentales, ainsi que par tous les faits physiologiques et pathologiques légitimement interprétés. D'ailleurs, les physiologistes même qui l'avaient défendue avec le plus de chaleur, n'avaient pu résister à des contradictions formelles et décisives, et elle était fortement ébranlée dans l'état actuel de la science, de l'aveu de tous les grands physiologistes d'Europe. (MM. Sœmmerring, Philipp, Cuvier, Le Gallois, Gall, etc.)

L'ouvrage du célèbre Cabanis sur les *Rapports du physique et du moral* me paraissant avoir donné une direction vicieuse à la physiologie dite intellectuelle, j'ai cru qu'il pourrait être utile de reprendre les mêmes questions, pour les traiter sur un nouveau plan et d'après une philosophie plus réservée et plus sévère. L'auteur convient, en commençant, qu'il ignore la nature de la sensibilité et de la pensée; il établit qu'il faut les rapporter l'une et l'autre à des forces primitives, à des causes premières, qui sont hors de nos moyens d'investigation. Il ajoute que l'avenir prouvera peut-être un jour que la sensation n'est qu'un mouvement de la fibre nerveuse. Sur ces promesses, et en partant de cette proposition comme démontrée, il fait l'histoire ou le roman de l'homme moral. On voit donc que d'après son propre aveu, toute cette doctrine est un *non-sens* et une hypothèse qui ne repose sur rien (1).

A ces motifs si importans pour l'objet spécial de mes études est venu s'en joindre de nouveaux plus puissans. Sans doute j'ai dû considérer les questions agitées, en elles-mêmes et abstraction faite de toute autre vue; mais ce n'est pas sans un vif sentiment de satisfaction que je me suis trouvé conduit, malgré moi, par mes recherches, aux plus hautes vérités dans l'ordre métaphysique et moral, et que j'ai reconnu qu'elles pouvaient servir les plus grands et les plus nobles intérêts. Mais il est nécessaire, à cette occasion, de

---

(1) Voyez note 1, à la fin du volume.

porter nos vues sur certaines considérations.

Quand on examine l'état de la raison humaine dans l'époque actuelle de son perfectionnement, on croit apercevoir les signes d'une révolution prochaine dans la philosophie, dans les sciences morales, physiologiques, et dans tous leurs résultats pratiques. Je dis dans les sciences métaphysiques, morales et physiologiques, car les sciences physiques, plus simples dans leur objet et dans leurs méthodes, ont été enfin établies, dans le cours du dernier siècle, sur des bases éternelles comme la nature, et capables de supporter les perfectionnemens ultérieurs introduits par les siècles les plus reculés. Dans les sciences métaphysiques et morales, au contraire, le dogmatisme le plus affirmatif ne peut pas se dissimuler qu'actuellement, du moins par le fait, sinon par le droit, tout est confusion, tout est ruine ; que nous possédons sans doute une grande quantité de matériaux précieux, mais qu'ils sont accumulés en désordre, et attendent, pour prendre leur place respective, que les fondemens de la science aient été jetés sur des dimensions assez larges pour les recevoir, et assez solides pour être, sous certains rapports, en harmonie avec ceux des sciences physiques. Il faut avouer que la majorité des philosophes de notre époque conteste même à cette branche des connaissances humaines son droit de science, considérée du moins comme isolée et indépendante. Cette prétention est injuste sans doute, puisqu'une science n'est qu'une collection de faits particuliers, et qu'on ne peut guères lui contester cette double prérogative, même dans son état actuel ; mais elle suffit pour confirmer la vérité pénible que nous signalons. Le siècle dernier, si brillant pour les sciences physiques, ne fut guère employé pour les sciences métaphysiques qu'à un travail de destruction, nécessaire peut-être, mais toujours dangereux, parce qu'il est toujours poussé trop loin. Il faut convenir que jusques à cette époque l'on avait trop raisonné, et que la science s'était à la fin évaporée, en quelque sorte, dans des subtilités ontologiques et dans des conceptions logiques vides d'observation.

Depuis lors, et par un de ces abus contraires, dont l'histoire de l'esprit humain offre des exemples si fréquens, qu'on le prendrait pour une loi de l'intelligence même et pour une condition fâcheuse, mais nécessaire, de son perfectionnement; depuis lors on matérialisa tout et on détruisit tous les principes d'action morale. On ne reconnut dans les idées et dans l'homme moral tout entier, que des sensations. On décida, comme l'a dit énergiquement un des génies les plus remarquables de notre époque, que l'homme ne serait qu'une mécanique de plus dans le grand mécanisme de l'univers ; que ses facultés ne seraient que des rouages, sa morale un calcul, et son culte le succès (Mme. de Staël). On proscrivit toutes les abstractions, et jusques aux noms des sciences qui pouvaient apprendre à les rendre légitimes. La raison se renia elle-même, et accomplit sur elle une sorte de suicide moral. Elle proclama son ignorance absolue, invincible, irrévocable, sur les questions les plus importantes pour l'humanité ; elle finit, dans son délire, jusques à mettre en doute son droit à toute certitude, même dans ces sciences physiques, auxquelles elle attachait d'abord un si grand prix. Elle nia toute relation de cause et d'effet (Hume), réduisit la science à un simple *phénoménalisme*, à un empirisme borné, ou à un scepticisme destructeur.

Mais détournons nos regards de ce spectacle si pénible de mort, pour indiquer les signes de résurrection morale, qui se manifestent de toutes parts, depuis plusieurs années, et d'une manière plus ou moins forte, chez les différens peuples, selon le degré de leur civilisation.

En France, où ce système avait pris les développemens les plus marqués, il a été attaqué, ébranlé, modifié par les métaphysiciens les plus distingués de notre siècle (MM. Laromiguière, Cousin, Degérando); et si ces améliorations ne sont pas encore devenues populaires, si par diverses causes elles ne forment pas un ensemble régulier et systématique, elles ont cependant jeté dans les esprits le doute le plus salutaire, et préparé la place à de nouvelles idées. Les théories incomplètes de Condillac, d'Helvétius, etc., sont repoussées par tous nos jeunes gens instruits, par ceux mêmes qui ne savent pas encore comment ils y suppléeront (1).

L'école anglaise, dirigée plus par le principe d'utilité que par un principe scientifique, a renoncé depuis longtemps à la doctrine de Locke, sans se débarrasser cependant de l'esprit d'empirisme qu'elle avait inspiré, et qui se fait sentir en Angleterre d'une manière si prononcée et si fâcheuse dans toutes les sciences, et notamment dans la médecine. Elle en appelle au sens intime, au sens commun, au besoin moral, pour donner des garanties à toutes les idées généreuses, à toutes les certitudes, à toutes les existences. La philosophie anglaise a cela de distinctif, qu'elle est partie de la morale pour établir la métaphysique. Cette marche honore plus le cœur que la raison de savans si estimables, et ne sau-

---

(1) Voyez note 2.

rait satisfaire celle-ci. Ce point d'appui est sans doute faible et vacillant, il ne peut pas soutenir la raison humaine, surtout à l'époque d'une civilisation avancée; mais enfin c'en est toujours un (1).

En Allemagne, Kant, si hardi dans ses abstractions, si timide quand il touche aux choses réelles et d'application, Kant a imprimé aux esprits une direction analogue à celle de la philosophie écossaise par un moyen opposé. Il a cherché le fondement de la certitude dans les principes synthétiques et abstraits, et dans la nature de l'entendement même; tandis qu'il a placé hors de la raison les notions les plus importantes, telles que la connaissance de Dieu, de l'âme, de son immortalité, de la morale, etc., et ne les a confiées qu'à la conscience, dont il les croit une manifestation primitive. Il évite ainsi la peine de les démontrer, soit qu'il désespère d'y réussir, ou qu'il croie les rendre plus solides en les mettant hors de l'attaque. Les variations et les querelles de ses disciples ont presque

---

(1) Voyez note 3.

discrédité la métaphysique elle-même auprès des Allemands, et il ne reste guère à ceux-ci, pour soutien logique de leur raison, que l'enthousiasme moral qui les caractérise, la puissance affaiblie des idées religieuses, la bonté de leur heureux naturel, ainsi que les habitudes contractées par les anciens systèmes, et peut-être le besoin d'abstraction qui se rattache au climat lui-même.

Il est constaté, d'après ces considérations, 1°. qu'on cherche de toutes parts le point d'appui de la raison humaine, et la base de toute certitude, successivement ébranlée et détruite par l'enchaînement naturel du matérialisme, de l'empirisme et du scepticisme absolu, résultat d'une idéologie incomplète ou fausse; 2°. que l'on veut rendre à la métaphysique ses droits et son existence scientifique, la séparer de ce qui n'est pas elle, et la mettre à même de justifier de l'existence du principe de la pensée, de la source de la moralité, et de la destinée future de l'âme ; 3°. que le point d'appui que les différentes doctrines ont indiqué est vacillant et faible, et qu'il ne peut être que provisoire, tant qu'on n'aura pas approfondi la théorie de la sensation, de l'abstraction, du rapport des causes aux effets; déterminé avec précision ce que nous pouvons connaître des objets d'après nos facultés même, distingué dans nos idées deux choses très-différentes, savoir : ce que celles-ci fournissent et ce que nos facultés y ajoutent ; justifié de l'exactitude de cette relation de nos facultés aux choses, c'est-à-dire du droit de toutes nos connaissances ; tant qu'on n'aura pas résolu enfin ces questions premières, que Kant à très-bien placées à l'origine de la philosophie, mais qu'il n'a pas pu décider d'une manière satisfaisante, s'étant égaré dans les abstractions logiques et ayant réalisé les forces actives de l'entendement.

Il est donc évident qu'on ne peut trouver la solution de ces questions, qui doivent désormais occuper tous les métaphysiciens, que dans une théorie plus exacte, plus complète de l'entendement lui-même, et surtout des idées ; qu'en ouvrant une nouvelle route à la démonstration des choses et à leur certitude.

La croyance philosophique, fondée sur les vœux d'une âme vertueuse, ne peut pas être un principe de certitude et d'action. On ne peut pas sacrifier son temps, ses intérêts les plus chers, ou ses passions les plus douces, à une croyance ou à une morale qu'on désire seulement ou qu'on suppose être vraie. Je ne connais que la foi, la conviction ou l'enthousiasme, qui soient des principes d'action. Dieu seul peut donner la première, la philosophie la seconde, et un état peu avancé de civilisation permettre le troisième.

Combien je m'estime heureux que les derniers résultats de mes méditations m'aient conduit à des questions aussi importantes, et m'aient fourni quelques nouveaux élémens de solution dans une théorie plus détaillée, plus expérimentale, des sensations, des idées et de nos facultés entières !

Une physiologie imparfaite dans ses théories, bornée dans ses moyens, partiale et exclusive dans ses idées, a contribué pour beaucoup, dans le dernier siècle, à une doctrine idéologique, qui avait ébranlé et détruit les sciences métaphysiques et morales, les avait ramenées à de simples sensations passives et à un scepticisme universel. C'est à la physiologie, devenue plus sévère dans sa marche, plus mesurée dans ses écarts même, plus complète dans ses théories, qu'il appartient peut-être de réparer le mal qu'on a fait en son nom. Elle seule peut se redresser elle-même. Toute autre science n'a ni le droit ni la mission de lui révéler les secrets de l'homme tout entier. Elle seule peut approfondir le mystère de la sensation, qui renferme à coup sûr la clef de la raison humaine, qu'on a cherché en vain dans les abstractions. Elle peut servir la métaphysique, ne fût-ce qu'en se déclarant incompétente dans ses doctrines. S'occupant spécialement de l'organisation et de la vie, elle seule peut fixer les limites de son domaine et se donner des lois. Elle peut mieux qu'aucune autre science, si elle ne se livre pas à des prétentions contraires à l'observation qui est la garantie de sa propre existence, séparer la portion de l'homme qui appartient au tombeau, et rendre à la métaphysique, à la religion, et à tous les sentimens généreux qui la réclament, cette portion de lui-même, par laquelle seule il est grand, noble et immortel.

Des esprits timides ou prévenus en faveur de certaines opinions, qu'ils n'osent pas toujours avouer, nous accuseront peut-être d'être sortis du domaine de la physiologie ; mais nous leur répondrons que, bien loin de l'étendre, nous nous sommes occupés de le restreindre dans ses limites naturelles, et que ce langage qu'on nous oppose aujourd'hui, aurait été mieux placé, lorsque la physiologie envahissait la métaphysique par une usurpation sacrilége, et la détruisait, sous prétexte de la renouveler.

J'ignore quel sera le sort de ces *inductions*, qui ne sont soutenues, ni par l'autorité d'un nom imposant, ni par un patronage d'école, coterie ou de pays. Comme elles ne sont pas trop en harmonie avec les idées de la philosophie dominante, je puis craindre que, loin d'être reçues par la bienveillance ou examinées par une critique impartiale, elles ne soient attaquées par la prévention, travesties par la calomnie, ou ce qui serait plus perfide encore, qu'elles ne soient enveloppées dans un oubli habilement concerté. On ne peut pas se dissimuler que certaines personnes n'exercent depuis longtemps un despotisme de la pensée, analogue à celui qu'elles ont reproché si vivement aux théologiens des siècles passés. L'intolérance est dans le cœur humain ; sa destruction est le triomphe de la vraie philosophie et de la vraie religion.

Quoi qu'il en soit, j'adresse ces méditations à la génération qui s'élève et qui, dégagée de nos préjugés, saura mieux apprécier du moins les motifs qui les ont inspirées, si elle n'en approuve pas tous les résultats. Elle y reconnaîtra le désir de satisfaire les vœux de jeunes cœurs qui recherchent la vérité, et de concourir à des travaux qui, très-certainement, occuperont bien plus la génération qui s'avance que celle qui finit. L'une n'a pensé qu'à détruire ; les circonstances et la marche de l'esprit humain lui avaient peut-être assigné un rôle qui a toujours quelque chose de triste et d'odieux. L'autre, plus heureuse ou plus sage, ne pensera qu'à édifier. C'est à ces nobles efforts que j'ai voulu m'associer. Tenant par mon âge, par mes vœux et mes habitudes, aux deux époques différentes, j'ai voulu préparer leur union, et assurer une révolution à laquelle il serait trop malheureux de ne pas croire, et qu'il peut devenir si honorable d'avoir prévue et commencée !

Les nations sont-elles soumises, comme les individus, à des révolutions successives de naissance et d'accroissement, de dégradation et de mort, ou doivent-elles être éternelles, comme l'espèce, et marcher vers un état progressif de perfectionnement indestructible ? Telle est la question sublime et effrayante que la société actuelle est appelée à décider par sa propre expérience. Arrivée à l'apogée connu de la civilisation, doit-elle en descendre, ou se porter plus en avant ? Appuyé sur l'expérience du passé, libre des terreurs que donne quelquefois la vue superficielle de désordres passagers, source d'améliorations définitives, fort de l'idée que la sagesse et la bonté souveraines qui ont créé l'homme, l'ont pourvu de tous les moyens de perfectionnement, je penche à adopter l'opinion la plus propre à honorer la divinité, la plus en rapport avec notre dignité, la plus douce à nos cœurs. L'homme est fait pour la vérité et la justice; dès qu'il sera arrivé à elles, le but de son existence et de l'univers entier sera rempli : alors seulement ces besoins sublimes que Dieu mit dans sa constitution morale et qui sont bien supérieurs aux besoins instinctifs des animaux, bornés à l'entretien de quelques formes matérielles passagères ; ces besoins, dis-je, seront enfin satisfaits, et le chef-d'œuvre de la création sera justifié. Le scepticisme n'est donc qu'un système transitoire pour arriver à la vérité. Tout état incertain dans la philosophie, la morale et la religion, comme dans la société politique, présage et assure un état fixe.

TABLE

DES CHAPITRES.

Préface. 5
Prolégomènes. 23
CHAPITRE PREMIER. De la Sensation. 51
  §. I. De ses Caractères essentiels et distinctifs. . . . *ib.*
  §. II. Du Rapport du cerveau et des nerfs avec la Sensation. 70
  §. III. De la Sensibilité et du *moi* sentant. . . 203
  §. IV. De la Théorie physiologique de la Sensation. 221
  §. V. De la Théorie idéologique de la Sensation. 233
CHAPITRE II. de l'Idée. 256
  §. I. De ses Caractères essentiels. . . . . . *ib.*
  §. II. De l'Existence de l'objet de l'Idée, et du Rapport de l'Idée avec l'objet. 280
CHAPITRE III. Du Jugement, du Raisonnement et des Méthodes. 419
  §. I. De leurs Caractères essentiels et distinctifs. *ib.*
  §. II. Du Rapport du cerveau avec l'intelligence. 439
CHAPITRE IV. De la Mémoire et de l'Imagination. 516
  § I. De la Mémoire. . . . . *ib.*
  §. II. De l'Imagination. 532
CHAPITRE V. Des Appétits et des Passions. . . . 539
  §. I. Des Appétits dits physiques, et des Déterminations instinctives propres à les satisfaire. . . . *ib.*
  §. II. Des Désirs, des Affections et des Passions. 545
CHAPITRE VI. De la Volonté et de la Liberté morale. 558

CHAPITRE VII. Du Beau et du Bon, ou du Sens moral. 566

CHAPITRE VIII. De la Volonté, appliquée au mouvement des muscles. 583
  §. I. Des Mouvemens volontaires en général. . . *ib.*
  §. II. Des Mouvemens volontaires qui président à la formation de la voix et de la parole. . . . 588

CHAPITRE IX. De l'Habitude, de l'Imitation, de la Sympathie. 591

CHAPITRE X. Du Sommeil, des Rêves, du Délire, de l'Aliénation mentale. 594
  §. I. Du Sommeil. . . . . *ib.*
  §. II. Des Rêves 599
  §. III. Du Délire. 602
  §. IV. De l'Aliénation mentale. 604

CHAPITRE XI. De la Personnalité. 606

CHAPITRE XII. De l'Ame ou de la Psychologie. . . 610
  §. I. De l'Ame, et de son existence substantielle. . *ib.*
  §. II. Comparaison de l'Homme avec les Animaux. 624
  §. III. Comment l'Ame est dans le Corps. . . . 627
  §. IV. De l'immortalité de l'Ame, et Probabilités sur l'état de l'Ame après la mort. 632

Notes. 639

Table des Auteurs cités. 661

Table analytique des Matières. 667

DOCTRINE

DES

RAPPORTS DU PHYSIQUE

ET DU MORAL.

PROLÉGOMÈNES.

I.

Un vice fondamental dans l'étude de l'homme a toujours été de ne pas avoir établi les analogies, les différences, et l'influence réciproque du physique et du moral sur les deux ordres de faits physiologiques et idéologiques qu'il présente, sur leurs déductions immédiates, et sur leurs combinaisons ; mais de l'avoir fait d'après des conceptions physiques, physiologiques ou métaphysiques, exclusives et absolues. Dès-lors la métaphysique s'est trop spiritualisée, et la physiologie dite intellectuelle s'est trop matérialisée.

II.

Si l'on a reconnu quelquefois le rapprochement naturel de ces deux sciences, qui ne sont que les parties d'un même tout (la science de l'homme), on ne l'a opéré que d'une manière forcée et vicieuse. Les métaphysiciens n'étaient pas médecins, et les médecins n'étaient pas métaphysiciens : les premiers ont voulu parler physiologie, et les seconds métaphysique. Dans cette transposition et confusion de rôles, les deux sciences ont hasardé une foule d'opinions fausses, ridicules ou funestes, et se sont enfin détruites réciproquement.

III.

Instruits par ces mécomptes, ou, ce qui était moins sage et plus fâcheux encore, entraînés par l'intention secrète ou avouée de se débarrasser de la surveillance incommode d'une science que l'on considérait comme ennemie, les physiologistes ont protesté qu'ils ne s'occuperaient désormais que de la partie physique de l'homme. Ils ont déclaré que l'étude de la partie morale ne les regardait en rien. Ils ont été jusques à dire que, considérée en elle-même, elle ne pouvait pas être l'objet de la science. Ils se sont réservé seulement, par une clause secrète, de l'envahir par leurs doctrines, toutes les fois qu'ils croiraient en trouver l'occasion. Les métaphysiciens, de leur côté, vaincus ou fatigués, ont souscrit à cette décision, prise quelquefois dans son entier, et jusques dans la partie du jugement qui plaçait leur science hors de la raison et même de l'examen. Certains d'entre eux, plus sages ou plus prudens, ont osé penser qu'ils pouvaient établir la théorie de l'entendement humain sur l'observation des phénomènes moraux, et garder provisoirement ce lien naturel des faits, jusqu'à ce que les promesses de la physiologie eussent été réalisées et pussent satisfaire les vœux de la science. Enfin, les théologiens, conservateurs-nés des idées religieuses et morales, et les philosophes, les plus familiarisés avec l'observation de l'esprit humain, ont proclamé l'existence libre, indépendante et souveraine, des connaissances métaphysiques et morales, et ont déclaré que lors même que les hypothèses des physiologistes seraient aussi certaines qu'elles le sont peu, elles ne légitimeraient jamais leurs prétentions usurpatrices (Dugald Stewart).

IV.

Il est résulté de cette séparation violente des hommes et des choses, que l'étude de l'homme, considéré dans l'état mixte qui le constitue, et dans les rapports intimes du moral et du physique que présente l'exercice journalier de ses fonctions intellectuelles et vitales, a toujours été négligée ou examinée d'après des vues incomplètes et fausses. Cependant les phénomènes vitaux et les phénomènes moraux sont tellement rapprochés, tellement combinés entre eux, que l'on doit penser, même à en juger superficiellement, que l'on ne peut les connaître qu'en les étudiant dans ce rapprochement même, par un esprit d'analyse sévère et d'analogie impartiale, et sous la double garantie des connaissances physiologiques et métaphysiques. Il est probable qu'en les isolant, au contraire, on ne peut acquérir des idées exactes ni des uns ni des autres. Peut-on, par exemple, établir une théorie, je ne dis pas fondée, mais probable, des sensations, des passions, etc., si l'on ne fait marcher de front les deux ordres de connaissances, si l'on ne puise à-la-fois dans les deux sources?

V.

La science est une ; celle de l'homme présente surtout ce caractère. Toutes nos divisions, en général, sont arbitraires, et n'ont été établies que pour aider la faiblesse de nos facultés. Malheureusement les hommes jugent, et doivent juger de la nature réelle des choses, d'après leur manière de les concevoir, d'après le point de vue sous lequel ils se placent. Ce que nous appelons nos connaissances, n'est que l'ensemble des idées relatives à l'homme en général et aux individus en particulier. (Bacon, *idola speciis*.) Ils ne savent pas, ils ne peuvent pas se détacher d'eux-mêmes, et considérer la vérité abstractivement.

Il n'y a pas jusques à leurs habitudes les plus mécaniques, qui ne décident de leur jugement sur la nature des choses. Ils ne croient vrai que ce dont ils s'occupent habituellement, et pour beaucoup de philosophes même, la vérité, la conviction, n'est que la force de l'habitude, qui les lie à certaines idées exactes ou fausses. Telle est une des lois de la raison humaine, et à laquelle on a le plus de peine à se soustraire. Ainsi le médecin, tout entier à l'étude du corps, et ignorant même souvent les forces particulières et indépendantes de l'organisation qui animent le sujet spécial de ses méditations, ne peut pas concevoir et est porté à nier les vérités présentées par le métaphysicien, et qui sont pour celui-ci, au contraire, l'objet de la conviction la plus profonde. Le métaphysicien, à son tour, lui rend les mêmes préventions, ou du moins il faut avouer qu'il l'a fait dans les temps passés; car chaque siècle a son idée dominante, son espèce de despotisme. Les matérialistes ne reconnaissent pas l'existence de l'esprit; les idéalistes ne voulaient pas admettre celle de la matière. Il ne fallait rien moins à ceux-ci que la conviction de la véracité de Dieu même pour les en convaincre, et ils ne croyaient à son existence que sur parole. (Descartes, Malebranche, Berkeley.)

Ceux-mêmes qui s'occupent exclusivement d'une partie de la même science, d'une série particulière d'idées, ne voient que celle là. Ainsi, les métaphysiciens qui ont porté leur attention sur les sensations, ont admis que toutes les idées venaient des sensations, n'étaient que des sensations; que l'âme, simple capacité de sentir, était toujours passive, etc. (Epicure, Gassendi, Hobbes, Condillac, Bonnet, Helvétius, Cabanis.) Ceux, au contraire, qui ont étudié spécialement les forces actives de l'entendement, n'ont vu que des idées, des notions innées, des abstractions, des axiomes, des formes de l'entendement, etc. (Platon, Descartes, Leibnitz, Kant); qu'une âme libre et indépendante, qui prenait à peine quelque part aux besoins du corps, le considérant toujours comme ennemi, et cherchant à se soustraire à son empire. Ils ont fait de l'homme une idée, un ange, un Dieu. Il n'y a pas enfin jusques aux distinctions d'écoles et de pays qui ne partagent les hommes et ne décident de la différence de leurs opinions.

VI.

Le vrai philosophe qui s'efforce de voir les

choses en elles-mêmes, et qui se défie de nos moyens de les connaître, embrasse tous les temps, tous les pays, tous les hommes, toutes les sciences, toutes les manières de considérer les choses ; il vérifie, il rapproche, il confond toutes les connaissances, de telle source qu'elles viennent, dans l'observation complète des phénomènes (1).

L'époque actuelle est plus favorable qu'aucune autre époque de l'histoire de l'esprit humain, au projet d'opérer une heureuse conciliation que réclame par tous ses vœux la saine philosophie. L'homme a été étudié sous toutes ses faces: les faits majeurs sont connus, presque toutes les déductions importantes sont établies.

VII.

La physiologie s'était presque toujours égarée dans un matérialisme grossier, source de mille erreurs, pour la partie qui la constitue essentiellement. Elle avait été étudiée, et elle l'est encore trop souvent aujourd'hui, dans des analogies mécaniques, chimiques, anatomiques, qu'elle repousse ou qu'elle ne reçoit, du moins, que dans une partie très-bornée d'elle-même (la chirurgie, les lésions organiques, et encore même sous certains rapports seulement). Elle n'avait pas été considérée dans les faits immenses qui lui sont propres

---

(1) Voyez note 4.

et qui constituent son domaine, dans la logique qui lui est particulière, et dans les forces spéciales, dont l'admission est le résultat nécessaire de cette logique appliquée à ces faits. N'ayant pas le droit d'être matérialiste pour son propre compte, pouvait-elle l'être légitimement pour le compte de la métaphysique? Le matérialisme, qu'elle s'est toujours efforcée d'importer dans cette dernière science, provenait donc de son ignorance dans ses propres doctrines.

VIII.

Malgré ses vacillations et ses incertitudes, qui doivent nécessairement avoir un terme, même peu éloigné, la physiologie, rappelée aujourd'hui à des idées plus saines ou moins affirmatives, peut déterminer avec plus d'exactitude ses véritables rapports avec la métaphysique, ne fût-ce que parce qu'elle se connaît mieux elle-même. Il peut être aussi utile que curieux de voir un médecin, qui, heureusement transfuge en quelque sorte, ose déclarer à la métaphysique que la physiologie, qui prend un ton si assuré à son égard, quand elle lui impose un matérialisme que celle-ci ne saurait juger, ne peut pas se défendre elle-même contre cette science, qui l'a envahie si souvent et qui la domine encore secrètement sur divers points. Tandis qu'elle rapporte si hardiment les phénomènes de la pensée à l'organisation, elle n'a pas le droit, du moins auprès des médecins philosophes, de décider que la vie elle-même dépende de la matière, en tant qu'arrangée de certaine manière, ou en tant que simplement organisée. Il est très-sûr, au contraire, qu'elle est obligée, par les faits, d'admettre que cette matière est pénétrée de forces particulières, qui lui ont été comme surajoutées par la puissance créatrice, et qui ne se rattachent pas à l'arrangement des tissus. Du moins, ne voyant pas le lien des unes avec les autres, nous sommes obligés de les considérer comme en étant isolées et distinctes.

IX.

Les écoles modernes de médecine sont en général matérialistes, médicalement parlant (1), c'est-à-dire, qu'elles rapportent les phénomènes de la vie à l'arrangement des tissus, à l'organisation comme cause. (Bichat.) L'école de Montpellier a établi d'autres principes. Elle a déclaré que, d'après les faits, et d'après les véritables besoins de la classification systématique de ces faits, on ne pouvait, on ne devait rien préjuger sur la cause première de la vie; qu'on ne pouvait pas décider, même d'une manière générale et vague, si la vie dépendait de l'organisation ou d'un principe substantiel : mais qu'il fallait

---

(1) Voyez note 5.

rattacher tous ses phénomènes, tous ses actes à des forces abstraites, au-delà desquelles on ne peut jamais aller dans l'explication des faits; et enfin rattacher toutes ces forces particulières à une seule force vitale, à cause des rapports de synergie, de sympathie et d'unité, qui lient tous les organes entre eux.

Elle n'a pas toujours su, il est vrai, se tenir dans cette heureuse indécision, d'où dépendent la vérité de toutes les théories médicales et leurs progrès ultérieurs : elle s'est quelquefois un peu déviée dans le spiritualisme, en réalisant le principe vital et en le faisant agir à la manière de l'âme ; mais, d'après sa logique, ses vœux et la tendance de sa doctrine rendue plus ferme et séparée d'une manière plus tranchante de la métaphysique, elle peut éviter les écueils opposés contre lesquels sont venus se briser tous les systèmes de médecine. Elle peut, elle doit sur-tout ne pas trop isoler, comme elle l'a fait trop souvent, les forces vitales de l'organisation; elle doit les étudier sans cesse dans les organes qui en jouissent; suivre tous les changemens qu'elles subissent sous les modifications organiques, sans admettre cependant, même tacitement, que la vie dépende de l'organisation comme cause, deux opinions essentiellement différentes, quoiqu'on les confonde si souvent (1).

---

(1) Voyez note 6.

La physiologie de l'école de Montpellier ainsi modifiée, paraît d'une part établir la science de l'homme vivant sur ses véritables bases ; et de l'autre, peut déterminer aisément les vrais rapports qui lient la physiologie et la métaphysique, le physique ou l'organisme vivant et le moral.

X.

On a toujours cherché à expliquer le mécanisme d'action et d'union du moral et du physique ; ou ce qui est encore plus fâcheux, on l'a supposé connu. On a cru même que c'était en cela seul que consistait la science des rapports du physique et du moral. En se dirigeant vers ce but, qui est placé hors de l'observation et de nos moyens de connaissance, la science ne pouvait qu'arriver à des questions insolubles, à des hypothèses arbitraires, ou à un scepticisme destructeur de toute science.

XI.

Dans cette partie des connaissances humaines, on doit suivre la méthode qui préside à toutes les autres, dans l'établissement de leurs vérités premières et fondamentales, comme dans leurs derniers degrés de perfectionnement. On doit se borner à observer les phénomènes moraux et les phénomènes vitaux, à les comparer entre eux et avec les phénomènes d'un ordre différent ; à constater, d'après les faits, leurs lois générales et secondaires, leurs conditions morales, vitales et organiques, leurs rapports réciproques, etc. La saine logique ou la philosophie de l'expérience, hors de laquelle il n'y a plus de vérité, veut que l'on fasse autant de classes primitives de phénomènes que l'expérience consacre en eux de différences essentielles et tranchantes ; que l'on s'élève de ces classes de phénomènes aux forces qui les produisent ; et enfin, que de cet ensemble de forces on arrive, par une voie sûre, à la détermination expérimentale du *substratum* auquel ils se rattachent, lorsque l'observation et son interprétation légitime autorisent à aller jusques-là. Cette philosophie est celle de la physique, de la chimie et de toutes les sciences exactes. Par elle l'on passe graduellement de l'observation des phénomènes aux propriétés de la matière, propriétés dont on ne pénètre jamais la nature. Car les mots *attraction*, *affinité*, etc., n'indiquent, pour le physicien philosophe, que des forces abstraites supposées ou vues dans les faits, mais que l'on ne prétend pas connaître dans leur essence. Toute autre méthode livre la recherche de la vérité aux écarts de l'imagination, à des analogies trompeuses, à des espérances chimériques, ou à une sorte de divination et aux chances du hasard.

XII.

D'après cette marche logique, nous ne déciderons pas, en commençant, si l'on doit rapporter les phénomènes moraux à un principe particulier distinct de la matière, à la matière, ou à l'action organique : nous ne supposerons pas, même dans le langage, que la question est résolue dans tel ou tel sens. Cette question, loin de commencer la métaphysique, comme on l'a toujours fait, doit la terminer. Mise en tête de toutes les autres, et sans les recherches expérimentales préalables, elle devient insoluble, ne fait qu'embarrasser et obscurcir le système entier des idées, réveiller des préjugés défavorables à la recherche de la vérité, et renouveler des dissensions qui ont absorbé presque en entier et en pure perte l'attention des philosophes, et les ont détournés si souvent de l'observation des phénomènes intellectuels, seule source de vérité. Placée, au contraire, à la fin de l'histoire raisonnée des opérations morales, elle devient facile à résoudre : on a du moins sous les yeux tous les élémens de la solution, et chacun peut aller plus ou moins loin dans la chaîne des déductions logiques, selon qu'il le juge convenable ou possible, d'après sa manière de voir ou la force de son intelligence. Dans tous les cas, la décision n'influence pas le système des idées. Il faut donc séparer avec soin la théorie de l'esprit humain, la génération des idées et des facultés ou l'idéologie, de la psychologie proprement dite (1).

XIII.

Si nous nous servons quelquefois des mots *âme*, *esprit*, etc., nous déclarons par avance que ces dénominations ne seront pour nous que des mots abstraits, qui expriment la cause inconnue, quelle qu'elle soit, de la pensée, fût-ce la matière organisée, comme l'entendent certains, ou un principe particulier, comme le croient un plus grand nombre. Je me servirai de ces mots dans le même sens et dans le même esprit de haute philosophie, que Barthez employa la dénomination de *principe vital* pour la science de l'homme vivant. dussé-je m'exposer à être aussi mal entendu qu'il l'a été, lors même que je serais dans mon langage plus sévère que ce physiologiste célèbre. Pour éviter toute discussion, et pour ménager tout préjugé à cet égard, nous emploierons, le plus souvent, le mot de *moi*. Il ne prête à aucune fausse interprétation; il est le résultat immédiat de tous les faits relatifs aux opérations morales, prépare à toutes les vérités, sans en préjuger aucune, et peut avoir la plus heureuse influence

---

(1) Voyez note 7.

sur la direction habituelle et ultérieure de la métaphysique. Il nous ramène sans cesse à l'observation de nous-mêmes, en appelle toujours au sentiment de notre conscience, véritable et même seul juge en matière métaphysique, et détruit l'autorité des grands noms, pour lui substituer l'autorité plus sacrée de l'observation même. Trop souvent les erreurs des métaphysiciens dépendent du point de vue dans lequel ils se sont placés pour considérer l'objet de leurs méditations. Ils ont étudié les opérations morales dans des idées, des abstractions et des raisonnemens, et non dans le sentiment de la conscience, qui est à la science de l'esprit humain ce qu'est l'observation des corps aux sciences physiques.

XIV.

Les phénomènes moraux étant d'un ordre particulier et ne paraissant avoir aucun rapport d'identité avec les phénomènes physiques, il faudrait peut-être, pour exprimer les opérations morales et leurs résultats, une langue particulière, qui ne fût pas prise surtout dans les analogies physiques. Jusqu'ici, cependant, presque tous les mots de la langue métaphysique ont été puisés dans cette source impure. Suffira-t-il de signaler cette cause puissante d'erreur pour se prémunir contre elle? Elle a égaré presque tous les esprits; elle nous égare à chaque instant même malgré nous, et est un des plus grands obstacles au perfectionnement de la science. Locke et tous les matérialistes ont établi leurs systèmes sur de simples analogies de langage et sur de véritables jeux de mots.

Les mots consacrent des analogies physiques et mécaniques, pour lesquelles nous n'avons que trop de penchant, d'après nos habitudes les plus anciennes et les plus puissantes. Comme il faut reconnaître dans la nature trois ordres de phénomènes, trois ordres d'existences bien différentes les unes des autres, la matière inorganique, la vie et la pensée, il faudrait créer à la rigueur trois langues philosophiques distinctes et sans rapport entre elles. La chose étant impraticable sous certains rapports, c'est par des mots définis avec précision, déterminés avec exactitude, et à l'aide d'une surveillance active et constante sur soi-même, que l'on peut éviter cette cause d'erreur.

XV.

Les abstractions réalisées ont été une des causes les plus fécondes des fausses analyses que l'on a faites des facultés de l'entendement ; les mots sont encore la source de cette illusion. On a considéré comme exprimant des choses positives et distinctes des dénominations qui ne faisaient que consacrer des analyses arbitraires, ou les différentes vues de l'esprit sur lui-même. C'est ainsi qu'on a donné de la réalité aux facultés, aux idées; qu'on a multiplié les premières au-delà de toute borne, et agité mille questions ridicules sur les secondes. On a cherché si elles étaient innées ou acquises, placées dans notre entendement par Dieu même, ou conservées dans notre cerveau comme dans un magasin; si elles étaient l'image, la représentation fidèle des objets extérieurs. Quelquefois, au contraire, on a confondu des choses différentes sous une même dénomination, comme la sensation avec la faculté active de sentir (Condillac, Helvétius).

XVI.

C'est entre ces deux écueils opposés, l'esprit de matérialisme et d'abstraction réalisée, que doit marcher avec assurance la langue métaphysique. On peut affirmer que la métaphysique a presque toujours donné contre l'un ou contre l'autre. Pour se défendre contre des erreurs que les plus grands génies n'ont pas évitées, il faudra considérer les actes du *moi* plutôt que l'exercice abstrait des forces ou facultés isolées, ne jamais séparer entièrement l'abstraction du phénomène de sentiment d'où elle émane, ou ramener du moins de temps en temps l'abstraction en présence du phénomène lui-même et dans le sentiment de la conscience qui l'a fournie.

XVII.

On ne pouvait pas connaître les vrais rapports du physique et du moral, tant que l'on les confondait, que l'on admettait que dans l'homme tout est physique, ou que tout est moral. Si les deux choses étaient identiques, la science des rapports serait nulle. N'ayant pas une idée claire et nette ni de l'un ni de l'autre des deux termes de comparaison, n'ayant pas établi sur l'expérience et l'observation leurs caractères essentiels et distinctifs, la science ne pouvait pas saisir et constater, par la même voie, leurs liaisons et leur dépendance réciproque.

XVIII.

Désormais, la science de l'homme doit reposer, comme sur une base immuable, sur la distinction des deux ordres de phénomènes. Telle est la condition de l'existence scientifique de la métaphysique et de la physiologie, le lien naturel de tous les faits qui leur sont propres, la source pure de leurs véritables progrès. Dès-lors, chacune d'elles est rendue à l'observation de ses faits respectifs, et à ses dogmes particuliers.

XIX.

L'observation est leur âme universelle et commune; mais elle diffère dans chacune d'elles par le but de son application, ou plutôt par les matériaux sur lesquels elle s'exerce. Dans les sciences physiologiques, c'est sur les phénomènes que présente la matière organique et vivante; dans les sciences métaphysiques et morales, c'est sur les sensations, sur les sentimens intérieurs, sur les phénomènes que présente le *moi* dans ses opérations, et sur les résultats de la réflexion sur elle-même. Ces deux ordres de phénomènes sont aussi évidens l'un que l'autre. Les sciences métaphysiques reposent donc sur la même base que les sciences physiques, lorsque l'on considère les méthodes d'observation et d'expérience, d'après les vues les plus larges, et non dans ce système idéologique rétréci et incomplet, qui établit que toutes nos idées viennent des sensations, ne sont que des sensations transformées. C'est par suite de ces notions erronées sur l'origine de nos idées, sur le véritable domaine et la source de ces méthodes, par suite des préventions, de l'aveuglement et du despotisme mal entendu des sciences physiques, qu'on a cru que les méthodes d'observation n'embrassaient que les choses sensibles. Bacon commença à leur donner cette direction exclusive et vicieuse, direction qui fut encore exagérée par Hobbes, Locke, Hume, les *libres penseurs* anglais et français, Condillac, etc.

XX.

La séparation de la physiologie et de la métaphysique est aussi avantageuse à la première qu'à la seconde. En effet, si la physiologie a voulu imposer ses doctrines à la métaphysique, celle-ci en a fait autant de son côté à son égard ; et depuis sa première origine jusqu'à nos jours, la médecine a eu à se défendre des hypothèses que la métaphysique importait dans ses dogmes. Il faut avouer que jamais encore, pas même de nos jours, elle n'a réussi à se débarrasser complètement de cet alliage impur, et que cette confusion doit être considérée comme la cause la plus puissante de l'imperfection de ses théories. C'est elle qui a donné naissance aux idées exagérées d'Hippocrate ou de ses serviles commentateurs sur la puissance de la nature médicatrice, à l'archée de van-Helmont, à l'âme sensitive de Hoffmann et de Willis, à l'animisme de Stahl, et à toutes les modifications de son système ; à la sensibilité de Bordeu, même en partie au principe vital de Barthez. Il ne serait pas difficile de retrouver des traces de cette influence pernicieuse dans les systèmes les plus rapprochés de nous, même dans ceux des modernes, qui s'efforcent de rattacher tous les phénomènes de la vie à l'organisation, qui proscrivent toute abstraction, et qui se déchaînent avec autant de violence que d'aveuglement contre ce qu'ils appellent *l'ontologie médicale.*

XXI.

Cette cause d'erreur est d'autant plus redoutable, qu'elle semble justifiée par l'observation même, du moins par une observation superficielle et qui n'est pas surveillée par une philosophie sévère. L'organisme vivant est animé de forces particulières qui, sous certains rapports, ont des analogies multipliées avec les forces morales, et semblent obéir quelquefois à des lois communes. La sensibilité vitale offre une image imparfaite de la sensibilité avec conscience, le mouvement spontané, automatique et instinctif de l'action libre et volontaire du *moi;* l'énergie des forces vitales, susceptibles de diminution, d'augmentation et de perversion de l'énergie des forces morales qui se montrent sous les mêmes modifications. Les organes vivans concourent à un but commun par des lois primordiales qui n'ont aucun rapport avec les lois mécaniques ; elles atteignent ce but, remplissent, en un mot, des fonctions avec une précision admirable. Elles varient même dans certains cas leurs moyens de résistance et d'action, comme si elles en avaient la conscience. Elles présentent une sorte d'unité qui rappelle l'unité morale. Il y a une telle analogie dans les doctrines des deux sciences, que la physiologie emprunte presque toujours son langage à la métaphysique, et que les emprunts de ce genre sont plus rationnels, et moins dangereux que ceux qu'elle fait aux sciences physiques.

On voit donc combien il importe à la physiologie de prendre toutes les précautions convenables pour se séparer de la métaphysique; car l'histoire de la science prouve que cette confusion lui a toujours été funeste. En outre, quand on rapporte à l'organisme vivant les phénomènes moraux, on est bien près d'expliquer le premier par les seconds, comme on en voit un exemple remarquable dans la doctrine spirituo-matérialiste de Cabanis. On arrive ainsi au même point par deux chemins opposés.

XXII.

Nous ne ferons entrer, dans l'examen des questions que nous allons soumettre à l'observation et à la raison, aucun intérêt religieux, politique ou moral. Nous les considérerons en elles-mêmes et scientifiquement, sans autre intérêt que celui de la vérité prise abstractivement de ses résultats moraux, ou même abstractivement de toute autre science. C'est ce que l'on a oublié trop souvent de part et d'autre. Les sciences sont et doivent être indépendantes, d'abord des intérêts politiques et moraux, et même les unes des autres, du moins dans leur principe. Elles ne tendent à l'unité que lorsqu'elles sont arrivées à leur dernier degré de perfectionnement. D'ailleurs l'opération par laquelle on étudie leurs rapports réciproques, est différente de celle par laquelle on établit les principes qui leur sont propres. C'est pour avoir suivi une méthode inverse, pour avoir voulu jouir trop tôt de leurs résultats (Bacon), pour avoir élevé l'une d'elles au-dessus de toutes les autres, qu'on a souvent tout perdu. Cabanis est parti de cette unité de la science, pour établir ses hypothèses. Un point de départ plus noble aurait les mêmes effets définitifs.

XXIII.

Provisoirement, et pendant plus ou moins longtemps, selon le résultat de ses recherches, le philosophe chrétien peut mettre en sûreté sa croyance religieuse dans la certitude historique, qui seule, à bien voir, lui donne le sceau de la garantie. L'homme vertueux qui serait assez malheureux pour rejeter ce secours, pourrait mettre en sûreté ses principes de morale dans le sentiment de la conscience qui décide et consacre l'action avant tout raisonnement ; et l'espérance d'une autre vie, dans le besoin même de cette espérance, besoin si vivement senti quand on voit la vertu accablée d'infortune et le vice triomphant, sous les yeux d'un Dieu juste et bon qui n'a livré aucune autre partie de l'administration de cet univers à un désordre analogue.

XXIV.

Nous admettrons avec courage et franchise tout ce qui nous paraîtra pouvoir être déduit immédiatement des faits, quelles que soient ces déductions, fussent-elles contraires à toutes les idées reçues, à ce matérialisme qui despotise la science, comme si elles paraissaient ébranler d'abord les idées morales et religieuses que nous avons mises provisoirement en sûreté, non par une réserve hypocrite, mais pour conserver la plus grande indépendance possible d'esprit. Nous sommes assuré que toutes les vérités s'accorderont tôt ou tard entre elles. On verra que nous n'avons pas été soumis nous-mêmes à des épreuves pénibles en ce genre ; mais il ne serait pas étonnant que notre faiblesse ne pût pas toujours saisir la liaison des vérités, faudrait-il pour cela rejeter quelqu'une d'elles ; c'est cependant ce qu'on n'a fait que trop souvent. La logique doit prévoir tous les dangers, même quand ils sont éloignés.

XXV.

Les recherches auxquelles nous nous sommes livrés ne peuvent être que de la plus haute importance. Ceux qui étudient la marche de l'esprit humain, du point de vue le plus élevé, savent que le système métaphysique dominant chez un peuple à une époque déterminée de son histoire, donne la raison suffisante et première de la direction de la religion, des mœurs, du gouvernement, des événemens même de cette époque, ainsi que des sciences, des beaux-arts, de la fécondité ou de la stérilité des esprits; de la nature des méthodes suivies, empiriques, spéculatives ou expérimentales; de l'influence prédominante de la crédulité, du scepticisme, ou de la raison. Ils savent, en un mot, que l'homme tout entier et le développement de ses facultés sont renfermés dans l'idée qu'il se fait de lui-même et de ces facultés.

XXVI.

En isolant arbitrairement le moral et le physique de l'homme, on a peut-être détruit la science, comme on détruirait l'existence réelle de l'homme par cette même séparation. Il serait possible, au contraire, que prise dans le nœud du physique et du moral qui constitue l'homme réel, et considérée sous la garantie des notions physiologiques et métaphysiques combinées d'après les faits, la science donnât la clef de la connaissance de l'homme; qu'elle éclaircît le point de départ de toutes les opérations morales et de toutes les discussions, point dont l'obscurité aurait jusqu'ici embarrassé et arrêté la philosophie. Son état stationnaire ou vacillant entre des erreurs opposées, malgré les travaux les plus opiniâtres des plus grands génies, autoriserait à le penser.

XXVII.

Il serait possible que de proche en proche la lumière se répandît sur toutes les idées humaines; que l'on trouvât la base de la certitude, le *criterium* de la vérité, la démonstration de toutes les existences, de toutes les idées nobles et utiles, et que la philosophie pût relever les ruines que jusqu'ici elle a entassées autour d'elle.

Pouvait-on étudier sous leur véritable point de vue les rapports du physique et du moral? Cette connaissance supposait le perfectionnement de la métaphysique et de la physiologie. Or, osons le dire, ces deux sciences ne font que de naître à l'observation; leurs théories existent à peine et viennent de sortir des hypothèses dont elles ne sont pas encore même entièrement dégagées. Il a fallu perdre beaucoup de temps pour détruire les erreurs qui les avaient précédées, et les premiers inventeurs n'ont pas pu tout créer d'un seul jet. C'est à Descartes et à Locke qu'il faut s'arrêter quand on veut déterminer le moment où la théorie de l'esprit humain est devenue une science d'observation ; à Bordeu, à Haller et à Barthez, quand on veut signaler celui où la physiologie a pris le même caractère. Je ne prétends pas sans doute qu'elles n'eussent été cultivées par de très-grands génies et qu'on n'eût déjà des fragmens admirables de théorie et d'observation ; mais la science n'existait pas encore dans ses principes fondamentaux, dans sa méthode. Nous n'hésitons pas, en général, à accorder une origine plus récente aux sciences physiques ; les sciences métaphysiques, morales et physiologiques, sont-elles plus faciles ou moins étendues ?

XXVIII.

Le but direct de nos recherches n'est pas de faire, à proprement parler, une idéologie ou une physiologie. Placé au-milieu de ces deux sciences, nous avons voulu établir leur législation réciproque. Nous avons traité cette science de l'ordre le plus élevé, que Bacon nommait *science de l'alliance du corps et de l'âme*, et dont il avait plus sagement conçu l'idée qu'il ne l'avait heureusement exécutée. Nous nous sommes proposé de séparer les phénomènes moraux des phénomènes vitaux ; d'indiquer dans chaque opération intellectuelle et morale ce qui appartient au *moi*, et ce qui appartient à la vie ; d'établir, d'après les faits et leur interprétation légitime, les rapports généraux du physique et du moral ; en un mot, de rendre la physiologie et la métaphysique à elles-mêmes, de poser leurs bases et leurs limites respectives, et de prévenir à jamais, s'il est possible, ces usurpations réciproques qui ont nui d'une manière si incontestable à leurs progrès réels. Nous avons insisté quelquefois plus sur les faits idéologiques que sur les faits physiologiques, parce que ceux-ci sont si connus, ils ont été rappelés si souvent, qu'il a dû suffire souvent de les indiquer. D'ailleurs, il devait être moins question d'entrer dans des détails d'observation que d'établir la véritable interprétation des faits ; et c'est à ce point si négligé, ou traité d'une manière si peu philosophique, que nous nous sommes attaché. Quant aux phénomènes idéologiques, nous les avons toujours considérés sous les rapports qui nous occupaient, c'est-à-dire dans la vue de montrer la différence qui les sépare des phénomènes vitaux. Si nous n'avons pas pu toujours profiter des travaux des métaphysiciens, et s'il a fallu les refaire, pour les approprier à nos vues, nous avons dû accepter toutes les conditions de notre travail.

CHAPITRE PREMIER.

De la Sensation.

§. I. *De ses Caractères essentiels et distinctifs.*

XXIX.

Si un corps extérieur me touche par quelque point ; si une couleur frappe mon œil, un son mon oreille, etc., j'éprouve un changement d'état dans ma manière d'être, une modification, qu'on nomme *sensation*. Nous n'avons d'autre notion directe de cette modification que celle du sentiment même que nous éprouvons. On doit donc rejeter comme hypothétique toute définition de la sensation, qui n'est pas *phénoménale*, qui sort de ce sentiment, qui est prise, par exemple, de la nature supposée de cette modification (les matérialistes, les idéalistes et les théosophes, tels que Malebranche, Berkeley, etc.), de son but final (Descartes), de notions intellectuelles, intuitives, innées, antérieures à la sensation même (Leibnitz, Stahl), ou d'une identité vague avec la sensibilité vitale.

Une semblable définition détruirait l'idéologie, en la faisant reposer sur une base ruineuse, comme l'histoire du passé le confirme.

XXX.

Nous ne pouvons que comparer ce phénomène avec les phénomènes moraux, physiques et vitaux; constater les analogies et les différences qui le rapprochent ou le séparent des uns et des autres; établir ses lois, ses conditions organiques, vitales et morales; constater ses caractères propres et distinctifs; le rapporter à une cause expérimentale, à une propriété, à une force particulière ($C.$ XI) : car tout effet, au-delà duquel on ne peut pas aller, dans l'ordre de l'observation des phénomènes, suppose une cause, quelque inconnue qu'elle soit: toute action primitive suppose une puissance d'agir du même ordre.

XXXI.

La sensation avec conscience est-elle un mouvement physique, ou un résultat essentiel du mouvement? Quelle preuve directe a-t-on en faveur de l'affirmative? Très-certainement aucune. Par cela seul, et sans autre discussion, la bonne manière de philosopher aurait le droit de la repousser à jamais, quoiqu'elle ait été si généralement admise. Mais pour établir, au contraire, la négative, on n'a qu'à examiner avec attention les deux phénomènes et à les comparer ensemble : il n'y a ni identité, ni analogie entre eux. On ne les a confondus ou rapprochés que par des hypothèses, et on fait tout ce qu'on veut, dès qu'il ne s'agit que d'imaginer ce qu'il plaît.

La substance nerveuse est molle ; elle n'est point élastique, elle est comprimée de toutes parts ; le galvanisme même ne peut pas l'ébranler, et les prétendus mouvemens de vibration physique des nerfs et des fibres du cerveau, etc., sont des suppositions inventées pour la commodité des hypothèses, ou imaginées d'après des conceptions abstraites et arbitraires, comme quand on dit que l'on ne peut rien concevoir qui ne soit matériel, et rien de matériel qui agisse ou soit modifié autrement que par le mouvement (§. XVIII et XIX). Cette assertion est doublement fausse ; nous ne concevons pas plus le mouvement d'impulsion que toute autre chose, et nous concevons d'autres actions, d'autres modifications que des mouvemens, telles que les actions et modifications morales, les changemens intimes de la substance des corps, etc. ; ou, plutôt, nous ne concevons rien, nous constatons seulement ce qui est, par nos moyens d'investigation.

XXXII.

L'on soutient que deux corps qui se touchent

doivent se mouvoir ; la lumière en mouvement doit ébranler le nerf. Mais en accordant cette proposition, toujours est-il incontestable que ce mouvement n'est pas la sensation ; on ne peut pas même affirmer qu'il la provoque directement et dans tous les cas, comme cause occasionelle, ainsi que l'ont supposé les Cartésiens, dans un temps où l'on n'admettait d'autre action de la matière, que le mouvement d'impulsion.

Quant à ce que l'on affirme, que l'avenir montrera que la sensibilité se rattache au mouvement mécanique ou à toute autre force physique ou chimique, il est ridicule et contraire à toute saine logique de faire reposer les bases d'une science sur des espérances aussi hasardées. Il faut faire la science avec les données actuelles. D'ailleurs, en suivant notre méthode, l'avenir pourrait montrer qu'elle est imparfaite ; mais elle ne serait jamais en contradiction avec les découvertes ultérieures, quelles qu'elles fussent, et elle pourrait se mettre aisément en harmonie avec elles.

XXXIII.

On a dit que la diversité des mouvemens de la fibre nerveuse ou autre constitue les différentes espèces de sensations ; mais le mouvement physique, ou même vital, n'est susceptible de varier qu'en intensité, tandis que les sensations se modifient à l'infini, et ne diffèrent pas entre elles seulement par le degré, comme il faudrait que cela fût nécessairement d'après cette hypothèse; mais elles diffèrent du tout au tout, et ne se confondent jamais les unes avec les autres dans le sentiment de la conscience.

XXXIV.

La sensation est-elle une combinaison chimique, un *processus* chimico-vital (Reil)? Est-elle la modification d'un fluide particulier, du galvanisme, de l'électricité, etc.? Mais quel rapport entre des choses si disparates par les phénomènes? Les romans de ce genre ont longtemps amusé la science : ce sont les rêves d'une imagination qui ne veut pas observer la nature, et qui prétend la deviner.

XXXV.

La sensation a été considérée comme le résultat nécessaire de l'organisation (Cabanis). Mais qu'entend-on par organisation? Car la science doit sortir enfin de toutes ces notions vagues qui l'égarent si aisément. L'organisation n'est que l'arrangement des molécules de la matière. Or, quel rapport entre cet arrangement combiné de toutes les manières possibles et une sensation? Il n'est pas sûr qu'il y ait même un rapport de causalité entre cet arrangement et les propriétés de la vie, du moins nous ne pouvons en saisir aucun de ce genre par l'observation, et il faut considérer celles-ci comme hyperorganiques ou surajoutées à la matière, ainsi que Bichat lui-même en convient (1).

On a prétendu, par exemple, que l'organisation différente des cinq sens déterminait la différence de leurs sensations respectives (Cabanis). On n'a pas assez séparé ici l'appareil physique placé devant chaque sens et en rapport avec la modification physique à explorer, avec la partie sensible elle-même. Nulle circonstance physique, mécanique, ou d'arrangement de tissu, ne peut donner la raison de la modification particulière de la sensation *odeur*, *couleur*, etc. Les circonstances de ce genre sont des conditions favorables, des instrumens plus ou moins adaptés à l'exercice de la sensation ; voilà jusques où les faits peuvent nous conduire, et pas au-delà.

XXXVI.

La sensation doit-elle être confondue avec l'impression sans conscience, ou purement vitale (organique), produite par l'action d'un stimulus sur un tissu vivant animal ou végétal ?

---

(1) Anat. gén., tom. I., pag. 3.

Stahl, Bordeu, Bichat, Cabanis, Darwin, ont émis cette opinion; ils ont établi que l'une n'était que l'autre, augmentée et exaltée. Il n'y a toujours ici qu'à comparer les phénomènes, pour s'assurer qu'ils diffèrent entre eux, non point par le degré, mais du tout au tout. Examinons un instant, d'une part, la sensation avec conscience, et de l'autre, l'impression purement vitale. Nous ne connaissons la première que par le sentiment même qui la constitue ; la seconde, que par les mouvemens de l'organe, suite de l'impression : nous ne pouvons avoir d'autre idée de chacune d'elles, et nos moyens de connaissance ne nous fournissent pas d'autres données de comparaison. Or, à s'en tenir aux phénomènes sensibles, la sensation avec conscience et l'impression sans conscience ne sont-elles pas essentiellement différentes ? Ont-elles aucune identité, aucun rapport de nature entre elles ? Les mots sous lesquels on les désigne n'indiquent-ils pas même leur opposition ? Ce n'est que par métaphore que l'on reçoit le mot de *sensation*, dans la langue physiologique, pour exprimer l'impression vitale, et encore même, des médecins philosophes ont-ils déjà observé qu'il était ridicule et dangereux d'admettre des sensations qu'on ne sent pas. La sensibilité avec conscience et la sensibilité vitale peuvent coexister, se remplacer dans le même organe ; mais les faits de ce genre ne disent pas que l'une devienne l'autre, que l'une ne soit que l'autre exaltée.

Le même organe, le même point d'organe qui reçoit des sensations et des irritations, peut modifier également, d'une manière directe, ou l'une par l'autre, les deux propriétés correspondantes, par l'arrangement naturel ou accidentel de son tissu ; l'état de l'une peut modifier l'autre directement, ou provoquer son action comme simple cause occasionelle ; l'énergie qui préside à l'une peut se communiquer à l'autre, augmenter son activité, etc. Cette influence peut être purement dynamique et analogue à celle qui éclate dans tous les actes vitaux et moraux ; et elle peut ne pas s'exercer d'une manière mécanique, comme on le conçoit par une idée grossière, aussi contraire à la saine physiologie qu'à la vraie métaphysique. On opposera vainement qu'elles ont lieu sous le même stimulus : celui-ci peut agir à-la-fois sur les deux propriétés d'une manière distincte. Tous ces faits ne disent pas plus que ceux qu'on invoquait en commençant. Ils indiquent un rapport intime, une grande influence, un enchaînement étroit des deux propriétés, et pas davantage. Ils n'autoriseront jamais l'admission d'une identité absolue, de quelque manière que l'on considère ce rapport, cette influence, cet enchaînement, et à quelles lois qu'on le rapporte.

XXXVII.

On insiste sur les faits qui prouvent l'action de *l'irritabilité*, de *l'impressionabilité vitale* sur la *sensibilité de conscience* ; mais pourquoi ne pas rappeler aussi les faits d'un ordre opposé, ceux dans lesquels la sensibilité morale augmente l'irritabilité physique ou vitale ? Serions-nous autorisés par ces faits à admettre avec Stahl et tant d'autres physiologistes, que toute sensibilité est morale et s'accompagne de conscience, du moins primitivement, et que l'habitude seule émousse celle-ci sans la détruire ? Où nous conduirait une semblable confusion en médecine ? Mais elle n'est pas moins dangereuse, pas moins contraire aux faits, prise dans le sens inverse et quand elle est transportée en métaphysique.

XXXVIII.

La distinction que nous venons d'établir d'une manière si simple et si sûre, sépare à jamais les deux ordres de phénomènes, les phénomènes vitaux et les phénomènes moraux. la vie végétative et la vie morale. Leur confusion a perdu dans tous les temps l'idéologie et la physiologie, les sciences physiques et les sciences morales. Cette base ainsi raffermie devient le fondement de l'une et de l'autre, et la garantie de leurs progrès. Dès-lors on fait de la physiologie et de la métaphysique deux sciences à part. Les phénomènes moraux et les phénomènes vitaux constituent deux ordres distincts entre eux, comme l'un et l'autre sont séparés des phénomènes physiques. Si l'on n'admet pas cette distinction, il est impossible de dire jamais un mot qui ait le sens commun en physiologie ou en métaphysique ; l'expérience du passé est une leçon assez forte donnée au présent, et il est inutile de renouveler les épreuves de ce genre. Tant qu'on a confondu la sensibilité avec conscience et la sensibilité vitale, la physiologie et la métaphysique n'ont pas même existé : elles ont eu des hypothèses, des romans, mais non un système scientifique. Si jusques ici ces sciences ne sont pas encore réellement établies, comme on en convient généralement, il faut s'en prendre à cette confusion seule. La physique n'a existé que dès qu'elle s'est séparée des analogies morales. Il en sera de même pour la physiologie et la métaphysique : chacune d'elles n'existera, que quand elle sera rendue à elle-même, et qu'elle ne sera ni esclave ni despote ; qu'en un mot elle sera *autonome*, ou se donnera à elle-même ses lois, bien entendu cependant qu'on étudiera d'ailleurs les rapports du physique et du moral, mais toujours d'après les données de l'expérience seule. (§. XVIII—XXI.)

XXXIX.

On a prétendu que la sensation avec conscience n'était autre chose que la conscience de l'impression, de l'irritation, de la modification propre de la sensibilité vitale, comme on avait déjà établi dans un sens analogue, qu'elle n'était que la conscience du mouvement vital ou mécanique de la fibre. Mais, toujours à ne pas sortir des faits, quel rapport d'identité, ou même de causalité naturelle, peut-on découvrir entre une impression et une sensation, entre une sensation et un mouvement, pour que l'une ne soit que la répétition, que la transformation de l'autre ? Il est aisé de voir que l'on confond ici les choses par leur simple coexistence de fait ou par des analogies arbitraires.

La sensation n'est pas la perception du mouvement ; il est très-sûr, quand nous sentons, que nous n'avons aucune idée de ce mouvement de la fibre, en supposant qu'il ait lieu et qu'il soit, dans tous les cas, la cause occasionelle de la sensation. Quelque notion que l'on se fasse d'une impression vitale ; que l'on aille même jusqu'à concevoir la modification particulière qui la constitue, sous la notion *de perception*, *d'idée*, comme l'ont fait quelques physiologistes, par une métaphore aussi hardie que dangereuse (van-

Helmont, Fouquet, etc.), les deux phénomènes différeront toujours totalement, et ce ne sera que par une sorte de poésie, ou par suite d'analogies vagues et hasardées, que l'on les rapprochera. Le sentiment de la conscience qui distingue, qui constitue la sensation proprement dite, met un intervalle immense entre elle et le phénomène vital dont il est question.

X L.

La sensation avec conscience est-elle une forme accidentelle et transitoire, un état violent de la contractilité? dépend-elle de quelque circonstance passagère de cette propriété, comme de son exaltation à un certain degré déterminé, ou de telle combinaison des élémens de la fibre nerveuse? Les organes l'acquièrent ou la perdent par les changemens de vitalité et de tissu qui se passent dans leur sein. L'état pathologique peut la faire naître dans certains organes auxquels elle semblait étrangère par leur nature.

Tous ces faits, qui ont été la source de tant d'hypothèses et de faux raisonnemens, ne changent nullement la différence essentielle des phénomènes établie par leur comparaison exacte. (§. XXXI — XXXIX.) Interprétés par une saine logique, ils ne disent pas autre chose, sinon que la sensibilité avec conscience marche avec l'impressionabilité, et quelquefois avec la contractilité insensible; qu'elles sont unies, mais non confondues; qu'elles agissent l'une sur l'autre, mais non qu'elles rentrent dans une seule propriété; qu'elles ont lieu dans les mêmes organes, et sont également en rapport avec les changemens d'organisation. Voir autre chose dans ces faits, c'est aller au-delà des faits eux-mêmes. On n'explique jamais le passage de l'une à l'autre, et il le faudrait cependant, puisqu'elles ne nous paraissent pas directement identiques. La sensibilité avec conscience, qui a des caractères si tranchans, si positifs, peut-elle n'être qu'une modification accidentelle et passagère d'une autre propriété? Mais qu'y a-t-il de si violent dans les sensations, sur-tout dans celles qui sont douces et calmes?

XLI.

La confusion de la sensation avec l'impression vitale vient des idées hypothétiques des animistes, de Fouquet, Bordeu, Stahl, van-Helmont; et en remontant plus haut, elle se rattache à la doctrine scolastique des siècles les plus barbares, et même de l'antiquité la plus reculée. On expliquait alors tous les phénomènes de l'univers par l'action d'une âme. Il est singulier que les matérialistes des derniers temps aient emprunté leurs idées aux animistes qui les avaient précédés. On en voit surtout un exemple remarquable dans la doctrine de Cabanis. Il distingue la sensibilité, qu'il confond en une seule et même propriété, en sensibilité locale et en sensibilité générale : celle-ci se rapporte au *moi* général, à tout le corps, et par cela seul, selon lui, à la conscience ; et l'autre, au *moi* de chaque molécule organique.

Mais une impression vitale acquiert-elle une propriété nouvelle en devenant générale ? Les impressions vitales ne sont-elles pas quelquefois générales, ne se répandent-elles pas sur tout l'organisme, sans cesser d'être sans conscience ? Qu'est-ce que le *moi* de chaque partie ? Un animal se composerait donc, outre le grand animal, d'autant de petits animaux qu'il renferme de molécules vivantes ? Ces petits animaux sentiraient, agiraient chacun à leur manière dans le grand animal, et sans que celui-ci s'en doutât (van-Helmont, Stahl).

Cabanis paraît avoir embrassé cette idée bizarre, dans tout son livre, autant que l'on peut le comprendre dans le vague et l'incertitude de son langage. Ainsi il établit que toutes les impressions organiques sont portées par le nerf de la partie au ganglion correspondant ; celui-ci *perçoit* l'impression, décide le mouvement ou la détermination au mouvement, comme il dit ; et en réagissant sur l'organe, il réalise enfin, exécute le mouvement conçu. Il explique ainsi les mouvemens instinctifs, ce qui prouve qu'il entend la chose dans le sens que nous lui attribuons; et il rapporte à des mouvemens instinctifs et automatiques les sécrétions, les excrétions, la nutrition. Cabanis emprunte donc en entier la théorie de Stahl, auquel il ne reproche que le mot d'*âme*, dont celui-ci ne s'est servi, selon lui, que par complaisance pour les théologiens. Ainsi, pour prouver que l'homme ne pense pas, il fait penser les organes.

XLII.

Pour autoriser cette confusion de la sensibilité avec conscience et de l'impressionabilité, de l'irritabilité, on a supposé et on a été obligé de supposer une gradation progressive qui rapproche et qui lie la pierre, la plante et l'animal. On a dit que tout vivait, sentait et se mouvait spontanément et à sa manière (Cabanis, Bonnet). L'affinité générale suppose une sorte d'impression réciproque entre deux molécules ; l'affinité élective indique un choix, une détermination, un jugement, et presque une volonté : la forme régulière des cristaux est une sorte d'organisation et de vie végétative ou automatique ; le mouvement instinctif des plantes, une espèce de jugement. Il n'y a nulle ligne de démarcation positive entre le règne organique et inorganique, entre la pierre

5

et la plante, la mort et la vie, la plante et l'animal, l'animal et l'homme (1).

XLIII.

On a appuyé cette opinion sur des raisonnemens abstraits qu'on n'a pas craint d'emprunter à la métaphysique la plus subtile, pour laquelle on ne montrait sur tout autre point aucune confiance, et même à une théosophie exagérée. La nature, dit-on, n'admet pas de changement brusque dans ses opérations (Leibnitz), *Natura non amat saltus*; principe synthétique qui est faux en lui-même et démenti par mille exemples. (Dugald Stewart.)

Confondant toujours la nature des choses avec la faiblesse de notre manière de les concevoir et de les étudier, on a fait valoir des maximes de logique qui n'étaient nullement applicables à la question, savoir, qu'il faut aller du simple au composé. Toutes ces analogies téméraires et forcées sont contraires à la saine logique, qui ne reconnaît que les résultats de la comparaison exacte des phénomènes ; elles sont destructrices de toutes les sciences, et conduisent enfin à des résultats ridicules. Il est fort singulier de voir Cabanis établir que les pierres sentent, pour avoir

---

(1) Voyez note 8.

le droit d'établir que l'homme ne sent pas différemment et que le sentiment n'est que mouvement, comme nous avons déjà vu qu'il admet que les organes vitaux pensent et veulent dans l'exercice de la vie, pour établir que l'homme ne pense pas et ne veut pas. Il convient cependant que la pierre ne sent *qu'à sa manière*. Eh bien! cette manière qu'il regarde comme peu importante, est tout pour nous, qui ne connaissons les choses que par leurs *manières d'être*, leurs modifications, lorsque nous ne voulons pas nous perdre dans les rêves de l'imagination. On ne conçoit pas comment, dans un siècle éclairé, au milieu de l'élite des savans de France, Cabanis a pu affirmer des choses aussi hasardées, et comment elles sont répétées tous les jours avec tant de confiance. Ce qui est plus étonnant, c'est que toute cette doctrine est encore empruntée à l'animisme et à ses hypothèses, comme on peut s'en convaincre en lisant les ouvrages de Bordeu, de Fouquet, etc.

La vraie logique veut que l'on étudie les phénomènes, que l'on les compare entre eux, et que l'on les rapporte à des forces différentes, selon leurs différences tranchantes. Que l'on y fasse bien attention, je n'établis pas d'une manière directe, ou par des analogies superficielles, que ces forces diffèrent essentiellement et par leur nature. Je ne connois pas cette nature, je n'ai pas dans mes facultés le moyen de l'atteindre directement ; je ne connois que les phénomènes : or les phénomènes sont différens, je puis en conclure par une induction légitime que les essences le sont aussi. En les confondant, au contraire, sur des suppositions, je me place hors de l'observation, et toute science ultérieure devient impossible, comme il est facile de le prouver par le raisonnement et par l'histoire.

XLIV.

Les nerfs des organes des sens ne reçoivent, dit-on, que des impressions ; le cerveau les convertit en sensations. Pourquoi distinguer l'impression de la sensation par le siége même ? Quelle preuve directe a-t-on que l'organe n'a reçu qu'une impression ? dans tous les cas cette impression précède-t-elle une sensation, et par quel mécanisme le cerveau opère-t-il la transformation supposée ? Nous avons déjà vu que ces deux phénomènes ne sont rien moins qu'identiques; qu'ils n'ont même aucun rapport d'analogie ni de causalité essentielle.

On a dit encore que le cerveau *perçoit* les impressions reçues par les extrémités nerveuses. Je demanderai toujours comment une impression, dans une extrémité nerveuse, devient-elle une sensation dans le cerveau ? C'est ce qu'on ne dit pas.

Une sensation n'est pas la perception d'une stimulation. Quand nous sentons, nous sentons, et voilà tout ; nous ne sentons point que nous sommes stimulés. Ces deux effets n'ont point d'analogie ; mais on s'est servi du mot *impression* pour exprimer également une sensation et une stimulation, et c'est à l'aide de cette expression vague et à double sens qu'on établit leur identité. Ce n'est pas le seul cas où les mots nous trompent, lorsque les intérêts d'une hypothèse nous disposent à de pareilles illusions.

XLV.

On pense qu'une sensation n'est qu'une impression centralisée, mais toujours même arbitraire dans la supposition. Quel rapport entre une impression et sa centralisation? La vie centralise les impressions purement vitales, et elles ne perdent pas pour cela le caractère qui les constitue, c'est-à-dire la non-conscience. Mais la sensation n'est-elle pas la modification d'un centre unique ? reste à prouver que ce centre absolu des sensations est le cerveau, ou même qu'il peut être physique : il y a ici pétition de principe.

§. II. *Du Rapport du cerveau et des nerfs avec la Sensation.*

XLVI.

A. La sensation semble être perçue immédiatement dans l'organe qui la reçoit; c'est, du moins, à lui que nous la rapportons, par le sentiment même qui la donne et qui la constitue. Dans l'hypothèse généralement admise, on suppose que l'organe perçoit une impression, c'est-à-dire un je ne sais quoi, qui n'est encore ni une simple stimulation, ni une sensation véritable; que cette impression est portée dans le cerveau par le nerf, comme dans un canal; qu'elle y devient sensation je ne sais comment, et que de-là elle est ramenée à l'organe par une illusion du sentiment.

Mais pourquoi ne pas s'en tenir au sentiment même? Quelle preuve directe a-t-on de ces métamorphoses et de ces voyages? Nous allons examiner la valeur des preuves indirectes données en faveur de cette hypothèse. Comment ces détours, ces actes intermédiaires, s'accordent-ils avec la rapidité, ou, pour mieux dire, l'instantanéité de la sensation qui a lieu dans le moment même où le corps extérieur nous touche, ou dans un intervalle de temps indivisible?

XLVII.

B. Les nerfs présentent partout les mêmes apparences organiques et vitales, ou, du moins, il y a très-peu de différence entre eux, à en juger par nos sens ; et pouvons-nous en savoir plus qu'ils ne nous en apprennent ? Au contraire, le tissu des organes sur lesquels s'appliquent immédiatement les causes de nos sensations, est très-varié, ainsi que leur disposition générale. Leurs propriétés vitales, leurs maladies, etc., se montrent très-différentes entre elles. Sans faire dépendre les propriétés de l'animalité de l'arrangement des tissus, on ne peut pas contester qu'il n'y ait un rapport réel entre les unes et les autres, et une influence réciproque, soit directe, soit instrumentale, soit essentielle, soit occasionelle. Il est donc peu probable que des nerfs presque identiques soient les instrumens immédiats des sensations, qui sont si variées entre elles. Il est à présumer que les nerfs, d'après l'analogie de leur organisation, doivent servir à des fonctions générales et uniformes, et dans des rapports beaucoup plus étendus que ceux qu'on a imaginés jusques ici. Il est étonnant que les anatomistes n'aient pas plus insisté sur ce point de vue, qui s'accorde si bien avec leur logique habituelle.

XLVIII.

C. Il paraît que ce n'est que par suite des hypothèses reçues que l'on a cru à ce vrai miracle physiologique, savoir, qu'il n'y a que les nerfs qui sentent dans les organes des sens, et que les autres parties de ces mêmes organes sont insensibles. Le nerf ne compose pas la totalité de la partie sensible, il est intimement mêlé au tissu propre de l'organe. C'est à tort qu'on a dit que les papilles de la langue, de la peau, de la muqueuse, etc., n'étaient que des extrémités nerveuses. C'est ainsi que les anatomistes, qui pendant très-longtemps, et quelquefois encore aujourd'hui, ont vu les choses plus avec leur imagination qu'avec leurs yeux, n'ont pas hésité à croire que la muqueuse du tube digestif avait une membrane nerveuse.

XLIX.

D. Quand on lie ou que l'on coupe le nerf d'une partie, et qu'on interrompt la continuité de celle-ci avec le cerveau par le nerf, elle n'est plus apte à sentir. On a cru pouvoir conclure de cet ordre de faits, que l'impression, dans l'état normal, est portée par le nerf dans le cerveau ; qu'on l'a arrêtée matériellement et qu'on l'a empêchée d'arriver au cerveau. Toutes les déductions de ce genre, quoiqu'elles aient été si souvent répétées, et qu'elles soient le fondement de mille hypothèses secondaires, ne sont pas essentiellement renfermées dans les faits. Ces faits disent seulement que, pour qu'un organe soit capable de sentir, il faut que le nerf établisse une continuité non-interrompue de l'organe avec le cerveau ; que cette continuité est une condition plus ou moins rigoureuse de la sensation : mais ils n'établissent pas quel est le genre de rapport que le cerveau entretient avec la sensibilité de l'organe. Ce rapport peut être très-varié ; ce n'est que d'après un jugement précipité et des conceptions mécaniques et grossières, qui ne seraient pas de mise même dans la physiologie pure, que l'on a hasardé une semblable décision. Pour connaître la nature de ce rapport, il faut réunir l'ensemble des faits relatifs à la question, ceux sur-tout qui paraissent contradictoires, afin de ne pas tirer des premiers qui se présentent, des conclusions affirmatives trop générales et trop absolues.

L.

E. Les compressions, les lésions organiques ou vitales du cerveau, diminuent ou détruisent la sensibilité des organes.

La conséquence sévère de ces faits est toujours la même que pour les faits précédens.

LI.

F. On prétend que le volume relatif du cerveau

des différentes espèces d'animaux donne la mesure de leur sensibilité. Quand le fait serait aussi constant qu'il l'est peu, il ne donnerait jamais d'autre conséquence que celle que nous avons déjà indiquée. Or, le fait lui-même, comme nous le verrons, est sujet à plusieurs exceptions qui tendent à en rendre la conclusion moins absolue (M. Gall), et plus propre à entrer dans une théorie plus réservée et plus complète que la théorie vulgaire.

LII.

G. La sensibilité des membres n'est pas toujours dans un état correspondant à l'état du cerveau dans l'hémiplégie, c'est-à-dire que le cerveau étant encore malade, et les parties supérieures et intermédiaires étant paralysées, les parties inférieures peuvent reprendre leur sensibilité, progressivement de bas en haut. Les faits de ce genre, sérieusement médités, font soupçonner que la théorie qui fait dépendre du cerveau le sentiment des parties d'une manière absolue, ne paraît pas exacte; car dans cette théorie, à mesure que le cerveau se dégage, les parties supérieures, qui sont plus rapprochées de son influence, devraient reprendre leur sensibilité plus tôt et plus aisément que les parties inférieures, qui sont plus éloignées. S'il n'y avait qu'un seul foyer d'action nerveuse, il devrait en être ainsi ; mais s'il y en avait plusieurs, si du moins ce foyer n'était pas circonscrit dans le cerveau, s'il était étendu à la moelle épinière toute entière, s'il était divisé en autant de départemens secondaires qu'il y a de différentes origines de nerfs et de portions de moëlle nerveuse correspondantes à cette origine ; si ces départemens, unis par leur organisation, par leur continuité et par leurs analogies de fonctions et de vitalité, se prêtaient mutuellement des forces, on pourrait mieux entendre le phénomène singulier dont il s'agit. On pourrait jeter ainsi le plus grand jour sur les paralysies partielles, qui sont inexplicables avec un seul centre circonscrit d'action nerveuse. Les faits que nous venons de rappeler inspirent déjà une théorie qui acquerra bientôt de nouvelles preuves.

LIII.

H. Des compressions lentes des nerfs par des tumeurs, des anévrismes, n'ont pas déterminé dans certains cas la perte du sentiment dans le membre correspondant (Morgagni) ; des compressions même de la moelle épinière dans les mêmes conditions n'ont pas eu leurs conséquences ordinaires (Galien).

Ces faits ne prouvent pas sans doute à un esprit sage que les nerfs ne sont pour rien dans la sensibilité des parties; mais ils font présumer à un esprit dégagé de prévention qu'ils ne s'accordent pas trop avec une théorie qui est absolue, rigoureuse et où tout est nécessaire. S'il était question d'un liquide circulant mécaniquement dans des canaux, dès que le canal serait oblitéré, le liquide ne pourrait plus couler. Eh bien ! il devrait en être de même dans la théorie vulgaire de l'action des nerfs dans la production ou la communication du sentiment.

LIV.

I. Des nerfs étant coupés, le sentiment, d'abord aboli dans la partie correspondante, s'est rétabli dans la suite, soit par l'effet des anastomoses nerveuses, soit à cause du tissu cellulaire qui a réuni les deux portions. Cette liberté de fonctions ne paraît pas trop s'accommoder à la nécessité et au mécanisme de l'action nerveuse dans les idées reçues : il semble que, pourvu que la continuité existe entre les différentes portions du système nerveux, et par quelque voie qu'elle se maintienne, cela suffit.

D'après quelques faits, la moelle épinière elle-même a pu être divisée complètement, et le sentiment persister dans la partie inférieure du corps : il est vrai qu'il s'éteignait bientôt. (Le Gallois.)

LV.

K. Des classes entières d'animaux, tels que les zoophytes, n'ont point de cerveau ni aucune trace de système nerveux, et ils éprouvent cependant des sensations. Si la sensation était fixément liée à une seule forme organique, comme le croyent ceux qui pensent qu'elle dépend de l'organisation de la fibre nerveuse, de même que toutes les autres propriétés dépendent, selon eux, de la texture particulière des autres tissus, pourrait-elle avoir lieu chez les animaux qui sont complètement privés de nerfs? L'effet peut-il exister sans la cause? le résultat avoir lieu sans la machine organique à laquelle on l'a attaché par la chaîne indissoluble de la nécessité, et sans une certaine disposition matérielle, que l'on regarde comme spéciale sans doute, et même comme unique, de la fibre nerveuse, puisqu'à elle seule on a accordé le privilége de sentir? Dans ce système, la sensation ne dépend pas d'une texture générale et commune, le nerf ne peut être remplacé par aucune autre fibre, parce qu'aucune autre n'a ou ne peut prendre accidentellement l'organisation qui est propre à celle-ci.

LVI.

Les zoophytes remplissent toutes les fonctions générales des êtres les plus parfaits, jouissent de toutes leurs propriétés essentielles ; ils sentent, ils se meuvent, ils se nourrissent, etc.; donc ces fonctions, ces propriétés sont les attributs généraux de l'animalité même. Ils exercent ces fonctions d'une manière plus lente, plus imparfaite, moins étendue sans doute, mais au fond toujours la même : la sensation, en tant que sensation, est identique ; donc les organes qu'ont de plus qu'eux les animaux plus élevés dans l'échelle des êtres, servent à autre chose qu'à la production directe ou absolue de la sensation. Ils sont destinés à donner plus d'énergie, plus de perfection à ces fonctions, comme à toutes les autres, même plus qu'aux autres, si l'on veut. En un mot, ils doivent servir en partie à déterminer les circonstances qui spécifient les animaux plus parfaits, et qui les distinguent des autres classes; c'est dans ce que ces animaux parfaits ont de particulier, et non dans ce qu'ils ont de commun, qu'il faut chercher le véritable usage des organes qu'ils ont en propre.

LVII.

On dira que les animaux imparfaits sentent par tel moyen qu'on ignore, mais qu'il est évident, d'après les faits, que les animaux parfaits sentent par le cerveau, et ne sentent que par lui. Cette conséquence exagérée est gratuite; elle n'est pas même dans les faits qu'on invoque. Ils

indiquent des conditions d'exercice, mais non
des conditions de causalité, ce qui est bien différent et peut conduire la théorie à d'autres résultats. Les animaux des diverses classes sont
arrangés sur le même plan; ils ne diffèrent pas du
tout au tout, mais seulement par des nuances : le
fond de l'animalité est le même dans tous. Or, une
différence aussi tranchante que celle qu'on suppose
n'a pas ce caractère d'analogie qui existe entre eux
et qui, bien médité, pourrait servir pour renouveler la physiologie, comme M. Geoffroy-Saint-
Hilaire s'est servi si heureusement de l'analogie
d'organisation pour renouveler l'anatomie. D'après
l'hypothèse reçue, chez certains animaux les sensations pourraient avoir lieu sans un appareil spécial,
elles seraient unies dans le même sentiment de la
conscience, sans ce centre commun physique que
l'on a déclaré être la raison suffisante du fait; tandis
que chez les autres, cet appareil serait de rigueur, ne
serait pas seulement une simple condition auxiliaire
et de perfectionnement, mais une condition de causalité directe : et l'on admettrait une semblable distinction, ou pour mieux dire une pareille contradiction, dans un système mécanique, subordonné en
entier à l'organisation, et où tout doit être nécessaire ! Que penser d'une théorie dans laquelle on
rattache fixément au cerveau la sensation, qui a lieu
sans lui comme avec lui ? Raisonnerait-on ainsi à

l'égard des organes qui ont des fonctions bien déterminées ?

LVIII.

Quelques physiologistes, tracassés dans leurs hypothèses par les faits de ce genre, et reconnaissant qu'ils ne pouvaient pas échapper à la conviction qui les pressait, ont pris le singulier parti de nier que les polypes eussent des sensations avec conscience. (M. Gall.) Ils ont cependant avoué que les polypes étaient des animaux et non des plantes. Une pareille ressource n'en établit que mieux la conséquence du fait. Descartes est le seul qui, dans des circonstances aussi critiques pour un système, ait soutenu positivement une opinion analogue sur les animaux. Tous les physiologistes sans prévention, et qui n'ont aucun intérêt d'hypothèse à ménager, n'ont pas hésité à dire que les polypes sentaient.

LIX.

L. Dans les animaux des premières classes qui commencent à avoir un cerveau, cet organe a si peu d'importance sous le rapport anatomique et physiologique, que les défenseurs de la doctrine reçue n'ont pas osé dire qu'il fût le siége absolu des sensations. Le cerveau n'est ici qu'un ganglion presque isolé du reste du système; il est souvent plus petit que les autres ganglions, et, par sa disposition, il ne présente rien de remarquable. Que peut-on penser d'une hypothèse qui, contraire à l'ensemble des animaux, ne s'applique qu'à certains d'entre eux et au plus petit nombre? Une idée aussi rétrécie pouvait être imaginée ou se maintenir, quand on ignorait complètement l'anatomie comparée; mais aujourd'hui que l'on s'occupe autant des autres animaux que de l'homme lui-même, que l'on fait marcher de front la zoologie toute entière, qu'on peut s'élever aux lois générales de l'animalité, que la physiologie comparée établit les plus grandes analogies, peut-on soutenir des opinions aussi exclusives et qui se coordonnent si peu avec l'ensemble des faits?

LX.

M. Ce n'est pas seulement dans les animaux des dernières classes qu'on observe une importance peu prononcée du volume et de l'action du cerveau; mais c'est encore dans les animaux de classes assez relevées, tels que les serpens, les lézards, les grenouilles, etc.

LXI.

On trouve dans l'échelle des animaux toutes les nuances de prédominance anatomique et physiologique du cerveau. Comment cette gradation successive, dans laquelle on ne peut établir aucune limite tranchante, peut-elle s'accorder avec le système ordinaire, qui est et qui doit être absolu? Il faudra donc admettre d'abord deux hypothèses exclusives contradictoires, et puis toutes les hypothèses mixtes possibles. Mais ces dernières ne détruisent-elles pas à-la-fois les deux premières, et n'inspirent-elles pas d'autres idées?

LXII.

Quand on arrive aux mammifères, toutes les lois de l'organisation sont-elles changées, toutes les analogies interrompues? Y a-t-il deux législations, deux sortes de vie opposées? Encore même, pour les mammifères, n'y a-t-il pas des variations à cet égard, quoiqu'elles soient moins prononcées que dans les animaux des différentes classes?

LXIII.

Tous ces faits n'ébranlent-ils pas la confiance qu'on peut avoir pour une conséquence qui n'était pas même rigoureusement établie par les observations que l'on invoquait à son appui (§. XLIX)? Ne donnent-ils pas à penser qu'il faut établir une théorie plus réservée, qui embrasse tous les faits? car ne faut-il pas admettre que les faits ne se contredisent que dans nos explications, et non dans la réalité. Or, dans l'hypothèse que nous examinons, il y a contradiction formelle dans les conclusions.

LXIV.

N. Dans les animaux les plus parfaits, comme chez l'homme, par exemple, certaines parties n'ont pas de nerfs, et n'en jouissent pas moins de la sensibilité de conscience : tels sont les ligamens articulaires, les membranes séreuses, synoviales, etc. (Bichat.)

Si les nerfs sont les seules parties sensibles de l'économie, ou si le cerveau a le privilége exclusif de *faire* des sensations avec les impressions qui lui sont apportées par les nerfs des organes, les faits que nous venons d'indiquer peuvent-ils s'accorder avec cette idée, présentée surtout dans un sens aussi absolu ? Si l'on était conséquent au principe d'où l'on est parti, on devrait du moins exclure certains organes de la loi générale, et leur donner une sensibilité en propre ; mais alors que devient la théorie toute entière ? Il faut donc qu'elle soit changée dans ses bases fondamentales.

Reil a eu recours à une atmosphère nerveuse pour expliquer comment les nerfs peuvent communiquer, selon lui, la sensibilité aux parties qu'ils ne pénètrent pas immédiatement ; mais cette supposition, saisie d'abord avec enthousiasme, et puis rejetée avec dédain par les partisans de ce système, ne sert qu'à prouver que les physiologistes, qui rapportent la sensibilité à une seule forme organique, ne peuvent pas sortir des embarras attachés à ce mode d'explication.

LXV.

O. Les mêmes parties qui, dans l'état naturel, ne sont pas sensibles, le deviennent beaucoup plus, dans certains cas, que celles qui le sont ordinairement et qui sont richement pourvues de nerfs. On ne peut donc pas faire dépendre une propriété qui se montre aussi variable que la sensibilité, d'une circonstance anatomique positive et constante par sa nature. Le système nerveux ne serait donc qu'un moyen auxiliaire de la sensibilité, et non sa cause essentielle.

LXVI.

P. Certaines parties qui reçoivent une grande quantité de nerfs, ne se montrent pas très-sensibles, ni dans l'état de santé, ni dans l'état de maladie : tels sont les organes parenchymateux, les poumons, la rate, le foie, etc. La sensibilité n'est donc pas en rapport constant avec les nerfs, comme elle devrait l'être dans une théorie tout anatomique.

LXVII.

Q. Si les nerfs sont les organes exclusifs du sentiment et du mouvement, si telles sont les fonctions particulières qu'ils tiennent de leur tissu, pourquoi des parties qui ne jouissent que de propriétés purement vitales, et qui ne sont pas destinées à transmettre des sensations, ou qui ne peuvent pas exercer des mouvemens sensibles, ont-elles des nerfs, et en ont-elles quelquefois en plus grande quantité que les parties le plus éminemment sensibles et mobiles? Les nerfs serviraient donc à des usages qui n'ont pas été encore appréciés, qui se rattachent à la vie elle-même, et qui, peut-être, dans leur généralité, embrassent le sentiment et le mouvement. Il est très-sûr que l'on n'a vu qu'une partie de leurs fonctions, et que l'on a vu cette partie d'une manière trop absolue et trop rétrécie. Si chaque organe a une fonction particulière dépendante de son tissu, comme on dit, il faut donc attribuer aux nerfs une seule fonction plus générale et qui explique leurs rapports avec la vie organique, rapports que tous les physiologistes accordent, mais dont presque aucun d'eux ne tient compte dans son système, comme elle doit rendre raison de leurs rapports avec la vie animale, qui ont été si vicieusement exagérés.

LXVIII.

R. Le cerveau se montre peu sensible, même quand on le brûle, surtout dans sa substance corticale; il le devient de plus en plus à mesure que l'on descend vers sa base. Il partage alors les propriétés des nerfs, dont il se rapproche d'ailleurs par ses caractères extérieurs. On dirait que cette sensibilité ne lui est qu'accidentelle; toujours est-il sûr que les nerfs en possèdent un plus haut degré que lui, et que ceux-ci sont, à leur tour, moins sensibles que les parties mêmes qui les reçoivent, et qui, cependant, n'auraient qu'une sensibilité empruntée, selon les idées reçues. Il est assez singulier que le cerveau, que l'on regarde comme le seul organe sensible, puisqu'il est la source unique de la sensibilité de toutes les autres parties, soit si peu sensible pour son propre compte, sous l'action de ces mêmes causes qui, portées sur les nerfs ou mieux encore sur les organes mêmes, procurent des douleurs atroces. (Dumas.)

Nous nous garderons bien d'exagérer les conséquences à déduire des faits de ce genre, et de soutenir que le cerveau n'exerce aucune influence sur les sensations; mais nous nous permettrons seulement de remarquer que cette observation ne s'accorde pas trop avec l'idée généralement admise, que le cerveau seul perçoit les sensations. L'on est porté par elle à présumer qu'il doit servir aux sensations mêmes, plutôt en quelque sorte d'une manière indirecte que comme on l'entend; qu'il doit introduire dans les organes une condition de vitalité et d'énergie, qui leur permet de développer les facultés qui leur sont propres.

LXIX.

S. Certains nerfs ne sont pas sensibles ; telles sont les divisions si étendues du trisplanchnique : on les coupe, on les brûle impunément, à-peu-près comme les organes auxquels ils se rendent. L'aptitude des nerfs des membres et des organes des sens, à recevoir une impression si vive de la part des agens extérieurs, ne semblerait-elle pas en quelque sorte accidentelle ? Ne partageraient-ils pas, comme par analogie, le mode de vie tout extérieur des organes auxquels ils se rendent; tandis que les nerfs des viscères auraient un mode de vie tout intérieur, tout organique comme ceux-ci ? Ainsi les nerfs, au lieu de déterminer, de spécifier la sensibilité des organes, leur seraient subordonnés sous ce rapport : loin de leur communiquer la sensibilité, comme on le croit, ils la recevraient d'eux. Cette analogie de vie ne favorise-t-elle pas leurs fonctions générales d'harmonie ? Ne se rattache-t-elle pas à des usages plus étendus que ceux qu'on leur a attribués, à ces usages de rapport qu'on a très-bien observés pour le grand sympathique, ainsi que son nom même l'indique, mais qu'on a négligés dans l'étude des autres nerfs?

LXX.

On a isolé le grand sympathique, et on a été jusqu'à en faire un système à part, qui n'aurait presque aucune ressemblance de fonctions avec le système cérébro-rachidien. On a donc avoué par-là que les nerfs avaient des rapports intimes avec la vie organique. Mais cette division tranchante est-elle bien fondée ? Les nerfs de la vie animale, outre leur action sur le sentiment et le mouvement, ne remplissent-ils pas le même rôle que les nerfs ganglionnaires à l'égard des parties qu'ils animent? Leurs fonctions se rattacheraient donc à quelque propriété générale et commune à tout le système nerveux. La théorie reçue n'a jamais pu parvenir à mettre de l'harmonie dans ses idées sur ces deux portions d'un même système. Bichat lui avait accordé des sensations très-vives qui lui appartenaient en propre, et qu'il ne tenait pas du cerveau, et qui sont cependant les manifestations les plus prononcées de la sensibilité (les passions).

LXXI.

T. Il n'est point de partie plus ou moins considérable du cerveau qui ne puisse être détruite par la suppuration ou par des lésions organiques, les sensations se conservant dans leur intégrité : il serait même aisé de réunir un ensemble suffisant de faits, d'après lequel chaque partie du cerveau aurait été détruite, les sensations n'en souffrant aucune altération. On n'aurait qu'à profiter des recherches des physiologistes, qui se sont efforcés de donner un centre circonscrit aux sensations, sur-tout quand ils ont réfuté par les faits ceux qui avaient placé ce centre dans toute autre partie du cerveau que celle qu'ils avaient choisie. (Lapeyronie, Sténon, etc.)

La chose se passe sur-tout ainsi, lorsque ces destructions ont lieu d'une manière lente et progressive, et que la nature vivante peut s'habituer à la privation de l'organe détruit, ou à l'effet du procédé de destruction même; car l'influence directe de la destruction entre autant dans les résultats de ces altérations organiques, que la simple privation de l'organe. En général, les physiologistes, comme les expérimentateurs, n'ont pas tenu compte de ces deux sortes d'effets dans les déductions qu'ils ont tirées des observations de ce genre; ils ont vicieusement tout attribué à la privation de la partie.

LXXII.

Les faits que nous venons d'indiquer ne prouvent pas sans doute que le cerveau n'est pour rien dans l'exercice de la sensibilité ; mais ils doivent faire penser que son action n'est pas d'une nécessité aussi prochaine, aussi absolue qu'on le suppose.

On répond que la même chose a lieu pour tous les autres organes, pour les poumons par exemple, sans qu'on puisse en rien conclure contre les fonctions qu'on leur attribue : mais les poumons ont une organisation et des fonctions uniformes dans tous leurs points; celles-ci peuvent donc continuer leur exercice tant qu'il existe une partie de l'organe. En est-il de même du cerveau et des sensations ? Dans l'idée généralement admise, on distribue chaque sensation, chaque idée, sur différens points du cerveau ou du centre commun ; on les circonscrit comme dans des cases particulières ; on les fait dépendre du jeu d'une mécanique très-compliquée et à plusieurs rouages. Ce n'est même que pour expliquer la diversité des idées qu'on admet la diversité des organes (M. Gall, et presque tous les physiologistes, du moins d'une manière générale): donc, toutes les fois qu'on emporte partie du cerveau, on devrait enlever certaines sensations, certaines idées ; et il est si vrai que l'on entend la théorie dans le sens que nous lui attribuons, qu'on a cru se défendre contre cette objection par l'idée que les organes cérébraux étaient doubles. Mais plusieurs faits feraient enfin abandonner cette position pénible, si nous voulions l'attaquer.

Les faits de ce genre ne conduiraient-ils pas à croire que le cerveau agit sur la sensibilité, par une force plutôt dynamique que mécanique, et que ses différentes parties peuvent alors se suppléer ?

D'ailleurs, peut-on comparer une sensation perçue par la conscience dans le cerveau, à du sang qui prend certains caractères et acquiert un nouveau principe dans les poumons ? Ne faut-il pas même, dans la théorie des fonctions de ces derniers organes, tenir compte de leur action dynamique ?

LXXIII.

U. A en croire plusieurs observateurs dignes de foi, le cerveau tout entier, dans certains cas très-rares, a pu être détruit, les sensations n'en persistant pas moins. Je veux que ces faits n'aient pas été observés avec assez de soin pour s'assurer qu'il ne restait aucune portion du cerveau (M. Gall) ; toujours sera-t-il incontestable qu'une très-grande partie de cet organe était détruite, et que cependant les sensations n'étaient pas abolies. Or, ces faits peuvent-ils s'arranger avec la théorie reçue, telle qu'elle est admise? Telle est toute la conséquence que nous voulons en déduire; elle seule nous suffit, et elle nous paraît hors de doute. S'il ne reste, par exemple, dans certains cas, comme l'on ne peut guère se refuser à le croire, que la première origine des nerfs cérébraux, il est évident que tout ce qui manque n'est pas d'une nécessité absolue pour l'exercice de la sensation, n'est pas lié à sa production directe, mais a sur elle toute autre influence dont on ne tient pas compte dans les théories ordinaires, et que l'on ne peut pas même considérer sous son véritable point de vue, avec les idées mécaniques, grossières et absolues, qu'on se fait de l'action cérébrale sur la sensibilité. Admettez le fait, même avec les restrictions que nous venons d'y mettre, et faites-en l'application à toutes les théories admises, il n'en est aucune qui puisse s'accorder avec lui, de quelque manière qu'on s'y prenne.

LXXIV.

M. Gall a prouvé, par ses belles recherches, que dans l'hydrocéphale, à quelque degré qu'elle fût portée, il n'y avait pas destruction complète de la substance cérébrale, mais plutôt déplissement des circonvolutions. En recevant cette proposition dans son entier, toujours faudra-t-il admettre que le cerveau est dans un état organique très-différent de son état ordinaire; qu'il supporte dans ce cas plusieurs livres d'eau; tandis que dans la plupart il n'en supporte pas impunément une once : toujours faudra-t-il renoncer, quand il s'agit des êtres vivans, à toutes ces conceptions grossières prises des dérangemens d'une machine. D'ailleurs, dans cette manière de raisonner, comment expliquer le fait contradictoire au premier, savoir, que dans le plus grand nombre des cas d'hydrocéphale les sensations sont beaucoup moins vives que dans l'état naturel?

Ce même raisonnement s'applique aux cerveaux dits pétrifiés et ossifiés. Il y a toujours ici, pour le moins, compression du cerveau par une tumeur osseuse, et cela sans résultat.

LXXV.

V. Des animaux auxquels on a coupé la tête conservent le sentiment dans le tronc. Cette loi est générale et absolue, et je me suis convaincu, par mes expériences, qu'elle embrasse tous les animaux, depuis les insectes jusques aux mammifères.

On croit communément que les mouvemens que fait un animal, dans ce cas, sont purement automatiques et ne prouvent pas qu'il conserve le sentiment ; mais il faut n'avoir jamais répété les expériences de ce genre, ou il faut les avoir faites avec beaucoup de précipitation et de prévention, pour porter un pareil jugement. Tous ceux qui ont observé avec quelque attention les phénomènes que présente alors l'animal, n'ont jamais hésité. Il n'y a que les idées théoriques qui font revenir d'un premier jugement et altèrent les conclusions. (Le Gallois, la commission des membres de l'Institut nommée pour vérifier ses expériences, Wilson Philipp, Rolando, M. Flourens, etc.)

LXXVI.

Si l'on rapproche deux grenouilles, dont l'une ait sa tête et que l'autre soit mutilée; mais qu'elles soient arrangées de manière qu'on ne puisse pas s'apercevoir de cette différence, et qu'on les pince, qu'on les tourmente devant un témoin qui ne soit pas dans le secret de l'expérience, il ne balancera pas à dire qu'elles sentent toutes les deux, et il sera même embarrassé dans certaines circonstances, pour décider quelle est celle des deux qui a été mutilée. Que l'on fasse cette expérience devant un savant ou devant un simple paysan, même devant un physiologiste qui ait les opinions contraires les plus prononcées, elle aura toujours les mêmes résultats.

LXXVII.

Nous ne jugeons de la nature des mouvemens des animaux que d'après leur analogie avec les nôtres. Quand nous voyons qu'un animal dirige ses mouvemens vers un but, que ces mouvemens sont compliqués et coordonnés, nous affirmons qu'il a senti, et que ce sont des sensations perçues qui ont décidé ces mouvemens.

Or, si les mouvemens des animaux décapités présentent les mêmes caractères que les mouvemens volontaires, nous sommes forcés d'admettre qu'il y a identité entre eux et de les rapporter à la même origine. En effet, ces mouvemens sont ralentis, progressifs, coordonnés; ils sont dirigés vers un but qu'ils atteignent, et ce but n'a pu être manifesté que par des sensations. Ainsi, ces animaux marchent, volent, s'arrêtent devant un obstacle et s'en détournent; ils retirent leurs membres, quand on les touche, et avec plus ou moins de force, d'étendue ou de rapidité, selon qu'on les tourmente plus ou moins : ils finissent par se décider à fuir, par cet enchaînement de mouvemens si compliqués qui sont nécessaires à cet acte.

On ne peut nullement confondre ces mouvemens avec ceux de pure irritabilité, quelque prononcés que soient ceux-ci, même quand ils sont provoqués par l'action puissante du galvanisme.

Les mouvemens d'irritabilité sont brusques, convulsifs, soumis à des alternatives rapides de contraction et de relâchement ; ils ne se maintiennent pas longtemps dans le même état, et cessent dès que le stimulus est écarté ; ils n'ont lieu enfin que quand on touche immédiatement le nerf ou la fibre musculaire.

LXXVIII.

On soutiendra que ces mouvemens sont purement automatiques, même chez l'animal, dans son état d'intégrité physique, et que, par conséquent, on ne peut en rien conclure pour la présence de la vie animale ou de conscience.

Nous avons rencontré souvent des médecins remarquables par leur instruction et par leur candeur, qui nous faisaient cette objection ; mais nous leur avons observé que l'expression d'*automatique* était prise par eux dans un sens vague et indéterminé. Sans doute qu'il ne faut pas un calcul très-compliqué de la pensée pour diriger des mouvemens, sur-tout quand il n'est question que de soustraire un membre à une cause de douleur ; sans doute même que l'on peut dire que l'instinct a sa part dans cet acte, quoique l'on doive laisser quelque chose à la réflexion ;

mais la sensation elle-même, qui a décidé l'exercice simultané de l'instinct et de la réflexion, a été perçue; la sensibilité a conscience du mouvement qui a eu lieu ; ce mouvement est toujours en rapport avec l'intensité et la nature de cette sensation ; il est dirigé, surveillé, redressé par elle. On ne peut donc pas contester que des phénomènes de ce genre n'attestent la présence et l'activité du sentiment et des fonctions de relation.

Nous observerons que l'animal décapité est privé des sens de la vue et de l'ouïe, qui ont une si grande influence sur les mouvemens volontaires; qu'il n'a que le tact, et que, par conséquent, il ne serait pas étonnant qu'il présentât une différence marquée dans l'expression de ses mouvemens, lors même que la sensibilité du tact n'eût rien perdu ; ce qui n'est pas.

LXXIX.

La décapitation a des résultats par elle-même, qu'il faut déduire par abstraction, du résultat direct de l'expérience sur la sensibilité, pour s'en former une notion exacte.

1°. Elle est accompagnée de l'hémorrhagie des gros vaisseaux, qui, dans les mammifères, amènerait la perte du sentiment et de la vie dans l'espace de quelques minutes. Dans les animaux inférieurs, cette circonstance est moins prononcée;

mais elle est toujours propre à dénaturer l'expérience et les conclusions. C'est elle qui en a imposé si longtemps sur les véritables effets de la décapitation chez les mammifères. Ce n'est que depuis qu'on a lié les vaisseaux et empêché l'hémorrhagie, qu'on a pu étudier le problème dans sa simplicité, et qu'il a donné des résultats si inattendus. Malgré toutes les précautions, le plus souvent il y a toujours une grande perte de sang, surtout par les artères vertébrales, que l'on ne peut pas lier comme les carotides.

2°. Elle détermine l'asphyxie: celle-ci, à elle seule, fait perdre encore le sentiment avec la vie, dans quelques minutes, par la division du nerf pneumogastrique, qui, d'après tous les faits, est une condition très-prochaine de l'exercice de cette fonction. M. Le Gallois, qui constata que l'asphyxie était la véritable cause de la mort et de la perte si prompte du sentiment après la décapitation, imagina de suppléer à l'introduction naturelle de l'air par l'insufflation artificielle ; mais ce moyen est très-insuffisant en lui-même, il ne remédie en rien à la perte de vitalité du poumon lui-même par la section de la huitième paire, qui préside en partie à l'expression du besoin d'air et aux combinaisons chimico-vitales et assimilatrices qui ont lieu dans l'organe ; il a pu permettre, cependant, de prouver que ce sentiment se maintient incontestablement après la décapitation.

3°. La décapitation elle-même, par l'affection grave qu'elle détermine sur des parties aussi importantes que celles qu'elle intéresse, produit des effets directs, qu'il faut distinguer de ceux qui tiennent à la simple ablation du cerveau. J'ai observé que sur le premier moment de l'opération, tous les animaux, même ceux des classes les plus inférieures, sont jetés dans la stupeur, et que si on les soumet de suite à des épreuves exploratrices, ils manifestent peu de sensibilité; il faut avoir le soin d'attendre quelques minutes avant de les toucher. Dans tous les cas, un effet si profond laisse des traces, que le temps ne peut jamais faire disparaître en entier.

4°. La privation de nourriture doit être tenue en compte; mais cette circonstance n'a de valeur que pour les animaux inférieurs, qui survivent plusieurs jours à la décapitation.

LXXX.

Le temps que le sentiment persiste après la décapitation varie dans les différentes classes d'animaux. Je vais présenter le tableau approximatif de ces différences, d'après un très-grand nombre d'expériences dirigées dans ce sens.

Les insectes qui résistent le mieux à la décapitation n'ont pas survécu plus de deux fois vingt-quatre heures. — Chez les vers, le sentiment a persisté plusieurs jours ; douze jours dans les sangsues. — Dans les crustacés, dans l'écrevisse, par exemple, il ne s'est jamais conservé au-delà de deux heures. — Dans les mollusques, douze à quinze heures. — Dans les poissons (anguille), deux heures. — Dans les oiseaux et les mammifères, quelques minutes, si on n'arrête pas l'hémorrhagie, ou si on ne prévient pas l'asphyxie. Dans ce dernier cas, le sentiment se maintient un quart d'heure.

LXXXI.

Dans la même classe, le sentiment se conserve plus ou moins de temps, selon l'espèce d'animal, et avec les variations les plus prononcées. Ainsi, dans la classe des insectes, les uns survivent plusieurs jours à la décapitation ; les autres meurent sur-le-champ même ; et ce qu'il y a de plus étonnant, c'est qu'on ne peut pas attribuer ici la mort à l'asphyxie ou à la perte du fluide nourricier, comme dans les vertébrés. Il en est de même, mais avec des différences moins marquées, dans les autres classes.

J'ai cherché à quelle circonstance d'organisation on pouvait rapporter des différences si prononcées et si générales, et j'ai constaté que la durée de la persistance du sentiment après la décapitation, toutes choses égales d'ailleurs, tenait à une certaine disposition du corps des animaux. Ceux qui ont un corps allongé, la tête petite respectivement au tronc, séparée par un long cou, ou très-détachée de celui-ci, comme dans certains insectes, sont ceux qui survivent le plus long-temps. Nous verrons ailleurs combien cette loi, établie par une observation constante, jette du jour sur la physiologie du système nerveux, et sur les rapports d'action et d'influence de ses différentes divisions.

Il y a des variations individuelles, qui sont cependant encore très-marquées, et qui dépendent de l'âge de l'animal, les plus jeunes survivent le plus long-temps : de la force du sujet; du point précis sur lequel on opère, ce qui est très-important à noter chez les mammifères, et plus généralement chez les vertébrés, et enfin de plusieurs autres circonstances que nous n'avons pas pu encore découvrir, ou qui se perdent même dans la constitution propre du sujet sur lequel on opère.

LXXXII.

X. C'est par une erreur anatomique, aujourd'hui presque généralement reconnue, qu'on a cru que tous les nerfs se rendaient au cerveau, comme à un centre commun. Cette idée fausse n'était peut-être dans le principe qu'une simple erreur de langage (Bichat); mais dans la suite elle en introduisit une foule d'autres dans la doctrine anatomique et physiologique. Quoi qu'il en soit, il est certain que l'on pensait, et que l'on pense encore, que le cerveau est le point d'origine physique et le centre d'action physiologique de tous les nerfs. On n'a d'autre preuve de cette hypothèse que le volume respectif du cerveau, la continuité de cet organe avec les nerfs, et quelques autres faits anatomiques et physiologiques qui, fussent-ils aussi constans qu'ils le sont peu dans la généralité des animaux, ne donneraient jamais la conclusion rigoureuse qu'on en a tirée. Ici, comme ailleurs, on a été au-delà des faits.

LXXXIII.

C'est d'après cette manière vicieuse d'interpréter l'inspection anatomique, que l'on adopta des opinions opposées, qui se détruisent réciproquement et montrent la fausseté de cette logique. Plusieurs anatomistes anciens et modernes (Praxagoras, Plistonicus, Galien, etc.), prétendirent que le cerveau n'était qu'une production, un prolongement de la moelle épinière d'autres crurent que le cerveau provenait des nerfs et n'était que le résultat de leur réunion: tous s'appuyaient sur le même raisonnement, tiré de la même circonstance anatomique, le volume respectif des parties.

M. Gall a établi que le cerveau, la moelle épinière et les nerfs, ne provenaient pas d'une origine commune dans leur formation ; mais que ces différentes portions du système nerveux partaient d'une masse particulière de substance grise, qui était leur matrice nourricière ; que chaque nerf, avec son ganglion, formait un système partiel et indépendant, qui ne provenait ainsi que de lui-même ou de sa substance grise, et que tous ces systèmes isolés formaient un seul tout, par de simples moyens de communication.

LXXXIV.

Toutes ces idées s'appuient sur une hypothèse commune, savoir, que les différentes portions du système nerveux ne proviennent pas d'elles-mêmes, mais d'un point en particulier ; idée qui ne s'appuie sur aucune preuve directe, et qui est contraire à toutes les notions générales sur la formation des organes. Cependant c'est cette doctrine qui forme le point d'appui le plus solide de toutes les théories émises jusques ici sur les fonctions nerveuses, et elle doit évidemment sa naissance à celles-ci ; l'on s'en est servi pour les soutenir, par un véritable cercle vicieux, dans lequel on cherche en vain une preuve solide.

LXXXV.

Nous allons présenter avec quelques détails

nos observations anatomiques sur l'organisation générale du système nerveux ; elles entrent naturellement dans le plan de nos recherches ; nous ne pourrions pas faire saisir le rôle que nous attribuons au cerveau et aux nerfs dans les sensations et dans toutes les fonctions intellectuelles et morales, si nous ne faisions pas connaître quelques idées qui nous sont propres sur le système nerveux. Nous nous efforcerons ici de ne jamais sortir de l'inspection anatomique, nous oublierons toutes nos idées théoriques sur l'action de ce système, pour mieux voir la vérité, et pour pouvoir tirer de ce nouvel appui de notre doctrine tout le secours possible.

LXXXVI.

Je considère le système nerveux comme une sorte de réseau fibro-médullaire, établi au sein de l'organisation, et enveloppant dans ses nombreux filets tous les organes et presque toutes les molécules qui les composent. Ce réseau est continu dans son ensemble, et complètement indépendant dans ses moindres parties. Sous le rapport de la formation, il na', à proprement parler, ni racine, ni tronc, ni branches; ni commencement ni fin; ni point d'origine, ni point de terminaison. Il forme un cercle complet, qui se réunit d'une part dans certaines portions centrales de premier ordre, le cerveau, la moelle épinière, et dans certaines portions centrales de deuxième ordre, les ganglions du nerf trisplanchnique ; et de l'autre, dans leurs dernières et plus petites extrémités, qui se confondent intimement entre elles dans la trame des organes.

LXXXVII.

Pour bien concevoir cette disposition, il faut partir des divisions principales, qu'on nomme troncs dans le langage ordinaire, et porter de là son attention d'un côté sur les centres, et de l'autre, sur les extrémités nerveuses; ou bien considérer à part tous les nerfs qui sont continus aux divers centres, cerveau, moelle épinière, ganglions; les suivre dans leurs rapports avec les centres ; et se faire ainsi, par ces deux voies d'observation, une idée de l'ensemble du système, sans jamais oublier que toutes ces méthodes ne sont que des moyens d'instruction, pour arriver à l'idée absolue de l'unité du système nerveux, et pour se former une notion exacte de sa disposition générale.

LXXXVIII.

Il est incontestable que les différentes portions du système nerveux sont produites par elles-mêmes, et non pas les unes par les autres, comme on le suppose toujours, d'abord dans le langage, et enfin dans la doctrine elle-même. Elles sont toutes également renfermées dans le germe primitif ; et lors même qu'il serait prouvé que leur développement n'est pas simultané, mais successif, il ne faudrait pas pour cela les faire dériver les unes des autres. Comment le cerveau formerait-il les nerfs les plus rapprochés de lui, et à plus forte raison ceux qui sont le plus éloignés? ou comment les nerfs produiraient ils le cerveau, ainsi que quelques-uns l'ont cru?

Il est étonnant que M. Gall, qui a si bien fait connaître l'absurdité de ces idées, par rapport aux grandes divisions du système nerveux, se soit laissé entraîner par elles, comme quand il a établi que la substance grise était la matrice nourricière de la substance blanche, dans les portions même qui en sont le plus éloignées, et qu'il a admis des appareils de renforcement de substance grise, en donnant à ce mot un sens hypothétique, qui est hors de l'observation anatomique, et qui pouvait imprimer une fausse direction à ses découvertes, d'ailleurs si précieuses, sur les véritables rapports des fibres cérébrales entre elles. Il est curieux de le voir se perdre dans des comparaisons aussi ingénieuses qu'inexactes, prises du développement des différentes parties d'un végétal (1).

---

(1) *Anat. et Physiol. du système nerveux*, t. I, p. 240.

Reil, qui le premier a senti la fausseté des opinions vulgaires et l'indépendance absolue de chaque portion de nerfs, a cependant ensuite établi que le névrilemme sécrétait la pulpe médullaire des nerfs et du cerveau. L'esprit humain veut donc toujours expliquer la formation première des choses, et il s'imagine qu'elles présentent dans leur formation l'ordre de succession selon lequel il est obligé de les considérer pour les connaître, confondant ainsi leur nature avec sa manière de les étudier et de les voir.

L'anatomie doit se contenter de saisir les rapports de continuité, de volume, etc., des différentes portions du système nerveux, et d'exprimer ces rapports avec la plus grande pureté possible. Elle doit, pour porter de la lumière dans l'étude d'une organisation aussi faiblement dessinée, constater la direction et la continuité des fibres blanches, jusques à la substance grise; mais ne pas se perdre dans les idées arbitraires de leur formation. C'est ainsi qu'on peut suivre les fibres d'un muscle jusques à son tendon, sans décider que l'un vient de l'autre, comme on l'a fait quelquefois. Le langage anatomique ne doit jamais aller au-delà de l'observation. Les anatomistes en ont dit souvent beaucoup plus qu'ils n'en avaient vu ; et une réforme importante à faire dans cette science, consiste moins à chercher à voir de nouvelles choses qu'à retrancher celles qu'on n'a réellement pas vues. Il est inouï combien les idées systématiques ont importé d'idées fausses dans l'anatomie, et jusques à quel point la théorie a influencé l'observation la plus sévère par elle-même.

LXXXIX.

On a beaucoup disputé et on dispute encore sur l'origine du grand sympathique. Les uns le font dériver exclusivement du cerveau, les autres de la moelle épinière ; certains veulent qu'il vienne de ganglions isolés et indépendans les uns des autres, qui sont comme autant de véritables cerveaux qui fournissent leurs nerfs respectifs, et qui sont seulement unis entre eux et avec la moelle épinière et le cerveau par des branches de communication ; d'autres enfin croient atteindre la vérité en combinant ces différentes origines : mais l'idée fondamentale de toutes ces notions est la même, et elle se montre frappée du même vice. Ces nerfs n'émanent que d'eux-mêmes dans toutes leurs divisions ; ils sont seulement en communication de continuité avec les fibres qui aboutissent aux ganglions, au cerveau et à la moelle épinière, ou plutôt ils forment, comme toutes les autres divisions du système nerveux, un tout continu avec celles-ci, par des portions de substance nerveuse plus ou moins considérables.

XC.

La pulpe blanche qui compose le cerveau se continue dans le nerf optique en masse et sans interruption. Il en est de même des éminences mamillaires qui forment le nerf olfactif, sur-tout chez certains animaux. Plusieurs physiologistes ont dit que ces nerfs n'étaient que le cerveau prolongé, et cette idée, inexacte sous certains points, montre cependant le rapport d'organisation et d'unité que nous indiquons.

On peut donc se représenter la substance nerveuse comme ayant été répandue d'un seul jet dans les névrilemmes de tout le système, ainsi qu'on fait dans la fonte d'une statue. Nous ne voulons exprimer par cette comparaison grossière que les rapports et l'unité d'organisation de tout le système nerveux, telle que nous tâchons de la faire concevoir. Au reste, l'organisation fibreuse de la substance blanche n'est pas prouvée pour toutes les divisions; d'ailleurs, quand elle serait aussi générale, aussi absolue que le prétend M. Gall, cela ne changerait en rien notre idée, notre comparaison, et sur-tout le but logique dans lequel nous la présentons.

La substance pulpeuse paraît être rendue à elle-même dans les deux extrémités du système, dans le cerveau et la moelle d'une part, dans les dernières divisions des nerfs de l'autre; le nevrilemme n'existe que dans les troncs intermédiaires, du moins la chose est évidente pour les nerfs optique, ethmoïdal et labyrinthique.

XCI.

La discussion que nous élevons ici n'est pas une simple dispute de mots, comme l'on pourrait le croire d'abord ; elle tient à ce que l'anatomie et la physiologie ont de plus important, et elle tend à imprimer à ces deux sciences une direction nouvelle dans tout ce qui est relatif à l'organisation et aux fonctions du système nerveux, c'est-à-dire à la théorie de l'homme physique et de l'homme moral tout entier. Elle ne réforme pas seulement le langage, mais elle change la doctrine.

XCII.

M. Cuvier, d'après ses vastes connaissances d'anatomie comparée, a entrevu la véritable organisation du système nerveux, et une des lois générales de ses fonctions, quoique cet anatomiste célèbre n'ait pas pu accorder ses excellentes idées sur ce point avec les faits qui paraissent leur être opposés, dans les animaux plus parfaits, et qu'en empruntant à la physique l'idée d'un fluide sensitif, qui agirait comme l'électricité ou le magnétisme, il n'ait apporté dans la physiologie qu'une hypothèse de plus (§. XXXIV).

« On pourrait penser, dit-il, qu'au fond, toutes les parties du système nerveux sont homogènes et susceptibles d'un certain nombre de fonctions semblables, à-peu-près comme les fragmens d'un grand aimant que l'on brise, deviennent chacun un aimant plus petit qui a ses pôles et son courant ; et que ce sont des circonstances accessoires seulement à la complication des fonctions que ces parties ont à remplir dans les animaux très-élevés, qui rendent leur concours nécessaire, et qui font que chacune d'elles a une destination particulière. »

« Il paraît en effet, quant à ce dernier point, que si certains nerfs ne nous procurent que des sensations déterminées, et que si d'autres ne remplissent également que des fonctions particulières, cela est dû à la nature des organes extérieurs dans lesquels les premiers se terminent, et à la quantité de vaisseaux sanguins que reçoivent les autres, à leurs divisions, à leurs réunions, en un mot, à toute sorte de circonstances accessoires, plutôt qu'à leur nature intime. »....

« La comparaison du système nerveux à un tronc et à des branches n'est pas parfaitement exacte. On doit plutôt le considérer comme un réseau compliqué, dont la plupart des fils communiquent les uns avec les autres, et où se trouvent, en différens endroits, des masses ou des renflemens plus ou moins marqués, qui peuvent être regardés comme les centres de ces communications (1). »

XCIII.

Ce qui prouve que les différentes portions du système nerveux sont indépendantes, c'est qu'elles n'ont aucun rapport de volume entre elles. Ainsi, le cerveau n'a nulle proportion avec les nerfs auxquels il est censé donner naissance, selon les uns, ou dont il est le résultat, selon les autres; surtout si l'on observe que les hémisphères proprement dits ne sont en continuité qu'avec deux nerfs, l'optique et l'olfactif; encore même y a-t-il des doutes, à cet égard, pour le premier. Il en est de même de la moelle épinière et des ganglions du trisplanchnique, par rapport à leurs nerfs respectifs.

XCIV.

Les divisions partielles d'un même centre (cerveau, moelle épinière, ganglions du trisplanchnique) n'ont aucun rapport entre elles, comme la chose a lieu évidemment pour celles du cerveau et du trisplanchnique. De même la moelle épinière n'est pas uniforme dans toute sa longueur; elle se compose d'autant de renflemens qu'il y a

---

(1) *Leçons d'Anatomie comparée*, tom. II, p. 95.

d'origines de nerfs rachidiens ; et en outre, on remarque deux renflemens plus considérables, dont l'un donne naissance aux nerfs des membres supérieurs, et l'autre à ceux des membres inférieurs.

XCV.

Les portions d'un même nerf ne conservent pas entre elles le rapport de volume qu'elles devraient avoir si elles dérivaient les unes des autres. Les dernières divisions d'un nerf réunies forment un volume beaucoup plus considérable que le tronc dont elles émanent, ou plutôt avec lequel elles sont en communication : ce qui démontre que ces dernières divisions ne sont pas le simple épanouissement ou écartement des fibrilles nerveuses rapprochées dans le tronc, comme on le dit ; mais qu'il y a augmentation réelle de substance médullaire, soit par le renflement ou l'augmentation de volume des premières fibrilles, ou par l'addition de nouvelles.

Cette circonstance prouve, en outre, que les extrémités nerveuses ne dérivent pas telles quelles du cerveau ou de la moelle épinière, mais qu'elles sont en simple communication de continuité avec ces parties par les troncs, puisqu'il y aurait interruption d'uniformité de cette production immédiate dans la portion des nerfs intermédiaire entre le cerveau ou la moelle épinière et l'extrémité du nerf.

Elle établit encore que la substance blanche n'est pas produite par la substance grise (M. Gall); que tout renforcement de fibres ne part pas d'une masse de substance grise, ou, pour parler un langage plus exact, n'est pas en continuité avec la substance grise, comme la chose pourrait être vraie pour le cerveau, la moelle épinière, et même, en partie, pour les ganglions du trisplanchnique.

Reil a très-bien vu que plus les nerfs s'éloignent du milieu de leur tronc, et plus ils grossissent ; ce sont, dit-il, des espèces de cônes, dont le point est au milieu et la base à l'extrémité. Il faut ajouter, pour se faire une idée encore plus exacte, qu'ils grossissent aussi par l'extrémité opposée ou par la moelle épinière et le cerveau. En saisissant cette double disposition d'accroissement, on reconnaît la fausseté de toutes les idées reçues sur l'origine des nerfs, telle qu'elle est conçue dans l'anatomie et la physiologie vulgaires.

XCVI.

L'histoire des monstres auxquels il manque le cerveau ou la moelle épinière, tandis que les nerfs conservent leur volume ordinaire, ou même en présentent un plus considérable, met hors de toute contestation l'importante vérité que nous établissons. Les monstruosités du trisplanchnique sont encore plus communes. (Bichat.)

Plusieurs anatomistes avaient reconnu l'indépendance du trisplanchnique, par l'impossibilité de le faire dériver, d'après les notions reçues, du cerveau ou de la moelle épinière : ils avaient même exagéré cette indépendance, en niant les rapports intimes qui lient ce nerf et ses divisions aux nerfs cérébro-rachidiens ; et surtout ils avaient eu le tort d'en faire un système à part, doué d'une organisation et de propriétés différentes. Ces idées rétrécies, et dont M. le professeur Lobstein a démontré la fausseté, avaient empêché de reconnaître les vérités les plus importantes, qui se montraient ici d'une manière si fortement dessinée: il n'y avait qu'à étendre cet aperçu fécond. En général, l'esprit humain isole trop les choses ; il a moins de peine à voir les détails qu'à saisir leurs rapports généraux, qui seuls cependant constituent la science, quand ces rapports ne sont que de grandes analogies de faits et non des illusions de l'esprit d'hypothèse.

XCVII.

Les centres nerveux ne sont, à proprement parler, que des renflemens de substance nerveuse, ou plutôt des masses plus marquées de fibres nerveuses; ils sont plus ou moins considérables les uns par rapport aux autres, soit dans le même animal, soit dans les différentes classes d'animaux. Ainsi les centres ne diffèrent pas des extrémités nerveuses par leur organisation, ni vraisemblablement par leurs fonctions.

Ce volume doit avoir sans doute quelque influence sur leurs fonctions respectives ; mais cette influence n'a pas été considérée encore sous son véritable point de vue, c'est-à-dire d'après des idées assez larges et assez générales. Trompés par une circonstance dont ils ne tenaient compte que d'après des notions grossières et mécaniques, les anatomistes et les physiologistes ont mis une distance énorme entre les nerfs et les masses nerveuses, et leur ont attribué des fonctions totalement différentes. Les uns ont imaginé une sorte de monarchie ou de despotisme ; les autres, une véritable aristocratie, ou plutôt, comme dans les révolutions dirigées par les passions, l'ignorance et le caprice, ils n'ont fait que changer le *tyran*. Ils n'ont pas assez fait attention que le cerveau, la moelle épinière et même les ganglions, malgré les idées exagérées de Bichat sur ce point, avaient une organisation identique à celle des nerfs, et devaient par conséquent avoir des fonctions analogues, qui ne pouvaient varier qu'en activité, en intensité, proportionnément au volume même, ou qui du moins ne pouvaient pas présenter des différences aussi tranchantes que celles qu'on supposait. Nous n'entrons pas encore dans les discussions physiologiques sur ce point; notre intention seulement est de faire présumer que d'après des notions plus exactes du système nerveux, considéré dans ses analogies naturelles d'organisation, on doit avoir d'autres idées de ses fonctions que celles qu'on avait principalement déduites de vues fausses sur cette même organisation.

XCVIII.

La moelle épinière n'est pas un centre unique, comme on le croit communément; mais elle se compose d'autant de tubercules qu'il y a de paires rachidiennes de nerfs avec des portions additionnelles de substance nerveuse, qui établissent des communications entre tous ces tubercules, et en forment un seul tout.

La moelle allongée et ses appendices ne sont, comme la moelle épinière, que la réunion des ganglions, auxquels aboutissent les nerfs de la tête. Mais ces tubercules sont plus intimement unis entre eux que ceux de la moelle épinière, et enrichis d'une masse nerveuse de renflement, beaucoup plus disproportionnée, et qui est même augmentée par des ganglions additionnels; car le cerveau n'est pas une masse unique, comme on l'a supposé jusqu'ici, il se compose de plusieurs ganglions qui augmentent les fibres qui partent des ganglions primitifs, renfermés dans les corps pyramidaux, ainsi que l'a prouvé très-bien M. Gall.

CXIX.

Pour considérer ces masses plus considérables sous leur véritable point de vue, il faut suivre dans leurs détails la comparaison et l'analogie des diverses portions du système nerveux. Un nerf peut se renfler sur lui-même, c'est-à-dire, que sa substance peut augmenter de volume dans la longueur du nerf (ganglion fusiforme); il peut se renfler de plus en plus, et s'arrondir en véritable ganglion par l'addition d'une nouvelle masse de substance grise et de substance blanche; grossir en volume et en longueur par le même procédé, comme dans la moelle épinière : il peut enfin, toujours d'après la même loi, mais seulement plus fortement exprimée, prendre des appendices très-considérables, comme dans le bulbe cérébral (cerveau et cervelet). Dans tout cela, nous ne voyons qu'une analogie générale, qui ne change rien au système nerveux, à ses lois d'organisation, à ses fonctions communes. Quel rapport n'y a-t-il pas entre les nerfs et la moëlle épinière, entre celle-ci et le cerveau? Le cerveau, pris à sa base, n'est que la continuation de la moëlle épinière, comme son nom même l'exprime (moelle allongée), et comme tout le prouve dans son organisation. Si, d'après la loi féconde des organes analogues, on a constaté que le crâne n'est qu'une vertèbre accommodée aux usages particuliers auxquels elle est destinée, on peut établir, par la même loi, que le cerveau n'est qu'une extension de la moëlle épinière.

Si vous comparez les deux extrémités opposées du système nerveux, le cerveau et les dernières divisions nerveuses, vous verrez encore la plus grande analogie des deux côtés; il y a toujours volume plus considérable de la substance nerveuse respectivement à celui des troncs nerveux : l'avantage, sous ce rapport, est même du côté des dernières divisions, dont le volume réuni surpasserait de beaucoup celui du cerveau. Si le cerveau n'est qu'une membrane plissée sur elle-même, d'après l'idée de M. Gall, les nerfs ne seraient dans leurs extrémités que ces fibres disposées en éventail ouvert, et répandues dans les organes. C'est aussi dans ces deux extrémités correspondantes que s'exerce l'action la plus énergique du système nerveux : les troncs ne semblent être que des moyens de communication entre ces deux extrémités; ils jouissent cependant de propriétés identiques à celles des extrémités, comme d'une organisation analogue.

C.

Pour bien saisir l'organisation du système nerveux, il faut sur-tout s'arrêter à une circonstance qui est trop générale pour qu'elle n'entre pas pour quelque chose dans ses fonctions ; c'est le rapprochement des fibres nerveuses. Les nerfs se combinent entre eux par leurs dernières divisions, soit dans la même moitié latérale du corps, soit de l'une à l'autre dans certains points (Bichat). Leurs branches s'unissent quelquefois par une véritable anastomose, ou par un simple rapprochement.

Chacun des cordons qui concourent à former un tronc nerveux, est composé de filets, qui, en se détachant fréquemment du cordon auquel ils appartiennent, vont au cordon voisin ; tout s'entremêle dans le trajet : les troncs nerveux sont donc de véritables plexus intérieurs. Il faut observer, cependant, que jamais les fibrilles nerveuses ne se pénètrent et ne se confondent, comme on l'a cru quelquefois.

Les plexus ne sont que la combinaison, l'intrication des troncs nerveux eux-mêmes. Ils sont à ceux-ci ce que sont les combinaisons intérieures d'un tronc nerveux, par rapport aux cordons qu'il renferme.

Les ganglions, proprement dits, ne sont que des plexus plus rapprochés, mais qui conservent toujours le même caractère. Les filamens nerveux procèdent dans leur sein d'après une direction déterminée et qui est subordonnée à la structure plus ou moins simple, plus ou moins compliquée, des ganglions eux-mêmes. C'est ainsi que, dans le ganglion cervical supérieur, les filamens sont généralement divisés selon la longueur ou l'axe de ce renflement ; tandis que, dans les autres ganglions, qui reçoivent des rameaux de divers points, et qui en envoient dans différens endroits, ces filamens s'adossent, se joignent, s'unissent et s'entrecroisent de diverses manières. Scarpa prétend, au surplus, que tous les rameaux nerveux qui entrent dans le ganglion se divisent tellement, que ceux qui sortent du même ganglion sont composés de quelques filamens de chacun de ceux qui y sont entrés ; qu'ainsi, par exemple, les nerfs *mous* (entrant dans la composition du plexus carotidien) résultent non-seulement des filamens des cinquième et sixième paires cérébrales, mais aussi de rameaux émanés des première et deuxième cervicales. (M. Lobstein.) (1) Les ganglions se composent, en outre, d'un tissu floconneux, abreuvé d'un suc mucilagineux, et d'une substance particulière qui paraît être de la substance grise.

On a attaché une très-grande importance aux ganglions ; mais on voit qu'ils en ont beaucoup

---

(1) *Dictionn. des Scienc. méd.*, voyez l'excellent article *Trisplanchnique* (Nerf).

moins, si l'on considère leurs rapports et leurs analogies avec les plexus. Ils ont un caractère si peu distinctif, que le trisplanchnique forme tantôt des ganglions, tantôt des plexus, même pour ses divisions les plus importantes. (*Plexus solaire.*) Les ganglions ne sont quelquefois que de simples renflemens du cordon médullaire, d'où ils se séparent comme dans les crustacés, les vers et les insectes.

Enfin, les fibrilles nerveuses se rapprochent plus intimement dans la moelle épinière et le cerveau. C'est en comparant ces masses de réunion avec les divisions ou les centres moins considérables, que l'on s'élève à la loi la plus générale de l'organisation du système nerveux, et que l'on peut éclairer ses fonctions par de grandes et fécondes analogies ; tandis qu'à considérer les choses sous un point de vue rétréci et exclusif, comme on l'a toujours fait, on ne peut pas avancer réellement l'anatomie et la physiologie de ce système.

CI.

Les idées vulgaires sur l'organisation générale du système nerveux sont incompatibles avec toutes les notions de l'anatomie comparée. Celle-ci démontre, jusques à la dernière évidence, que les nerfs ne partent pas du cerveau ; que cet organe n'est qu'un simple ganglion ou renflement de la substance nerveuse, qui n'est pas plus considérable, et qui, quelquefois même, l'est moins que les autres ganglions correspondans à l'origine des nerfs du tronc : car nul doute, quoi qu'on en ait dit, que le tubercule nerveux, qui est situé au-dessus de la bouche, chez tous les animaux invertébrés, ne représente le cerveau. Il est en continuité avec les nerfs de la tête, telle qu'elle est dans cette classe, ou, si l'on veut, de leur bouche et de leur museau, qui sont les seules parties qui restent de la tête des vertébrés, ces animaux n'ayant jamais de face, et, quelquefois même, étant privés de quelqu'un des organes des sens. A mieux voir encore, ce ganglion représente à lui seul le cerveau proprement dit, le cervelet et la moelle allongée, ou plutôt les tubercules qui constituent le noyau de toutes ces parties dans les animaux vertébrés, et qui donnent naissance immédiatement aux nerfs des parties correspondantes avec les modifications générales d'une organisation si différente dans cette dernière classe.

CII.

L'anatomie comparée prouve que les différentes portions nerveuses des animaux invertébrés sont complètement indépendantes, et que le système de description ou de formation adopté par tous les auteurs dans l'anatomie humaine, ne pourrait pas être admis à leur égard un seul instant, ni même, seulement, être soumis à la discussion. Et, cependant, la loi d'organisation supposée devrait être commune à tous les systèmes nerveux, ou, du moins, avoir une grande analogie quant au principe fondamental, puisqu'elle est la base absolue de l'explication de ces mêmes fonctions nerveuses qui se retrouvent dans les animaux invertébrés comme dans les vertébrés, et que les uns et les autres présentent ces mêmes circonstances anatomiques et physiologiques qui ont donné naissance à l'hypothèse, savoir, l'unité des sensations dans le sentiment d'une même conscience, et l'unité organique du système nerveux, ou les rapports de continuité de tous les nerfs avec le ganglion supérieur.

CIII.

Nous avons déjà établi que le cerveau de l'homme n'était qu'un simple renflement de substance nerveuse (§. XCV). Ce qui confirme cette idée, c'est qu'il augmente graduellement en volume dans les différentes classes, et que nous le voyons se former, en quelque sorte, sous nos yeux.

Chez certains, ce n'est qu'un simple cordon blanchâtre, qui marque plus sa place qu'il ne représente réellement cet organe (*l'ascaride lombrical* de l'homme, le *lombric marin*, les *néréides* et les *amphinomes*). Dans ces animaux, qui nous paraissent être les premiers de l'échelle, sous le rapport du système nerveux, celui-ci n'est qu'un simple cordon longitudinal, avec autant d'étranglemens qu'il y a d'anneaux dans le corps de l'animal; quelquefois même ce cordon ne semble pas donner des filets, comme s'il pouvait animer immédiatement et sans ramifications le corps très-allongé et très-grêle de l'animal. Ce cordon paraît continu, du moins dans certains points de son étendue, et il est à peine marqué par de petits points granuleux, qui, dans d'autres portions du même animal, ou dans d'autres animaux un peu plus élevés dans l'échelle, deviennent des ganglions proprement dits. Ce cordon et ces granulations ou ganglions vont en augmentant vers la partie moyenne du corps, qui est plus grosse que les extrémités. Dans l'*ascaride lombrical*, il y a deux filets longitudinaux qui se réunissent simplement au-dessus de l'œsophage, sans former de ganglion.

Chez d'autres animaux, cette portion commence à se renfler et à prendre plus ou moins de volume. Peu à peu ce tubercule se dessine en lobes et retrace ainsi la première image du cerveau proprement dit. Dans le *lombric terrestre*, la *sangsue*, et surtout l'*aphrodite hérissée* et la *phalène zigzag*, les lobes sont divisés par une ligne médiane plus ou moins prononcée. Chez les insectes, ces lobes sont plus ou moins renflés; ils se multiplient et se portent au nombre de quatre (*hyménoptères, abeille, crustacés*).

Dans la classe des mollusques, dont l'organisation générale est très-irrégulière et très-variée, on trouve ces différens degrés de perfectionnement du cerveau, toujours en rapport avec l'organisation de la tête elle-même. Chez les acéphales, qui n'ont point de tête, à proprement parler, il y a un cerveau très-petit (les *ascidies*) : dans l'*oreille de mer*, il n'y a même pas de ganglion qui tienne lieu de cerveau; on voit seulement un filet nerveux situé transversalement au-dessus de l'œsophage, derrière la bouche; à chaque extrémité du filet nerveux transversal on observe un ganglion fort gros, aplati, de la circonférence duquel partent beaucoup de nerfs pour les parties voisines. Dans la *limace*, le cerveau forme comme un ruban étroit, situé en travers, et qui s'élargit un peu à ses parties latérales, dont chacune produit ensuite un filet pour entourer l'œsophage : le ganglion qui est formé par la réunion de ces deux filets est plus considérable que le cerveau. Dans les *doris*, les *limaçons*, les *poulpes*, les *sèches*, le cerveau devient plus volumineux et prend deux lobes.

Dans les mollusques, le ganglion cérébral est en

général moins gros que celui qui est au-dessus de l'œsophage ; dans le *limaçon à coquille*, celui-ci surpasse du double le premier. On voit dans l'œil du *poulpe* un ganglion réniforme qui est plus considérable que le cerveau. Cette même disposition a lieu chez certains insectes, surtout dans les *névroptères*. C'est ainsi que, dans les crustacés, dans les écrevisses à courte queue, il y a, au milieu de l'abdomen, un cercle médullaire d'où les nerfs du corps partent comme des rayons. Dans la *crabe ordinaire*, cette masse médullaire est figurée en anneau ovale, évidé dans son milieu, et huit fois plus grand que le cerveau.

En général, les mollusques sont moins bien partagés sous le rapport du système nerveux que les insectes ; et M. Virey a peut-être raison d'en faire une classe subordonnée à celle-ci dans l'échelle des animaux. Cependant c'est à tort que ce naturaliste distingué nous paraît leur refuser un cerveau. Le ganglion qui en tient la place, fournit toujours des nerfs à la bouche et à ses parties accessoires ; il donne une très-grande sensibilité à ces parties, et nul doute que ces animaux ne jouissent de la sensibilité de conscience et n'exercent des mouvemens volontaires : leurs sens et leurs moyens de progression sont, il est vrai, peu nombreux, bornés dans leur action ; mais ils n'en présentent pas moins les caractères essentiels de ces fonctions de la vie animale. Il est remarquable que, comme ils diffèrent beaucoup les uns des autres sous ce rapport, l'organisation générale elle-même de leur corps et du système nerveux est très-différente aussi, et toujours en relation avec ces différences de fonctions. Ce qui prouve que le cerveau est constamment en proportion avec les nerfs qui sont en continuité avec lui, ou plutôt avec les parties avec lesquelles il est en relation directe. Ainsi les mollusques qui n'ont pas d'yeux n'ont pas de nerf optique, ni un cerveau aussi volumineux que les autres.

La disproportion du volume du cerveau avec les autres parties du système nerveux est si peu importante, que les variations les plus marquées en ce genre se rencontrent dans la même classe, dans le même genre d'animaux : ce qui dérange toutes les idées anatomiques et physiologiques sur la suprématie absolue accordée au cerveau.

CIV.

Chez les animaux vertébrés, le cerveau prend un volume plus prononcé; mais il n'arrive pas de suite à la perfection qui lui est propre dans les mammifères, on le voit augmenter successivement, quand on suit son développement dans sa progression naturelle, et à commencer toujours par sa base ou sa partie fondamentale et essentielle, et non point par les parties supérieures et accessoires, comme on a fait pendant trop long-temps. (Vicq d'Azyr.)

Les quatre lobes que nous avons remarqués jusqu'ici, deviennent, dans les poissons, des tubercules ou des lobules plus distincts, plus considérables. Le nombre de ces tubercules est de six avec les couches optiques, et de sept avec le cervelet ; quelquefois il est plus grand. Des deux côtés de l'origine de la moelle allongée, en arrière du cervelet, sont presque toujours des tubercules, qui paraissent donner naissance à plusieurs paires de nerfs, et *qui sont souvent aussi considérables que leurs hémisphères.* Il y a quelquefois un tubercule impair, qui forme comme un second cervelet. Les nerfs olfactifs forment à leur origine des *renflemens* ou des *nœuds*, dont le nombre varie, qui ne donnent pas cependant des rameaux, *et qui sont souvent si volumineux, que plusieurs auteurs les ont pris pour le véritable cerveau, ou du moins pour les lobes antérieurs, et qui dans les raies et les squales ont un volume double de celui des hémisphères.*

Ces tubercules sont divisés et presque indépendans les uns des autres ; ils sont unis seulement par des portions continues de substance blanche. Ils sont disposés à la file, de manière que l'ensemble ne présente pas une masse commune, plus ou moins approchante de la forme ovale, comme les cerveaux des mammifères, mais une espèce de double chapelet. Ces tubercules ne sont absolument que les points de départ des nerfs; c'est tout simplement la base du cerveau des mammifères, mais moins unie, moins étroitement liée, moins intimement rapprochée dans ses parties. M. Gall a établi avec raison que ces tubercules en général appartenaient plus à la moelle épinière qu'aux hémisphères cérébraux. Dans ces tubercules doivent se retrouver les tubercules quadrijumeaux, quoique l'on ne puisse pas les distinguer au milieu de plusieurs organes qui ont entre eux une forme si analogue. En outre, on doit retrouver dans ces tubercules le point de départ des hémisphères imparfaits, et dans les corps cannelés celui de la portion supérieure des hémisphères (M. Cuvier). Il est fâcheux que M. Gall n'ait pas traité spécialement de l'anatomie du cerveau des poissons, d'après son excellente méthode. On peut jeter un nouveau jour sur ce sujet intéressant, en déterminant à quel point du cerveau se rattachent, chez les poissons, les nerfs dont les origines sont bien connues chez les mammifères.

CV.

Chez les poissons commence à se dessiner le cervelet, qui dans les classes inférieures était confondu avec le cerveau, ou plutôt était représenté par le même tubercule. Il est plus grand à proportion que dans les animaux à sang chaud, il surpasse même souvent les hémisphères en volume. Il y a quelquefois en arrière du cervelet un tubercule impair, qui forme comme un second cervelet. Il paraît donc que dans les vertébrés inférieurs il y a prédominance du cervelet et de la moelle épinière sur le cerveau. Ainsi l'on voit comment se forment et s'accroissent les appendices auxiliaires et de surérogation, en quelque sorte, comment ils s'ajoutent graduellement aux ganglions cérébraux, et enfin à la tige fondamentale nerveuse (la moelle épinière, allongée).

Le cerveau est lisse, mais le cervelet mieux soigné commence à prendre quelques rugosités, traces des circonvolutions, et quelques vestiges de l'arbre de vie.

CVI.

Dans les reptiles, les tubercules sont moins nombreux et plus rapprochés. Les hémisphères sont plus renflés et commencent à former l'ovale. Le tubercule olfactif est un peu plus lié avec les hémisphères que dans les poissons, il fait corps avec eux, et en est séparé seulement par un sillon. Il n'y a pas de pont de varole, ni de tubercules quadrijumeaux, du moins en apparence (M. Gall) ni de commissure molle. Les parties du cerveau sont lisses, aplaties et sans circonvolutions. En général le cerveau des reptiles a la plus grande analogie avec celui des poissons.

CVII.

Le cerveau des oiseaux est plus relevé ; il est formé de six tubercules tous visibles à l'extérieur, savoir, deux hémisphères, deux couches optiques, un cervelet et une moelle allongée. Les couches optiques sont un peu plus rapprochées des hémisphères, mais ne font pas encore corps avec eux. Le cervelet n'a qu'un seul lobe comprimé latéralement. Les parties sont plus renflées, plus unies, plus considérables ; mais il n'y a encore ni corps calleux, ni voûte, ni cloison transparente (M. Cuvier), ou du moins ces parties sont faiblement dessinées (M. Gall). Les quatre éminences arrondies qui sont placées entre les corps cannelés et les couches optiques sont-elles les tubercules quadrijumeaux ? Quoi qu'il en soit, ces tubercules rapprochent le cerveau des oiseaux de celui des poissons. Les hémisphères n'ont pas encore de circonvolutions ; mais le cervelet a des stries transverses, parallèles et serrées, comme dans les mammifères.

CVIII.

Dans les mammifères, le cerveau devient plus volumineux, ses hémisphères s'unissent plus intimement en lobes mieux dessinés et plus prononcés. Le cerveau, plus considérable en hauteur, prend des parties intermédiaires et de communication qu'il n'avait pas auparavant, ou qui étaient peu marquées: telles sont le pont de varole, le corps calleux, la voûte, etc.

Dans les divers genres de mammifères il y a quelques différences à noter, qui montrent toujours une gradation successive. D'abord le cerveau est progressivement plus gros que la moelle épinière, à mesure qu'on s'avance vers l'homme. Les cétacés n'ont point de nerfs olfactifs ni de tubercules correspondans : dans les vrais quadrupèdes, on commence à trouver des caroncules mamillaires, qui rappellent les tubercules analogues des poissons. L'homme et les quadrumanes seuls ont des nerfs olfactifs proprement dits.

Les carnassiers ont les *nates* très-petites relativement aux *testes* ; chez les herbivores, c'est l'inverse : ce qui prouve que le volume respectif des parties n'est pas constant, et que le cerveau n'est pas soumis à une loi uniforme de développement, comme on l'a supposé. M. Cuvier a cru pouvoir rattacher à cette circonstance l'instinct différent de mœurs et de nourriture qui distingue les herbivores et les carnivores. Mais, comme l'observe très bien M. Gall, ces circonstances ne paraissent avoir entre elles aucune liaison naturelle. On pourrait peut-être éclairer la question par l'inspection exacte des nerfs qui s'attachent à ces deux points du cerveau, et par l'analogie des fonctions des parties correspondantes à ces nerfs, fonctions qui peuvent avoir quelque chose de particulier dans ces animaux. On doit noter que les rongeurs, les oiseaux et les carpes ont les *nates* très-prononcées.

Les circonvolutions sont nulles ou peu dessinées chez les rongeurs : elles sont, au contraire, très-nombreuses et très-profondes dans les animaux à sabot. Dans les singes et dans l'homme, les hémisphères prennent enfin un volume plus considérable, marqué par l'existence du lobe postérieur des hémisphères du cerveau et de la cavité digitale.

CIX.

En suivant ainsi la formation du cerveau dans les animaux de toutes les classes, on découvre un nouvel horizon. En effet, de cette hauteur de vue, on peut se convaincre que les idées anatomiques et physiologiques émises jusques ici sur le cer-

---

(1) Voyez note 9.

veau, sont inexactes et n'ont été puisées que dans des notions exclusives d'anatomie humaine, encore même altérées par l'esprit d'hypothèse; que ces modifications d'un même organe auxquelles on a attaché des usages particuliers et propres à chaque espèce, ne doivent servir qu'à une plus grande perfection des mêmes actes; que le cerveau de tous les animaux est fait sur le même modèle; que sa partie fondamentale est un simple renflement de substance nerveuse, qui s'accroît graduellement à mesure que l'on s'élève dans l'échelle des animaux; que les différentes parties du cerveau sont indépendantes entre elles, et qu'elles ne dérivent ni de la moelle épinière, ni les unes des autres; ce qui ne détruit pas les rapports plus intimes de continuité qui unissent certaines parties entre elles, comme l'a si bien vu M. Gall; que la base du cerveau ou la prolongation de la moelle épinière, ou mieux encore, le dernier tubercule, est la partie fondamentale du cerveau; que toutes les autres parties sont des renflemens additionnels, qui doivent modifier les fonctions, mais qui ne peuvent pas les changer en entier, comme on l'établit dans la doctrine anatomique vulgaire. L'addition et le renflement des hémisphères sont, à la base du cerveau des mammifères, ce que sont les deux ou quatre tubercules de surérogation au cervelet des poissons.

CX.

Suivons par le même procédé d'observation la formation de la moelle épinière et du trisplanchnique (1).

Dans les animaux invertébrés, les ganglions que l'on observe dans le tronc, représentent à-la-fois ces deux parties de système nerveux des vertébrés, qui, chez ces derniers, sont ainsi divisées par suite de la manière dont leur appareil locomoteur, plus étendu et plus riche, est situé en dehors de l'animal et est soutenu par un système osseux plus compliqué et plus parfait. Sans doute qu'une circonstance aussi remarquable doit changer les rapports de la vie de relation ; mais elle ne fait rien au fond même de cette vie. On a attaché une trop grande importance à un caractère distinctif qui peut être majeur dans l'anatomie et dans les classifications zoologiques, mais qui n'est que secondaire pour la physiologie, ou qui, du moins, doit être mis à sa véritable place, et ne peut pas être presque relégué en dehors de toutes ces grandes analogies physiologiques qui lient entre eux les différens animaux.

---

(1) Voyez note 10.

C'est à tort qu'on a cru que les animaux invertébrés n'avaient que le nerf trisplanchnique : on s'est laissé entraîner par des apparences superficielles d'organisation, la disposition ganglionique des nerfs des invertébrés ayant fait croire que ces nerfs ne représentaient que les ganglions du trisplanchnique viscéral des vertébrés. M. Cuvier a très bien vu que, chez les insectes par exemple, les ganglions du tronc présentaient toutes les traces de la moelle épinière. Mais ce n'est pas seulement par l'examen des formes accidentelles, qui changent dans les différentes espèces de la même classe, ou dans le même individu, selon les métamorphoses qu'il subit, qu'il faut se contenter de décider une question qui doit faire tomber toutes les idées rétrécies émises sur l'organisation du système nerveux : il faut sur-tout s'appuyer sur l'analogie des usages des nerfs, ce qui est le point majeur de rapprochement. Or, les ganglions du tronc des invertébrés fournissent à-la-fois les nerfs des viscères et ceux de l'appareil locomoteur et du toucher : donc ces nerfs remplissent les mêmes fonctions que ceux qui dérivent de la moelle épinière chez les vertébrés. Ce caractère essentiel décide la nature des nerfs selon nous. Il est donc faux qu'il y ait une limite tranchante entre les nerfs des deux vies ; qu'il y ait deux systèmes nerveux, un pour la vie animale, et un autre pour la vie organique.

Cette confusion des deux systèmes dans les invertébrés dépend d'une circonstance purement accessoire, et qui ne change rien aux fonctions fondamentales de l'animalité. Les vertébrés ayant un corps très-considérable et un appareil locomoteur extérieur et très-prononcé, il fallait bien que les nerfs fussent coordonnés avec cette conformation générale et ce mode de vie. La moelle épinière n'est qu'une suite de ganglions disposés d'une manière continue pour se prêter à cette conformation particulière : car nous avons vu que, chez les animaux les plus parfaits, la moelle épinière n'est que cela, et qu'elle ne diffère de celle des invertébrés qu'en ce que les ganglions sont plus rapprochés, plus nombreux que dans les invertébrés; qu'ils sont plus distincts des ganglions et des nerfs destinés spécialement aux viscères (§. XCVIII). Encore même, si l'on considère dans les vertébrés les ganglions répandus à l'origine des nerfs rachidiens, et les ganglions plus profonds situés dans les viscères, on se convaincra qu'il y a la plus grande analogie entre les deux classes, et que la différence n'est qu'apparente et relative à de simples circonstances d'organisation générale ou de perfectionnement et d'union plus intime des différentes parties du système nerveux.

Pour bien saisir la disposition de ce système dans

les animaux invertébrés, il faut les partager en deux classes naturelles : les articulés, dont le corps est formé par des anneaux ou segmens, et les mollusques, dont le corps est très-irrégulier. Les premiers marchent avec des pattes liées à ces anneaux, comme les insectes et les crustacés, ou rampent par la totalité de leur corps, comme les sangsues, les vers : ceux-ci ont l'appareil locomoteur et nerveux le plus simple et le plus identique dans ses parties. Les insectes et les crustacés ont un appareil plus compliqué, plus varié ; ils ont une sorte de squelette (M. Geoffroy-St.-Hilaire) : ils présentent un système nerveux plus étendu, composé de ganglions plus éparpillés ; leur corps est plus large et a plus de pièces différentes. Dans les mollusques, au contraire, le système locomoteur est disposé tout différemment et dans des variations très-singulières. On peut s'en convaincre aisément en comparant entre elles, sous ce double rapport, les trois divisions principales de la classe des mollusques, les *céphalopodes*, les *gastéropodes* et les *acéphales*. Rien n'est plus propre à confirmer la règle générale que nous établissons, que l'examen de ces variations si prononcées du système nerveux, qui se plient toujours cependant à la conformation générale de l'animal.

Dans les vertébrés, le cordon nerveux est placé

dans le dos, ou plutôt, à cause du volume considérable de ces animaux et de leur disposition générale, il est partagé en deux divisions, une pour l'extérieur du corps et l'autre pour l'intérieur. Dans les invertébrés, qui ont le corps moins considérable et un appareil locomoteur plus simple, le système nerveux n'est qu'un cordon dans ceux qui ont le corps très-allongé, et des instrumens de locomotion bornés et uniformes; ou il se compose de ganglions épars, semblables aux ganglions du trisplanchnique des vertébrés, ganglions qui vont envelopper à la fois les viscères et les organes locomoteurs. Dans les mollusques, qui sont plus courts, plus ramassés, plus arrondis, le cordon n'a que deux ganglions, un pour l'extrémité antérieure, et l'autre pour l'extrémité postérieure.

D'après cette disposition générale, le cordon nerveux passe sous l'œsophage dans les invertébrés, et au-dessus chez les vertébrés, ou plutôt dans ces derniers l'œsophage se trouve entre la moelle épinière et le trisplanchnique. Dans les invertébrés, il y a encore une disposition singulière, qui n'est qu'une conséquence de celle que nous venons de noter; la moelle allongée se divise en deux cordons, qui laissent passer l'œsophage dans les articulés, et presque le corps entier dans les mollusques.

CXI.

Dans la plupart des invertébrés inférieurs, les ganglions sont épars, et sous ce rapport les mollusques seraient presque au dernier rang : ce sont les animaux où ce caractère de dispersion est le plus prononcé ; et en effet leur vie de relation est moins étendue que celle des insectes et des crustacés.

Dans les vers, les ganglions se rapprochent et se coordonnent de la même manière que la moelle épinière dans les vertébrés. Le système nerveux du tronc se compose d'une série de ganglions unis par deux cordons, qui marchent parallèlement, se touchent et se mêlent dans ces ganglions à peine dessinés par une ligne médiane qui marque leur séparation antérieure. Nous avons déjà vu cette même disposition générale dans la moelle épinière de l'homme : chez lui seulement les parties sont plus rapprochées, plus fortement unies, soit dans les deux moitiés latérales, soit dans toute la longueur. Mais une preuve que ce rapprochement n'est, en quelque sorte, qu'accidentel et ne touche pas au fond même des fonctions, c'est que chez les vers les deux cordons qui lient le ganglion supérieur à l'inférieur sont plus écartés que les autres pour recevoir l'œsophage, et que dans les insectes, tantôt les portions supérieures sont divisées en ganglions séparés et écartés, tandis que dans les portions inférieures ils sont confondus comme dans les vertébrés. Cette disposition est tellement accessoire et en rapport seulement avec la configuration extérieure, que dans un insecte à l'état de larve, la moelle épinière est unie et sans ganglions, surtout dans sa partie inférieure, et que dans le même animal à l'état parfait les ganglions se développent, se séparent plus ou moins (la larve du *scarabée nasicorne*). M. Lobstein a observé que dans le fœtus humain, les ganglions inférieurs du trisplanchnique étaient beaucoup plus rapprochés que les ganglions supérieurs, et qu'ils ne le sont dans l'adulte ; on sait qu'en général dans le fœtus les membres inférieurs sont moins développés que les supérieurs.

Dans certains animaux, la moelle épinière n'est représentée que par un seul nerf, avec de legers renflemens, qui, même dans certaines espèces inférieures, ne donnent pas de rameaux. Cette disposition est la plus simple possible, et rapproche le système nerveux de l'idée d'un seul nerf, de laquelle nous sommes parti (§. CIII).

CXII.

La distinction, si prononcée dans les vertébrés, des trois grandes divisions du système nerveux, encéphale, moelle épinière et système ganglionique, s'efface et devient presque nulle dans les autres classes : ce qui détruit la haute importance qu'on lui a attribuée dans les fonctions, et tous les romans physiologiques qu'on a composés sur ces nerfs. (Willis, Johnstone, Lecat, Reil, Soemmering, Bichat.)

La proportion respective de ces trois divisions varie selon les classes, de manière à faire croire que certains animaux n'en possèdent qu'une seule, et que les mammifères les réunissent toutes. Les vers paraissent n'avoir que le système de la moelle épinière, les insectes que le nerf ganglionique, et les mollusques que le bulbe cérébral. Mais cette apparence n'est que trompeuse et dépend de la simple disproportion des parties. Ainsi, chez les vers, le ganglion supérieur représente le cerveau et anime la bouche et la tête ; les ganglions inférieurs réunissent les nerfs de l'appareil locomoteur du tronc et du tact, ainsi que les nerfs des viscères intérieurs. Dans les mollusques, le bulbe cérébral fournit à-la-fois, par la disposition générale du corps de ces animaux singuliers, à la tête, aux viscères intérieurs, et à l'appareil locomoteur, qui souvent est placé sur la tête ; le ganglion inférieur lui prête son secours pour les parties postérieures. Une preuve que cette disposition n'est qu'accessoire, c'est qu'on trouve toutes les nuances intermédiaires d'organisation dans les différens animaux, et souvent dans ceux de la même classe.

CXIII.

C'est donc à tort que des anatomistes célèbres n'ont pas su retrouver dans les invertébrés les mêmes divisions que dans les vertébrés, ou que, se livrant à des incertitudes pénibles et propres à masquer la vérité, ils ont dit tantôt que les insectes n'avaient pas de moelle épinière ou de nerf grand sympathique, et tantôt qu'ils n'avaient exclusivement que l'une ou l'autre de ces deux divisions. Ils s'en sont laissé imposer par les formes extérieures, et ne sont pas remontés aux fonctions mêmes des nerfs. Or, il est évident que tous les animaux ont des organes des sens, un appareil locomoteur, et des viscères d'assimilation ; que ces trois grandes divisions d'organes répondent aux trois grandes fonctions de l'animalité, aux trois caractères essentiels sans lesquels un animal ne saurait exister. Tout animal, même le polype, sent, se meut volontairement, et assimile la nourriture qu'il prend. Comme sa vie est très-simple, les instrumens de ces fonctions sont très-simples aussi, et celles-ci sont accumulées dans le même organe, si toutefois on ne peut pas distinguer dans le polype la membrane externe pour le sentiment, l'interne pour l'assimilation, et la pulpe intermédiaire pour le mouvement, d'après les idées ingénieuses de M. de Blainville (1). Dans les animaux plus parfaits, ces trois appareils se séparent de plus en plus, et se compliquent d'instrumens plus étendus, plus multipliés. La nature, dans sa fécondité créatrice, ayant voulu répandre la vie, le sentiment et le bonheur dans les airs comme au milieu des eaux, sur la surface de la terre comme dans ses profondeurs, sur des rochers arides comme au sein des êtres vivans eux-mêmes, a varié les moyens et les conditions d'existence, selon toutes ces circonstances en général, et en particulier selon toutes les chances possibles de nourriture. C'est d'après ce plan qu'elle a disposé et coordonné les différens appareils d'organes ; et telle est la maîtresse vue que l'on doit avoir sans cesse sous les yeux dans la physiologie comparée, et dont on doit se servir pour dissiper les illusions et les préjugés attachés à nos nomenclatures stériles et à nos classifications imparfaites. On a flétri cette manière de raisonner sous le nom de *méthode par les causes finales* : serait-ce donc la plus hasardée des pensées humaines que de croire que l'œil est fait pour voir, et d'étudier le rapport de toutes les parties qui le composent avec ce but essentiel?

---

(1) Voy. *De l'Organisation des Animaux, ou Principes d'Anatomie comparée*, 1822.

CXIV.

Je vais résumer les vérités fondamentales qui résultent des considérations anatomiques que nous avons présentées :

1°. Toutes les portions du système nerveux sont absolument indépendantes les unes des autres, quant à leur formation : elles ne dérivent pas du cerveau, de la moelle épinière, des ganglions, ni de la substance grise ou du névrilemme. (§. LXXXII — CXII.)

2°. Le système nerveux est continu dans toutes ses parties dans les animaux de toutes les classes. (§. C.)

3°. Les moyens d'union sont plus ou moins nombreux, plus ou moins considérables, plus ou moins rapprochés : de là résulte la différence la plus remarquable du système nerveux considéré dans toutes les classes.

4°. Le système nerveux est un dans sa totalité. Il n'y a ni un seul système nerveux, comme on l'entend pour les vertébrés, ni plusieurs systèmes nerveux ou plusieurs centres d'impressions, comme on l'établit pour les invertébrés, et comme quelques physiologistes veulent le faire admettre pour l'homme lui-même. (M. Gall.)

5°. Il n'y a point de centre commun physique dans le sens qu'on a attaché à ce mot. Si les sensations sont unies dans la conscience du même *moi*, c'est un fait général de l'animalité, et qui doit dépendre de toute autre circonstance que de la disposition anatomique du système nerveux : un centre physique serait toujours composé de parties, quelque rapprochées et unies qu'elles fussent. (LV—LX.)

6°. La distinction tranchante de deux systèmes de nerfs, système de la vie animale et système de la vie organique, est hypothétique, contraire à tous les faits d'anatomie comparée. (§. CXI— CII.)

7°. Le système nerveux est toujours en rapport, dans son organisation, avec la disposition des autres organes, et l'une est tellement subordonnée à l'autre que l'arrangement d'un animal étant donné et ses fonctions étant connues, l'on peut déterminer toujours par avance, d'une manière générale et approximative, l'organisation de son système nerveux. Le volume, le nombre, la division, la distribution, la place de chaque nerf et de son ganglion correspondant, sont toujours en rapport avec le volume, le nombre, etc., des organes auxquels les nerfs se rendent, et avec l'importance, l'énergie, la rapidité et la durée de leurs fonctions respectives.

8°. La présence des plexus et des ganglions est une circonstance accessoire dépendante de l'organisation générale de l'animal : ils sont destinés à unir plus fortement les différentes portions du système nerveux, et par elles tous les organes ; il en est de même des centres plus considérables de la moelle épinière et du cerveau.

CXV.

Telles sont les lois fondamentales de l'organisation du système nerveux. Toute théorie physiologique qui ne sera pas en rapport avec cet ensemble de lois, est par cela seul démontrée fausse et incomplète. Or, aucune de celles qui ont été imaginées jusques ici ne s'accorde avec elles.

On n'a fait la physiologie du système nerveux qu'avec les données de l'anatomie humaine, et l'on a pris pour des lois immuables d'organisation les modifications accessoires qui ont lieu chez l'homme. Celui qui aurait fait la physiologie du système nerveux avec les données relatives à une classe inférieure d'animaux, aurait établi comme fondamentales les propositions inverses de toutes celles qu'on a établies jusques ici, et avec autant de raison, dans la physiologie humaine.

CXVI.

Un très-grand nombre de physiologistes, frappés de quelques-uns des faits que nous avons rapportés, ont admis que la sensation n'avait pas lieu d'une manière immédiate, primitive et exclusive dans le cerveau (1). Un plus grand nombre encore ont été incertains et vacillans sur cette question. Souvent même, livrés aux contradictions les plus formelles, ils n'ont pas pu accorder les faits entre eux, parce qu'ils avaient dépassé leurs limites naturelles dans les premières conclusions. (§. XLIX—L.) En outre, ils avaient apporté dans l'étude de l'homme vivant des conceptions grossières et mécaniques, tandis qu'il faut toujours expliquer les faits physiologiques par eux-mêmes, et par les lois qui leur sont propres. (§. VII—IV.) Quoi qu'il en soit, leurs incertitudes et leurs contradictions font sentir qu'il existe une lacune dans la science, et le besoin de refaire la théorie sur de nouvelles bases.

CXVII.

D'après les faits nombreux que nous venons de présenter (XLVII — CXV; A — X), il nous paraît démontré que le cerveau n'est pas la cause essentielle et absolue, ni l'instrument direct et exclusif de la sensation. Toutes les hypothèses, toutes les subtilités viendront se briser contre cette vérité, qui doit être désormais le fondement de la doctrine des fonctions nerveuses,

---

(1) Voyez note 11.

dans la théorie des sensations et de la vie intellectuelle et morale. Le cerveau n'est donc qu'une simple condition de la sensation ; encore même faut-il reconnaître que cette condition n'est pas aussi étroitement liée à son exercice que l'on pourrait d'abord le croire : d'après un certain ordre de faits (LXXV—LXXXI) , ce n'est pas une condition *nécessaire*, indispensable de toute sensation actuelle , prise surtout dans sa première origine. (LXXXV — LXXXI.) La conséquence tirée de cette nouvelle série de faits s'accorde avec celle qu'avaient donnée les faits qui paraissaient le plus favorables à l'opinion vulgaire (XLVII—LIV) ; ce qui prouve qu'elle a été sévèrement déduite , et combien notre réserve était rationnelle et pouvait être utile aux progrès ultérieurs de la science.

Mais poursuivons notre marche mesurée , et cherchons à déterminer , toujours d'après l'expérience , le véritable rapport du cerveau avec la sensation , et les lois de ce rapport.

CXVIII.

Les animaux décapités ne sentent pas aussi bien que ceux qui jouissent de leur intégrité physique ; la sensibilité est toujours considérablement diminuée et dans un état de dégradation très-marqué: elle s'éteint avec plus ou moins de rapidité , même dans les cas où l'on ne peut pas attribuer la mort à l'hémorrhagie, à l'asphyxie, ou à la privation de nourriture (LXXIX), et que l'on a écarté ces effets étrangers aux résultats directs de l'expérience.

D'après ces faits, considérés sous ce nouveau point de vue, s'il est incontestable que le cerveau ne sert pas à la production directe de la sensation, ne *fait* pas la sensation, il ne l'est pas moins qu'il est nécessaire à sa perfection et à sa durée. Telle est la traduction rigoureuse des faits, traduction qui n'est que leur expression même.

L'expérience, répétée sur les animaux de toutes les classes, m'a toujours donné les mêmes résultats.

CXIX.

Entraînés par cet esprit d'exclusion qui a égaré si souvent les sciences en général, et surtout celle de l'homme vivant, ou ne sachant pas accorder des faits en apparence contradictoires, dans des conséquences sévères et puisées dans l'observation même, plusieurs physiologistes, qui avaient fixé leur attention sur quelques-uns des faits que nous avons d'abord présentés (XLVII--LIV), avaient conclu que le cerveau n'était d'aucun usage dans les sensations. (Hippocrate, Praxagoras, Phstonicus, Aristote, Bidloo, etc.) Ainsi, selon les uns, il n'y faisait rien ; tandis que, selon les autres, il y faisait tout. C'est entre ces deux systèmes opposés, également contraires à l'observation complète, que se partageaient les physiologistes ; et cette séparation violente devait exister, tant que l'on n'aurait pas interprété les faits, avec plus de fidélité, dans des idées vraiment physiologiques, et non dans des conceptions grossières et mécaniques ou abstraites et métaphysiques. Ces deux opinions se détruisaient réciproquement, et la science incertaine était condamnée à des disputes sans fin, ou à des vacillations éternelles, qui s'opposaient à tout progrès ultérieur : l'homme sage n'avait d'autre ressource que de se maintenir dans un doute qui le préparait à la recherche et à la découverte de la vérité.

CXX.

Pour mettre à profit ce premier pas dans la carrière que nous parcourons, il faut s'élever, d'après des expériences plus nombreuses et plus étendues, à la théorie générale du rapport du cerveau avec toutes les autres fonctions. Alors l'horizon s'agrandit, nos premières vues se confirment de plus en plus, par un plus grand nombre de preuves, et deviennent une loi même de l'action nerveuse, qui embrasse l'ensemble des fonctions de la vie animale et de la vie organique.

Nul doute que la sensibilité vitale ne soit inhérente aux parties mêmes qui reçoivent l'action des stimulus, ou que, du moins dans certains cas, si ce n'est dans tous, son action ne commence et ne s'achève dans la molécule immédiatement irritée. Nul doute, par conséquent, que ce ne soit avec raison, en un sens, que l'on ne l'ait désignée sous le nom de *sensibilité locale*. Il est encore certain que le cerveau et les nerfs ne sont pas la cause première et essentielle de cette sensibilité ; que les nerfs ne perçoivent pas exclusivement les impressions vitales déterminées par les stimulus, et ne les transportent pas dans le cerveau, pour que là seulement elles prennent le caractère qui leur est propre et qui décide les mouvemens. Eh bien ! cependant, la sensibilité locale diminue toujours et s'éteint rapidement dans une partie, dès que l'on a coupé les nerfs correspondans, détruit le cerveau ou la moelle épinière. Il faut donc conclure de ces faits, que les nerfs et le cerveau servent à la perfection et à la durée de la sensibilité vitale ou locale, sans en être la cause directe. Les physiologistes ne pouvant pas accorder ces deux classes de faits, ces deux sortes de vérités, et toujours par le même vice de logique qui les a égarés dans la première question (§. XLII—LIV), se sont partagés entre deux opinions opposées, exclusives, qui se détruisent réciproquement. Les uns ont tout rapporté aux nerfs (Whytt, Bordeu) ; les autres ne leur ont accordé aucune influence dans les fonctions purement vitales (Haller, Bichat) : tandis que la plupart ne sachant que croire, ne prenaient aucun parti, ou les prenaient l'un et l'autre successivement ou même à-la-fois, quelque contradictoires qu'ils fussent en eux-mêmes. Cette première obscurité, placée en tête de la science de la vie, arrêtait sa marche et l'empêchait de faire aucun progrès réel.

La même conclusion s'étend à toutes les autres propriétés, à toutes les autres fonctions de la vie organique. Nul doute que les mouvemens de contractilité sensible ou insensible ne partent de l'organe même qui les exerce (Haller) ; cependant, nul doute aussi que ces mouvemens ne se perdent bientôt, quand on détruit les centres nerveux correspondans, la moelle épinière, par exemple, pour le cœur ; quoiqu'il ne faille pas conclure, avec Le Gallois, de ce fait, qui ne détruit pas le premier, que le principe du mouvement du cœur soit dans cet organe 1). Cette conclusion générale s'applique, d'après les faits, aux sécrétions et excrétions, à la nutrition, même à la calorification. Aussi, quelques physiologistes ont-ils établi que les nerfs présidaient aux sécrétions et excrétions

---

(1) Voyez note 12.

(Bordeu), à la nutrition (Glisson, Mayow, Wharton, La Roche), à la calorification (Caverhill, Roederer, Wrisberg). Ils ont été jusques à dire que les nerfs portaient aux parties le principe matériel de leurs mouvemens (Le Gallois), de leur nutrition, de la chaleur; et il faut convenir que, dans la manière ordinaire de raisonner, ces conséquences, absurdes en elles-mêmes, sont cependant inattaquables et des déductions rigoureuses des principes admis.

CXXI.

Établirons-nous que le rapport du cerveau avec la sensation n'est pas plus intime que celui de ce même organe avec les mouvemens volontaires, les impressions vitales ou sans conscience, les mouvemens involontaires sensibles et insensibles, les sécrétions et excrétions, la nutrition, le développement de la chaleur animale? Non sans doute; ne nous étant pas placés d'abord hors des faits par des déductions exagérées ou erronées, nous pouvons exprimer les nouveaux faits analogues dans toute leur pureté. Nous dirons donc et nous pourrons dire sans embarras dans notre manière de voir, que les sensations ont plus de rapport avec le cerveau que n'en ont les mouvemens volontaires, ceux-ci plus que les impressions sans conscience et que les mouvemens involontaires, les mouvemens sensibles plus que les mouvemens insensibles, et les uns et les autres plus que les sécrétions et excrétions, la nutrition et la chaleur animale. Mais nous ajouterons que ces différences ne portent que sur les nuances, et non sur le fond. Le principe d'influence paraît être le même, ou du moins le mode d'action que nous signalons ici étant général, absolu, doit se retrouver dans le rapport du cerveau avec les sensations, et entrer pour beaucoup dans les fonctions particulières du cerveau. Nous rechercherons bientôt si l'expérience n'indique pas à cet égard un autre mode particulier d'action du cerveau sur les sensations. Quoi qu'il en soit du résultat de ces recherches ultérieures, il faut que la théorie s'accorde avec cette identité d'influence, qu'elle rende raison à-la-fois de cette identité même et de ces nuances : or, l'interprétation vulgaire des faits de ce genre étant absolue, mécanique, partielle, ne peut pas se plier à cette unité et à ces variations, et remplir ces deux conditions d'explication.

CXXII.

Pour jeter une lumière toujours croissante sur ce point de doctrine, il convient de l'éclairer par quelques considérations générales sur l'action des organes les uns sur les autres.

Les organes vivans ont deux sortes d'actions différentes, une action fonctionnelle et une action dynamique. Tantôt ils remplissent les conditions matérielles et organiques de la vie, et tantôt ils provoquent le jeu, augmentent et soutiennent l'énergie des forces vitales. Ainsi l'estomac, sous le premier rapport, préside à la formation du chyle réparateur de la machine entière. Sous le second, il réveille, il anime, il maintient le ton de tous les autres organes. Les excitations portées sur sa surface se réfléchissent sur tous en général, et plus ou moins sur certains en particulier. Ce dernier mode d'action est plus direct, plus prochainement lié à l'exercice de la vie que le premier. En effet, on mourrait plutôt si cette condition de la vie n'était pas remplie, soit par l'estomac, soit plus généralement par tous les autres organes, que par la privation du chyle nourricier. Les poumons, sous le premier rapport, président à l'hématose : sous le second, mais à un moindre degré que l'estomac, ils excitent l'organisme entier. L'action stimulante d'un air pur, frais et chargé d'oxigène sur leurs vastes surfaces intérieures retentit dans tous les organes. Il en est de même du cœur, des vaisseaux et de leurs innombrables divisions, des viscères abdominaux, surtout des organes de la génération, etc. Ceux-ci sont aussi nécessaires à la vie de l'individu qu'ils le sont à la vie de l'espèce, et ce n'est que par une analyse subtile et de mutilation, qu'on les a isolés dans certaines théories de la vie, puisées dans l'inspection des cadavres ou dans quelques expériences incomplètes sur des animaux mourans, et non dans l'observation de la nature vivante elle-même.

Tous les organes n'ont pas une influence égale sur tous les autres, ni sur chacun d'eux. L'observation constate les nuances, les variations, j'allais dire les caprices de ces rapports, qui changent selon les âges, les sexes, les climats, les tempéramens, les idiosyncrasies, selon l'état de santé ou de maladie, etc. Cette dernière circonstance achève de confirmer l'exactitude du point de vue sous lequel nous considérons les faits de ce genre, et montre combien on s'écarterait de la vérité, si l'on voulait les expliquer par des données purement organiques et mécaniques.

CXXIII.

C'est de cette double série d'actions que nous venons de signaler que résulte la vie. Les médecins matérialistes, *organiciens*, n'ont tenu compte que de l'action fonctionnelle et mécanique; aussi n'ont-ils jamais pu parvenir, dans leurs théories rétrécies, qu'à rendre raison des motitations incertaines de l'animal mourant sous le couteau aveugle et égaré de l'expérimentateur. Ils n'ont bien connu que le matériel de l'organisation, que les instrumens de la vie ; tranchons le mot, ils n'ont point été physiologistes, à proprement parler, à quelque degré de gloire que les ait placés l'opinion populaire: jamais ils ne se sont élevés, d'après l'ensemble des faits, à la notion exacte des forces vives qui régissent cette machine inerte, et qui, sans elles, serait bientôt livrée à la putréfaction et au jeu indestructible des élémens qui la réclament sans cesse. Ils n'ont pas connu ces forces qui pénètrent à-la-fois les solides et les humeurs, qui leur impriment ces modifications et ces formes auxquelles ils ont attaché vicieusement une importance exclusive, et qui, loin d'être la cause de la vie, n'en sont que les moyens, les conditions matérielles et grossières; qui, loin d'être le principe de leur action, n'en sont que le résultat, et ne font souvent qu'enchaîner leur activité par leur masse lourde et passive.

L'idée que nous présentons ici sur le mode propagateur de l'action vitale nous paraît devoir être la maîtresse vue dans la science de l'homme, et propre à éclairer toutes ses parties.

CXXIV.

Un des principaux usages du cerveau est sans doute celui que nous indiquons. Je ne dis pas que ce soit le seul, l'expérience pourra peut-être nous en faire découvrir d'autres, s'il en est ; mais celui-là est incontestable et doit avoir une grande part à ses fonctions les plus particulières, à son influence la plus spéciale sur les autres organes. Nous expliquerons ainsi la généralité de l'action du cerveau sur des fonctions si différentes, et nous arracherons cette partie de la physiologie de ces organes à ces notions partielles et rétrécies qui l'ont égarée jusqu'ici.

CXXV.

Le cerveau peut donc être considéré comme un des plus grands moyens de communication vitale, et plus généralement encore, on peut regarder cette attribution comme le caractère essentiel du système nerveux. Si nous reprenons les notions que nous avons présentées sur l'anatomie de ce système (CIII) ; que nous pénétrions dans les détails de son organisation, dans tous les animaux comme dans l'homme, et que nous les éclairions surtout par le rapprochement de tous les faits relatifs au mode d'action propagateur de la vie que nous venons d'indiquer (CXXII), nous nous éleverons à de nouvelles idées sur l'un des usages physiologiques le plus important du système nerveux.

Nous avons vu que l'unité fait le caractère le plus remarquable de son organisation (CI). En effet, les cordons nerveux rapprochent, combinent dans tous les sens les fibrilles qui étaient épanouies, séparées dans les organes ; les anastomoses, les plexus mêlent les troncs entre eux, et rendent à ceux-ci le même genre de service que rendront, à leur tour, à eux-mêmes, la moelle épinière et le cerveau. Dans l'intérieur des viscères, les ganglions du trisplanchnique vont réunir les nerfs isolés, et les lier enfin, par les communications rachidiennes, à la moelle épinière d'une part, et de l'autre au cerveau par les communications supérieures. Cette disposition particulière, à laquelle on a attaché une si grande importance fonctionnelle, ne paraît cependant être qu'accessoire : elle est relative à l'épaisseur du tronc et à la variété du grand nombre d'organes qu'il renferme. Le cerveau est le centre, le point de combinaison des nerfs de la tête, comme la moelle épinière est celui des nerfs du tronc et des extrémités supérieures et inférieures. Enfin, sous un dernier rapport, le cerveau et la moelle épinière sont le point d'union de toutes les divisions du système nerveux. Dans les troncs nerveux, dans les plexus, et même dans les ganglions, le névrilemme et des membranes celluleuses divisaient les fibrilles, les isolaient jusques à un certain point ; dans le cerveau et la moelle épinière, ces fibrilles se touchent immédiatement, et sont tout autrement unies qu'elles ne l'étaient auparavant. Ainsi, les nerfs se pénètrent, se confondent dans leurs deux extrémités, dans celles qui se répandent dans les organes, et dans celles qui se concentrent dans la moelle épinière et le cerveau.

CXXVI.

Maintenant, voyons les diverses parties du système nerveux en action sous l'influence de la vie, et obéissant à ses lois. Une excitation a lieu dans un organe : elle va retentir dans la fibrille nerveuse correspondante et même dans les parties environnantes, ainsi que le prouve l'expérience journalière ; de celle-ci, dans toutes les fibrilles du rameau, du tronc, du plexus, dont la première fait partie. Ainsi augmentée par une sorte de fermentation vitale (qu'on me passe cette expression hardie), elle arrive à la moelle épinière, et de proche en proche au cerveau, où elle devient encore beaucoup plus forte que dans son principe et dans son accroissement même. Là, elle se déploie avec liberté ; elle excite, elle réveille le jeu, l'énergie de toutes les fibrilles qui le composent. Celles-ci transmettent à leur tour, par les nerfs dont elles sont le centre, l'excitation qu'elles ont reçue, dans toutes les parties du corps, et cette excitation revient encore au cerveau par mille voies, mais augmentée, centuplée peut-être, par l'activité de la vie, l'unité de son organisation et de sa nature, et par sa force reproductrice.

CXXVII.

Nous ne craignons pas de le répéter sous différentes formes, les organes considérés sous le point de vue purement vital sont des foyers de force et d'énergie qui rayonnent sur tous les points environnans et plus ou moins au loin. Ils réfléchissent la vie les uns des autres, et l'élèvent ainsi à ce degré qui seul permet le développement et l'exercice de ses actes divers. Ce sont comme des espèces de miroirs qui concentrent la chaleur vitale et portent ses étincelles foibles et tièdes jusqu'au dernier degré; ce sont comme des échos qui augmentent le son. La vie de chacun devient celle de tous, celle de tous la vie de chacun. Un point étant animé par lui-même et par sa force inhérente, d'une somme de force et d'énergie comme 1, il est évident que s'il reçoit additionnellement, des différens organes, des sommes réfléchies et répétées comme 40, la somme totale des forces qui lui deviendront propres, et qu'il peut développer dans l'exercice de ses fonctions respectives, sera comme 41. Cette évaluation proportionnelle n'est pas exagérée: il est prouvé, par l'observation sagement interprétée d'une foule de faits, que la somme des forces inhérentes à un organe est peu de chose en comparaison de celle qu'il emprunte des autres organes, surtout s'il ne joue qu'un rôle secondaire dans l'économie; si c'est, par exemple, une glande, la rate, le pancréas, etc. C'est une idée très-fausse, quoique très-répandue, de croire que les organes agisssent isolément et par leurs forces inhérentes. Elle est hypothétique cette physiologie qui, contre toute observation a isolé, d'une manière tranchante les vies propres des organes et a considéré ceux-ci comme des animaux séparés (van-Helmont, Bordeu). Elle l'est encore plus celle qui a attaché la vie aux tissus élémentaires qui composent les organes, et même à leurs molécules intégrantes (Haller, Bichat). L'animal est un, la vie est une; ce n'est pas l'estomac séparément qui digère, ce sont les forces de l'organisme entier par l'estomac. Ainsi, la partie qui perçoit une sensation, ne la perçoit pas par elle seule: isolée, elle ne sentirait pas; c'est en quelque sorte l'organisme entier qui la perçoit en elle. Le cerveau surtout, et même les organes abdominaux soutiennent le ton de l'organe sentant, animent ses forces et l'élèvent à la hauteur de perfection de vie qu'exige le sentiment. De même, c'est le muscle qui remue le corps; mais jamais il ne trouverait en lui assez de force pour obtenir un résultat si puissant. Réduit à lui-même, il ne produit que quelques motitations faibles et incertaines qui ne suffisent pas pour le déplacer, et qui attestent que si sa force première lui est inhérente, la perfection de cette force lui vient d'ailleurs.

Ces forces additionnelles se déplacent successivement et servent ainsi à l'exercice de toutes les fonctions. La révolution naturelle des fonctions dans l'intervalle de vingt-quatre heures n'est que ce changement successif, qui exige enfin du repos, du moins pour certaines fonctions, et qui, se renouvelant tous les jours, constitue la vie entière, comme les déplacemens des astres constituent leurs révolutions et leur mode d'existence. L'ordre de ces révolutions, la succession de ces déplacemens, leur durée, leur intensité, leur *allure*, leur régularité ou leur anomalie, changent selon les âges, selon les sexes, les tempéramens, les idiosyncrasies, selon les divers états de maladie, etc.; ou plutôt ces circonstances constituent en partie les différences des âges, des sexes, des tempéramens, des maladies, etc.

CXXVIII.

On objectera que les forces, considérées sous ce point de vue, ne sont que des abstractions. Mais il ne s'agit pas de chercher à les concevoir par des analogies physiques, prises de la communication des mouvemens d'impulsion; il suffit de les constater par une observation directe, pour les admettre. Nul doute qu'un organe n'ait plus ou moins d'énergie dans son action propre, de quelle condition que dépende cette énergie, fût-ce d'une circonstance matérielle, comme de la nature de ses principes nutritifs, de la quantité d'un fluide particulier, ou de toute autre cause que voudront imaginer les esprits peu faits pour la contemplation de la nature; nul doute que cette force ne soit susceptible d'augmentation ou de diminution; nul doute enfin qu'un organe vivant irrité, excité, augmenté dans son énergie d'action, ne communique cette irritation, cette augmentation de force à l'organe voisin. Comment s'opère cette transmission? On l'ignore; mais cette transmission est un fait; la continuité et les moyens physiques d'union plus ou moins nombreux, plus ou moins volumineux, ainsi que l'analogie des fonctions et des propriétés vitales en sont les conditions. Nous ne pouvons pas saisir les rapports de toutes ces circonstances avec le fait dont il s'agit : ce rapport est-il de causalité essentielle ou accessoire, directe ou indirecte? nous l'ignorons, nous n'avons pas besoin de le savoir; il nous suffit de constater le fait, ses lois, ses conditions. Au fond, cette communication particulière de force et de vie n'est pas plus inexplicable que la communication du mouvement d'impulsion, qui, pour être plus simple et plus familière à notre observation, n'est pas mieux connue, et n'est admise, comme la première, que par cela seul qu'elle est constatée par l'expérience.

CXXIX.

Si nous étudions les lois de ce mode particulier de communication d'état, de modification, nous verrons que son degré est proportionné, 1°. à l'importance des fonctions de certains organes, comme à celle de la digestion pour l'estomac ; 2°. au volume respectif des parties ; et cela doit être : si chaque point est animé d'une somme de forces déterminée, constante ou accidentelle, il est évident que plus ces points seront multipliés, et plus le résultat général sera fortement prononcé ; 3°. à l'analogie d'organisation et de fonctions.

Or, considérons, sous tous ces divers points de vue, le cerveau et la moelle épinière. Ces parties ne remplissent-elles pas les fonctions les plus importantes, les plus générales, les plus relatives à l'ensemble de l'organisme entier, le sentiment et le mouvement volontaire ?

Le volume respectif du système nerveux, pris en totalité, n'est-il pas très-considérable ? celui du cerveau et de la moelle épinière, relativement aux nerfs, ne l'est-il pas encore ? Ces parties centrales ne doivent-elles pas avoir la plus grande influence pour augmenter l'énergie des nerfs, et par eux celle de tous les organes avec lesquels ils communiquent si intimement?

Le système nerveux, dans ses divisions, a la même organisation; il doit donc avoir le même mode de vie : avec quelle facilité dès-lors il doit répéter les modifications qu'il reçoit, et quelle intensité ne doit-il pas leur ajouter!

Enfin, sa disposition générale est remarquable par son unité, par les rapports intimes qui lient toutes ses divisions, par ses connexions organiques avec lui-même et avec tous les organes.

D'après ces considérations, quelle somme d'énergie et de forces ne doit pas dériver du cerveau sur tous les autres organes, surtout dans les espèces où le cerveau est si considérable!

CXXX.

L'ensemble des vérités que nous venons de présenter n'est qu'une vaste réunion d'analogies et de faits puisés dans l'homme et dans la généralité des animaux. Il nous paraît avoir été établi d'après les principes de la bonne manière de philosopher en médecine, qui consiste dans la classification, le rapprochement des faits propres aux animaux, en tant qu'animaux, et qui les spécifient tels. Ces analogies étant le plus générales possible, doivent être de la plus grande fécondité, et éclairer de très-grandes parties de la science.

CXXXI.

La doctrine des sympathies, considérée sous son véritable point de vue, donne la clef de la physiologie entière. En effet, les sympathies sont la circonstance de l'ordre le plus élevé à laquelle l'exercice de la vie soit attaché : elles sont à l'organisme entier et à la physiologie elle-même ce que sont les propriétés vitales à chaque organe en particulier et à l'anatomie des tissus. (Bichat.)

Si cette étude a été si peu féconde jusques ici ; si les sympathies n'ont le plus souvent servi qu'à amuser la science par la singularité des faits qu'elles présentent, ou à l'embarrasser par la recherche de la solution de problèmes insolubles, c'est qu'on ne les a presque jamais étudiées dans toute leur extension. On n'a pas senti qu'elles sont, en quelque sorte, le principe de la vie, le mobile de toutes ses fonctions ; on ne les considère même le plus souvent que sous le rapport de l'état pathologique dans lequel elles jouent, il est vrai, le plus grand rôle : mais, par cela seul, leur importance dans la physiologie n'est-elle pas prouvée, l'homme malade n'étant qu'une face de l'homme vivant, que le développement et l'application des forces de l'état sain.

Bichat, dans son système de mutilation analytique, a établi et a dû établir que les sympathies n'étaient que des exagérations désordonnées des maladies, qu'elles n'appartenaient qu'à l'état morbide. M. Broussais a cherché à remplir cette lacune de la science ; mais il n'a apporté dans cette étude que des vues rétrécies, bornées ridiculement à l'action d'un seul organe, la membrane muqueuse de l'estomac. La Caze est le premier qui ait vu tout le rôle qu'elles jouaient dans l'entretien de la vie et des fonctions ; mais il a mêlé à ces vues précieuses des explications mécaniques et absurdes qui ont presque absorbé toute son attention. Bordeu les a considérées d'une manière plus pure et plus étendue ; mais il ne s'est pas élevé à l'idée de l'ensemble des forces sympathiques, à leurs lois générales, etc. Barthez est celui sans doute qui a le mieux apprécié leur influence. Il est fâcheux qu'il les ait vues d'une manière trop abstraite, et qu'il les ait rapportées à un principe sympathique qui sent dans un point et se remue dans l'autre : d'ailleurs, il a voulu trop les dégager de l'organisation. Ce sont cependant les grandes pensées qu'il a émises sur ce sujet qui nous paraissent faire du second volume des *Élémens de la Science de l'homme*, l'ouvrage le plus parfait et le plus beau qui ait jamais été écrit en physiologie. C'est cette partie de son travail qui spécifie véritablement sa doctrine et son génie. Dans le premier volume, il n'a fait souvent que répéter les idées qu'on avait eues avant lui. Ne voir dans Barthez que le principe vital et les raisonnemens abstraits qu'il a faits d'après la méthode de son temps, c'est ne voir dans Racine que quelques fadeurs de la galanterie du siècle de Louis XIV, et dans Corneille que la bouffissure des mots dans lesquels s'égare quelquefois son génie sublime fatigué de ses propres efforts ; c'est ne voir dans Montesquieu, comme fit le superficiel et partial philosophe de Ferney, que les saillies de son esprit et la division de son livre en petits chapitres.

CXXXII.

Ce qui constitue la seule distinction essentielle et vraiment physiologique de ces divisions si nombreuses d'animaux que les naturalistes ont saisies avec cet esprit de minutie que le physiologiste philosophe doit approuver sans doute, puisqu'il en profite, sans se laisser maîtriser par lui dans les conceptions d'un ordre plus élevé qui constituent son domaine, c'est le rapprochement plus ou moins intime de tous les organes, ou leur séparation plus ou moins marquée, leur unité ou leur indépendance. Ainsi le polype peut être divisé en tronçons très-petits, et ces tronçons n'en conservent pas moins la vie dans toute son activité; ils peuvent refaire même les parties enlevées, et se rétablir dans leur intégrité organique. L'homme, au contraire, et les mammifères, ne souffrent pas impunément la moindre mutilation. Leurs organes sont si étroitement unis, qu'ils ne forment qu'un tout. Entre ces deux extrêmes viennent se distribuer méthodiquement, et dans tous les rapports possibles, les différentes classes d'animaux. C'est, selon nous, cette maîtresse vue qui doit fournir la législation de l'histoire naturelle des animaux, et même de tous les êtres vivans; servir de *criterium* à ses classifications, à ses méthodes, à ses théories; et qui doit enfin présider un jour à la promulgation scientifique des lois les plus générales de l'action vitale, ou à la rédaction d'une véritable zoonomie. On ne peut pas se dissimuler que l'illustre Darwin, sous ce titre imposant, n'a fait que le roman de la vie.

Or, une des principales différences organiques qui séparent les animaux les uns des autres, c'est le système nerveux : donc c'est lui qui est un des principaux moyens, une des conditions majeures auxquelles est attachée cette unité de vie plus ou moins grande qui les distingue et les spécifie ; c'est là un de ces usages les plus importans : et, puisque l'on veut tant attribuer une fonction propre au cerveau et aux nerfs, on pourrait, en lui accordant celle-là, satisfaire les vœux, les préventions ou les *goûts* des anatomistes, des naturalistes, et de tous ceux qui pensent qu'un organe ne fait rien dès qu'il n'est pas chargé d'une fonction spéciale et exclusive, dès qu'on ne peut pas lui assigner un rôle absolu dans la mécanique animale dont il est en quelque sorte une roue, comme ils s'expriment.

Les nerfs sont destinés à lier les parties entre elles, à en faire un tout. Les parties qui sont le plus en relation avec le tout par leurs fonctions et leurs affections morbides, sont en général celles qui reçoivent le plus de nerfs. Les animaux les plus *uns* sont ceux dont les nerfs sont liés par un plus grand nombre de points à des centres plus fortement dessinés. L'énergie, la rapidité et la durée des fonctions sont en rapport avec les mêmes circonstances. A mesure que les organes se multiplient dans les différentes classes, les nerfs deviennent plus nombreux et plus considérables. Le nombre respectif des nerfs et de leurs centres est toujours en rapport avec le nombre et la disposition des parties : ce qui peut faire penser que l'existence des nerfs est subordonnée au reste de l'organisation, tandis que l'on a adopté l'opinion contraire. En effet, le volume et l'influence respective du cerveau, de la moelle épinière et des nerfs, dans les différentes classes d'animaux, sont décidés sur le nombre, le volume et l'importance des nerfs qui partent de chaque partie ; le nombre, le volume et l'importance de ces nerfs, à leur tour, sont décidés par le nombre, le volume, l'importance de ces parties elles-mêmes.

CXXXIII.

En partant de l'idée que la vie n'était que l'organisation, on a toujours subordonné la première à la seconde : il serait plus philosophique d'établir la succession des choses dans un ordre inverse. L'organisation est l'instrument de la vie, le moyen d'application des forces qui la caractérisent et la constituent, et non pas la cause primitive et essentielle de ces forces.

Les anatomistes, les naturalistes s'en sont souvent laissé imposer par le grand appareil d'organes que présentent les animaux les plus compliqués. Quand on considère la vie sous le point de vue le plus élevé et dans l'ensemble des êtres qui en jouissent, on peut bientôt se convaincre que les plus simples dans leur disposition, ceux qui ne se composent que d'une masse vivante sans organisation déterminée, possèdent les mêmes propriétés fondamentales que les plus compliqués ; que par conséquent ces propriétés ne dépendent pas de la texture des tissus, et de tout cet appareil d'organes auquel on les rapporte. La mousse jouit de la sensibilité vitale, de la contractilité insensible, comme les plantes les plus parfaites ; le polype de la sensibilité de conscience et du mouvement volontaire, comme les animaux les plus élevés dans l'échelle. A la vérité, l'altération assimilatrice est faible dans la mousse, la vie animale peu étendue dans le polype. A mesure que la matière nourricière doit subir des changemens plus profonds, ou que la vie animale se perfectionne, les appareils sont plus multipliés, prolongent plus longtemps leur action, et la rendent ainsi plus puissante.

Nous allons présenter le tableau rapide des êtres vivans considérés sous ce point de vue. La plante qui n'imprime à la matière que des transformations superficielles, puisque celles-ci laissent souvent apercevoir les caractères primitifs des élémens réparateurs ; qui agit sur la matière inorganique, et est chargée, dans le vaste plan de la nature, de lui imprimer le premier sceau de la vitalité, et en quelque sorte une simple ébauche de son immense travail ; la plante, qui n'a besoin pour sa composition que d'un très-petit nombre de principes, n'a qu'un petit nombre d'appareils d'assimilation. Elle n'a point de tube digestif, point de glandes auxiliaires : la digestion commence pour elle à l'absorption.

Cette opération peut être plus ou moins parfaite, et la transformation plus ou moins profonde. Pour remplir ces fonctions graduellement plus compliquées, les plantes ont été pourvues d'organes successivement plus soignés. Les grandes différences qui marquent cette perfection croissante d'énergie assimilatrice et d'organisation correspondante, donnent les trois grandes classes de plantes *acotylédones*, *monocotylédones* et *dycotylédones*. En outre, les racines, les feuilles, qui sont les moyens de relation de la plante avec les agens réparateurs, varient plus ou moins, selon les lieux où elle doit vivre, et selon une foule de circonstances fonctionnelles déjà connues ou qui sont encore à connaître. De là proviennent les divisions des ordres, des genres, des espèces, selon leurs caractères essentiels et physiologiques.

Chez les animaux qui reprennent la matière végétale en sous-œuvre et la travaillent de nouveau, les organes assimilateurs se compliquent de plus en plus. Tous les animaux ont une cavité digestive, d'abord avec une seule ouverture, ensuite avec deux. L'absorption commence par une simple imbibition active, sans vaisseaux proprement dits, comme dans les zoophytes et les insectes ordinaires (M. Cuvier) : le chyle arrive rapidement à sa perfection. A mesure que l'animal devient plus parfait, le chyle réparateur subit plus de transformations. Il a besoin, en outre, d'être transporté de la cavité digestive à une distance plus ou moins grande. Il faut donc des instrumens progressivement plus soignés, des vaisseaux absorbans, un système lymphatique, des glandes conglobées dans le mésentère et sur le trajet des lymphatiques, des organes de préparation et de perfectionnement plus ou moins nombreux (moyens de mastication, d'insalivation, de défécation, glandes plus ou moins multipliées pour l'assimilation et la décomposition, tels que pancréas, foie, reins, etc.) Un travail plus énergique demande encore de nouveaux vaisseaux : tels sont les vaisseaux sanguins, artériels, veineux et capillaires. Les différences de ce genre sont si peu tranchantes, que, dans les animaux à sang blanc, on ne peut pas distinguer les vaisseaux lymphatiques des vaisseaux sanguins. Le chyle subit donc trois altérations: il est porté directement aux organes chez les insectes; il devient de la lymphe chez les animaux à sang blanc, et enfin il se transforme en sang proprement dit. Le chyle varie encore dans les différentes espèces de vertébrés : il est blanc opaque dans les mammifères ; transparent comme de la lymphe dans les oiseaux, les reptiles et les poissons.

La circulation est plus ou moins étendue; simple, double, à un ou à deux ventricules.

L'air est nécessaire à la vie de tout être orgaganisé, comme aliment réparateur. A mesure que cet être devient plus parfait et travaille davantage la matière soumise à son action, l'appareil qui le met en rapport avec l'air est plus étendu. Dans les insectes, comme dans les plantes, il y avait des trachées répandues sur toute la surface ; dans les poissons, ce sont des branchies, et dans les autres animaux, des poumons plus ou moins larges (oiseaux).

La chaleur est encore en rapport avec la perfection du travail de l'assimilation dans les poumons (animaux à sang froid, à sang chaud).

Quant à la vie animale, la sensibilité et le mouvement volontaire sont subordonnés au besoin de la nourriture, aux moyens à employer pour l'obtenir, et à la conservation générale de l'animal : aussi, l'organisation de celui ci se montre-t-elle toujours en rapport avec le genre d'alimens qu'il prend. A mesure que les animaux s'élèvent dans l'échelle, ils prennent des sens plus nombreux et plus délicats. Parcourez en effet cette série croissante de perfectionnement, depuis le polype, qui n'a qu'un seul sens, jusqu'aux mammifères, qui en ont cinq.

Il en est de même du système locomoteur, avec lequel est coordonné le système osseux dans toutes ses variations.

CXXXIV.

Nous avons considéré les êtres vivans sous le rapport de la substance qu'ils ont à altérer; mais pour produire ce résultat, c'est-à-dire un travail plus ou moins profond et difficile, il faut des forces graduellement plus énergiques. C'est dans leurs relations plus ou moins intimes que les organes trouvent en partie ces forces, outre celles qu'ils tiennent de leur disposition native. Les animaux les plus parfaits sont progressivement plus *uns*, non-seulement dans le système nerveux, comme nous l'avons déjà remarqué, mais dans tous les autres systèmes. L'appareil digestif est d'autant plus ramassé, que l'animal est plus parfait. L'action de l'air porte sur une surface plus concentrée et plus grande : les trachées sont répandues sur tout le corps; les branchies sont circonscrites dans un point, mais elles sont encore peu étendues; les poumons, plus *uns*, sont plus ou moins considérables. Il en est de même du système sanguin, et surtout du cœur et des divisions capillaires.

CXXXV.

Nous trouvons l'unité de vie plus ou moins dessinée dans toutes les fonctions des animaux de toutes les classes, dans leur état de santé ou de maladie, etc. La génération est simple, indépendante, générale, chez certains d'entre eux comme chez les plantes (génération gemmipare) ; elle devient graduellement plus concentrée, plus active, et accompagnée d'un travail plus difficile et plus soutenu. Il en est de même de la faculté de reproduction partielle, qui, dans les animaux parfaits, se trouve si bornée qu'elle a pu même être contestée. La digestion, la circulation, la sensation, le mouvement volontaire, présentent les mêmes différences.

Les végétaux se distinguent des animaux par l'indépendance de leur vie. Cependant il ne faut pas croire qu'ils soient complètement étrangers à cette unité ; il y a encore des recherches et des découvertes à faire sur ce point important : la sensitive se montre soumise à la sympathie dans ses diverses parties. (Darwin, M. Fodera.)

CXXXVI.

On peut saisir aisément les rapports réciproques qui existent entre la perfection croissante de l'assimilation, de l'organisation, de l'unité vitale et de la vie animale proprement dite ou de la vie de relation. Ces différens actes se soutiennent par leur influence réciproque, et il faut admettre, en outre, qu'ils ont été coordonnés primitivement par une sorte d'harmonie préétablie. L'animal qui devait exercer une vie animale plus étendue, devait avoir un corps vivant pénétré de forces plus actives, qui mît à sa disposition un instrument plus convenable et lui permît de l'appliquer avec plus d'aisance à ses besoins.

CXXXVII.

D'après les considérations que nous venons de présenter, il est évident que les forces primitives de la vie ne dépendent pas de la texture des tissus ; les organes plus ou moins multipliés ne sont que des moyens d'application de ces forces plus ou moins étendus. L'assimilation est la même, quant à son essence dans les êtres qui ne se composent que d'un simple tissu muqueux et dans ceux qui ont les organes assimilateurs les plus nombreux. Dans les insectes, les glandes sécrétoires ne sont que de longs vaisseaux qui flottent dans leur abdomen : l'on s'est donc trompé, quand on a cherché à expliquer les sécrétions par la texture des glandes. (Malpighi, Ruysch.)

Le développement de la chaleur, qui tient évidemment à l'exaltation vitale et paraît être une sorte de sécrétion primitive, a lieu dans les animaux qui ont des poumons comme dans ceux qui n'en ont pas. On l'observe même dans ceux qui ne respirent pas (zoophytes).

La génération est la même dans le polype et dans le mammifère, quant à la force primitive, (gemmipares, ovipares, vivipares). Il y a un tel rapport entre ces trois modes de reproduction, qu'il est tel animal qui réunit les deux premiers. L'accouplement est ou n'est pas nécessaire, et varie selon une foule de circonstances accessoires.

La sensibilité ne diffère pas dans son caractère essentiel. Il n'est pas prouvé que ses nuances dépendent directement de l'organisation, quoique celle-ci ait des rapports incontestables avec elles.

La motilité volontaire s'exerce dans les animaux qui ont des nerfs, comme dans ceux qui n'en ont pas ; elle existe dans ceux-là même qui n'ont pas de fibres musculaires (zoophytes) : ce qui prouve bien que le mouvement vital n'est pas attaché exclusivement à cette fibre particulière, mais que celle-ci est seulement son instrument le plus approprié.

Nous insistons sur ces idées, parce que l'on a embrassé généralement des opinions contraires ; qu'elles nous paraissent le fondement d'une physiologie nouvelle, et que d'ailleurs nous ne pourrions pas faire entendre notre théorie de l'action vitale du cerveau et du système nerveux, sans les faire connaître.

CXXXVIII.

Pour que l'on puisse saisir et juger notre pensée sur un des usages majeurs du cerveau et du système nerveux, nous allons encore entrer dans quelques détails à cet égard. Nous avons dit que les nerfs avaient pour fonction spéciale de lier tous les organes les uns aux autres et d'en former un tout. Si nous considérons l'œil, par exemple, nous voyons qu'il est isolé presque en entier du système, et, en quelque sorte, comme surajouté. Or, d'après les lois de la vie, il devrait lui être presque étranger; et dès-lors comment pourrait-il remplir des fonctions aussi importantes que celles qui lui sont réservées, qui exigent une grande dépense de forces et une action soutenue et constante durant tout le temps de la veille; des fonctions qui se rapportent à la conservation de l'organisme, qui sont en relation avec toutes les fonctions de la vie animale, et même de la vie organique sous plusieurs rapports? Quels sont les liens qui enchaînent l'œil au système? sont-ce les muscles? mais ces muscles sont attachés eux-mêmes aux os, organes qui n'ont qu'une vie si bornée, toute concentrée en elle-même, et qui sont si peu propagateurs de la vie des autres parties. Est-ce le tissu cellulaire? mais ce tissu ne jouit que d'une vie obscure. Serait-ce les vaisseaux sanguins? mais ceux-ci sont destinés à transmettre à l'œil le sang qui le nourrit, et ne sont presque que des tubes mécaniques. Il ne reste absolument que le nerf optique : coupez-le, vous ne concevrez plus non-seulement que l'œil puisse sentir, mais même qu'il puisse vivre. Le volume si considérable du nerf tient donc en partie à cette circonstance ; et on ne peut pas contester que l'usage que nous assignons à ce nerf ne soit un des principaux, abstraction faite de celui qu'il peut exercer directement sur la sensibilité de l'organe.

L'œil est très-rapproché par le nerf optique du cerveau, de ce foyer si actif de vie : on explique ainsi comment c'est peut-être de tous les organes le plus animé, celui qui partage le mieux les affections de tous les autres, sans en excepter un seul, soit dans l'état de santé, soit dans l'état de maladie ; comment l'œil est le miroir de toutes les passions, de toutes les idées, des modifications de toutes les fonctions, de toutes les maladies ; comment il indique l'état, le degré d'énergie, de régularité ou d'anomalie des forces intellectuelles, morales et vitales, etc.

Les deux yeux sont complètement séparés l'un de l'autre. Ils ont besoin cependant d'aller sans cesse de concert : sinon point d'accord dans leurs fonctions, et le sens de la vue devient alors le guide le plus infidèle ; loin d'éclairer le sentiment, il ne fait que l'égarer. Les nerfs optiques unissent les deux organes dans le cerveau et même à leur point de conjonction dans leur trajet. Il n'y a peut-être pas dans l'économie deux organes qui se montrent plus étroitement unis dans l'exercice de leurs fonctions et dans leurs maladies. Je ne dis pas que l'unité de la vie, de la sensation, dépende en entier des liaisons organiques ; mais j'établis que ces liaisons sont les conditions, les moyens de cette unité.

CXXXIX.

Ce que nous venons d'observer pour l'œil est vrai pour tous les autres organes, quoique, peut-être, ce point de vue n'ait jamais frappé l'attention des anatomistes et des physiologistes. Les uns et les autres n'ont guère considéré que les organes en eux-mêmes, dans leur structure et dans leurs propriétés locales ; ils n'ont presque jamais examiné la vie et l'organisation telles qu'elles sont en réalité, c'est-à-dire comme formant un seul tout physique et vital ; ou, quand ils se sont occupés de ces rapports d'ensemble, ils ne les ont vus qu'à travers des hypothèses rétrécies et mécaniques, ou d'après des idées abstraites, vagues et hypothétiques, telles que l'action de l'âme intelligente, de l'*Archée*, du principe vital, etc., et ils n'ont pas étudié, par les faits, l'organisme lui-même, ou la réunion des organes vivans en véritable système.

Les extrémités supérieures et inférieures sont, à bien voir, séparées du corps. Les ligamens, les muscles, le tissu cellulaire, les vaisseaux sanguins et lymphatiques qui les enchaînent au système entier, ne le font presque que d'une manière mécanique, ou ils se bornent à porter à ces parties l'aliment matériel de la vie : les nerfs seuls sont des moyens d'union vitale bien positifs. Leur présence explique comment les extrémités ressentent si vivement les impressions, les affections de tous les autres organes, soit dans l'état de santé, soit dans l'état de maladie.

Il en est de même des organes chargés de remplir les fonctions les plus importantes de la vie, comme le cœur, les poumons, le tube digestif, les glandes sécrétoires et excrétoires, etc. Ces organes, livrés à des mouvemens continuels, devaient être libres, et cependant ils devaient être unis au système, pour partager ses forces générales, mettre leurs fonctions, qui sont toujours relatives aux autres organes, en rapport avec les besoins essentiels et même accidentels de ceux-ci. La nature a admirablement rempli ces conditions par les nerfs, qui sont toujours arrangés sur ce plan : ils donnent un ganglion considérable à chaque organe majeur ; unissent par des nerfs de communication les deux ganglions de chaque moitié latérale de l'organe, pour les faire aller de pair dans leurs fonctions ; enchaînent cet organe aux organes voisins, qui sont liés avec lui d'intérêt et d'analogie de fonctions, comme, par exemple, les poumons et le cœur; et enfin le rattachent au système entier.

CXL.

C'est d'après ces idées, qui ne sont que de grandes analogies tirées de l'observation de tous les êtres vivans, que j'explique pourquoi le système nerveux se montre toujours en rapport avec le nombre des organes de chaque espèce d'animal; pourquoi il se complique de plus en plus selon la complication de l'organisation elle-même; pourquoi les polypes et les animaux qui n'ont qu'un seul organe, n'ont pas de nerfs; pourquoi, dès que certaines espèces de zoophytes prennent plusieurs organes, elles commencent à avoir une sorte de système nerveux.

CXLI.

Le système nerveux n'est pas sans doute le seul moyen d'union, comme nous l'avons déjà dit; mais c'est le principal. Tous les autres systèmes nous paraissent remplir cette même fonction, mais à un moindre degré. Examinez ce tissu cellulaire qui unit les parties tout en les séparant, cette espèce de sol vivant dans lequel germent, se nourrissent et se développent tous les autres organes, dans une atmosphère chaude et animée. Voyez avec quel art admirable ses divisions ont été distribuées, accumulées, pour lier tous les organes; comme ce système unit les parties les plus isolées, enchaîne les muscles que la nature de leurs fonctions avait dû séparer les uns des autres, pour la liberté de leurs mouvemens; comme il rattache les extrémités supérieures et inférieures par des masses jetées dans leur point de jonction au tronc ; comme il va chercher, en quelque sorte, les sens qui étaient hors de la sphère de l'organisation, pour les associer au tout, etc.

Si nous tracions l'histoire physiologique et pathologique du tissu cellulaire dans cet esprit, nous prouverions bientôt qu'on l'a très-mal vu, quand on a cru qu'il était inerte et destiné seulement à isoler les parties. Bordeu a entrevu ces grandes vérités; mais il s'est trop souvent laissé entraîner par les idées mécaniciennes de son temps : il s'est trop borné à considérer les rapports purement fonctionnels, qu'il a d'ailleurs exagérés et surchargés d'hypothèses. Bichat s'était placé dans un point de vue diamétralement opposé à celui que nous signalons ici : il voulait distinguer les caractères essentiels des tissus, il a dû méconnaître leurs rapports.

Les membranes sont encore disposées pour le même usage, et c'est là une de leurs principales fonctions. D'abord, la surface externe et interne du corps, qui ne fait qu'une seule membrane, enveloppe tous les organes et lie physiquement et vitalement l'homme intérieur et l'homme extérieur, met toutes les parties en relation avec les agens du dehors, agens dont l'influence continuelle est une des sources principales de l'entretien de la vie.

Les membranes séreuses sont encore très-bien arrangées pour lier les organes qui devaient être libres, sans cependant gêner leurs mouvemens.

CXLII.

Pour nous concentrer dans le sujet qui nous occupe spécialement, le cerveau n'est pas sans doute le seul organe qui ait des rapports intimes avec la sensibilité des parties, et qui imprime à celle-ci des modifications profondes; on peut même dire que tous exercent une influence plus ou moins grande sur elle. Ainsi le cœur et le sang qu'il répand avec plus ou moins d'activité sur les parties, ce sang lui-même, qui est doué de qualités stimulantes et nutritives différentes, modifient la sensibilité à un très-haut degré. De l'interprétation vulgaire et grossière de ces faits sont venues les idées d'Hippocrate, de Démocrite, que la vie, le sentiment et l'intelligence résidaient dans le sang (le savant M. Foderé).

Les poumons ont peu de rapport avec la sensibilité ; cependant leurs affections morbides, comme leur état physiologique normal, ou exagéré dans certains tempéramens, disposent les parties à sentir plus ou moins vivement et d'une certaine manière. Les organes abdominaux ont un tel empire sur les sensations, que plusieurs physiologistes, toujours d'après la même logique, et confondant les effets des sensations avec le principe des sensations mêmes, ont rapporté celles-ci au centre épigastrique. (van-Helmont, La Caze, Bordeu, Cabanis, M. Broussais.)

Dira-t-on que ces organes n'agissent sur les sensations qu'immédiatement et par leur sympathie avec le cerveau (Whytt, M. Broussais)? Cette sympathie est sans doute incontestable, et elle constitue un des modes d'action de ces organes sur les sensations; mais ce mode n'est pas le seul. N'y a-t-il pas en outre une action directe? La tournure propre et spécifique que les affections de ces différentes parties impriment à la sensibilité, ne le prouve-t-elle pas? Si cette action ne s'exerçait que par le cerveau, elle serait uniforme, elle ne porterait pas des caractères propres et qui se montrent si bien en rapport avec la vitalité spéciale de ces organes.

CXLIII.

Nous avons établi les rapports généraux du cerveau avec la sensibilité, d'après un très-grand nombre de faits et d'expériences (§. LXVIII, LXXXI), il convient maintenant d'entrer dans les détails de l'action des différentes parties du cerveau et de la moelle épinière. Nous avons dirigé dans ce sens un vaste ensemble d'expériences, et nous allons nous borner ici à en indiquer les résultats.

Nous avons déjà vu que dans les animaux de toutes les classes le sentiment et le mouvement volontaire persistaient dans le tronc après la décapitation ; que par conséquent le principe du sentiment et du mouvement volontaire du tronc ne partait pas du cerveau, même dans les animaux les plus parfaits, et que la moelle épinière pouvait être considérée comme la partie la plus prochainement nécessaire à l'exercice de ces deux fonctions dans la vie animale du tronc (§. LXXV). Arrivé à ce résultat important de nos recherches, nous nous sommes demandé jusqu'à quel point l'on pourrait pousser la destruction successive de la moelle épinière, sans détruire le sentiment et le mouvement volontaire: nous avons vu qu'il suffisait de laisser intacte l'origine de chaque nerf dans la moelle épinière, avec quelques lignes de portion de moelle, pour que le sentiment se maintînt incontestablement dans la partie correspondante, quoique avec une dégradation très-marquée. Les mouvemens que faisait le tronçon de l'animal étaient évidemment du même ordre que les mouvemens volontaires de l'animal dans son état d'intégrité (§. LXXVII). Nous avons vu, par exemple, que le tronc postérieur d'une grenouille sentait, se retirait par des mouvemens ralentis et coordonnés, lorsque nous avions coupé la moelle épinière sur la vertèbre du dos qui précède la division immédiate des nerfs cruraux, et que nous emportions la totalité antérieure du corps de l'animal.

L'expérience donne les mêmes résultats, quand on se contente de diviser la colonne vertébrale et la moelle épinière sur le même point, sans séparer les deux portions : alors le train postérieur devient étranger au train antérieur; si l'on tourmente celui-ci et qu'il se livre à des mouvemens volontaires combinés pour opérer la fuite, le train postérieur ne prend aucune part à cet acte ; de même, lorsqu'on touche le train postérieur, le premier demeure immobile (M. Cuvier).

L'expérience, répétée sur les animaux de toutes les classes, a présenté les mêmes phénomènes; ils n'ont varié que sous le rapport de la perfection et de la durée.

Nous avons donc établi, d'après ces faits, que la portion correspondante à l'origine de chaque nerf, des parties du tronc et des extrémités dans la moelle épinière, est une condition suffisante du sentiment et du mouvement volontaire de chacune de ces parties. C'est ainsi que nous avons exprimé le fait, nous gardant bien d'en conclure que le principe absolu du sentiment et du mouvement volontaire réside dans l'origine de chaque nerf, comme l'a dit M. Le Gallois: nous avons trop vu à quels écarts avait conduit, à l'égard de l'action du cerveau, une conséquence qui n'est pas réellement renfermée dans les faits (§. XLIX).

Nous avons constaté de même que la respiration se maintient tant que l'on n'est pas arrivé, par des coupes successives du cerveau, au pont de varole ou à l'origine de la huitième paire : si l'on pénètre un peu plus avant, elle s'arrête au même instant ; si, au contraire, on attaque directement cette origine, quoique le cerveau conserve son intégrité, la respiration s'arrête de la même manière. C'est à cette cause que nous rapportons l'observation curieuse de M. Rolando(1), qui a vu que lorsqu'il touchait les parties voisines de la protubérance annulaire, il provoquait des hoquets constamment suivis de convulsions et de mort. C'est ce qui explique pourquoi les tortues auxquelles on enlève le cerveau, vivent, tantôt plusieurs mois (Fontana), et tantôt quelques heures seulement. Dans le premier cas, on n'a pas touché à la moelle allongée ou blessé l'origine de la huitième paire, qui est une des conditions de

---

(1) Voyez *Archives générales de médecine*, tom. I, mars 1823; *Expériences sur le système nerveux de l'homme et des animaux*, par Rolando.

la respiration ; dans les autres on en a emporté une plus ou moins grande quantité , ce qui rend raison des variations de l'expérience et de la mort plus ou moins retardée (1).

Ce sont les faits de ce genre , vus d'une manière vague , et toujours d'après ce même mode d'interprétation que nous avons si souvent combattu, qui ont fait croire que le principe de la vie résidait dans la moelle allongée, vers l'origine de la moelle épinière (Barthez). M. Broussais a prétendu établir par le même raisonnement, que ce même point devait être celui où se réunissaient toutes les sensations , et qu'il était à-la-fois le siége de l'âme et de la vie.

Il est plus difficile sans doute d'expérimenter sur l'origine des nerfs de la moelle allongée et sur les différentes portions du cerveau , celles-ci ne sont pas aussi distinctes que les portions de la moelle épinière ; mais les résultats sont toujours les mêmes, ainsi que nous le prouverons ailleurs. Les sens de la vue, de l'ouïe, de l'odorat, sont perdus, que l'animal jouit encore du tact, comme on le constate quand on le touche ; il peut même avaler

---

(1) Voyez le *mémoire* de M. Magendie *sur le vomissement*, et le *Rapport* de M. Percy pour les effets de la destruction de l'origine de la huitième paire sur le vomissement.

un aliment, quand on commence à le lui mettre dans le gosier. On pourra surtout réussir dans les expériences de ce genre, en opérant sur les reptiles, les oiseaux, les poissons, dont les parties du cerveau sont plus distinctes les unes des autres. Le sens de la vue ne se perd que lorsque l'on touche aux tubercules quadrijumeaux qui donnent naissance aux nerfs optiques (M. Gall).

CXLIV.

D'après ces expériences, les portions de masse nerveuse correspondantes à l'origine de chaque nerf sont les conditions nécessaires du sentiment et du mouvement volontaire des parties qui reçoivent ces nerfs : mais les autres portions n'ont-elles point d'action sur ces mêmes parties, et quelle est cette action ? Voici ce que l'expérience nous a appris. A mesure que l'on coupe successivement des tranches de cerveau et de moelle épinière, les extrémités inférieures, par exemple, entrent dans un état de dégradation progressive. Donc toutes les portions du centre nerveux, même les plus éloignées de l'origine correspondante des nerfs, servent au maintien, à la durée du sentiment et du mouvement des parties inférieures : elles se montrent d'autant plus nécessaires qu'elles sont plus rapprochées de cette origine. Le cerveau est plus étroitement lié à l'origine des nerfs des organes des sens que le cervelet ; celui-ci est plus rapproché par sa disposition relative, et tient plus par ses racines à la moelle épinière : c'est peut-être par cette circonstance qu'il faut expliquer les faits singuliers rapportés par MM. Rolando et Flourens. Quand on emporte cet organe par tranches, les sens conservent leur intégrité, mais les mouvemens du tronc sont spécialement altérés. Le cervelet cependant n'est pas aussi prochainement nécessaire aux mouvemens volontaires du tronc que la moelle épinière : ce qui a fait dire, dans le langage ordinaire, que le principe du mouvement part de la moelle épinière, le principe régulateur du cervelet, et que le principe régulateur d'un ordre supérieur (la volonté) part du cerveau. Rien ne prouve mieux que ce raisonnement le vice de cette manière d'exprimer les faits de ce genre. Ce qui démontre encore qu'il ne faut pas entendre cette action d'une manière mécanique, c'est que, si on n'enlève que quelques portions du cervelet, les mouvemens du tronc sont peu lésés. Dira-t-on que la tranche enlevée renfermait le principe le plus parfait de régularité ? Dans ce cas, l'animal reprend souvent la liberté de ses mouvemens, quand la première stupeur est passée (M. Rolando, LXXIX).

Dans cette expérience, la respiration persiste par

la raison que nous avons déjà donnée ; cependant elle est toujours un peu lésée : souvent même, quand on opère sur le cervelet avec peu de précaution, l'origine de la huitième paire est atteinte et l'animal meurt, ce qui avait fait penser à Willis que le cervelet présidait aux fonctions vitales.

M. Rolando prétend que quand on a enlevé le cervelet, l'animal ne présente pas d'autres mouvemens que ceux qui appartiennent à ce qu'il appelle la grande mobilité de la fibre musculaire. Il est certain, au contraire, qu'il conserve des mouvemens volontaires ; mais M. Rolando a fait comme tous ceux qui ont voulu défendre une opinion absolue et exclusive. Il circonscrit encore les mouvemens volontaires des insectes dans le cervelet; mais c'est contraire aux expériences que nous avons déjà rapportées (LXXV . Je crois que la théorie expérimentale que nous avons présentée, rend mieux raison de tous ces faits. M. Rolando pousse le délire des conceptions mécaniques jusques à comparer le cervelet et ses feuillets à la pile de Volta. Avec une telle hypothèse, je défie qu'on puisse rendre raison de l'ensemble des faits que nous avons signalés ; et cependant c'est toujours dans ce sens qu'on a raisonné sur cette matière.

Quand on touche la moelle allongée ou les tubercules quadrijumeaux, l'on observe des convulsions beaucoup plus fortes que quand on irrite le cervelet et le cerveau : c'est que ces parties sont plus rapprochées de l'origine des nerfs, et qu'elles sont plus sensibles, comme les nerfs eux-mêmes (§. LXIX). M. Flourens est conduit par la logique ordinaire à considérer ces parties comme le siége spécial de l'irritabilité de tous les organes, comme les parties irritables par excellence (1).

J'ai observé, dans mes expériences, que les portions les plus rapprochées de la lésion étaient celles qui en souffraient le plus. Ainsi, quand je coupais la moelle épinière sur le cou chez les mammifères, les extrémités antérieures paraissaient plus dégradées que les postérieures : la perte graduelle du sentiment suivait la même progression dans les parties du tronc, elle allait de haut en bas. Dans d'autres cas où j'opérai sur la partie inférieure de la moelle, elle allait en sens inverse, de bas en haut. J'ai observé ce phénomène singulier avec les variations les plus marquées et les plus propres à le faire paraître aux yeux les plus inattentifs,

---

(1) Voyez le Rapport de M. Cuvier sur les expériences de M. Flourens. M. Cuvier corrige, avec sa précision ordinaire, le langage insolite de ce jeune et savant physiologiste.

en opérant sur des animaux à corps très-allongé, comme les serpens, les lézards, les anguilles, les sangsues, etc. Les faits de ce genre détruisent tout ce qu'on a dit sur la marche progressive de l'action nerveuse de haut en bas, et, par suite, tous les principes de l'hypothèse généralement admise.

CXLV.

Quand on opère sur un hémisphère du cerveau, la lésion porte sur le côté opposé du corps, c'est la règle générale; mais bientôt, par suite de l'unité physiologique et vitale du cerveau, elle porte ses effets sur le même côté, qui est correspondant à celui de la lésion. Quand la lésion est très-grave, ou subite et inattendue, qu'elle a lieu chez un animal très-sensible et dont les organes sont plus étroitement unis sous le rapport anatomique et sous le rapport physiologique, elle porte à-la-fois et également sur les deux hémisphères du cerveau, et par eux sur tout le corps. Une lésion d'un seul côté produit quelquefois ses effets sur tous les deux, mais de manière que l'affection du côté opposé est plus prononcée : d'où résultent la paralysie pour celui-ci, et les convulsions pour l'autre, c'est-à-dire l'affaiblissement des muscles de ce côté avec réaction ; car dans ce cas-là même, le membre est dégradé sous le rapport du sentiment et du mouvement. Enfin, quelquefois la lésion a lieu du même côté (1); ce qu'on a expliqué par des raisons mécaniques purement hypothétiques van-Helmont, Barthez, Dumas), et ce qui pourrait être attribué à la sensibilité propre, à la force native ou habituelle des deux côtés du cerveau et du corps, etc.

La persistance du sentiment, comme son degré de perfection, sont toujours en rapport avec la quantité de masse cérébrale qu'on épargne.

On explique aisément, par ces expériences, comment les lésions du cerveau deviennent d'autant plus graves que l'on approche plus de sa base, origine d'un très-grand nombre de nerfs, et surtout de la huitième paire.

CXLVI.

Les expériences que nous venons d'indiquer donnent des résultats analogues sur les animaux de toutes les classes ; seulement ils sont plus prononcés en gravité et en étendue, à mesure qu'on s'élève dans l'échelle des animaux. C'est à tort qu'on répète tous les jours que les différentes portions du système nerveux des invertébrés sont complètement indépendantes, et que les lésions de ce genre ne font rien sur eux : cette proposition n'a pu être soutenue que par

---

(1) Voyez les excellentes *Lettres anatomico-pathologiques sur l'Encéphale*, par M. Lallemand.

ceux qui n'avaient jamais répété les expériences de ce genre, ou qui, par leur manière absolue de les interpréter, s'étaient mis dans l'impossibilité de tenir compte des nuances qu'elles présentent.

CXLVII.

Les faits pathologiques, chez l'homme, donnent des résultats analogues à ceux de nos expériences. Tous les jours on observe des paralysies partielles plus ou moins étendues, par suite des lésions du cerveau et de la moelle épinière, selon que ces lésions (compression, inflammation, suppuration, etc.) portent sur telle ou telle partie du centre nerveux cérébro-rachidien continue avec l'origine de tel nerf, ou plus ou moins rapprochée de celle-ci. C'est ce que l'on voit surtout dans les lésions des différentes portions de la moelle épinière (commotion, section, compression par une vertèbre altérée, mal vertébral de Pott (1)). Si la lésion a son siége dans les portions les plus infé-

---

(1) Voyez *Traité des Maladies réputées chirurgicales*, tom. III, p. 643, par M. Delpech; ouvrage si remarquable par l'exactitude des descriptions, et par les idées neuves qu'il présente sur une foule de points. Je ne puis m'empêcher de dire, à cette occasion, combien il m'est doux et honorable de compter parmi mes meilleurs amis un homme d'un si grand talent!

rieures, elle ne compromet que les fonctions de la vessie, du rectum et des membres inférieurs; si elle est située plus haut, elle porte sur l'estomac, la respiration, les mouvemens du cœur, et sur les membres supérieurs, les membres inférieurs conservant leur sensibilité et leur motilité.

La vue, l'ouïe, l'odorat, le goût, etc., peuvent être perdus isolément, soit dans les deux côtés, soit dans un seul, par suite d'une altération qui a lieu dans l'origine des nerfs des organes correspondans.

Observons, cependant, que toujours ici les parties les plus éloignées sont plus ou moins dégradées dans leur vie animale; qu'elles le sont d'autant plus que la lésion est plus rapprochée de l'origine du nerf correspondant.

Les effets des lésions dans le même point et portées au même degré, varient selon l'âge, selon que le système entier et ses diverses parties sont plus ou moins sensibles, plus ou moins mobiles par leur nature, ou par les habitudes contractées par l'influence du climat, des professions, etc., selon que la lésion est rapide ou lente. Les parties peuvent s'habituer peu à peu à l'effet de la lésion; dans le principe, ses effets peuvent être généraux, diminuer peu à peu leur sphère d'étendue, et se circonscrire enfin dans l'organe correspondant.

Ces principes, qui sont l'expression d'un très-grand nombre de faits, nous paraissent jeter le plus grand jour sur la détermination du siége spécial des paralysies et des apoplexies, sur leur prognostic en général et sur les espérances qu'on peut fonder sur le traitement.

CXLVIII.

Rien ne prouve mieux que l'ensemble des faits que nous venons de présenter, que le cerveau et la moelle épinière agissent d'une manière purement dynamique sur les fonctions animales de toutes les parties : car, à suivre la manière ordinaire d'interpréter les faits de ce genre, on dirait que chaque portion, autre que l'origine correspondante de chaque nerf, contient le principe matériel, mécanique, et est le siége d'un **sentiment** et d'un mouvement plus perfectionné ; conclusion qui serait aussi absurde qu'inévitable.

§. IV. *De la Sensibilité et du* Moi *sentant.*

CXLIX.

D'après nos comparaisons analytiques de la sensation avec tous les autres phénomènes de la nature (§. XXXI — XLV), nous avons été forcé par la bonne méthode de philosopher, d'en faire une classe à part. Nous nous en tiendrons à ce résultat de nos analyses, tant que l'observation n'aura pas justifié de l'identité de la sensation avec les phénomènes physiques et chimiques, et que l'état de la science et la saine logique ne permettront pas de la confondre avec eux.

Mais si le phénomène de la sensation est particulier, s'il ne peut pas se rattacher à d'autre phénomène, et par conséquent à la force d'où dépend celui-ci, nous sommes obligé, d'après la même logique, de le rapporter à une force particulière, distincte de toutes les autres, comme les physiciens n'hésitent pas à attribuer les actions d'affinité à la propriété de ce nom. Par ce procédé logique et de pure abstraction, on n'explique rien, on ne pénètre ni la nature de cette cause, ni le lien de cette cause inconnue avec l'effet qu'on rattache à elle, on déclare seulement que cette cause doit exister, quelle qu'elle soit.

On ne peut pas étudier les phénomènes, les effets, les actions, sans supposer, d'une manière générale et abstraite, une cause agissante de laquelle on les fait dériver. Si c'était même un vice de logique, une illusion de l'esprit, il nous serait si naturel, que nous ne pourrions pas résister à son influence. C'est une suite nécessaire du même préjugé, si l'on veut, par lequel nous rapportons nos sensations aux objets extérieurs, quoiqu'elles ne soient que des modifications de nous-mêmes, par lequel nous sommes forcés de croire qu'il y a quelque chose hors de nous qui nous procure des sensations, quoique, très-certainement, nous n'ayons aucune notion directe de ce quelque chose; mais des modes supposent nécessairement une *chose modifiée* et une *chose modifiante*.

Cette idée de *cause* vient dans notre esprit, que nous le voulions ou que nous ne le voulions pas ; que nous réfléchissions sur la perception des phénomènes par les raisonnemens les plus abstraits, ou que nous nous contentions de les percevoir comme le paysan le plus stupide ; elle est partagée par l'enfant comme par le philosophe : c'est une loi de notre entendement même, qui le gouverne avec nous et malgré nous, qui semble constituer son essence, et à laquelle ont obéi ceux mêmes qui se sont efforcés de prouver qu'elle n'était qu'une illusion, et qui ont paru se convaincre, tant leurs raisonnemens étaient séduisans (Hume).

Je le répète, c'est par ce même procédé que je ne puis m'empêcher d'admettre une *force sensitive*, une *sensibilité*, à laquelle je rapporte les sensations. Cette dénomination n'explique rien, elle indique seulement la cause de ce phénomène, cette cause fût-elle matérielle ou spirituelle, fût-elle l'action nécessaire des agens extérieurs, ou celle de Dieu même.

Je ne puis étudier les sensations que comme effets d'une cause. Si je n'étudiais que les effets, les phénomènes, il n'y aurait pas de science ; je ne connaîtrais pas les choses, je ne connaîtrais au fond que moi-même et les modifications diverses que je reçois par la vue de ces phénomènes. J'aurais des perceptions, je verrais des phénomènes ; mais si je ne les rapportais à rien, hors de mes perceptions mêmes, je ne connaîtrais pas les choses, je n'aurais pas l'idée de leur existence, je n'aurais pas même celle de la mienne; car cette idée est réfléchie et suppose la notion de cause.

CL.

La sensibilité est donc une force primitive qu'il ne faut pas chercher à expliquer, dans l'état actuel de la science. Ce ne serait pas une force primitive, si l'on pouvait en donner une explication, c'est-à-dire la rattacher à un autre phénomène ; car, expliquer une chose n'est, au fond, que cela. Si, par exemple, la sensibilité se fût montrée identique avec l'impulsion, nous l'aurions rapportée à la force d'impulsion ou à une autre force qui, elle-même, aurait été inexplicable ; car il en faut toujours venir à ce point, il faut toujours arriver à une chose impénétrable et qui est hors de l'observation.

CLI.

L'admission d'une pareille force n'est dangereuse que quand elle n'est pas le résultat nécessaire d'une comparaison analytique des phénomènes étudiés pendant long temps et bien connus. Elle doit finir la science, et non la commencer, ainsi que l'avaient fait les Anciens, dans la création de leurs *causes occultes*, et, sous certains rapports, Barthez lui-même dans l'admission de son principe vital (1). Placée en tête de la science, elle n'est pas sans danger, ainsi qu'il l'a prouvé par son exemple, malgré l'excellence de ses principes (2); elle détourne de l'observation des phénomènes, et frappe l'esprit de stérilité; elle n'est qu'un mot sans valeur : tandis que, plus tard, elle rappelle un vaste ensemble de faits, elle n'est alors qu'une abstraction vide d'observation. On ne saurait trop distinguer cette sorte d'abstraction ; elle ne représente rien, tandis qu'une abstraction faite par l'autre procédé représente la nature elle-même par les faits.

---

(1) Voyez le *Discours préliminaire des Nouveaux Elémens de la science de l'homme*, tom. I, pag. 15.

(2) Voyez *Doctrine de l'Ecole de Montpellier*, pag. 105—113.

CLII.

L'admission d'une pareille force est le seul lien naturel qui unisse les faits et les réduise en science, puisqu'elle les rapproche par leurs rapports les plus nombreux et les plus vrais : tout autre n'établit que des liaisons fausses et arbitraires dont on peut se servir pour classer les faits, mais qui ne sont jamais que des moyens artificiels d'arrangement. Quand j'étudie un phénomène de sensation et que je le rapporte à la sensibilité, je n'explique rien, sans doute ; mais je classe le fait, je le mets à sa véritable place, je le range parmi les faits que j'ai déjà étudiés, et je le fais participer à toutes les connaissances que j'ai acquises sur les faits du même genre ; ce qui est la vraie science. Si je rapprochais, au contraire, même d'une manière vague et par de simples espérances fondées sur l'avenir (Cabanis), la sensation du mouvement, soit mécanique, soit vital, ou de l'impression sans conscience (XL), par cela seul je brouillerais tout, j'appliquerais à l'une des notions et des lois qui ne conviennent qu'à l'autre, du moins dans l'état actuel de la science ; c'est-à-dire que je ferais des hypothèses, des rêves, des romans, ou plutôt, que j'imaginerais les choses et ne les verrais plus ; car, expliquer, *théoriser*, ce n'est que voir d'une manière générale.

CLIII.

Cette méthode est la seule qui permette les applications utiles, puisque seule elle constitue la véritable théorie, la véritable science. Ce ne serait que par un hasard heureux, racheté par mille erreurs, qu'une analogie fausse pourrait s'accorder avec les réalités.

Elle seule décide encore des progrès ultérieurs de la science. On croit communément que les classifications de ce genre ne sont utiles que pour conserver, pour enregistrer les faits, mais qu'elles n'ont aucune fécondité pour en faire trouver de nouveaux et reconnaître en eux des points de vue différens. C'est la plus grande erreur qu'on puisse imaginer; il n'y a pas de méthode, au contraire, plus favorable aux découvertes. Découvrir une chose, consiste à passer du connu à l'inconnu : or, si cet arrangement conserve les connaissances avec clarté, précision et pureté, il en résulte qu'il doit faciliter singulièrement la découverte de l'inconnu. En nous donnant des idées exactes et vraies de ce que nous avons déjà observé, il nous rend plus capables de saisir les rapports de ces faits avec ceux qui se présentent à nous pour la première fois et dont nous ne connaissons pas encore la valeur. Dans les cas même où l'on rencontre par hasard un de ces faits insolites et singuliers qui renouvellent la science, c'est encore cette méthode qui, en lui assignant sa place, lui assure, dans très-peu de temps, la plus grande fécondité possible.

La méthode par hypothèse, au contraire, altère les faits et l'observation dans son principe, comment pourrait-elle faire découvrir l'inconnu sous ses véritables rapports? Les rapports qui lui servent de point de départ et de comparaison sont faux eux-mêmes : comment pourraient-ils éclairer réellement les rapports nouveaux ? Ainsi ceux qui ont établi que la sensation n'était qu'un mouvement physique, quelle vérité ont-ils découverte ? Ont-ils pu même écrire une seule page sur la sensation, qui pût être lue par un homme raisonnable? Ceux qui l'ont confondue avec les propriétés purement vitales, ont été un peu plus satisfaisans, parce qu'ils étaient d'ailleurs plus près de la vérité, qu'ils en avaient admis une partie; mais quelles erreurs n'ont-ils pas imaginées! quelles sottises se sont-ils épargnées ?

Jusques ici on a voulu expliquer la sensation ; et la science, par cela seul, n'a pas même existé (XXX—XLV.) Serait-il difficile de le prouver à un esprit impartial, qui n'est pas habitué à se payer de mots et à croire les hommes sur parole? Y a-t-il dans Cabanis et dans les ouvrages où l'on est parti des mêmes hypothèses, une seule proposition qui soit hors de contestation, qui puisse être admise par la généralité des hommes, ou qui satisfasse le sens commun ? Quelle est donc cette science qui ne présente, à proprement parler, aucune vérité, et où tout est supposition ? Or, les expressions abstraites n'ajoutant rien au fait, ne peuvent pas être susceptibles d'erreur, tant qu'on ne leur donne pas plus de valeur que celle de l'abstraction même.

On a donc méconnu la bonne manière de philosopher, ou, si on l'a connue, on ne l'a pas appliquée à la théorie de la sensation, ce qui revient au même. On n'a pas fait pour la physiologie ce qu'on a fait pour la physique ; au contraire, la physique a tout gâté en physiologie. Au lieu d'appliquer la méthode qui avait si bien servi les intérêts de la première, on a cru devoir appliquer à la seconde les mêmes principes, étendre vicieusement les vérités qu'on venait de découvrir par elle, sans s'informer s'il y avait identité ou analogie entre les deux sciences, c'est-à-dire qu'on a détruit le principe même de la vérité et la fécondité des sciences physiques, qui était la classification pure des phénomènes (XIX).

CLIV.

La plupart des philosophes ont reconnu qu'ils ne pouvaient pas, qu'ils ne devaient pas chercher l'explication de la sensibilité, et cette importante vérité a été proclamée par ceux mêmes qui l'ont le plus violée (Cabanis, Morgan (1). Il ne s'agit donc que d'être franc avec soi-même, et ferme dans la logique du doute, ou plutôt de l'abstraction, de ne pas aller au-delà des faits, et de suivre toujours la même route, à quelque point que l'on croie devoir s'arrêter.

CLV.

Nous avons établi que la sensation a lieu dans l'organe (XLVI); qu'elle a lieu directement, immédiatement, du moins dans sa première origine, et que, lors même qu'elle se montre enchaînée aux impressions, elle ne peut être confondue avec elles (XXXVI). Nous avons prouvé qu'elle était l'effet primitif, inexplicable, de l'action des corps extérieurs sur l'organe ; qu'elle se rattachait à une force primitive, particulière, qui ne pouvait être confondue avec aucune autre (CXLIX). Ne pouvons-nous pas aller plus loin dans les faits ? N'y a t-il pas quelque autre chose dans le phénomène simple que nous avons présenté en commençant? (XXIX.)

Est ce bien l'organe isolé qui a senti, quand nous avons éprouvé une sensation ? Cette manière d'énoncer le fait est-elle exacte ? Le corps extérieur

---

(1) Voyez note 13.

m'a touché et j'ai senti ; c'est donc mon *moi* qui a senti dans l'organe et par l'organe ; voilà le fait exprimé dans toute son étendue, dans toute sa pureté d'observation.

CLVI.

Ici j'entends le lecteur se récrier et proclamer que, contre mes promesses (XII), je sors des faits, que je pénètre dans les causes ; mais je vais prouver que je suis encore dans les faits : je le prie seulement de marcher avec moi, sans penser au but auquel nous arriverons peut-être. J'ignore moi-même ce but dans le moment actuel, je ne veux pas même le savoir, afin de n'abandonner d'aucune manière la base sur laquelle je me suis établi : je sens que je suis sur un terrain solide ; je verrai dans la suite, en examinant autour de moi, si je puis aller plus loin, sans perdre cet appui (XI, XIII). Que le lecteur ne m'oppose pas tel ou tel système qu'il peut avoir dans l'esprit ; lui et moi ne connaissons encore de la sensation et ne devons en connaître que la partie que nous avons déjà étudiée ensemble. Je le déclare hautement et franchement : je ne décide rien encore sur la nature du *moi*, il n'est pas même question de cela : cette nature sera, si l'on veut, un mode particulier de la matière, un résultat inconnu des propriétés chimiques ou vitales, l'effet de l'harmonie, de la synergie, de l'action réunie des divers systèmes d'organes (Dicœarque, Aristote, etc.); ce sera un fluide électrique, galvanique, magnétique, un gaz particulier, des *esprits animaux*, ou une âme sensitive, immatérielle, un principe vital, etc. Toutes ces notions ne sont pour moi encore que des hypothèses, des suppositions que je n'examine même pas à présent. J'oublie les hommes et les choses, les opinions et les intérêts; solitaire et renfermé dans ma propre pensée, je n'admets que les résultats immédiats qu'elle me fournit, et dans l'ordre qu'elle me les présente. Que le lecteur se place avec moi pour quelques instans dans une position si favorable à la découverte de la vérité, et qui semble nous mettre en communication directe avec elle; qu'il s'élève dans la plus haute région de l'abstraction, et que là, loin du bruit des passions humaines, conservant à peine le souvenir effacé des doctrines qu'il peut avoir apprises dans le temps, le souvenir même plus précieux des intérêts de cette société à laquelle il n'appartient plus dans ce moment, il se laisse aller une fois pour toutes avec abandon, avec franchise, aux inspirations du sens commun et de l'observation pure, et qu'il écoute les vérités successives que l'un et l'autre peuvent lui découvrir.

CLVII.

Allons progressivement dans nos recherches;

les sciences se sont égarées le plus souvent pour n'avoir pas suivi une marche ralentie et mesurée d'après la génération même des idées, pour avoir interverti l'ordre des questions à résoudre. On a voulu tout connaître à-la-fois, l'ensemble et chacune de ses parties, et on a fini par ne rien voir, parce qu'au fond l'on n'a rien regardé.

Le *moi* est un fait, le fait le plus incontestable, le premier de tous, en ordre de génération comme en ordre de certitude. Or, je me borne à exprimer simplement ce fait, je n'examine pas ici toute sa valeur : je dis seulement que c'est *moi* qui sens; que la sensation n'est que ce *moi* modifié : ce *moi* n'est dans ma pensée qu'un mot abstrait qui exprime ce fait, et pas autre chose.

Au point où nous en sommes, une abstraction nous suffit pour les besoins de la science : elle consacre un scepticisme qui nous paraît la garantie de ses progrès ultérieurs (XIII). En effet, toute expression des propriétés essentielles de l'objet d'une science, qui détermine la nature de ces propriétés, la suppose ou tend seulement à la supposer connue, ne fût-ce que par une simple analogie de langage, et cette tendance fût-elle condamnée par les principes logiques de l'auteur qui s'en sert; cette expression, dis-je, est vicieuse, et finit par égarer complètement (Barthez). Au contraire, une expression abstraite, qui ne préjuge rien, pas même l'existence de la chose qu'elle indique, et qui exprime le fait de la manière la plus simple et la plus indéterminée possible, est la meilleure.

On ne peut pas faire entrer dans la première base d'une science la moindre hypothèse ; celle-là même qui paraît la plus probable ne doit pas trouver la moindre place dans l'énoncé de ses propositions fondamentales : on pourrait se la permettre seulement à la fin des recherches. On en sent aisément la raison : dans le premier cas toutes les conséquences seront vicieuses, ou du moins entachées d'erreur, et plus on s'avancera dans ces conséquences, plus on s'égarera et l'on s'éloignera du but dont on s'était à peine dévié dans le point de départ.

Tous les systèmes idéologiques et physiologiques admis jusques ici nous paraissent frappés de ce vice, et c'est ce qui a amené leur destruction. Tous commencent par *raconter* sur la vie ou sur la pensée beaucoup plus de choses qu'ils ne s'étaient déjà donné le droit d'en dire, plus même quelquefois qu'ils ne pouvaient jamais en savoir. Les uns ont décidé, de prime abord et sans preuve, que la vie et la pensée dépendent de l'organisation ; les autres, qu'elles appartiennent à un principe substantiel, auquel ils donnent des attributions que l'observation ne constate pas toujours

(Platon, Descartes, Leibnitz, Kant, Stahl, van-Helmont, Bordeu, etc.). Or, une expression abstraite, indéterminée, quand elle est calquée sur les phénomènes, ne préjuge rien : elle consacre même, dès l'entrée de la science, le scepticisme le plus absolu sur la nature des choses ; ce n'est que dans la suite, et par l'étude plus approfondie des phénomènes, qu'on voit jusqu'à quel point l'on peut s'avancer en sûreté dans la voie de l'observation et des saines déductions logiques.

L'école métaphysique anglaise, celle qui a le mieux étudié l'histoire naturelle de l'esprit humain, a établi ce scepticisme en loi, et a prouvé que l'on pouvait, que l'on devait faire l'idéologie, sans préjuger cette question et en rapportant les phénomènes observés à quelque expression générale et abstraite comme à celle d'*esprit humain* (Reid, Dugald Steward). Locke, qui créa la métaphysique d'observation, proclama le même scepticisme, et le porta à tort jusque dans la psychologie. On peut dire que cette manière de voir est générale aujourd'hui ; c'est celle de toutes les écoles métaphysiques qui sont à la hauteur de la science actuelle.

CLVIII.

Mais pourquoi, dira-t-on, créer ce mot? Si je ne le créais pas, j'omettrais un fait important dans l'histoire des sensations, un fait fondamental, qui se retrouve dans tous les autres faits, et que tous les autres supposent : je ne pourrais pas, en un mot, faire de la science.

Indiquons quelques-uns des faits qui nous obligent à rapporter nos sensations à ce *moi*.

1°. Quand je dors, mes organes sont dans leur état d'intégrité physique et vitale, et cependant je ne sens pas, je n'ai pas le sentiment même de mon existence ; je n'ai plus, en quelque sorte, de *moi*, je ne perçois plus de sensation, quoique les mêmes causes frappent mes sens : il semble que je n'appartiens plus à moi-même, que je ne suis plus en moi.

2°. Même durant la veille, quand je ne suis pas attentif aux impressions extérieures, je n'ai pas conscience de celles qui devraient se faire sentir avec le plus d'énergie, toutes les conditions étant remplies, excepté une seule, l'activité de mon attention aux impressions. Si je fixe fortement mon attention sur un objet, j'observe le même résultat par rapport à tous les autres, je n'éprouve aucune impression de leur part.

3°. Si je ne savais pas qu'il existe un univers extérieur, si j'étais réduit au sens de l'odorat et de l'ouïe ou aux sens intérieurs de la faim, de la soif, etc., je ne rapporterais les impressions que j'éprouve ni aux corps extérieurs, ni à mon propre corps (Condillac). Eh bien! je me place dans cette même position, et j'observe que je pourrais cependant dans cet état, raisonner sur mon *moi*, sur ses modifications, reconnaître son existence, etc. Ce serait, dira-t-on, un état d'illusion : peu importe; il est sûr que, dans cette hypothèse, j'admettrais toujours mon *moi*, que je raisonnerais sur lui, etc. Je veux simplifier la question tant que possible, et la réduire à elle-même. Je n'examine pas même si je n'aurais point, par cela seul, l'idée de mon existence individuelle : ce n'est pas de cela dont il s'agit; je veux que je n'eusse de moi qu'une idée abstraite : c'est précisément là où j'en suis à présent et ce à quoi je veux m'en tenir.

4°. Le même *moi* reçoit des impressions différentes dans quelque point du corps qu'elles aient lieu. Je le répète, il n'est pas question d'expliquer le fait : je me borne à le constater et à en tirer cette simple conclusion, qu'il y a un *moi*, fût-ce une abstraction de mon esprit, un principe immatériel, ou une *âme* aérienne, un gaz, etc.

5°. La matière, en tant que matière simple et ordinaire, ou en tant que matière vivante, ne me présente rien d'analogue; je suis donc obligé de me faire une idée de ce *moi* par lui-même. Je ne décide pas cependant que ce ne soit pas la matière qui sente, qui produise cette unité, je puis supposer un rapport, une harmonie du corps vivant, ou plutôt je n'approfondis pas toutes ces idées, je ne les examine même pas. A l'aide de la dénomination abstraite que j'ai reçue, je puis très-bien me dispenser de décider pour le moment de pareilles questions, qui sont solubles ou ne le sont pas.

6°. Si je perds un des organes qui me donnaient des sensations, je conserve le souvenir de ces sensations mêmes : donc, c'est le *moi* qui les a reçues et non l'organe, du moins en tant qu'organe isolé. Il y a donc en moi *quelque chose* qui sent dans la partie et qui se retire, en quelque sorte, quand il a senti, ou du moins quand on coupe l'organe sentant.

D'après cet ensemble de faits et d'observations, j'admets donc en moi une *force sentante*, une puissance que je dois considérer abstractivement de la matière en tant que pénétrée des propriétés physiques et chimiques connues, ou en tant qu'animée de propriétés vitales, irritabilité, contractilité, etc., et abstractivement des organes considérés isolément.

Cette force est susceptible d'une énergie plus ou moins grande, de diminution et de perversion ; et cela seul me confirme dans l'idée de la nécessité de son admission : car, comment pourrais-je classer certains faits, si je ne les rapportais à cette augmentation ou à cette diminution de la force admise ?

§. IV. *De la Théorie physiologique de la sensation.*

CLIX.

Nous avons démontré que le cerveau ne produisait pas la sensation, ni comme cause essentielle, ni même comme instrument direct (XLVII — CXV). Nous avons vu qu'un de ses usages était de soutenir l'énergie de tous les organes en général, et en particulier de celui qui reçoit l'action immédiate de la cause de la sensation (CXXII); nous avons prouvé qu'il fallait rapporter la sensation à une force primitive, la sensibilité, et enfin à la conscience du *moi* (CLV). Examinons maintenant avec plus de détail le rapport de l'organisme vivant avec la modification du *moi*; en d'autres termes, cherchons à établir les dernières lois des rapports de l'organisme avec la sensation, ou la théorie physiologique de la sensation.

CLX.

Nous avons déjà établi que la sensation n'a pas lieu dans l'organe en tant que simple masse physique susceptible de pesanteur, de mobilité passive, d'affinité, etc., ni en tant qu'arrangé de certaine manière; qu'elle n'a pas lieu non plus dans ce même organe en tant qu'irritable, et même en tant que jouissant de la sensibilité vitale (CXLIX). Nous avons vu qu'un organe *animé*, touché par un corps extérieur, éprouve la modification particulière qu'on nomme *sensation*; que cette action nous semble être directe, immédiate; qu'elle est instantanée et n'a aucun intermédiaire, du moins dans sa première origine.

Cabanis lui-même convient que cette action est primitive, quand il se demande à lui-même si dans l'état actuel de la science on est autorisé à confondre le sentiment avec le mouvement. « Il faut observer, dit-il, que les sensations dépendant de causes situées hors des nerfs qui les reçoivent, il y a toujours un instant, rapide comme l'éclair, où leur cause agit sur le nerf qui jouit de la faculté d'en ressentir la présence, *sans qu'aucune espèce de mouvement s'y passe* encore; que *c'est, en quelque sorte, pour le seul complément de cette opération, que le mouvement devient nécessaire*, et qu'on peut toujours le distinguer du sentiment(1). La différence essentielle qui existe entre le sentiment et le mouvement, ainsi que nous l'avons déjà établi (XXXVI), nous paraît fournir une

---

(1) Cabanis, *Rapports du physique et du moral*, t. I, p. 85.

preuve plus puissante encore à l'appui de cette importante vérité. Il est certain cependant que le sentiment ayant lieu au même instant que le corps est touché, l'imagination ne trouve point de place pour mettre tous les intermédiaires qu'elle a créés : il y a donc un moment où le sentiment a lieu directement, le mouvement vital vient après.

CLXI.

La sensation nous paraît donc devoir être regardée comme un fait primitif, comme le résultat direct de l'action des corps sur certains êtres particuliers, sans aucun intermédiaire. On emploie pour l'admission de ce fait primitif le même procédé logique que pour celle des autres phénomènes généraux, et sans remonter plus haut que le fait même.

Ainsi la matière s'attire réciproquement, voilà l'attraction ; un corps en mouvement en choque un autre et lui communique ce mouvement, c'est l'impulsion ; un stimulus touche une surface vivante, elle s'agite, c'est l'irritation ; une surface *animée*, touchée par un corps, éprouve une certaine modification, c'est la sensation. Il est contraire à la bonne manière de philosopher de vouloir expliquer ces actions les unes par les autres, l'attraction par l'impulsion, l'irritation ou la sensation ; l'irritation par l'affinité, l'attraction ou la sensation ; la sensation par l'impulsion, l'attraction ou l'irritation. Les sciences physiques et chimiques se sont perdues par des confusions de ce genre; il en sera de même des sciences physiologiques et morales, tant que la même confusion existera pour elles, comme nous l'avons déjà observé plusieurs fois. La science se borne à saisir la succession des phénomènes et à constater s'il n'y a pas de phénomène intermédiaire, c'est-à-dire si la succession est immédiate, ou du moins si elle nous paraît l'être dans l'état actuel de l'observation. Nous ne pouvons pas connaître le lien d'union des phénomènes, le principe intérieur de causalité qui les enchaîne. Nous ne savons pas plus comment un corps poussé communique le mouvement à un autre, que nous ne croyons savoir comment un corps extérieur nous donne une sensation. Dans les deux cas, il y a succession différente bien constatée ; le procédé logique est le même et aussi sûr. L'un est seulement plus familier que l'autre, et par une illusion de l'imagination nous croyons qu'il nous est mieux connu. Mais, dira-t-on, comment un corps matériel étendu peut-il agir sur une sensibilité que l'on rapporte à une chose inétendue et spirituelle dans certaines théories? Ce raisonnement, qui a si longtemps arrêté la science, qui a donné naissance à tant de fausses objections d'une part, à tant d'hypothèses de l'autre, est contraire à la nature même de nos facultés. Nous ne concevons l'essence de rien, ni celle de la matière, ni celle du principe de la sensibilité. Nous ne pouvons pas savoir si elles ne peuvent pas agir directement l'une sur l'autre ; si Dieu ne les a pas enchaînées forcément par des lois spéciales, etc. Pouvons-nous mieux comprendre comment les actions d'affinité et de communication de mouvement dépendent, selon nous, de la nature de la matière ? Que de volumes deviendront inutiles, dès que l'homme connaîtra mieux ses facultés, et quelle force nouvelle n'acquerront pas ainsi dans le temps les vérités nobles et utiles !

CLXII.

Tout ce qu'on a supposé d'intermédiaire entre l'action du corps extérieur et la sensation, comme cause instrumentale ou occasionelle, a été imaginé arbitrairement par l'inspiration et pour les besoins de quelque hypothèse physique ou métaphysique. Nous avons vu que le mouvement d'impulsion ou le mouvement vital de l'organe pouvait coexister avec la sensation, mais n'avait que ce seul rapport avec elle, et non un rapport de causalité directe ; qu'il ne pouvait y avoir entre l'un et l'autre qu'une influence réciproque, égale, de part et d'autre, qui ne touche en rien à leur indépendance absolue.

Tous les intermédiaires inventés pour expliquer la chose n'expliquent rien au fond. Ils ne l'expliquaient, ou plutôt ne paraissaient l'expliquer que dans l'idée de ceux qui avaient supposé préalablement une analogie naturelle entre les phénomènes qu'ils rapprochaient arbitrairement, et qui croyaient *concevoir* les choses. Ces intermédiaires ne feraient même qu'augmenter les difficultés de l'explication, si elles n'étaient pas invincibles par leur nature. En effet, il faudrait en outre expliquer comment un mouvement mécanique ou vital produit une sensation, devient une sensation. En commençant au contraire par déclarer qu'on ne peut, qu'on ne veut pas pénétrer la cause, on n'a qu'à supporter une première ignorance; dans l'autre hypothèse, on en a deux et même davantage, comme on va le voir.

CLXIII.

On a créé le système des causes occasionelles, parce que l'on ne pouvait pas saisir de liaison naturelle entre le mouvement mécanique ou vital et la sensation, et on faisait intervenir Dieu, qui avait attaché l'un à l'autre par un ordre de sa volonté (Descartes). Mais d'abord nous observons que l'impossibilité de concevoir une chose ne fait rien à son admission, attendu que nous ne concevons rien, et que nous constatons seulement les existences ou les modes d'existence. Nous ne concevons pas mieux comment Dieu a attaché la sensation au mouvement qu'à une action directe; et si nous le concevions, nous n'aurions pas recours à un semblable moyen. Dès qu'on admet l'action spéciale de Dieu, tous les moyens sont égaux, parce qu'il peut se servir de tous indifféremment ; d'ailleurs aucune hypothèse qui repose sur cette base n'a de garantie privilégiée. Enfin il est contraire à toute bonne manière de philosopher, de faire intervenir Dieu dans l'explication des phénomènes naturels : nous n'avons pas assisté à la création, et il ne nous a pas révélé ce qu'il a fait en ce genre ; et cependant il n'y aurait que l'un ou l'autre de ces deux moyens qui pût nous le faire savoir.

Si on suivait la même marche à l'égard des autres propriétés de la nature, il n'y aurait pas de science : si, par exemple, on voulait savoir ce qui décide l'affinité, si on la rattachait à une impression préalable, à un principe intérieur substantiel, à une âme, à l'action de Dieu qui remuerait directement la matière ; ou si on la faisait résulter arbitrairement d'une autre propriété de la matière, comme de la forme des molécules, etc. Observons que tous les systèmes que nous supposons ici ont eu réellement lieu, par suite de cette mauvaise manière de philosopher, et que tant que la science a été régie par elle, nous le répétons encore, elle n'a pas même existé. Les sciences physiologiques et métaphysiques sont encore sous l'influence de ce même esprit de *conceptions*, d'*explications*. On ne s'en aperçoit pas; un juste orgueil fondé sur des titres imposans, nous sépare des siècles qui nous ont précédés, et nous oublions trop souvent que nous avons conservé la même logique, la même philosophie, et que nous n'avons fait souvent que changer d'erreur. Osons le dire, la réforme des sciences modernes n'a réellement porté que sur les sciences physiques, qui semblent même ignorer la logique qui est leur propre garantie, puisqu'elles embarrassent les autres connaissances à chaque instant par des prétentions contraires à toute théorie philosophique de l'esprit humain, et qu'elles procèdent comme si elles concevaient réellement l'objet particulier de leur étude.

CLXIV.

Une sensation produit sur la fibre vivante des effets analogues à ceux des stimulus physiques; les faits journaliers le prouvent. Les sensations sont une des causes les plus actives de l'entretien de la vie et de ses fonctions. Elles agissent de la même manière sur elles que l'air, les alimens, etc.

Il paraît d'un autre côté que de pures impressions vitales des organes réveillent des sensations, comme dans les sensations qui viennent des organes intérieurs et qui expriment leurs besoins différens, et comme dans celles qui sont produites par des causes autres que leurs causes naturelles et habituelles : ainsi le galvanisme donne la sensation d'une étincelle ou de certaines saveurs.

Dans l'exercice ordinaire des sensations, ces deux ordres d'action ont lieu simultanément et se renforcent mutuellement, c'est à-dire que les sensations excitent des impressions et des mouvemens vitaux, et que les impressions vitales augmentent la vivacité des sensations. Les unes et les autres, quoique indépendantes dans leur principe, se confondent dans ce concours d'actions, et perfectionnent leurs actes par ce concours même.

C'est ce lien des impressions et des sensations, constaté par une loi expérimentale, qui nous semble unir le moral et le physique dans l'exercice des sensations.

CLXV.

Cette union est un fait, nous ne pouvons pas aller plus loin dans la double chaîne de l'observation des impressions vitales et des modifications du *moi*. Nous pouvons suivre jusque-là les unes et les autres, c'est le point où elles nous paraissent se toucher de plus près, ce sont pour nous les limites de l'observation même des phénomènes; hors de là commencent les *natures*, les *essences*: mais nous ne pouvons pas connaître le lien de ces rapports intimes, il se perd dans leur essence ou dans la volonté de Dieu, si l'on veut : toutes choses que nous ignorons, et qui sont même hors de la vraie science.

CLXVI.

L'impression vitale, l'irritation, est plus ou moins vive, selon l'état d'énergie naturelle ou accidentelle, inhérente ou communiquée, de l'organe qui la reçoit immédiatement. Cette impression vitale est répétée sur l'extrémité du nerf, à son origine, et surtout dans les parties centrales du système nerveux, dans la moelle épinière, et enfin dans le cerveau ; c'est dans cette dernière partie qu'elle retentit avec plus d'intensité. Nous avons vu ailleurs combien celle-ci est heureusement disposée, pour produire cet effet, surtout dans les animaux vertébrés (CXXV). Or, comme d'après la loi d'union que nous venons d'indiquer, la sensation est en rapport avec l'impression vitale, plus l'impression sera vive, et plus l'impression sera fortement perçue.

CLXVII.

Telle nous paraît être la théorie de l'action du cerveau et des nerfs dans la sensation, celle qui seule peut se coordonner avec l'ensemble de faits de toute espèce que nous avons présenté. Elle montre comment le cerveau concourt à la sensation, sans en être la cause directe et essentielle ; comment ce rapport du cerveau peut varier dans les différens genres d'animaux, et devenir même enfin presque nul dans les dernières classes; comment le cerveau peut être remplacé par les ganglions dans celles-ci ; comment toutes les altérations de cet organe portent une atteinte profonde à l'exercice de la sensibilité. En un mot, cette théorie nous paraît remplir toutes les conditions du problème, dans la vaste étendue que nous lui avons donnée (CXV).

Nous ne la présentons, cependant, que comme une conjecture, qui nous paraît fondée sur le plus grand nombre possible d'analogies, et nous distinguons cette partie de notre travail des simples comparaisons analytiques de faits que nous avons présentées jusqu'ici : nous prions le lecteur de ne pas confondre deux choses si différentes, quoique nous nous soyons efforcés dans l'un et l'autre cas de suivre la même sévérité de méthode. Quand on s'enfonce dans l'observation des phénomènes les plus reculés, il est difficile de les voir avec la même clarté que ceux qui frappent d'abord nos regards.

CLXVIII.

La sensation suit toutes les modifications de l'organisme, sous l'influence des âges, des sexes, des tempéramens, des climats, etc. Nous n'entrerons pas dans les détails de ce genre, qui sont très-bien exposés dans plusieurs ouvrages auxquels nous pouvons renvoyer, surtout dans celui de M. Georget (1).

Nous observerons seulement avec M. Georget, que l'on s'est singulièrement mépris quand on a voulu expliquer les modifications des âges, des sexes, etc., par des circonstances purement physiques et mécaniques d'organisation, comme par l'état de mollesse ou de rigidité de la fibre, de sa faiblesse ou de sa force, de la laxité ou du resserrement de tissu, etc. Presque toujours Cabanis est tombé dans ce genre d'erreur : ce qui prouve que le matérialisme en égarant cet esprit d'ailleurs excellent, lui avait fait considérer sous un jour aussi faux le physique que le moral, et que, par suite d'une première erreur, il était devenu, dans le fond, aussi

---

(1) *De la Physiologie du système nerveux*, etc., t. I, p. 207—255.

mauvais physiologiste que mauvais métaphysicien. Ces circonstances physiques ne peuvent pas être considérées comme le principe des modifications des âges, des sexes : elles ont une influence, il est vrai ; mais cette influence est loin d'être de premier ordre. Il faut considérer l'action des climats, des agens extérieurs, etc., comme purement vitale, et comme soumise à des lois particulières, constatées par l'observation. Nous ne craignons pas de dire que l'histoire des agens extérieurs et des modifications organiques est à refaire en entier d'après l'esprit de la vraie physiologie. Jusqu'ici on en a fait ridiculement une branche de la physique générale : on a parlé du corps vivant comme s'il était question de l'histoire naturelle d'un minéral, comme si l'un n'avait pas d'autre propriété que l'autre. Cela est si vrai, que si l'on s'amusait à retrancher de ces traités le mot d'*être vivant*, et qu'on substituât à la place celui de pierre, de morceau de bois, de cadavre, ou de peau d'animal préparée, il n'y aurait rien à objecter sur aucune des explications données : on peut en voir sur-tout une preuve dans ce qu'on a dit sur les effets des bains.

§. V. *De la Théorie idéologique de la Sensation.*

CLXIX.

Dans l'exercice de la sensation, la sensibilité est

tantôt active et tantôt passive. Nous allons souvent au-devant de la sensation par la volonté, comme quand nous regardons, que nous écoutons, etc.; il est sûr que nous la rendons alors plus vive. La douleur produite par une blessure est beaucoup plus forte, quand l'individu prévoit le coup qui lui est porté, que quand il ne s'y attend pas. Deux douleurs vives ne peuvent pas exister en même temps, la plus forte obscurcit la plus faible (Hippocrate). Nous produisons même la douleur, dans quelques circonstances, par une attention soutenue : il est telle sensation pénible ou agréable, surtout quand sa cause est permanente, qui est nulle, si nous n'y prêtons pas attention, et qui nous frappe dès que nous nous en occupons. La crainte seule d'éprouver une douleur, dans une imagination fortement frappée, peut la faire sentir (Malebranche). On peut même dire que, dans les sensations passives, l'attention est forcée par la sensation même, et par l'état général de surveillance du *moi* qui a réellement lieu tant qu'on ne dort pas.

Il est donc évident que la sensation diffère essentiellement des phénomènes et des propriétés physiques connues : celles-ci sont passives, lors même qu'elles semblent actives ; elles sont toujours décidées par une cause antécédente, et elles sont proportionnées à cette cause.

CLXX.

Nous avons établi, d'autre part, que la sensation est passive. Il est sûr, en effet, que nous l'éprouvons lors même que nous nous y attendons le moins, et souvent sans être préalablement avertis, comme quand on nous réveille par des sensations brusques et fortes; que nous ne pouvons pas nous empêcher de la percevoir, quelque pénible qu'elle soit; que la modification spécifique qui la caractérise et la constitue, dépend de la nature du corps qui la procure, et nullement de notre volonté.

Les sensations sont tantôt plus actives, tantôt plus passives; mais jamais peut-être elles ne sont entièrement actives, même quand l'attention va au-devant d'elles; ni jamais peut-être entièrement passives, du moins dans la totalité de leur durée.

CLXXI.

Tous les sens ont à leur service des organes locomoteurs appropriés, qui permettent à la volonté de les diriger selon le besoin. Si la volonté ne pouvait diriger les sens, ils seraient presque inutiles à l'homme pour le prémunir contre les dangers. Il ne pourrait pas se tenir sur ses gardes, au moindre avis de leur part, et se mettre à couvert dans le temps convenable. Ainsi, bien loin que le *moi* soit soumis en entier à l'impression passive des sens, ce sont les organes des sens qui sont soumis au *moi*, et qui servent à ses besoins. La fameuse définition de l'homme entrevue par Platon, et exprimée avec plus de précision par un philosophe moderne qui marche quelquefois sur ses traces, *L'homme est une intelligence servie par des organes*, est aussi exacte qu'elle est sublime, quand elle est cependant renfermée dans certaines bornes.

CLXXII.

Plusieurs physiologistes et métaphysiciens ont entrevu cette activité des sensations; mais ils l'ont embarrassée presque toujours d'hypothèses arbitraires, et de notions incertaines, vagues et contradictoires. Ils n'en ont pas surtout développé toutes les conséquences ultérieures dans le système idéologique. Aristote avait très-bien vu que les *espèces expresses* et *impresses* passaient de l'organe au cerveau, et de celui-ci à *l'intellect actif*, qui par son activité même formait les idées des objets sensibles, et les transmettait à l'*intellect patient* qui, les reprenant ensuite par une nouvelle activité, en déduisait de nouvelles idées. Berkeley a été jusqu'à nier toute sensation passive, et à ne voir dans la sensation que réflexion et jugement, dans son admirable travail sur la vision. Van-Helmont a admis que le principe *sensitif* réagissait dans l'exercice de la sensation.

Sensus autem, dit-il, *in scholis passivè fieri dicetur, prout motus activè; ego verò jam ostendi sensum à potestate sive primario ente sensitivo fieri per actionem, quanquam membra subjectivè patiantur per objectorum sensibilium applicationem* (1).

Il dit ailleurs, d'une manière plus positive : *Sicut etiam non sat est esse oculum, medium, spiritumque vitalem, ut fiat visio : sed insuper exigitur applicatio spiritûs visualis ad visionem. Ideòque vivendi ut ut prorsùs ordinarius, superat totam naturam elementalem, quia vitæ ipsius continet iconem, ac symbolum : eò quòd visio, gustatio, odoratio, tactio, etc., effectus immediati vitæ ludentis per sua organa.* (2)

Van-Helmont donne à ce principe vital une sorte d'intelligence par laquelle il prévoit, juge le danger, et combine ses moyens de réaction ; tandis que ces faits se rattachent à des lois primordiales d'instinct, et non à des raisonnemens réfléchis. Tous ceux qui ont dit que le *moi* juge de l'état

---

(1) Helmontii Opera, *de Lithiasi*, cap. IX.
(2) Ibid, n°. 29.

des fibres sous l'action des corps extérieurs, et que la douleur n'est que l'expression de ce jugement quand les fibres sont menacées de se rompre, se sont égarés dans des suppositions doublement entachées de mécanicisme et de spiritualisme.

On remarque surtout ce vice dans la théorie de Stahl, qui pense que l'âme doit avoir une connaissance intuitive, irréfléchie, des sensations, avant de les recevoir, puisqu'elle coordonne les mouvemens généraux de l'organe et les mouvemens plus intérieurs de la partie sensible, avec la nature différente des agens extérieurs, pour les mettre en rapport avec eux. Ces mouvemens devant être, selon lui, nécessairement en rapport avec l'objet de la sensation, supposent que le principe qui les établit a connaissance de cet objet, puisqu'il lui paraît évident que, pour coordonner un rapport entre deux termes, il faut que ces deux termes soient connus.

« La sensation, ajoute Grimaud (1), que l'on regarde communément comme un premier phénomène, sur lequel on peut établir et faire reposer le système entier des connaissances, n'est donc, au contraire, qu'un phénomène subordonné, et qui suppose nécessairement dans l'être qui l'éprouve des phénomènes antérieurs auxquels elle se trouve

---

(1) *Cours complet de Physiologie*, tom. II, p. 412.

liée par des rapports que nous sommes forcés d'admettre, mais dont nous n'aurons jamais une connaissance nette et distincte. Nous apercevons ici évidemment que les connaissances réfléchies, et que nous pouvons vraiment nous approprier, sont déduites ou tirées des connaissances intellectuelles, intuitives et confuses. Mais la loi qui développe ainsi une portion de nos connaissances intuitives, toujours proportionnellement à l'exercice des sens, et qui les soumet à notre réflexion, est la loi de la nature, que nous pouvons observer, mais qui, comme toutes les autres lois primitives, nous reste toujours inconnue dans son essence ou dans sa cause.»

Leibnitz admit cette activité des sensations et l'exagéra singulièrement. Ne pouvant pas expliquer l'action des corps les uns sur les autres en général, et encore moins en particulier celle des corps extérieurs sur la sensibilité, il rapporta tous les changemens qu'ils présentent à l'activité intérieure de leur propre fonds, à leurs dispositions innées et virtuelles.« Le *moi sensitif*, comme toutes les parties de cet univers, n'est qu'un *automate spirituel*. Nos sensations, comme toutes nos autres idées, ne sont que le produit de notre activité intérieure; elles ne sont point immédiates, elles sont déduites: elles ne se distinguent des autres idées que parce qu'elles sont confuses, c'est-à-dire qu'elles n'en diffèrent que par une condition logique. Les plantes, les minéraux ont des perceptions de cette nature, mais plus confuses encore. Ces sensations ne peuvent pas être le principe de nos idées; elles ne sont pas simples, mais complexes. La perception ou sensation est ce qui renferme la variété dans l'unité, ou ce qui représente le passage que la substance éprouve, d'un état à un autre état. »

Tels sont les écarts auxquels conduit une première erreur, une conception mise à la place de la perception pure et simple des phénomènes, qui constitue la vraie science (XXIX).

Bordeu, Barthez, De Sèze, Dumas, ont admis l'activité de la sensibilité. Bonnet a mêlé cette grande vérité aux erreurs de son matérialisme, qu'elle devait détruire.

M. Laromiguière a prouvé contre Condillac, avec autant de force de logique que de grâce d'expression, que la sensation était associée à l'activité du *moi*, et cette première réforme l'a mis sur la voie des découvertes idéologiques les plus importantes. Il est fâcheux qu'étranger à la physiologie, il ait considéré la sensibilité comme toujours passive, et qu'il n'ait vu l'activité que dans l'attention idéologique ; qu'il ait séparé pour tous les cas, d'une manière absolue et tranchante, la sensibilité et l'activité, par une de ces abstractions auxquelles les plus grands métaphysiciens n'ont pas su résister. Il pense que la sensibilité n'est qu'une simple *capacité*, et, conséquemment à cette idée, il va jusqu'à lui refuser le titre de *faculté*. Il se met ainsi en contradiction formelle avec la plupart des physiologistes, qui n'ont pas hésité à considérer la sensibilité comme une faculté, et comme une faculté active. La sensibilité même purement vitale ou sans conscience est active : on sait que les effets ordinaires des stimulus les plus puissans, des remèdes les plus énergiques, ne sont pas ressentis, lorsque la sensibilité est fortement impressionnée sur tout autre point de l'économie. C'est sur ce principe que reposent la dérivation et la révulsion, c'est-à-dire une grande partie de la thérapeutique. Cette activité de la sensibilité vitale est un fait ; elle ne peut être admise que comme étant constatée par l'expérience. On a voulu toujours cependant l'expliquer, tantôt par des analogies physiques, comme quand on l'a rapportée à un fluide qui s'accumule sur un point, tantôt par des analogies métaphysiques, comme quand on l'a attribuée à l'*attention* de la force vitale.

On peut même dire, d'une manière générale, que toutes les facultés vitales sont actives : elles sont spontanées, automatiques, et bien différentes en cela des propriétés mécaniques et chimiques de la matière morte. Celles-ci sont passives, toujours subordonnées et proportionnées à l'action des corps extérieurs ; elles reçoivent une modification qu'elles transmettent fidèlement et de la même manière qu'elles l'ont reçue. Au contraire, les stimulus qui modifient les forces vitales, n'agissent sur elles que d'une manière occasionelle ; ils les mettent simplement en jeu, les réveillent, les excitent, et provoquent le développement des forces inhérentes à l'organe. C'est à tort que l'on rapporte en général la vie à l'action des stimulus (Brown, Darwin, Broussais, etc.). La vie ne se maintiendrait pas, si elle ne se soutenait point par elle-même. Un organe vivant se meut, ou reprend ses mouvemens après qu'ils ont été suspendus, sans être touché ; nous en avons fait souvent l'expérience sur un cœur réuni à l'animal entier, ou séparé et soustrait à l'action même du sang.

La considération de la spontanéité des forces vitales nous paraît détruire la plupart des doctrines physiologiques admises jusques ici : toutes celles dans lesquelles on a supposé ces forces passives, comme quand on les a rapportées au mélange des humeurs, à l'action mécanique des parties, à la stimulation, etc. ; ainsi que toutes celles où l'on a rattaché ces forces à une action libre et volontaire d'un principe particulier (*âme sensitive*, *âme intellectuelle*, *archée*, etc.).

Les propriétés de la matière morte sont passives et soumises à la nécessité ; les forces vitales sont spontanées et automatiques; les facultés morales sont libres et volontaires, même par leur réaction dans les cas où elles subissent les modifications forcées que leur impriment les agens extérieurs.

Il est donc contraire à la bonne manière de philosopher de rechercher la cause première des forces vitales. En effet, si elles sont spontanées et automatiques, on ne peut pas aller plus loin que cette action même dans la chaîne de succession des phénomènes qu'elles présentent ; il n'y a rien, il ne peut rien y avoir au-delà.

C'est donc avec raison que nous n'avons vu dans les organes que les instrumens et les moyens d'application de ces forces, et non leur cause essentielle ou directe (CXXXIII). Nous ne séparons pas pour cela les forces des organes, nous ne les rapportons pas à un principe substantiel sur-ajouté, nous établissons seulement comme un fait et comme une loi, que les organes vivans se meuvent spontanément et par une force primitive.

CLXXIII.

La sensation se montre susceptible d'éducation : on apprend à sentir, c'est-à-dire à voir, à entendre, à toucher, etc. Prenez pour exemples les enfans auxquels il faut plusieurs mois pour savoir exercer leurs sens, les individus qu'on a opérés de la cataracte, etc.

La sensation est même susceptible, par une forte attention et par une étude répétée, d'un très-haut degré de perfectionnement : considérez les sourds-muets pour la vue, les aveugles-nés pour l'ouïe, les sauvages pour l'odorat, les gastronomes pour le goût. Les sensations ne sont donc pas passives et brutes; elles ne sont pas parfaites et complètes dès leur premier exercice, comme elles devraient l'être dans le système du matérialisme; elles supposent l'activité du *moi*, qui apprend à agir par un exercice souvent renouvelé, et qui, en étudiant les sensations avec plus de soin, et toujours activement, y découvre des impressions nouvelles, ou rend plus vives et crée en quelque sorte, du moins pour la conscience, celles qui lui avaient d'abord échappé. Il est évident qu'ici la faculté de sentir augmente positivement : il est donc certain qu'elle n'est pas une simple *capacité*, mais une véritable faculté.

Je distingue cet effet direct de l'attention sur la sensibilité qu'elle augmente d'une manière positive, du perfectionnement des idées et des jugemens associés à la sensation, et auxquels il faut rapporter en grande partie les faits que nous venons de rappeler. On a presque toujours confondu ces deux choses, qui sont cependant très-différentes : les métaphysiciens et les physiologistes n'en ont admis exclusivement qu'une seule.

CLXXIV.

Si l'habitude émousse la sensation en tant que passive, elle la perfectionne et la rend plus forte en tant qu'active. On sait que l'exercice devient d'autant plus facile et d'autant plus parfait, qu'il est plus souvent répété : or, l'exercice enveloppe tout ce que l'homme a d'actif. Bichat s'est embarrassé dans l'influence de l'habitude, et il s'est perdu dans des distinctions puériles. Il avait méconnu la distinction fondamentale de l'homme actif et de l'homme passif, comme le lui avait reproché avec tant de justice son parent et son ami Buisson, dans un Essai physiologique rempli du plus grand talent, quoique entaché de Stahlianisme.

CLXXV.

Les sensations n'ont aucun rapport de nature avec les causes qui les produisent. C'est par un vice de langage que nous disons que le feu est chaud, que l'herbe est verte, etc. Le sentiment de chaleur n'appartient qu'à nous-mêmes : seulement le feu, de quelque manière qu'il le fasse, a la faculté d'exciter en nous cette modification particulière. L'herbe n'est pas verte : le sentiment de la couleur verte nous appartient, seulement l'herbe a quelque chose qui excite en nous la sensation de vert (Descartes, Malebranche, Reid, etc.).

CLXXVI.

On a accordé la vérité de ce principe pour les qualités secondaires des corps, comme les couleurs, le son, le goût, l'odeur, le chaud et le froid ; on a reconnu que les sensations correspondantes n'avaient aucune ressemblance avec ces qualités des corps : mais l'on n'a pas vu qu'il en était de même pour ce qu'on appelait leurs qualités premières, *l'impénétrabilité* et *l'étendue*. En effet, l'impénétrabilité n'est pour nous que le sentiment de la résistance ; l'étendue, que ce sentiment de résistance distribué par le jugement sur plusieurs points distincts.

CLXXVII.

Il est donc évident que même les *idées* des qualités premières ne sont pas des *images* des corps, comme on le dit : mais qu'elles sont des perceptions, des modifications de notre sensibilité ; que très-souvent elles sont le résultat de jugemens combinés avec des sensations pures ; que par conséquent tout ce qu'on a dit des *impressions*, des *images*, des *idées*, comme effet passif des corps extérieurs, est essentiellement faux ; que nos sensations n'ont aucune analogie d'identité avec leurs causes naturelles ; qu'elles ne sauraient être de simples mouvemens physiques, ni l'effet d'une action mécanique et organique ; qu'elles ne sont que l'effet du rapport inconnu des objets, quels qu'ils soient en eux-mêmes, avec notre sensibilité ; que le spectacle entier de cet univers n'est que le résultat de ce rapport ; que ce rapport changerait avec une autre constitution primitive de la sensibilité; qu'il est vraisemblable que certains animaux doivent voir le monde sous un autre point de vue que nous, etc.

Mais il ne faut pas pour cela se croire autorisé à nier le monde extérieur, comme les idéalistes (Berkeley), ni à ne voir dans l'idée de l'univers qu'un effet matériel et passif, comme les matérialistes.

CLXXVIII.

Il faut établir, d'après ces faits bien interprétés, que les sensations supposent l'existence de trois termes d'où elles résultent : 1°. le *moi* qui sent ; 2°. quelque chose d'extérieur au *moi*, qui est la matière de la sensation ; 3°. le rapport primitif du *moi sentant* avec la matière de la sensation, ou la *forme* spéciale et appropriée de la sensibilité, pour parler le langage de certains auteurs. Presque tous les métaphysiciens n'ont considéré que l'un de ces trois termes, et de là sont venus tous les systèmes connus de métaphysique, l'idéalisme, le matérialisme et le *formalisme* (Kant), ou le rationalisme, l'empirisme et le naturisme. Les uns ont dit que l'âme se donnait à elle-même les sensations (Leibnitz, Berkeley) ; les autres, au contraire, ont soutenu que l'action des objets extérieurs sur notre corps faisait toute la sensation. Les premiers ont trop exagéré l'activité du *moi*, les seconds l'action des corps extérieurs : ceux-ci ont détruit l'univers intellectuel et moral, ceux-là l'univers extérieur et physique ; tous la vérité et la science, qui reposent sur une notion exacte de la sensation. En effet, cette notion est la clef de la philosophie entière et de toutes les connaissances. Elle garantit à la raison humaine son droit à la vérité, et lui fournit la méthode dont il peut se servir pour l'atteindre, comme nous le verrons dans le chapitre suivant.

CLXXIX.

Les sensations considérées comme représentations, ou plutôt comme signes des objets extérieurs, se composent d'une foule de jugemens qu'on prend pour des sensations brutes. Les sensations, telles que nous les éprouvons dans l'âge adulte, n'ont que très-peu de ressemblance avec ce qu'elles étaient dans le principe. Les enfans ont vécu plusieurs mois, qu'ils ne savent pas encore sentir comme nous. La conscience même d'une impression, du moins nette et distincte, suppose des comparaisons multipliées, des jugemens nombreux et un très grand travail de l'intelligence; la sensation brute est à peine sentie. L'on peut en voir la preuve dans les individus opérés de la cataracte, pour la vue, et dans les sourds-muets qui ont été guéris, pour l'ouïe, comme celui de Chartres : très-certainement il doit en être de même du toucher dans le commencement de son exercice. Ainsi, sentir est juger en quelque sorte, bien loin qu'on puisse dire que juger n'est que sentir passivement, comme l'ont répété tant de métaphysiciens et sans exception tous les matérialistes. Les sensations appartiennent à notre *moi*, et nous les rapportons à des objets qui nous sont étrangers. Nous les sentons au dedans de nous, et nous les jugeons au dehors. Nos sens divisent, analysent naturellement les qualités des mêmes corps, le jugement les réunit sur chacun d'eux : ce qui suppose des jugemens si compliqués, que la plus haute philosophie, ne pouvant pas les suivre et les concevoir, est obligée peut-être, dans son impuissance, d'avoir recours à une inspiration instinctive, du moins pour les premières opérations de ce genre. Les sensations de la vue, de l'ouïe, etc., sont doubles, le jugement les réduit à l'unité (1).

---

(1) Nous renvoyons au *Précis élémentaire de phy-*

CLXXX.

Les philosophes anciens (académiciens et péripatéticiens) avaient très-bien vu que les sensations premières et brutes étaient redressées par les sensations éclairées par le jugement : *quamquam oriretur à sensibus , tamen non esse judicium veritatis in sensibus. Sensus autem omnes hebetes et tardos esse arbitrabantur, nec percipere ullo modo res eas quæ subjectæ sensibus viderentur..... Scientiam autem nullam esse censebant , nisi in animi motionibus atque rationibus.* (Cicer. , Academ. , lib. 1 , cap. 8.)

C'est ce qui avait porté Platon et d'autres philosophes à croire que nous voyons les choses particulières et individuelles dans les idées générales, dans les idées *archétypes*, qu'ils faisaient dériver de Dieu. Ils avaient donc senti que l'entendement seul voyait directement, ou corrigeait les sensations ; mais méconnaissant l'activité des sensations et la théorie de la génération des idées, ils n'avaient

---

siologie de M. Magendie, pour les détails ultérieurs, tom. I, p. 69-85. Il prouve très-bien qu'il y a une foule de jugemens associés aux sensations de la vue; que ces jugemens sont le résultat d'un travail intellectuel, et que par conséquent ce serait abuser des termes de dire que la vision est une action purement vitale, p. 96.

pas vu que l'entendement et le jugement corrigeaient les sensations par la réflexion sur les sensations mêmes, et dès lors ils s'étaient jetés dans une foule d'hypothèses pour rendre raison de ces faits : ce qui montre à-la-fois la sagacité et l'imperfection de leurs observations.

CLXXXI.

Les sensations sont réunies dans l'unité du sentiment ; le même *moi* les perçoit, et cependant elles pénètrent dans le corps par des points plus ou moins éloignés entre eux. Il y a ici unité, confusion absolue; la même chose sent les deux sensations, puisqu'elle les compare; il n'y a point de *sensorium physique*, il ne peut pas y en avoir en ce sens que la matière telle qu'elle nous est connue est divisible, multiple et sans unité. Si, par exemple, les sensations de la vue occupent le point A de la substance cérébrale, celles de l'ouïe le point B ; quelque rapprochés que soient ces deux points, ils seront toujours aussi séparés, aussi distincts, que l'étaient l'œil et l'oreille. Donc l'admission d'un *sensorium commune* physique n'explique rien, ne fait que reculer la difficulté, qu'il laisse d'ailleurs dans son entier. On ne peut donc pas rapporter l'unité du sentiment au cerveau ou à aucune circonstance d'organisation, prise soit comme cause essentielle, soit comme simple cause instrumentale et auxiliaire. (XL , L.)

CLXXXII.

Tout ce que disent les faits à cet égard , c'est que pour que le *moi* perçoive les impressions produites sur un organe, il faut, 1°. que cet organe soit lié au système physique; 2°. que plus il est étroitement uni au système par des liens rapprochés et multipliés, plus il procure des sensations vives (CXXV) ; 3°. que le cerveau, à cet égard, a le plus haut degré de prééminence , soit par cette raison , soit par une influence plus directe, plus spéciale, établie par une loi primitive connue ou inconnue. Voilà tout ce que disent les faits : tout ce qu'on a ajouté n'est qu'un roman que rien ne peut justifier ; tout ce qu'on a imaginé à ce sujet est hypothétique et puisé dans des analogies physiques arbitraires. Cet acte exige seulement pour condition physique qu'il y ait union organique , et que les différentes parties appartiennent au même tout physique (CXXXVIII).

CLXXXIII.

S'il y a un centre organique (le cerveau) , les sensations doivent être répandues sur certaines parties de cet organe. Dès-lors le système de la pluralité des organes est une conséquence rigoureuse de ce premier principe, et il a été réellement admis, implicitement ou explicitement, d'une manière générale ou avec des développemens ultérieurs, par tous les physiologistes qui ont reçu la première idée. Or le système de la pluralité des organes est démontré faux par l'unité de la conscience des sensations les plus variées, par le ridicule dont il se montre frappé dans ses développemens ultérieurs, et par une foule d'autres raisons, que nous ne pouvons pas indiquer ici : donc le principe est faux en lui-même (1).

CLXXXIV.

D'après toutes ces considérations, en supposant que toutes les facultés intellectuelles et morales se réduisissent à la sensibilité, comme l'ont soutenu Condillac, Helvétius, Cabanis, etc., cela ne servirait en rien les intérêts de certaines doctrines,

---

(1) Autant j'ai apprécié, comme on a vu, le mérite de M. Gall comme anatomiste philosophe, autant je crois lui rendre toujours la même justice, en disant que son système de la pluralité des organes est aussi contraire à la saine physiologie qu'aux moindres notions de la métaphysique. Il a répondu aux objections que j'avais consignées dans l'article *Cranioscopie* du *Dictionnaire des Sciences médicales*, avec une véhémence qui nous ferait croire qu'il les a bien comprises, s'il les réfutait avec un peu plus d'exactitude.

dès qu'il faut reconnaître que la sensation est active.

CLXXXV.

Il est étonnant que les philosophes, qui rapportaient toutes les facultés à la sensation, n'aient pas plus approfondi qu'ils ne l'ont fait son histoire raisonnée ; qu'ils se soient contentés de notions vagues, abstraites, et surtout qu'ils aient employé presque tout leur temps à des discussions puériles avec leurs adversaires. Il est facile de voir, d'après l'état actuel de la science, que ses progrès ultérieurs sont renfermés dans la connaissance plus exacte de la sensation ; que tel est le nœud de toutes les questions ; que là doit se trouver la solution de tous les problèmes de la philosophie de l'esprit humain. Reid a entrevu cette vérité, sur laquelle il a jeté de très-grandes lumières, mais qui sont encore très-insuffisantes pour les besoins actuels de la science. Pour bien faire cette histoire, il faut réunir tous les faits relatifs à l'homme, soit dans l'état de santé soit dans celui de maladie ; il faut encore s'appuyer sur l'histoire comparée des sensations chez les animaux. Il vaut beaucoup mieux tracer cette histoire avec ces faits positifs, que de faire, comme Condillac et Bonnet, un roman avec des suppositions gratuites qu'un médecin ni un philosophe ne peuvent pas recevoir. Je ne crains pas de répéter que presque toute la métaphysique est dans la solution de ce problème. Nous reviendrons souvent à cette source d'idées, comme on le verra, et l'on se convaincra des vérités inattendues que l'histoire de la sensation peut fournir pour éclairer les opérations intellectuelles les plus élevées.

CHAPITRE II.

De l'Idée.

§. I. *De ses Caractères essentiels et distinctifs.*

CLXXXVI.

Je ne me borne pas à sentir, je sens que je sens, c'est-à-dire que je réagis sur mes propres sensations, je me replie sur elles et sur moi-même, pour ainsi parler; dès-lors je me vois distinct de celles-ci. Par suite de cette opération de réflexion sur moi-même et sur mes sensations, je rapporte mes sensations au-dehors et aux objets extérieurs; je réunis sur chacun d'eux celles que chacun d'eux me fournit; en un mot, je me représente les objets extérieurs sous divers points de vue. Je puis me représenter encore de la même manière mes propres modifications, et m'observer, en quelque sorte, en perspective et hors de moi-même. J'ai des *images*, des *idées* de ces objets et de moi-même, et de cette double source je tire toutes mes idées, toutes mes connaissances.

CLXXXVII.

L'idée suppose donc l'action libre et volontaire du *moi*; elle découle de cette activité même, et n'a pas besoin d'autre circonstance pour être expliquée dans sa première origine ; ou plutôt nous ne pouvons pas aller au-delà dans l'histoire de sa génération. Les matérialistes ont supposé l'idée passive, et ils n'ont pas pu faire autrement dans leur système : si l'idée était une modification de la matière telle qu'elle nous est connue, elle serait soumise à la *passiveté*, à la nécessité et à toutes les lois ordinaires de cette matière. Par suite de cette erreur fondamentale, ils ont toujours expliqué l'idée arbitrairement et par des hypothèses qui, au fond, n'expliquent rien.

CLXXXVIII.

L'idée suppose une vue nette et distincte de la perception. En effet, pour distinguer une chose, il faut la comparer à plusieurs autres et avoir l'idée de celles-ci. Le plus souvent c'est par l'opposition de deux choses contraires que l'on acquiert une notion claire de l'une et de l'autre : donc l'idée suppose plusieurs comparaisons, et par conséquent un travail très-étendu et très-compliqué. Ainsi, par exemple, l'idée exige un grand nombre de souvenirs, le rappel d'une foule de jugemens antérieurs, qui n'en existent pas moins, quoique inaperçus par suite de leur répétition même.

L'idée est donc le résultat de l'attention, de la réflexion. Or l'attention, quoi qu'en ait dit Condillac, n'est point passive, n'est point le résultat forcé d'une sensation plus vive. Condillac n'a pas considéré l'attention en elle-même et d'une manière complète ; il n'a tenu compte que d'une de ces causes excitantes ou plutôt occasionelles. Cette erreur a été la source de mille autres, et a infecté tout son système, comme l'a si bien prouvé M. Laromiguière.

CLXXXIX.

L'idée n'est pas une représentation, une image de l'objet, comme on l'a supposé ; elle ne l'est pas plus que la sensation, comme nous l'avons déjà établi (CLXXV — CLXXVII). Nous ne connaissons pas les objets directement et en eux-mêmes, mais dans nos propres perceptions, et dans les rapports de ces objets avec notre sensibilité, toutes choses qui sont travaillées par la réflexion. Nos sensations, et encore plus nos idées, ne ressemblent pas aux objets : nous avons beau chercher à pénétrer les objets par nos idées, nous ne le pouvons pas ; nous ne pouvons pas même comparer les unes aux autres, puisque nous ne connaissons qu'un des deux termes de la comparaison, nos sensations mêmes.

CXC.

On a dit que les idées étaient des *impressions*, des *traces*, des *images* des objets dans la substance nerveuse des sens, et enfin dans celle du cerveau ; que les objets s'imprimaient dans cette substance, comme un cachet s'imprime dans de la cire et y laisse une représentation fidèle. Cette comparaison est puisée dans une analogie arbitraire, qui rapproche des choses qui n'ont nul rapport entre elles. Nous avons déjà vu que cette explication est absurde, appliquée à la sensation : combien ne le devient-elle pas davantage quand on l'étend à l'idée, qui suppose un travail beaucoup plus grand de la part du *moi*, et qui est plus le résultat de ce travail même que celui de la sensation pure. Le matérialiste Épicure, ne pouvant pas expliquer les idées, puisqu'il méconnaissait l'activité d'où elles résultent, croyait qu'il s'échappait sans cesse des corps une espèce d'atmosphère de parties aériennes qui avaient la forme de ces corps, pénétraient dans le cerveau par les sens, et allaient s'y imprimer physiquement : il confondait ainsi la sensation et l'idée par une hypothèse ridicule.

CXCI.

On a dit encore qu'une idée étoit un simple mouvement mécanique ou vital de la substance cérébrale (Hartley, Darwin, Cabanis, etc.) ; mais on voit que cette notion est contraire à la théorie historique et expérimentale de l'idée que nous avons présentée. L'idée est une perception, une sensation activement travaillée par la réflexion ; l'activité seule d'un principe qui paroît n'être pour nous qu'action même, en constitue la cause.

CXCII.

Cabanis et d'autres après lui, ont soutenu que le cerveau *fait* des idées avec des sensations, comme l'estomac *fait* du chyle avec les alimens et par une véritable digestion. Rien de plus faux et de plus ridicule que cette analogie : une digestion est une simple séparation de principes matériels, une simple combinaison nouvelle, sous quelques lois particulières qu'elle soit faite ; les idées, quelque multipliées, quelque variées qu'elles soient, sont le résultat de l'action du *moi* qui se replie sur les sensations, qui a une conscience plus spéciale de certaines d'entr'elles et les combine de telle manière. La doctrine de Cabanis suppose une ignorance absolue de la métaphysique et de l'observation de l'esprit humain. Dira-t-on que ce n'est qu'une métaphore? mais ce langage n'est alors ni celui de la science, ni celui de la bonne-foi logique.

CXCIII.

On ne peut rendre raison de la formation d'aucune idée par le *sensualisme* ou par le système qui rapporte les idées à de pures sensations passives, qui ne sont susceptibles que de composition et de décomposition, d'ampliation et de diminution, de translation et d'analogie (Epicure, Gassendi, Hobbes, Diderot, Darwin, etc.), ou de transformations successives (Condillac) : car il est évident que dans chaque idée il y a autre chose que les perceptions isolées et brutes des sens; que nous rapportons nos idées à quelque chose qui est extérieur à la perception même, et que nous croyons que nos idées retracent la ressemblance de ce quelque chose. Cela seul suppose dans l'idée un très-grand nombre de jugemens et de raisonnemens. Ainsi, quand je vois une orange et que je m'en fais une idée, que de perceptions, que de jugemens n'y a-t-il pas dans cette notion! sensation de la résistance de l'orange, et déduction tirée de cette sensation pour établir la réalité d'une matière qui la compose; couleur, odeur, saveur perçues isolément, puis réunies entre elles et rapportées à ce *sujet;* forme particulière de l'orange, son volume absolu et comparatif, sa distance hors de moi, etc.

CXCIV.

Les métaphysiciens *sensualistes* n'ont pas même soupçonné la nature, l'étendue et la difficulté du problème qu'ils avaient à résoudre, et n'en ont connu aucun des élémens, tant ils avaient peu réfléchi sur les caractères de l'idée et sur son mode de génération. C'est, au contraire, pour rendre raison de la formation de l'idée, que les rationalistes, les spéculatifs, ont imaginé toutes leurs hypothèses ; ils ont eu au moins le mérite d'avoir entrevu et bien posé le problème, quoiqu'ils en aient donné des solutions si peu satisfaisantes.

C'est dans cet esprit qu'Aristote avait admis un *intellect passif*, et un *intellect actif* qui, en travaillant les *espèces sensibles*, en faisait successivement des *images (phantasmata)*, ou les objets de la mémoire et de l'imagination, et enfin des *espèces intelligibles*, par une sorte d'épuration progressive, et en les dépouillant de ce qu'elles ont de particulier, d'accidentel et de mobile, pour leur imprimer le sceau de la généralité, de l'absolu et de la réalité. Ce système est un mélange bizarre de conceptions grossières et abstraites ; il découvre moins le secret de la nature qu'il ne montre la force de tête de son célèbre auteur.

DE L'IDÉE. 263

C'est dans le même sens que Platon distingue les *images*, les *notions* et les *idées*. Les premières appartiennent aux sens, les secondes au jugement, les troisièmes à la raison. Les sensations ne sont que des traces gravées dans le matériel de nos organes ; les notions sont les perceptions du rapport des sensations entre elles (nombre, grandeur, égalité, différence, etc.), et de ce que celles-ci ont de commun et de général (abstractions).

« Les *idées* sont la *forme*, le modèle, le type des choses, les choses elles-mêmes : l'âme les tire de son propre fonds et elles lui sont innées, ou elle les tire de ses relations avec Dieu même, qui a l'*idée* de tous les êtres qu'il a créés, et qui a établi leur nature par cette seule *idée*. Il y a une *idée* pour chaque genre : elle en constitue l'essence, elle représente toutes les espèces et tous les individus, elle lui sert de lien commun : sans les *idées*, il n'y aurait donc pour l'esprit que des perceptions isolées, que des élémens épars et confus. La raison est la faculté suprême qui régit toutes les autres, marque les rapports du jugement et forme les exemplaires de toutes les choses individuelles. La sensation individuelle réveille occasionellement les rapports ou les jugemens, les idées, et ces trois sortes d'opérations se mêlent, se confondent pour nous fournir les notions des choses et tous les raisonnemens dont elles sont l'objet dans nos méditations. »

C'est encore ce point de vue trascendantal de la génération des idées qui a donné naissance, dans ces derniers temps, au *Criticisme*. « Kant distingue les *sensations* ou *perceptions* ; les *intuitions* ou *vues* des objets individuels, résultat du faisceau des perceptions réunies dans un même objet par les *formes* de la sensibilité, ou par les idées innées de l'espace et du temps ; les *notions*, qui renferment les caractères ou les rapports généraux et communs de plusieurs objets, de plusieurs *intuitions*, liés entre eux et aux intuitions par les *catégories*, qui sont d'autres *formes virtuelles* de l'entendement, comme, par exemple, par les idées innées de *quantité*, de *qualité*, de *relation*, de *modalité*; et enfin les *idées* proprement dites, ou conceptions de ce qu'il y a de nécessaire, d'absolu dans les choses, comme l'existence, la cause première, l'essence réelle, le *moi*, le monde, le possible, les vérités nécessaires, et qui seraient telles, lors même qu'elles n'auraient pas de réalisation dans la nature, comme la science des nombres, la science de l'être, les vérités logiques, etc. Les sensations, les rapports, ne sont qu'accidentels, ne sont que relatifs à ce qui est actuellement ; par eux, nous ne pourrions affirmer que ce qui nous paraît ; par les *idées*, nous affirmons, au contraire, ce qui est. Cette affirmation absolue ne peut pas provenir des sensations qui, par leur nature, sont relatives, mobiles, changeantes, ne nous représentent les choses que par rapport à nous, et non pas en elles-mêmes. »

Le système de Kant ne peut être saisi, ainsi que ceux qui l'ont précédé, que lorsqu'on le considère dans ses rapports avec le besoin si vivement senti par la science actuelle de rendre raison de nos idées et de tous les élémens qu'elles renferment. C'est dans ce sens qu'il faut l'étudier pour le comprendre ; alors il devient du plus haut intérêt pour le philosophe, et il étonne par la profondeur des problèmes qu'il établit, comme peut-être par l'arbitraire des solutions qu'il donne. Toutes ces hypothèses ont du moins le très-grand mérite d'avoir fait connaître le problème et d'en avoir mesuré toutes les difficultés, si elles ne les ont vaincues, mérite qui les élève bien au-dessus des doctrines empiriques du *sensualisme*, si minces, si incomplètes, qui annoncent si peu de force logique, et qui sont à la vraie métaphysique, et même à la métaphysique *spéculative*, ce que sont les doctrines mécaniques et organiques à la vraie physiologie, ou même à la physiologie *spéculative* de van-Helmont, Stahl, Bordeu, Barthez, etc.

Dans toutes les théories des idées, on a supposé celles-ci passives, et on a méconnu l'activité qui les caractérise et les constitue. Donc, toutes ces théories sont démontrées fausses par cela seul, et désormais toute nouvelle doctrine sur ce point ne pourra être reçue que quand elle commencera par remplir cette condition première et fondamentale.

En effet, dans les doctrines empiriques, l'idée est une trace matérielle, une image, un mouvement communiqué; elle ne peut donc être que passive, et tous les partisans de ce système reconnaissent et proclament hautement que les sensations et toutes les facultés intellectuelles n'ont pas d'autre caractère.

Les idées ne sont pas moins passives dans les doctrines spéculatives et *transcendantales :* elles sont produites en nous, malgré nous, par Dieu même; ou elles sont vues immédiatement en Dieu, sans que nous prenions aucune part à leur formation : *le semblable agit sur le semblable* (Pythagore, Héraclite, Parménide, Platon, Malebranche, Cudworth, Berkeley); ou elles sont gravées dans notre entendement dès notre naissance (idées innées de Descartes); ou elles sont le développement nécessaire de nos dispositions virtuelles (Leibnitz); ou enfin le résultat de l'application des *formes* de l'entendement à nos perceptions (Aristote, Kant).

Les uns rapportent ces idées innées, si nombreuses et si bien en rapport avec les choses et avec nos besoins, à l'influence directe de Dieu, à une harmonie préétablie, et les autres à de simples *formes* natives de l'entendement, dont on ne recherche pas l'origine, et qu'on reçoit comme un fait sans cause ; ce qui est encore plus absurde. Les premiers auraient dû au moins attendre une révélation qui leur manifestât ce que Dieu a réellement fait ; et les seconds, en admettant ces idées par le seul besoin qu'ils en ont pour expliquer les choses à leur manière, ne leur donnent au fond d'autre garantie que leur *bon plaisir*.

Quoi qu'il en soit, il est évident que dans toutes ces opinions l'idée est passive, nous est fournie du dehors telle quelle; tandis que nous avons déjà prouvé d'une manière générale qu'elle était active, qu'elle était le résultat d'un travail très-combiné de notre propre réflexion sur nos propres perceptions; qu'elle supposait un très-grand nombre de jugemens, et qu'en un mot, dans nos idées, nous y mettions plus du nôtre que les objets n'y mettaient du leur, ou qu'il y avait dans les notions des choses plus de *subjectif* que d'*objectif*.

CXCV.

Jusques ici on a toujours confondu l'*idée* avec les choses purement matérielles; et même quand on se perdait dans les abstractions les plus subtiles de la philosophie spéculative la plus transcendantale, on finissait toujours par arriver à des conceptions prises des analogies les plus grossières.

Ainsi les *idées impresses* et *expresses*, les *idées visibles* (Locke), les *apparences*, les *espèces sensibles*, *intentionnelles*, les *formes*, les *ombres*, les *fantômes*, les *images*, les *impressions représentatives*, les *traces*, les *êtres représentatifs* (Malebranche), sont manifestement des conceptions empruntées aux choses matérielles, et tirées d'une source commune.

Les *espèces intelligibles* d'Aristote, les *idées divines* de Platon, les *idées innées* de Descartes, et *virtuelles* de Leibnitz, les *formes de l'entendement* de Kant, ne sont au fond que des abstractions réalisées par des *concepts* matériels et d'imagination, qui ramènent l'esprit au même point que les doctrines empiriques. Dans les deux systèmes, les idées ont quelque chose d'absolu, de positif, de réel et de fixe, qui existe par lui-même et reste dans notre entendement, lors même que nous n'en avons pas conscience ; elles peuvent être données par Dieu et reçues par nous, conservées dans le cerveau comme dans un magasin, et liées, enchaînées nécessairement ou occasionellement à des traces, à des impressions cérébrales ; elles sont éternelles, existent dans le sein de Dieu même, et enfin constituent les essences des choses, les choses elles-mêmes. Cette dernière notion prouve bien que les spéculatifs finissaient par réaliser et matérialiser l'idée, qui n'est cependant que le résultat d'une opération de l'esprit.

On peut voir un exemple frappant de l'affinité qui unit ces deux systèmes, dans la *Recherche de la vérité*, de Malebranche, sur-tout dans le premier chapitre du premier livre, où il compare les facultés de l'entendement aux propriétés de la matière, la faculté de recevoir des idées du dehors et du dedans, à la propriété qu'a l'étendue de recevoir deux sortes de figures, les unes extérieures, les autres intérieures, et la faculté d'éprouver des inclinations ou la volonté, à la capacité de la matière à être mue. Malebranche poursuit cette comparaison dans les derniers détails de son système, et est conduit par cette voie à créer le mélange le plus bizarre de matérialisme, de spiritualisme et de mysticisme : mélange qui est cependant admirable par l'enchaînement si heureusement combiné qui en unit toutes les parties.

Arnaud et Reid croyent échapper au danger que nous venons de signaler, en rapportant les idées dans leurs rapports avec les objets à une force *intuitive* directe; mais cette idée ne peut pas être admise en elle-même, si on lui donne une certaine valeur ; car il est faux que nous voyions directement les objets ; et elle offre les mêmes inconvéniens que les autres hypothèses, pour peu que l'on y attache une notion moins abstraite et moins sceptique. Elle fait méconnaître en entier le travail de la réflexion et de l'activité du *moi* dans la formation des idées ; elle rend toute recherche de la démonstration des existences impossible, et ne donne d'autre garantie à la raison que les inspirations incertaines du sens commun, que chacun peut d'ailleurs interpréter comme il lui plaît. Dans ce vague indéterminé, l'esprit est bientôt livré à toutes les suppositions possibles. Au reste, Reid, par scepticisme philosophique, et Arnaud, par une sorte d'indifférence religieuse, ne veulent pas pénétrer dans le mystère effrayant, mais indispensable à connaître, de la causalité et des existences : ce système ne peut donc pas satisfaire la raison.

CXCVI.

Toutes les notions que nous venons d'indiquer sont des abstractions réalisées, comme les *natures plastiques* de Platon et de Cudworth, les *raisons séminales* des stoïciens, les *formes substantielles*, les *facultés occultes*, les *monades* de Leibnitz, les *entités* logiques de l'école d'Élée et des Scholastiques, les *nombres* de Pythagore, l'*entéléchie* d'Aristote, l'*âme sensitive* et *concupiscible*, l'*âme du monde*, la *nature végétative*, l'*archée*, le *principe d'animation* de la matière(Platon, Darwin), la *chaleur innée*, l'*éther*, le *feu intellectuel et architecte*, la *nature énergétique* douée de *facultés perceptive, apétitive* et *motive* (Glisson), *la sensibilité*, l'*irritabilité* et les *propriétés vitales* de certains auteurs, le *principe vital*, et, j'ose le dire, toutes les notions métaphysiques et physiologiques admises jusqu'ici. Toutes ces notions ont été imaginées, d'une part, par le désir avoué ou secret d'expliquer les phénomènes moraux et vitaux par des analogies physiques; et de l'autre, par le sentiment vague et confus de la différence essentielle qui séparait ces différens ordres de phénomènes. Cette double position a engagé à masquer en quelque sorte l'absurdité de ces théories, en tirant les moyens de comparaison et d'analogie des phénomènes particuliers où les propriétés distinctives de la matière, d'une part, et, de l'autre, celles de l'âme et de la vie, sont le moins apparentes. Ces expressions amusent l'imagination, en lui offrant des analogies éloignées avec les objets physiques; et cependant elles ne révoltent pas immédiatement la raison, parce qu'elles ne rappellent pas les qualités les plus tranchantes de la matière, de la vie et de la pensée, ceux qui en sont les caractères les plus frappans (Dugald Stewart).

Dans ces vues, l'imagination crée un fantôme, qui est moitié corps et moitié esprit, moitié vie et moitié mort, et qui peut expliquer vaguement la liaison des objets physiques avec les perceptions, de la matière avec les forces vitales : mais, au fond, ces idées mixtes sont contradictoires, arbitraires et absurdes; elles sont nées du désir ridicule d'expliquer les choses, et de la prétention anti-logique de les concevoir.

Les sciences métaphysiques et physiologiques ne sortiront pas de ce cercle d'erreurs, tant qu'elles n'abandonneront pas franchement les préjugés et les illusions de leur enfance; qu'elles ne renonceront pas à des espérances toujours trompées; tant qu'elles ne se borneront pas à comparer les phénomènes, à étudier leurs caractères essentiels, à distinguer les choses d'après ces caractères seuls, et à rattacher enfin ces phénomènes à leurs *substrata* réels, positifs, distincts et séparés, quand il y a réellement lieu à une pareille opération logique d'après les faits (XI).

CXCVII.

Il est remarquable que toutes les notions de l'idée sont tirées de l'analogie des sensations de la vue. Nous nous imaginons voir les objets en eux-mêmes ou dans leurs images et comme dans un miroir. L'homme du peuple et l'enfant ne se font pas d'autre idée des sensations de ce genre; ils ne doutent pas que les objets ne soient réellement colorés, étendus, etc., comme ils nous paraissent l'être. Les philosophes n'ont pas eu des notions plus exactes des idées, après même qu'ils étaient parvenus à établir la théorie des sensations de la vue et à corriger les illusions qu'elle donne. Ils n'ont pas assez vu que les conséquences de cette première découverte s'étendaient à toutes les sensations, même à celles du toucher. Dans leur notion de l'étendue, les habitudes contractées ont continué à les influencer malgré eux et sans qu'ils s'en aperçussent; la philosophie de l'esprit humain n'est pas sortie, à proprement parler, des illusions et des erreurs de la première enfance, malgré ses prétentions, souvent justifiées d'ailleurs par d'immenses et sublimes travaux.

Il est évident, cependant, que les conceptions prises de la vue, loin de pouvoir s'appliquer à toutes nos idées, ne peuvent pas même s'appliquer à d'autres sensations. Peut-on dire, par exemple, que les sensations de froid, de chaud, d'odeur, de saveur, etc., sont les images représentatives de quelque chose existant réellement dans la nature? L'on s'aperçoit tout de suite que ces sensations ne sont que des modifications de notre sensibilité, et que ce qu'il y a dans les corps qui produit ces sensations, n'a aucun rapport de ressemblance avec elles.

Ces conceptions, à bien examiner, ne sont pas même exactes pour exprimer les sensations de la vue. La couleur est une perception qui n'est pas l'image représentative du rayon coloré; la couleur est une modification de nous-mêmes. Il en est de même, et à plus forte raison, de l'idée de surface et d'étendue, qui est le résultat d'un raisonnement tiré de la perception de la résistance des corps sentie à-la-fois sur plusieurs points différens, et qui n'est pas l'image représentative de cette résistance et de cette impénétrabilité même, quoi qu'on en ait dit.

CXCVIII.

Toute la langue métaphysique relative aux idées est entachée de ce même matérialisme et de ce vice des conceptions analogiques, comme on le voit dans les mots suivans : *idée*, *image*, *intuition*, *évidence*, *perception*, *conception*, *appréhension*, *impression*, *attention*, *comparaison*, *réflexion*, *pensée*, *entendement*, *idée claire*, *obscure*, etc. Toutes ces dénominations, qui expriment les facultés de l'âme, leurs opérations et leurs résultats, sont puisées dans ces analogies. Il en est de même des mots de la science physiologique.

Je ne prétends pas qu'on doive détruire ce langage : je veux seulement donner la preuve de l'erreur fondamentale que je signale, et de sa tendance naturelle vers les analogies de ce genre. Il s'agit moins de changer les mots que les idées ; il s'agit d'établir que, s'il est démontré que les opérations morales sont propres, spécifiques, distinctes de toutes les autres opérations de la nature, il faut s'en faire des notions à part, et ne pas les altérer par des analogies fausses et incomplètes (XIV).

J'insiste toujours sur ce principe, parce qu'il me paraît le fondement des sciences métaphysiques, morales et physiologiques, et que notre ouvrage pourrait rendre un grand service à ces sciences, du moins dans nos idées, s'il parvenait à mettre hors de doute ce point de doctrine et à le populariser parmi les savans. Ce principe a été, sans doute, entrevu par quelques esprits solides et profonds qui ont honoré ces deux ordres de sciences; mais il n'a point été développé encore dans toutes ses preuves et surtout dans la fécondité inépuisable de ses résultats.

CXCIX.

Ce qui montre encore que les conceptions des métaphysiciens étaient toutes matérielles, c'est que l'on avait imaginé cette théorie des idées sur le dogme admis comme incontestable qu'*une chose ne peut agir que là où elle est;* que l'on admettait que pour que les objets extérieurs donnassent une idée d'eux-mêmes à l'esprit, pour qu'ils se fissent connaître à lui, il fallait que les esprits allassent vers les objets, ou les objets vers les esprits ; ce qui n'est vrai ni des uns ni des autres. (Malebranche.)

Les objets ne pénètrent jamais au-delà des sensations mêmes qu'ils donnent, et cependant on a l'idée de ces objets. On n'avait pas vu que les idées n'étaient que le résultat de nos réflexions, qu'elles n'étaient que notre propre ouvrage d'après les sensations ; qu'elles étaient médiates, déduites et non primitives. Dugald Stewart a très-bien exposé les hypothèses tirées de la nécessité de la présence des objets dans la perception.

Il fallut donc admettre une sorte d'intermédiaire entre l'esprit et le corps, pour expliquer cette action entre deux choses d'ailleurs si différentes par leur nature. Cet intermédiaire avait le caractère de l'une et de l'autre. C'est d'après ce besoin vague d'expliquer les idées par des notions de ce genre, que la plupart des métaphysiciens ne s'expriment sur l'idée que d'une manière obscure et contradictoire. Tantôt ils la rapportent à leurs *images* ou *idées*, au cerveau et à une modification matérielle, et tantôt à la perception du *moi* et à la modification de la conscience. Locke, sur-tout, se fait remarquer par ce langage ambigu et contradictoire.

Descartes lui-même, qui a présenté les notions les plus pures sur cet objet, a rapporté les idées que l'âme tire de l'observation d'elle-même et de ses opérations, à la seule conscience; mais il rattache les sensations physiques à des *idées*, à des images physiques. *Quæris quomodò existimem, in me subjecto inextenso, recipi posse speciem ideamve corporis, quod extensum est. Respondeo nullam speciem corpoream in mente recipi, sed puram intellectionem, tàm rei corporeæ quam incorporeæ, fieri, absque ulla specie corporea, ad imaginationem verò, quæ nonnisi de rebus corporeis esse potest, opus quidem esse specie, quæ sit verum corpus, et ad quam mens se applicet, sed non quæ in mente recipiatur.*

Malebranche lui-même établit une distinction analogue. « Il faut bien remarquer, dit-il, qu'afin que l'esprit aperçoive quelque objet, il est absolument nécessaire que l'idée de cet objet lui soit actuellement présente; il n'est pas possible d'en douter. Toutes les choses que l'âme aperçoit sont de deux sortes : ou elles sont dans l'âme, ou elles sont hors de l'âme. Celles qui sont dans l'âme sont ses propres pensées, c'est-à-dire toutes ses différentes modifications. *Or, notre âme n'a pas besoin d'idées pour apercevoir toutes ces choses de la manière dont elle les aperçoit;* mais pour les choses qui sont hors de l'âme, nous ne pouvons les apercevoir que par le moyen de nos idées, supposé que ces choses ne puissent pas lui être intimement unies. » (1)

On voit donc que Malebranche n'a pas une notion exacte de l'idée, puisqu'il déclare que nous n'avons pas l'idée de nous-mêmes et de nos opérations; ce qui est très-faux. Il se fait donc une notion de l'idée toute particulière : c'est pour lui une trace dans le cerveau, c'est-à-dire une chose matérielle ou une abstraction réalisée, que l'esprit de l'homme, voit en Dieu, selon lui.

Arnaud, dans son excellent ouvrage *Des vraies et des fausses idées*, démontre que cette notion de l'idée est une conception matérielle et fournie par l'imagination seule.

CC.

Au lieu de recevoir la sensation comme un fait primitif, et l'idée comme le résultat de l'activité du *moi* sur les sensations, on a voulu les expliquer, les concevoir, d'après ce principe que *le semblable ne peut agir que sur le semblable*. Les spiritualistes ont rapporté les sensations et les idées à

---

(1) « Cette dernière restriction, dit Dugald Stewart, a rapport aux choses spirituelles, que Malebranche concevait pouvoir s'unir à l'âme sans l'intermédiaire des idées. » *Recherche de la vérité*, liv. III, chap. I.

l'action immédiate de Dieu, qui, selon eux, est semblable à notre âme, et les matérialistes les ont rattachées à la matière et à l'impulsion. Un plus grand nombre ont combiné ces deux opinions opposées, et ont imaginé, d'après le même principe, une chose intermédiaire, contradictoire en elle-même par le fait, et qui unit l'homme vivant aux objets extérieurs. Locke dit expressément, du moins dans certains momens, que quant à la manière dont les corps produisent en nous des idées, c'est manifestement par voie d'impulsion; car c'est la seule, selon lui, par laquelle nous pouvons *concevoir* qu'un corps puisse agir. Locke avait laissé échapper cette assertion hasardée ou franche, dans la première édition de son *Essai sur l'entendement humain*. Dans le cours de ses controverses avec l'évêque de Worcester, il sentit cette faute majeure, dit Dugald-Stewart, et il eut la candeur d'en faire l'aveu dans les termes suivans: « J'ai dit, il est vrai, que les corps opéraient par impulsion et jamais autrement; je le croyais alors, et *je ne puis encore concevoir leur opération d'aucune autre manière;* mais je me suis convaincu depuis, en lisant le livre incomparable du judicieux Newton, que c'est une présomption trop grande que de vouloir limiter le pouvoir de Dieu à cet égard, *en lui donnant pour bornes nos étroites conceptions.* Aussi ai-je eu soin

de restituer ce passage dans les éditions suivantes. »
Voici comment Locke adoucit cette assertion : *Il est visible, du moins autant que nous pouvons le concevoir,* que c'est par impulsion, etc.

On voit que Locke ne peut pas sortir de son idée première, parce qu'il n'était pas sorti de cette philosophie vicieuse par laquelle on croit concevoir les choses, et on ne les admet que de la même manière qu'on s'imagine les concevoir : tandis que, d'après les principes que nous établissons, il faut les recevoir telles que l'expérience les constate, sans jamais vouloir pénétrer leur nature. Locke concevait-il mieux, au fond, l'impulsion que toute autre chose ?

§. II. *De l'Existence de l'objet de l'idée, et du Rapport de l'idée avec l'objet.*

CCI.

D'après ce que nous avons établi, le *moi* ne se borne pas à recevoir des perceptions, à les combiner entre elles et à en former des idées ; il les rapporte à quelque chose qui n'est pas cette perception même, et dont la perception n'offre qu'une sorte d'*image*, qui ne ressemble pas même à l'objet, mais qui suppose seulement son existence.

L'idée suppose donc nécessairement l'existence de quelque chose qui est hors d'elle ; cependant la perception n'est que la conscience d'elle-même. Par quel procédé logique le *moi* peut-il donc sortir de cette perception ? Tel est le problème que nous allons chercher à résoudre.

CCII.

Tous les systèmes de métaphysique anciens et modernes ont abouti, en dernière analyse, à l'idéalisme : aucun d'eux n'a résolu le problème de l'existence des choses, et n'a pu donner une théorie exacte des idées, considérées dans leurs rapports avec quelque chose qui soit hors de nos perceptions.

Nous allons tracer l'histoire rapide des systèmes métaphysiques, et nous nous convaincrons de l'exactitude du jugement que nous venons de porter, quelque sévère qu'il paraisse. Nous diviserons les différentes théories qu'on a imaginées, et dont l'ensemble embrasse l'histoire complète de la philosophie de l'esprit humain, en trois grandes classes : 1° *Théories spéculatives*, dans lesquelles on a cherché la notion des existences par la *raison pure* et dans les abstractions ; 2° *Théories empiriques*, dans lesquelles on a cru la trouver dans les sensations ; 3° enfin *Théories mixtes*, dans lesquelles des esprits sages se sont efforcés d'établir cette notion par la combinaison des deux sources d'idées (sensations et abstractions).

CCIII.

I. *Théories spéculatives ou de raison pure.* Pythagore fut le père de cette doctrine. « Il distingua le premier, d'une manière tranchante, les sensations et les idées : celles-ci sont, selon lui, comme autant de *types*, d'*exemplaires* éternels, immuables, nécessaires, desquels dérivent la réalité des choses et toute science humaine. Il subordonna entièrement les sens à la raison, et n'admit pour *criterium* de la vérité que la raison seule. La raison, ou l'âme qui respire en nous, n'est qu'une portion, une émanation de celle qui est répandue dans l'univers ; et comme *le semblable ne peut être connu que par le semblable*, le propre de la raison est de comprendre et de juger la nature des choses universelles, surtout lorsqu'elle a été purifiée par les disciplines, et dépouillée de l'ignorance et de l'oubli qu'elle a contractés dans son union avec le corps (1). »

---

(1) Nous tirons la plupart des détails de ce genre de l'*Histoire comparée des Systèmes de Philosophie*, par M. Dégérando. Nous ne saurions dire tout ce que nous devons à cet ouvrage, écrit avec sagesse et impartialité, et auquel nous nous honorons de rapporter notre goût pour la métaphysique et le premier germe de nos idées.

Selon Héraclite, les sens ne peuvent nous donner aucune connaissance certaine des objets, puisque leur instruction n'a ni uniformité ni constance. « L'entendement seul présente dans ses instructions ce caractère absolu ; lui seul peut donc connaître la vérité : ce n'est cependant pas à l'entendement privé de chacun que ce droit est réservé, mais seulement à l'entendement universel. Cet entendement universel n'est autre chose que la raison divine, qui se répand dans tous les êtres pensans, par une effusion immédiate. C'est par les sens, comme par autant de canaux ouverts, qu'elle est, en quelque sorte, aspirée par nous. »

Selon Parménide, la raison seule est en possession de prononcer sur la réalité et la vérité des choses ; à elle seule appartient la légitime connaissance. « Les sens ne nous présentent que des apparences, songes légers et fugitifs, qui amusent notre esprit, ne résident que dans notre esprit seul, et ne représentent aucun objet réellement existant au-dehors. La raison s'appuie sur des déductions, les sens sur des impressions. La raison engendre la *science*; une simple *opinion* est le seul résultat auquel les sens puissent conduire. »

« La preuve que les sens nous trompent, dit encore Mélissus, c'est précisément qu'ils nous présentent des choses variées et mobiles, lorsque la raison démontre que de tels objets ne peuvent exister réellement. »

Comme la doctrine de la *raison pure* a été développée de la manière la plus complète par Platon, nous allons la faire connaître plus particulièrement par lui.

« Platon reconnaît deux ordres de connaissances. Les premières dépendent des sens, et ne méritent qu'improprement le nom de *connaissances* ; ce ne sont que de simples *opinions* : elles sont mobiles, variables, comme les sensations mêmes d'où elles dérivent. Le second ordre de connaissances, qui constitue éminemment la science, nous montre *ce qui doit être:* il s'exerce sur la possibilité des choses, sur leurs essences; c'est par le ministère des *idées* qu'il exerce cette fonction. Ainsi les *idées* sont le principe de toute science ; le général est antérieur au particulier et doit lui servir de règle. Mais puisque la science ne dérive pas de l'expérience, quel rapport certain l'enchaînera aux objets et en garantira ainsi la réalité? Le voici : les *idées* sont immédiatement placées dans notre âme par la divinité elle-même; ces *idées* sont en Dieu, et l'âme épurée peut, par une communication directe, en raviver les traces primitives. Ces mêmes *idées* ont servi à l'ordonnateur suprême de règle et de type dans la formation de l'univers : il les a appliquées comme autant de *formes* ou d'empreintes à une matière brute, passive, quoique éternelle : elles sont donc *nécessairement conformes à la nature des choses*. Les sensations réveillent ces *idées* endormies en nous, et ont leur causes occasionelles ; elles servent de préparation et d'introduction à des connaissances plus relevées. »

Il est évident que cette doctrine ne garantit pas la réalité des choses. La sensation n'est qu'une perception même, et ne prouve pas qu'il existe quelque chose hors de nous. D'ailleurs, nous voyons les choses individuelles dans l'*idée* que nous avons de chaque genre : or, l'*idée* générale est en nous ou en Dieu ; nous ne sortons donc pas de nous-mêmes.

Platon ne voit d'autre lien entre les sensations et les *idées*, qu'en ce que les premières réveillent les secondes comme causes occasionelles, bien loin qu'elles aient entre elles une affinité de nature ; loin qu'elles se combinent et se confondent ensemble pour produire l'idée des existences extérieures, elles sont séparées, indépendantes les unes des autres, et faiblement enchaînées par une union en quelque sorte accidentelle.

Descartes fait dériver toutes nos connaissances d'*idées innées*, *de principes synthétiques*, auxquels il ne donne d'autre garantie que leur évidence même, c'est-à-dire qu'il n'essaie pas même de les justifier. Quant aux sens, il n'eut aucune confiance en eux; il commença sa réforme philosophique par rejeter toutes les impressions qu'il en avait reçues, et eut recours à Dieu et à sa véracité pour rétablir et appuyer leur témoignage. Il unit les sensations aux choses par la doctrine des causes occasionelles et par l'action immédiate de Dieu, c'est-à-dire que dans tout ce système il invoqua une garantie qu'une révélation spéciale aurait pu seule lui donner, et qu'il se plaça, dès son premier pas, hors de toute philosophie. D'ailleurs, si l'on voulait s'égarer avec lui dans cette manière de raisonner, il serait facile de prouver que la véracité de Dieu ne serait pas compromise, lors même que les choses n'existeraient pas, pourvu que nous fussions modifiés de la même manière et d'après certaines lois fixes, comme le dit très-bien Berkeley; or rien de plus certain que cette uniformité de nos impressions.

Leibnitz fut le plus hardi et le plus conséquent des idéalistes spéculatifs; aussi fut-il et dut-il être le dernier. Il rapporte les sensations et les idées à l'activité même du *moi*. « La *monade* qui nous constitue, a en elle la raison de toutes ses sensations, de toutes ses idées; elle les avait en puissance dès la naissance, et toutes les opérations de la vie morale ne sont que le développement de cette activité. » Leibnitz ne pouvant pas concevoir et expliquer comment deux choses agissent l'une sur l'autre, nia toute action réciproque. On ne peut rien trouver de plus absurde et de plus conséquent en même temps : le corps n'agissait pas sur l'âme, ni l'âme sur le corps; mais l'action de l'une et de l'autre était coordonnée ensemble par une harmonie préétablie. D'après cela, les sensations ne pouvaient rien nous apprendre de la réalité des corps, elles n'étaient pas même le résultat de leur influence ; chaque monade était un miroir de l'univers par sa nature interne *virtuelle* et *automatique*. L'idée de quelque chose d'extérieur n'était donc qu'une idée à nous, sans réalité, ou du moins sans preuve de réalité. Les principes synthétiques et généraux spécifiaient et produisaient les idées particulières, le possible garantissait le réel et le constatait ; les choses étaient parce qu'elles devaient être ; on démontrait leur vraisemblance par la loi de la *raison suffisante*, sans rien avancer pour leur réalité (Cudworth).

Berkeley, en poussant jusques au bout les opinions de Descartes et de Locke d'où il était parti, arriva à un idéalisme absolu ; il combina un système parfaitement raisonné, et même inattaquable pour toute philosophie admise jusqu'ici. On peut dire qu'à proprement parler, il n'a pas été encore réfuté et qu'il ne le sera que lorsque l'on aura trouvé la solution du problème des existences. Berkeley démontra que dans nos sensations il entrait une foule de jugemens; que les impressions du tact ne nous en apprenaient pas plus sur la réalité des choses que les autres sens; il ôta cette base du réalisme, et on peut dire que l'on ne l'a pas encore remplacée. Comme il vit que les phénomènes de l'univers étaient toujours dirigés vers un but et manifestaient l'action constante d'une intelligence, il rapporta les apparences de nos sensations à l'action immédiate de Dieu sur nous, et établit que cette action n'était qu'un langage naturel, soumis à des règles fixes, entre Dieu et l'homme, par lequel celui-ci peut s'élever à la notion de son auteur et remplir une vie d'épreuve pour arriver enfin dans le sein de Dieu.

Malebranche avait déjà eu les mêmes idées, et les avait présentées seulement avec moins de précision.

Il est évident que tous les systèmes que nous venons de rappeler, loin de prouver qu'il existe quelque chose hors de nous, consacrent l'idéalisme en principe, puisque dans tous on établit que nous ne voyons les choses que dans notre entendement ou dans l'entendement divin. Les sensations ne présentent aucune garantie de véracité et n'ont aucune liaison ni avec les objets, ni avec les notions générales, les idées. Dans tous ces systèmes on isole les élémens de la connaissance, et on se met dans l'impossibilité de suivre le procédé de sa formation : on décompose l'homme par une analyse destructrice, à-peu-près comme pendant longtemps, dans la chimie végétale et animale, on détruisait par le feu le *mixte* que l'on voulait étudier : dans l'un et l'autre cas il ne reste que des principes éloignés, un *caput mortuum*, et une fumée qui s'évapore en obscurcissant l'atmosphère.

CCIV.

II. *Théories empiriques, sensualisme.* Les métaphysiciens qui ont rapporté toutes nos idées aux sensations, n'ont pas pu sortir de celles-ci et parvenir à prouver l'existence des choses. Suivant Protagoras, l'entendement ne consiste que dans la faculté de sentir : la science elle-même réside exclusivement dans la sensation ; chaque homme est la mesure et le juge de toutes choses ; il n'y a de vrai et de réel que ce qu'il se représente. « Cette réalité, cette vérité, sont diverses pour les divers individus, égales pour chacun ; tout est relatif ; ainsi toutes choses sont dans un flux et un mouvement perpétuel : il n'y a point de distinction entre ce qui est réel et ce qui ne l'est pas ; chacun affirme à aussi bon droit les choses les plus contradictoires ; toute proposition est même opposée à une proposition contradictoire également fondée dans la nature. » Cette manière de voir était très-conséquente : il n'avait pas prouvé l'existence, il ne sortait pas de la sensation et ne voyait rien au-delà. La manière de sentir de chacun était le *criterium* de la vérité. Cette doctrine se retrouve, mais moins bien enchaînée, dans la plupart des systèmes de matérialisme. La sensibilité de chacun est toujours la règle du goût, de la morale et de la vérité : il n'y a rien d'uniforme et de fixe, parce qu'il n'y a rien hors de notre sensibilité même.

Démocrite admit que les atômes sont les objets réels, mais qu'ils sont invisibles à nos sens. Selon lui, ils pénètrent directement dans notre entendement sans passer par les sens ; ils lui transmettent des images d'eux-mêmes qui servent à les retracer dans l'esprit : car *le semblable seul peut agir sur le semblable*. « Les connaissances venues par les sens sont imparfaites, obscures, trompeuses même ; l'entendement seul nous instruit de la vérité, parce que lui seul voit les atômes, qui seuls sont réels, tandis que les sensations ne sont que nos propres modifications. » Il est donc évident que Démocrite, le père du matérialisme, est, dans le fond, idéaliste.

Aristippe rapporta aux sensations l'origine et la certitude de nos connaissances ; mais il n'accorda à ces sensations qu'une réalité objective, c'est-à-dire qu'il n'admit pour certain que le témoignage du sens intime, qui nous rend compte de nos propres manières d'être. Nous savons donc seulement, selon lui, que nous éprouvons la sensation du froid, du chaud, du blanc et du rouge; nous ignorons s'il y a un objet extérieur qui soit la cause de ces impressions, quel est cet objet et si ses propriétés correspondent à ce que nous avons senti. Nous ignorons même si les sensations des autres hommes ont quelque analogie avec les nôtres. Nous ne pouvons point conclure de nos impressions à celles qu'ils éprouvent; il est possible qu'en usant des mêmes noms, nous désignions des choses toutes différentes. Il rejeta toutes les déductions logiques, même les sciences mathématiques.

La doctrine d'Épicure, qui fut celle de tous lse philosophes empiriques de l'antiquité, et qui, développée par Gassendi, est parvenue jusques à nous par Montaigne, Hobbes, Condillac, etc., peut être présentée comme le type absolu du *sensualisme*. Or, dans ce système, on rattache toutes les idées aux sensations; mais on ne sort pas des sensations pour arriver aux existences; il est même plus impossible encore d'en sortir, que dans le système de la *raison pure*. Si la sensation est passive, elle ne peut pas réagir sur elle-même pour se juger, pour se distinguer, pour remonter par elle à la cause qui la produit. Quant à l'admission des corps extérieurs établie par tous ces métaphysiciens, elle est gratuite et elle n'est justifiée par aucune preuve. Le caractère représentatif qu'ils donnent à la sensation est arbitraire et absurde.

Ces philosophes ont eu recours aux mots pour expliquer les idées (les *nominaux* Hobbes, Hartley, Condillac, Horne Tooke, etc.); mais les mots ne constituent pas les idées, ils les supposent; d'ailleurs ils ne font rien à l'existence des choses. Tous déclament sans cesse contre les abstractions : selon eux, elles ne sont que des points de vue de notre esprit fixés par des mots, et ils regardent comme des abstractions de ce genre l'*espace*, le *nombre*, l'*étendue*, etc., toutes les propriétés physiques et vitales, le *moi*, *Dieu*, etc.; mais si cela est, il est évident qu'il n'existe rien que nos propres idées.

C'est à cette doctrine absolue, et non à celle de Locke, qu'il faut rattacher les opinions de la plupart des philosophes français du dix-huitième siècle, tels que Voltaire, Diderot, Helvétius, d'Holbach, Grimm, Condorcet, etc. Dugald Stewart a très-bien prouvé que la doctrine française différait essentiellement de celle de Locke, qui admet à-la-fois la sensation et la réflexion comme sources d'idées. Ces philosophes n'entendirent donc pas l'ouvrage de Locke, et ne tinrent compte à celui-ci, d'après leurs préventions, que de son scepticisme exagéré sur la nature de l'âme.

CCV.

III. *Théories mixtes.* Une classe intermédiaire de métaphysiciens chercha à établir une liaison entre les sensations et les idées générales.

Aristote est le seul parmi les anciens qui, marchant dans ce sens, ait voulu combiner les sensations et les idées, et senti que les unes dérivent des autres. Il a connu la grande et importante distinction de nos facultés passives et actives, et découvert les plus grandes vérités dans le domaine de la pensée; mais, arrivé aux confins de cette région, il ne put en sortir, et se précipita dans l'abîme des abstractions réalisées et des divisions subtiles. En effet, les *catégories* et les principes synthétiques sont des *formes* de l'entendement fournies par l'expérience, et qui, selon lui, n'ont d'autre valeur que celle que l'expérience leur donne : or, nos sensations n'étant encore, d'après ce qu'il dit, que nos propres manières d'être, il en résulte que celles-ci ne peuvent donner à nos connaissances une valeur réelle et objective.

Sous ce rapport, l'âme possède en elle seule l'idée de tous les objets. Pour trouver la réalité, car la philosophie ne saurait s'en passer, il la donna à la fin et malgré lui aux abstractions, aux *catégories*, aux *lois logiques* de l'entendement, à la *forme*, à la *matière*, à la *privation* même, à l'*impression représentative* des objets sur nos sens.

Il faut observer que les *formes* de l'entendement admises par Aristote, diffèrent essentiellement de celles qui ont été imaginées dans la suite par Kant. Celles du premier ne sont que des vues générales tirées des sensations mêmes, ce sont des abstractions dans le sens de Condillac ; celles du second sont des idées positives, réelles et absolues.

Bacon admit à-la-fois les sensations et les idées, et les unit habilement par l'induction, ou par la généralisation des phénomènes ou des perceptions. Il pénétra plus avant qu'on n'avait fait dans le mécanisme de leur association ; mais quand il en vint à la réalité des objets, il se proposa ce problème comme par hasard, et en laissa la solution dans le doute. Aussi sa philosophie, comme toute philosophie, quelque parfaite qu'elle soit, qui ne décidera pas cette question première, ressemble à un beau corps sans tête. Tantôt il fut trop timide et n'osa pas sortir de la généralisation même des phénomènes, et tantôt, trop hardi, il voulut pénétrer les essences des choses, et s'égara dans les conceptions les plus arbitraires.

Locke distingua deux sources d'idées, la sensation et la réflexion ; mais il ne lia les sensations aux opérations de la réflexion, que par l'artifice très-insuffisant des mots généraux, et les sensations à la réalité des objets, que par la supposition d'*images*, d'*idées visibles* des choses qui sont au-dehors, et qui entrent dans le cerveau comme dans une caverne; d'*exemplaires*, qui ont, dit-il, avec les choses, toute la conformité que notre état exige : c'est-à-dire qu'il fut à-la-fois réaliste et idéaliste, matérialiste et spiritualiste, ou plutôt qu'il fut sceptique, et ne sut que décider sur une question qu'il n'avait pas même posée, à proprement parler, et dont il n'avait pas connu l'importance. Aussi, quand il essaya d'établir la réalité de nos connaissances, il fut incomplet et obscur. Il définit la connaissance « la perception de la convenance ou de la disconvenance de nos idées, » et la vérité « une juste conjonction ou séparation des signes, c'est-à-dire, des idées ou des mots. » Il déclare « que la connaissance générale ne peut point résulter de l'expérience ou des observations extérieures; qu'elle ne peut naître que de la contemplation de nos propres idées abstraites, et que la connaissance ne s'étend point au-delà des exemples particuliers; et il en conclut que la contemplation de ces idées abstraites est la vraie méthode d'avancer notre connaissance. Il va même jusqu'à dire que, par cette méthode, on pourrait donner une démonstration de l'existence de Dieu. Il fonde cette vérité précisément sur les mêmes maximes abstraites dont il avait voulu proscrire l'usage, et qui sont contraires à toute sa doctrine, comme : *que tout ce qui a un commencement doit avoir une cause*, etc. » Il établit l'existence des objets sur deux hypothèses : par une notion *intuitive* de notre propre existence, et par la force représentative de nos sensations.

Condillac et la plupart des philosophes de son école ont établi que l'idée des corps extérieurs nous venait de la sensation de résistance, tandis que les autres espèces de sensations, d'odeur, de son, etc., ne donnaient pas l'idée des corps extérieurs; mais Berkeley et plusieurs métaphysiciens aussi profonds ont prouvé que la sensation de résistance n'avait pas de privilége sur les autres sensations ; qu'elle n'était, comme elles, qu'une simple perception : ce qui détruit la démonstration vulgaire de l'existence des corps, et prouve qu'on n'a pas saisi le mécanisme logique par lequel on s'élève à l'idée de l'existence extérieure, même par les sensations du tact, et que ce doit être par une qualité générale propre à toutes les sensations.

Condillac rattache les idées les plus abstraites, ainsi que les facultés elles-mêmes les plus intellectuelles, à la sensation et à la sensation passive ; mais quand il en est à l'existence des corps, il ne sait que décider, et il demeure dans le doute ou se jette dans l'idéalisme le plus positif.

Il soupçonne qu'il se pourrait bien que l'étendue n'eût pas plus de réalité extérieure que les sons et les odeurs. Il prononce que, si cet univers existe, il n'est pas visible pour nous ; que sa statue, qui est pour lui le modèle du philosophe parfait, n'a aucune idée d'un *sujet* auquel elle rapporte ses sensations ; qu'elle les unira seulement par l'habitude de les recevoir à-la-fois ; qu'elle n'aura aucune idée de l'existence de son *moi*, etc. Dans son *Essai sur l'origine des Connaissances humaines*, il s'écrie en commençant : « Soit que nous nous élevions jusques dans les cieux, soit que nous descendions dans les abîmes, nous ne sortons pas de nous-mêmes, et ce n'est jamais que notre propre pensée que nous apercevons. » Il est donc évident que Condillac est idéaliste, et que ce n'est pas sans raison que ce reproche lui fut adressé dans le temps par l'auteur des *Lettres à un Américain*. Il faut remarquer qu'il a eu recours encore, comme Locke, aux principes abstraits et à la loi de l'identité, et que, comme lui, il a prouvé l'existence de Dieu *à priori*.

Tous ceux qui ont appliqué le système de Condillac aux sciences, sont évidemment idéalistes. En médecine, par exemple, ils n'admettent, pour la physiologie, que des *phénomènes*, des *actes*; pour la pathologie, que des symptômes, des groupes de symptômes ou de phénomènes, des actes vitaux déviés de leur état naturel. Les expressions de *propriétés vitales*, de *force vitale*, d'*état morbide essentiel*, etc., ne sont pour eux que des abstractions, des mots, de l'ontologie. Elles ne désignent rien que les vues de notre esprit, qui, au fond, ne perçoit que des phénomènes, et ne peut pas sortir de là. Cette philosophie a commencé à se faire sentir dans la *Nosographie philosophique* de M. Pinel, et elle a été portée, dans ces derniers temps, à un tel point, qu'elle paraît destinée à se détruire par elle-même, fût-elle soutenue par des hommes d'un talent aussi distingué que MM. Broussais, Boisseau (1), etc. Il peut paraître très-singulier de prouver que la doctrine actuelle n'est que de l'idéalisme ou du phénoménisme appliqué à la médecine ; mais la chose ne nous paraît pas moins démontrée. L'on voit donc combien une doctrine de l'existence intéresse la médecine philosophique dans ses moindres détails.

Les efforts de Kant pour lier les sensations aux idées, et les sensations aux objets extérieurs, ont été aussi vains que profondément combinés ; et il est tombé plus avant qu'aucun autre philo-

---

(1) M. Boisseau, jeune médecin aussi remarquable par sa logique que par son instruction philosophique, a suivi une marche plus sévère et plus conséquente au principe même, que M. Broussais qui se contredit à chaque instant.

sophe dans cet idéalisme de Hume, contre lequel il avait dirigé son système, ainsi qu'il le raconte lui-même; il a été vaincu par l'ennemi qu'il voulait combattre.

En effet, les sensations s'unissent aux corps extérieurs par les deux formes de l'*espace* et du *temps*. Il est vrai qu'il admet que les sensations, ou les matériaux de la sensibilité, viennent du dehors. Mais quelle preuve en donne-t-il? quelle preuve peut-il en donner dès qu'il rapporte à l'entendement même l'idée de l'*étendue?* Par quelle autre voie pouvons-nous acquérir l'idée de l'existence extérieure ? Il suppose que l'idée de Dieu, du monde et de notre *moi*, est une manifestation primitive et directe de notre entendement. Au lieu de suivre la formation des idées abstraites, il les considère comme toutes faites; au lieu de les considérer comme dérivées des sensations, il les regarde comme le principe, le point de départ de toutes nos idées. Il explique tout l'entendement par lui-même, comment pourrait-il admettre quelque chose hors de lui? Il arrête, il fixe, il réalise toutes ses opérations logiques, et prend ses formes réalisées pour les choses mêmes, les actes, les produits pour l'agent et la cause. Aristote était beaucoup plus sage : comme nous l'avons déjà remarqué, c'est malgré lui et contre ses principes sur la formation des idées générales qu'il réalise ces idées. Kant systématise l'erreur qui est échappée à Aristote, avec une bonne foi et une hardiesse étonnante. Aussi est-il évident qu'il ne parvient à démontrer aucune existence. Voyez son scepticisme sur l'existence de Dieu, de l'âme et du monde extérieur lui-même; il déclare que nous n'avons aucune idée de ces choses, il rassemble les *thèses* et les *antithèses* sur tous ces points (1).

Nous avons prouvé que Kant est idéaliste; mais que dira-t-on, si nous établissons qu'il est en même temps matérialiste ? En effet, il admet que nos connaissances réelles ne s'étendent point hors du domaine de l'expérience ou des sensations, car ce mot d'*expérience* n'est pas pris par lui dans son sens le plus général (XIX). Il ajoute que les connaissances réelles doivent être l'objet d'une expérience au moins possible. C'est d'après ce principe qu'il accumule les *thèses* et les *antithèses* contre l'idée de Dieu et de l'âme. Kant ne reçoit ces notions que sur la foi de sa *Raison pratique* ou par la nécessité de l'idée d'un Dieu dans le monde moral, c'est-à-dire par convenance, par vue d'utilité, par les inspirations du *sens commun*, comme l'école anglaise : ce qui ne

---

(1) Voyez note 14.

peut pas donner une garantie philosophique de l'existence.

Reinhold a donc eu raison de définir le Kantisme un idéalisme transcendantal et un réalisme empirique : Fitche et Schelling se sont montrés les fidèles disciples de Kant, quand, se partageant sa doctrine, l'un n'a admis que l'idéalisme pur, et l'autre que le naturisme ou le matérialisme.

Kant, pour expliquer un seul problème, l'existence des choses, en suppose une infinité d'autres. On est beaucoup moins avancé en finissant qu'on ne l'était en commençant, mieux valait donc la primitive ignorance. Il est certain que Kant ne peut pas sortir des *phénomènes* ou des *apparences :* l'existence des corps n'est qu'une probabilité, une croyance, et non une certitude.

On voit donc que le système de Kant n'est pas réellement différent de celui de Hume, de Condillac, des idéalistes, soit empiriques, soit spéculatifs. C'est ce rapport, cette harmonie de son système avec l'état actuel de la raison, qui explique en partie la vogue qu'il a obtenue en Allemagne. Mais comme tous les systèmes qui l'avaient précédé, il a été ébranlé, détruit, et on attend encore une théorie qui rende raison de l'existence.

Reid et Dugald Stewart son illustre disciple, déclarent que la perception des corps extérieurs est un fait incompréhensible et inexplicable ; mais ils ne garantissent pas ce fait par la raison. Parce que nous ne pouvons pas pénétrer les essences des choses, ils ont conclu que nous ne pouvions pas démontrer leur existence, raisonnement qui n'est pas exact. Ils ne veulent pas même qu'on recherche comment nous sortons de nos perceptions. Ils consacrent donc l'idéalisme par leur scepticisme, ou en n'appuyant la réalité des choses que sur la déposition du *sens commun*, ils abandonnent la science à toutes les hypothèses contradictoires. Cependant l'esprit humain sent en lui qu'il peut démontrer l'existence des choses ; on aura beau faire, il cherchera la solution de ce problème, tant qu'il ne l'aura pas trouvée.

CCVI.

Il est facile de voir que tous ces philosophes, si différens d'opinion, se confondent entre eux ; les idéalistes deviennent réalistes, par impossibilité de nier les choses; et les réalistes deviennent idéalistes, par impossibilité de prouver l'existence des choses; les matérialistes deviennent spiritualistes, *et vice versâ* (Epicure, Hobbes, Spinosa).Tous finissent par le scepticisme le plus absolu sur toute existence.

Le résultat nécessaire de cet état de la philosophie qui s'est prolongé jusqu'à nous et qui dure encore, a été de détruire toute idée d'existence. Aussi l'on ne veut plus de la science de l'*être*, de l'*ontologie*, de la *métaphysique*, et l'on a raison : c'est très-conséquent au principe. Kant lui-même a proscrit la métaphysique: l'école de Condillac, du moins dans les travaux de ses disciples les plus purs, conduit la science au même résultat. Reid et son école se sont efforcés de sauver la raison du naufrage par la doctrine du sens commun, des principes primitifs; mais si ce dogme est précieux pour la raison pratique, il est sans force et sans garantie pour la raison théorique. Tel a été jusqu'ici le dernier degré de ce que nous appelons avec orgueil la *science* de l'esprit humain; elle finit par détruire toute notion d'existence, et ne nous laisse que notre pensée solitaire.

Toute science est devenue par là impossible, à l'exception de la physique et de la chimie, du moins à en juger d'après leur *partie pratique*. En effet, une science n'est possible que lorsque l'on sort des phénomènes, que l'on s'élève à l'idée des existences et des propriétés, et que l'on connaît le procédé légitime par lequel on arrive à la notion des unes et des autres.

Je ne parle pas de la métaphysique, de l'idéologie et de la morale, il suffit d'indiquer cette vérité pour l'établir et la démontrer; mais je signale sous ce rapport les sciences médicales (physiologie et pathologie). On ne veut plus admettre des forces, des propriétés, on proscrit toutes les doctrines sous le nom d'*ontologie*, sans s'apercevoir qu'on détruit par cela même celle qu'on veut établir, ou plutôt qu'on rend impossible toute doctrine scientifique.

CCVII.

Jusques ici les métaphysiciens ont isolé les abstractions, les notions, des sensations proprement dites, ou mieux encore de nos perceptions externes et internes, et n'ont pas trouvé le lien qui les unissait; car il est certain qu'elles dérivent les unes des autres, que les perceptions sont le principe, l'origine, la *matière* de toutes les abstractions, de toutes les notions, sous la condition, sous la *forme* de l'activité et de la conscience réfléchie de nos facultés intellectuelles.

La théorie empirique n'a jamais pu conduire les sensations jusqu'aux *notions* que par des suppositions arbitraires, en masquant la question par des mots ou en ignorant même son existence, et la théorie spéculative n'a jamais pu passer de ses principes abstraits, synthétiques, de ses *idées* et de ses calculs logiques, aux sensations et aux réalités.

Les premiers ont saisi l'origine des idées, mais

ils n'ont pas pu suivre le fil conducteur sans le rompre ; les seconds se sont égarés dès le point de départ et n'ont fait qu'embrouiller ce fil. Les uns n'ont admis qu'une sensation stupide, aveugle et muette; les autres, qu'une raison subtile, qui allait sans guide et parlait sans sujet; qui, vide d'observation, n'était qu'une simple *forme* sans *matière*, et ne ressemblait pas mal à cet *esprit*, à ce *souffle* qui enveloppait l'abîme du chaos avant la création et la manifestation des choses.

Les *sensualistes* n'ont vu que l'homme passif, les *spéculatifs* n'ont tenu compte que de l'homme actif. Les uns n'ont eu que la notion de la sensation, d'une perception; les autres, que celle d'une force qui ne s'exerce que sur elle-même, et qui s'arrête, dès son premier acte, faute de matériaux; ils n'ont eu que le sentiment de la conscience, de la propre activité du *moi*; encore même ce *moi* n'était-il pour eux qu'un phénomène et non une chose réellement existante.

Il est évident que dans les deux systèmes l'on ne sort jamais de la perception. Ils ne diffèrent entre eux que par la nature de cette perception même : dans un cas, c'est une simple sensation; dans l'autre, c'est la perception de nous-mêmes, une idée. Dans le premier, il y a conscience de sensation; dans le second, conscience du *moi* : il n'y a jamais autre chose que conscience, et rien d'extérieur à cette conscience, pas même l'idée de notre propre existence : ce sont toujours de pures modifications de nous-mêmes, jamais il n'y a l'idée d'une chose modifiée et réelle.

La notion de l'existence suppose deux termes, une chose modifiée et une chose modifiante, une chose passive et une chose active, un *sujet* et un *objet*. Les deux systèmes n'ont jamais à leur disposition qu'un des deux termes, ils ne peuvent donc pas s'élever à cette notion qui résulte de leur association seule sous certaines conditions.

Si l'idée de l'existence était une notion primitive et directe, elle pourrait être acquise avec le secours d'un seul des deux termes; mais si elle n'est que le résultat d'une déduction, les deux termes sont évidemment de rigueur : il faut une matière de déduction, et une force de déduction pour obtenir une conclusion. On va d'un point à l'autre, il faut donc que les deux points existent. Il est donc évident que dans un système exclusif, absolu, *un*, et tous sont frappés de ce vice, la déduction devient impossible.

La chose modifiée, la sensation passive, est le sujet, le *subjectif*, la matière de la déduction ; la chose modifiante, la cause de la sensation, est l'*objectif* et la réalité; l'opération intellectuelle qui lie ces deux choses est la *forme* de l'entendement, le moule de l'idée, de la notion. De la réunion seule de ces trois données peut résulter l'idée des existences. Car par quelque procédé que la chose se fasse, il est évident que la doctrine de l'existence n'est pas directe, primitive, *intuitive*, mais qu'elle repose sur des déductions. Ces déductions sont établies sur ce principe : que les causes de nos perceptions ou de nos opérations sont hors de nous ou en nous. Nous remontons ainsi des effets aux causes, nous voyons les unes dans les autres. Mais le principe de la causalité lui-même peut-il se justifier? de quel droit sortons-nous de nos perceptions pour remonter à leur cause? C'est donc sur la doctrine de la causalité que repose la notion de l'existence. Nous voici donc arrivés de proche en proche à la question première de toute philosophie, à celle qui est antérieure à toute autre, et dont la solution renferme tous les perfectionnemens dont la connaissance est susceptible. Il ne serait pas difficile de prouver que l'opinion qu'on a toujours eue sur ce point a constamment décidé les idées les plus particulières de toutes les sciences : celui qui ne les étudie pas sous ce rapport, ne connaîtra jamais leur philosophie, et ne fera même dans chacune d'elles aucun progrès fondamental.

CCVIII.

Hume saisit avec une sagacité admirable le dernier résultat des systèmes reçus de son temps, soit de ceux qui ramenaient tout aux sensations (Hobbes), soit de ceux qui rapportaient tout aux idées (Malebranche, Berkeley), et enfin de ceux qui combinaient ces deux sources de notions (Locke); il vit très-bien que dans toutes ces théories on arrivait à des perceptions, à des modifications de nous-mêmes. Berkeley s'était soustrait au scepticisme absolu, en recourant au grand principe métaphysique de la liaison des effets aux causes. « Hume examine la valeur de ce principe lui-même, et il reconnaît bientôt, du point élevé où il s'est placé, que nous constatons la succession de deux phénomènes par l'expérience, mais que nous ne pouvons pas aller au-delà; que nos moyens d'investigation ne nous permettent pas de pénétrer le lien intérieur des deux phénomènes, ni même seulement d'affirmer que ce lien existe. Nous n'avons aucune certitude de l'invariabilité et de la nécessité de la succession des phénomènes : nous savons ce qui *est* à présent, mais non ce qui *doit être*; nous n'affirmons ce qui est et ce qui doit être, que par un calcul de probabilité dont la valeur n'est garantie que par la répétition même de la succession des phénomènes, et est toujours proportionnée pour chacun de nous à cette répétition même (Condorcet) »

« L'idée de *pouvoir*, de *liaison nécessaire*, de *qualité intérieure*, qui unit entre deux phénomènés, l'effet à la cause, ne tombe pas sous nos sens : elle est donc pour nous inaccessible ; nous ne pouvons ni l'affirmer ni la nier, encore moins faire reposer sur elle toutes nos connaissances, comme on a toujours fait. Nous n'avons que l'idée des apparences, des phénomènes : nous ne connaissons rien de leur *nature*, de leur *essence* ; nous n'avons pas même le droit d'affirmer qu'il y a une *nature*, une *essence* ; qu'il existe quelque chose en lui-même ; que ce quelque chose possède des propriétés. Il n'y a donc pour nous rien de nécessaire, d'absolu, de réel. »

« Si nous avons l'idée de causalité, elle ne peut s'expliquer que par une illusion de l'habitude, par laquelle nous affirmons plus que nous n'en savons ou ne pouvons en savoir. Cette illusion est analogue à celle par laquelle nous transportons sur des objets extérieurs les sensations qui résident en nous. On a vu des effets se succéder souvent : on s'est accoutumé à les unir, presque à les confondre ; on ne peut plus voir renaître l'un, sans qu'à l'instant on ne s'attende au retour de l'autre. »

Hume et son école ont été très-conséquens au principe établi par eux, quand ils ont établi que nous n'étions pas à nous-mêmes la cause de nos idées réfléchies, mais qu'ils les ont rapportées, contre les déclarations les plus formelles du *sens intime*, à des

associations mécaniques d'idées, ou plutôt à la *concaténation* des mouvemens supposés des fibres cérébrales (Hartley, Priestley, Darwin, Morgan).
« L'influence de notre *volition* sur nos organes et sur nos opérations intellectuelles et morales n'est que la conscience même de son action, et pas autre chose. Malgré toutes nos recherches les plus profondes, nous sommes condamnés à ignorer les moyens efficaces par lesquels cette action si extraordinaire s'effectue : loin que nous en ayons le sentiment immédiat, nous ne connaissons ni les deux substances qui agissent, ni les moyens et les instrumens de leur action réciproque; nous ne pouvons pas même affirmer que tout cela existe. »

Tels furent les résultats définitifs et nécessaires de la métaphysique, au point de perfectionnement relatif auquel elle était arrivée, ou plutôt au point d'imperfection absolue où elle était tombée d'après ses doctrines fondamentales. Cependant Hume ne put pas se convaincre pleinement : il sentit que la *raison* devait le tromper, et que si elle ne pouvait justifier l'existence des choses, on ne devait pas pour cela renoncer à cette croyance. Il n'osa pas même s'avouer son scepticisme absolu ; il n'admit qu'un scepticisme relatif, plutôt de prudence que de système, qui consiste à se défier de sa raison, et non à la récuser. Ce n'est que dans la suite, que ce scepticisme devint plus décidé, du moins sur certaines questions.

Après Hume, la science métaphysique, cultivée par les esprits les plus profonds, se dirigea toute entière vers la recherche de la démonstration de la causalité et des existences. Nous allons examiner les solutions différentes qu'on a données du problème, pour voir jusqu'à quel point elles sont satisfaisantes.

CCIX.

Kant a fait de ce grand problème le point de départ de son analyse, si singulière et si profonde, des facultés intellectuelles. C'est pour satisfaire aux besoins nouveaux d'explication créés par le scepticisme de Hume, qu'il a imaginé ses *formes* de l'entendement. « Il commence par établir comme incontestable, et en s'appuyant sur la conscience du genre humain, que nous n'affirmons pas seulement que deux phénomènes se sont succédé jusqu'à l'époque où nous parlons, et que nous ne disons pas seulement qu'il est probable qu'ils se succéderont dans la suite des temps; mais que nous affirmons, avec l'assurance de la conviction la plus intime, que cette succession est nécessaire; qu'elle aura toujours lieu tant que les choses conserveront les mêmes *natures*, les mêmes *essences;* que nous déclarons que *tout ce qui arrive suppose nécessairement une cause efficiente*, et que nous avons de cette proposition une certitude absolue et non circonscrite dans notre expérience bornée. Il y a donc de *l'absolu*, du *nécessaire* dans nos connaissances : celles-ci ne sont pas seulement relatives à nos sensations, à des apparences, à des phénomènes ; mais nous affirmons qu'il y a existence réelle des *choses* et des *vérités*. Cette notion de l'absolu est incontestable. Si Hume, en partant des principes de l'idéologie admise avant lui, dans laquelle on rapporte toutes les idées aux sensations, n'a pas pu rendre raison de la formation de cette notion, il faut l'en accuser lui-même, ou plutôt il faut en accuser l'idéologie imparfaite dont il s'est servi. »

Kant se prouve donc à lui-même que les sensations, l'expérience, ne peuvent pas donner les idées nécessaires dont il vient de constater l'existence.

« Hume a raison, quand il reconnaît que l'idée de causalité est hors de l'expérience. Ainsi, dans cette proposition : *Tout ce qui arrive doit avoir une cause et produire un effet*, épuisons sur le fait, l'événement donné, sur ce qui arrive, sur les perceptions fournies par l'observation pure, les ressources de la plus profonde analyse; nous aurons beau creuser, nous ne trouverons point

DE L'IDÉE.

dans la sensation, dans la perception du phénomène, dans l'idée de quelque chose qui arrive, l'idée de quelque autre chose qui a dû nécessairement précéder, ni d'une autre chose qui devra suivre nécessairement : il y a donc addition faite à la sensation, aux *données* de l'expérience. Cette idée de nécessité vient donc de nous-mêmes, puisqu'elle ne vient point du dehors; elle vient donc d'idées qui nous appartiennent, et qui, en s'appliquant aux données de la sensibilité et de l'expérience, lui donnent une valeur, servent de *formes* à ces matériaux, et constituent aussi des idées particulières. Ces facultés qui sont en nous sont les *formes* de l'entendement, le *subjectif* qui modifie cette autre partie de lui-même qui est encore subjective, la sensibilité ; de la combinaison de l'action de ces *formes subjectives* résultent les notions de l'existence ou l'*objectif* (1).

(1) Voyez *Biographie universelle*, Michaud, art. Kant; les excellens articles de M. Cousin, insérés dans les *Archives philosophiques* de juillet et août 1817, à l'occasion de l'*Histoire de la Philosophie moderne*, par Buhle, traduit de l'allemand par M. Jourdan. M. Cousin a rendu de très-grands services à la métaphysique en faisant connaître à la France la philosophie allemande, et il a eu la gloire d'imprimer aux esprits une direction opposée à celle qu'ils avaient suivie jusques alors.

Ce système est admirable par sa profondeur; mais il est facile de s'assurer qu'il ne peut pas être admis, et que d'ailleurs il ne résout pas le problème. Quelle garantie avons-nous de l'existence de ces *formes* de l'entendement? Le besoin d'explication ne suffit pas pour les faire recevoir. On les imagine, on les crée comme causes de certains phénomènes de l'intelligence à expliquer; mais il y a ici pétition de principe : on suppose ce qui est en question ; les notions de l'absolu existent, elles ont une cause en nous ou hors de nous ; mais c'est cela même qu'il fallait prouver antérieurement. Que sont, que peuvent être des formes de l'entendement, qui ne sont pas de simples facultés, mais des idées positives, fixes, spéciales, très-différentes entre elles, et dont cependant nous n'avons pas conscience avant l'expérience ? Ces forces ne pourraient être admises que par intuition directe ou par déduction ; il est certain que nous ne les connaissons pas par intuition ; et si c'est par déduction, on suppose dès-lors le principe même de la *causalité*. Les idées absolues des choses ne nous viennent pas *à priori*, nous ne les avons que *à posteriori*, c'est-à-dire après les résultats de l'expérience : Kant a donc interverti l'ordre naturel de la génération des idées.

Enfin, en dernière analyse, ce système se réduit à dire que nous avons l'idée de cause, parce que nous l'avons. Le problème est-il résolu de cette manière ?

Il est bien plus difficile de concevoir que nous avons l'idée de cause en nous, que de regarder cette idée comme nous venant du dehors.

Il est évident que Kant n'a fait que donner une autre théorie que Hume sur l'origine naturelle de l'idée de causalité en nous. Hume la rapporte à une simple association d'idées, loi expérimentale de l'entendement, selon lui ; et Kant, à des formes abstraites, qui ne sont encore que des lois abstraites de l'entendement *pur*. L'explication est donc toujours la même, quant au principe et au fond. Dans tout cela il n'y a qu'idéalisme ; il est même plus absolu, plus décidé dans Kant que dans Hume.

Reid, en admettant la doctrine de la causalité comme un fait primitif, empêche toute démonstration de celui-ci, et détruit au fond toute *science première*. Nul doute que les vérités de ce genre n'existent ; mais la philosophie s'est moins chargée de les proclamer, comme elle se l'imagine, que de les démontrer, que d'indiquer par quel procédé nous arrivons à leur formation, et de justifier de leur exactitude au tribunal de la raison ; car pour le faire à celui du sens intime, on n'a pas besoin de la philosophie ; il se suffit à lui-même.

Elles s'établissent d'elles-mêmes : c'est ce qu'on n'a pas voulu distinguer ; on n'a voulu recevoir comme vrai que ce que l'on pouvait démontrer ; mais antérieurement à toute démonstration, on doit admettre ce que le *sens intime* nous montre être vrai, non pas dans la conscience d'un seul individu, mais dans celle du genre humain tout entier. La saine logique et les besoins réels de la société commandent cette méthode provisoire; elle est à la vie morale ce qu'est l'instinct aux besoins du corps. On mange, on boit, on se sert de ses membres avant que l'intelligence ait connu les rapports des choses avec nous. Tant pis pour la *raison pure*, si elle ne peut pas atteindre à la hauteur de la *raison pratique*, et si l'une marche plus vîte que l'autre. Elle ne doit pas pour cela nier ce qu'elle ne peut pas encore démontrer dans son état d'imperfection.

Reid ne s'est-il pas engagé à admettre même toutes les illusions d'une évidence trompeuse, comme Descartes, quand il a dit : *tout ce qui est perçu intérieurement par la conscience a une existence réelle ; tout ce que nous nous rappelons clairement a réellement existé*, etc. ? Il est évident qu'il suppose toujours ce qu'il faut démontrer.

Il établit que nous avons une idée directe, une sorte d'intuition des objets dans la sensation. Nous n'avons, au contraire, de notion des objets extérieurs que par déduction : nous sommes modifiés par les corps extérieurs, il y a action sur nous, donc il y a quelque chose qui agit, donc il y a quelque chose qui n'est pas nous, qui est hors de nous.

Reid a nié au fond la causalité, ou plutôt, en l'admettant comme un fait primitif et isolé de toutes les autres idées, il a détruit sa fécondité logique dans son application aux faits particuliers.

Il convient que l'expérience ne nous donne aucune *information* de ce qui est nécessaire, ou de ce qui *doit* exister. Nous apprenons par elle ce qui *est*, ce qui *a été*, ou plutôt ce que nous sentons, ce que nous avons senti ; tandis qu'il est incontestable que nous donnons aux choses une certitude absolue, que nous sommes autorisés à admettre des choses réelles, quoique nous ne puissions pas déterminer les *natures intérieures* de ces choses. Selon Reid, la science n'est que probable, tandis qu'elle est certaine. Quand nous pensons que du pain est un aliment et non un poison, nous en sommes certains, du moins les *natures* restant les mêmes, le pain restant pain ; cependant Hume a osé dire que ce n'était pour nous qu'une chose probable (Condorcet).

Reid n'a fait que donner une nouvelle explication de l'admission de cette idée dans notre esprit, sans s'occuper même de sa démonstration :

il a reculé seulement la difficulté, car il faut toujours que le sens commun justifie de son autorité.

D'ailleurs, Reid considère comme primitives plusieurs idées qui sont évidemment déduites, comme, *que tout ouvrage harmonique suppose une cause raisonnable; que toutes les pensées et les sensations appartiennent à un sujet qui s'appelle le moi ou l'âme,* etc. Il est évident qu'il a été un temps où nous n'avions pas de pareilles idées ; que beaucoup d'individus ne les reconnaissent pas, même après un mûr examen ; qu'un plus grand nombre n'y ont jamais pensé.

Dugald Stewart est sceptique, quoiqu'il s'efforce de se persuader à lui-même qu'il ne l'est pas. Il nie à-peu-près comme Hume toute causalité, ou du moins il ne présente cette notion que comme un fait primitif : il n'a pas osé se servir du mot *instinct*, qui n'est plus de mode; il emploie celui de *loi de l'entendement*, qui est plus imposant aujourd'hui. « L'idée de la causalité, dit-il, n'est pas un résultat du raisonnement ; il accompagne nécessairement la perception. Il nous est réellement impossible de voir un changement, sans être convaincus qu'il a été produit par l'action d'une cause : *à-peu-près* comme nous ne pouvons *concevoir* qu'il y ait une sensation sans un être sentant. De là vient, *je pense*, que lorsque deux événemens s'offrent à nous constamment unis, *nous sommes conduits* à associer à celui qui précède l'idée de cause ou d'efficace, et de lui attribuer le pouvoir et l'énergie par laquelle le changement a été produit. C'est en conséquence de cette association que nous venons à considérer la philosophie comme la science des causes efficientes, et que nous perdons de vue la part qu'a l'acte même de notre esprit dans l'aspect que nous présentent les phénomènes de la nature. C'est par une association du même genre que nous lions nos sensations de couleur avec les qualités primaires de la matière. Un instant de réflexion suffit pour nous faire voir que la sensation de couleur ne peut exister que dans notre esprit ; et toutefois un *penchant naturel* nous porte à lier la couleur à l'étendue et à la figure, et à concevoir le *blanc*, le *bleu*, le *jaune*, comme quelque chose qui est réellement répandu sur la surface des corps. *De même aussi, nous sommes portés à associer* à l'idée de la matière inanimée les idées de *pouvoir*, de *forces*, d'*énergie* et de *cause*, qui sont tous des attributs de l'esprit, et qui ne peuvent exister que dans l'esprit seul (1).

Il est évident, d'après ce passage, que Dugald Stewart est *idéaliste pur* ; que la notion de cau-

---

(1) *Philosophie de l'Esprit humain*, vol. I, pag. 112.

salité n'est pour lui qu'une illusion, qu'un préjugé utile, inspiré par la nature même.

M. Destutt-Tracy a donné une solution du problème, qui est fort ingénieuse, et qui satisfait mieux l'esprit que toutes celles qu'on avait présentées avant lui, mais qui laisse cependant derrière elle des questions indécises et incertaines ; elle a le mérite supérieur d'indiquer la véritable manière dont le problème doit être posé, et dans quelle source on doit chercher les élémens de solution. Trois choses lui paraissent nécessaires pour arriver à l'existence des corps extérieurs : le mouvement, la sensation de ce mouvement et la volonté de se mouvoir. « Je veux me mouvoir, je me meus, je sens ce mouvement : ce mouvement cesse, je m'en aperçois, mon désir subsiste, mais il est infructueux : j'en conclus qu'il existe un obstacle qui m'arrête, et que cet obstacle m'est étranger. » Cette théorie suppose que nous avons la conscience du mouvement de notre corps ; or nous ne l'avons que lorsque nous savons que nous avons un corps, et que ce corps se meut. La connaissance de notre corps, la conscience du mouvement même de notre corps ne sont pas primitives, intuitives, elles sont déduites : en outre, cette démonstration repose sur l'idée que *tout effet a une cause*, et que l'on peut remonter de l'existence de l'effet à l'existence de la cause ;

et c'est précisément encore ce qu'il fallait démontrer. N'est-ce pas prouver le plus simple par le plus composé, que d'établir l'action de notre *moi* comme cause, par les mouvemens volontaires de notre corps? Cette dernière idée n'est-elle pas une conséquence de tout le système idéologique de M. Destutt-Tracy, qui confond la sensation et l'idée avec le mouvement?

M. Degérando, qui a examiné la question avec un talent supérieur, fait dériver l'idée de l'existence des corps extérieurs, de la conscience de notre *moi*, et de quelque chose qui est distinct de ce *moi*, dans la perception même. « Selon lui, il n'y a nulle perception qui ne s'accompagne de ces deux idées : du *moi sentant*, et de quelque chose distinct du *moi*. Ces deux notions sont simultanées et se renforcent mutuellement ; elles se distinguent, se *posent* par opposition même et par contraste. Ces trois modifications, perception, conscience de nous-mêmes et de quelque chose qui n'est pas nous, sont trois parties de la même chose. L'analyse constate leur présence dans le phénomène même de la conscience. »

« Nous ne pouvons pas aller au-delà de notre conscience même ; il n'y a pas de fait antérieur, pas d'autre explication possible ; la réalité de ce phénomène ne se démontre pas, elle se reconnaît... Tel est le privilége de l'intelligence humaine. Elle aperçoit les objets, elle s'aperçoit elle-même, elle aperçoit qu'elle a aperçu. Elle est toute lumière, mais une lumière qui réfléchit indéfiniment sur elle-même. Il s'agit seulement de constater ici un fait : savoir, si dans certains cas, en réfléchissant sur nos opérations, et en démêlant toutes leurs circonstances, nous n'y découvrons pas la perception immédiate et primitive d'une existence étrangère : perception à laquelle on donnera tel nom qu'on voudra. »

« Si ce fait est exact, constant, universel ; si ce fait est primitif, il est non-seulement inutile, mais absurde d'en demander le *pourquoi* et le *comment* : car nous n'avons aucune donnée pour l'expliquer. »

«Nous ne prétendons pas que si la réflexion était déjà développée et active au moment où le fait se produit pour la première fois, *on n'en vînt peut-être à démêler dans ce fait important plusieurs opérations délicates qui nous échappent aujourd'hui par l'effet d'une longue habitude*. Mais enfin nous ne pouvons faire autre chose maintenant que consulter le témoignage de notre conscience ; tout ce que nous chercherions à y ajouter pour obtenir une explication ne serait qu'une hypothèse ; il est donc plus sûr de s'en tenir tout simplement à ce que la conscience nous révèle : d'ailleurs, ces hypothèses nous conduiraient toujours à certains faits inexplicables, puisqu'ils seraient primitifs (1). »

M. Degérando en appelle donc à un fait primitif, celui de la conscience; c'est-à-dire qu'il explique toujours comment nous avons en nous l'idée de la causalité ; mais qu'il ne donne aucune garantie qu'elle réponde à quelque chose d'extérieur à nous. Au fond, cette doctrine est la même que celle de Reid et de Dugald Stewart, et elle est frappée des mêmes vices, considérée comme démonstration métaphysique de la causalité. M. Degérando a très-bien senti, par cet instinct de jugement qui est propre aux bons esprits, qu'il serait possible qu'on vînt à démêler, dans le fait même de la perception et de la conscience, qu'il considère comme simple, plusieurs opérations délicates qui nous échappent aujourd'hui.

M. Royer-Collard a présenté une solution qui nous paraît s'approcher encore plus près du but, sans l'atteindre ; il a très-bien vu que l'idée la plus nette de la causalité était puisée en nous-mêmes et qu'elle était prise de l'action que nous exercions sur nous et sur nos facultés ; que nous-mêmes étant pour nous la cause la mieux connue, nous devions connaître celle-là avant toute cause qui nous est étrangère, et mieux qu'elle ; et

---

(1) Ouvr. cité, tom. III, p. 343.

que c'était dans cette source que la philosophie devait puiser la démonstration de l'idée de causalité. Il a développé avec beaucoup de profondeur de raisonnement comment nous tirons de nous-mêmes l'idée de l'existence ou de la substance, de la durée, de l'énergie, etc. Il établit, en second leiu, que c'est par induction que nous transportons toutes les notions d'existence, de substance, de durée, d'énergie, etc., à ce qui n'est pas nous (1).

M. Royer-Collard arrive à la fin à la même opinion que Reid. « Il ne s'agit pas, dit-il, de savoir si le monde physique existe réellement ; cette question se résoudrait dans une autre plus générale, qui serait de savoir si toutes nos facultés sont les organes de la vérité ou ceux du mensonge, et là-dessus *nous serons toujours réduits à prendre leur propre témoignage.* La seule question qui appartienne à l'analyse philosophique, consiste à examiner s'il est certain que nos facultés nous attestent l'existence d'un monde extérieur, et si le genre humain croit à cette existence ; car, s'il y croit, cette croyance universelle est un fait dans notre constitution intellectuelle ; et que ce fait soit *primitif* ou *déduit d'un fait antérieur*, qu'il soit l'enseignement

---

(1) *Cours de l'Histoire de la Philosophie moderne*, première leçon de la troisième année, 1813.

immédiat de la nature ou une acquisition du raisonnement, il doit se retrouver tout entier dans le tableau synthétique de la science (pag. 7). » Si la philosophie ne se proposait pas un problème plus élevé, elle ne s'occuperait que d'une question oiseuse, puisqu'il n'y a nul doute que le genre humain ne croie à l'existence de l'univers : dès-lors, ainsi circonscrite, elle deviendrait nulle.

Selon M. Royer-Collard, la perception nous manifeste à-la-fois notre existence et celle de quelque chose hors de nous : c'est un fait, et nul doute à cet égard; mais est-ce par déduction ou par intuition que la chose a lieu? voilà la question. Est-ce par intuition? Nous ne nous voyons pas nous-mêmes directement, nous ne savons pas ce que nous sommes, encore moins savons-nous ce que sont les corps extérieurs; c'est donc par déduction. Il s'agit donc de trouver cette déduction : la philosophie est donc possible?

« Ce qui est senti tombe sous l'œil de la conscience; ce qui sent n'y tombe pas, mais l'entendement le *conçoit*, et il *y croit* aussitôt que la sensation se produit à la conscience. On ne peut donc pas prouver sa propre existence parcequ'elle se produit comme sentie par le *moi*. (pag. 14)... De même, si je viens à presser un corps dur, je suis intérieurement modifié d'une certaine manière, je change d'état; voilà la sensation. Mais, en même temps que je change d'état, j'ai la *conception subite* d'une chose étendue et solide qui résiste à mon effort. Non-seulement je *conçois* cette chose, mais j'affirme son existence.»(p. 10.)

« La loi de la pensée, qui fait sortir le *moi* de la conscience de ses actes, est la même qui, par le ministère et l'artifice de l'induction, fait sortir la substance matérielle de la perception de ses qualités. Aucune autre loi ne lui est antérieure, elle agit dans la première opération de l'entendement; par elle seule *naissent* toutes les existences. L'analyse s'y arrête comme à une loi primitive de la *croyance humaine*. Si nous étions capables de remonter plus haut, nous verrions les choses en elles-mêmes; nous saurions tout. Quand on se révolte contre les faits primitifs, on méconnaît également la constitution de notre intelligence et le but de la philosophie. Expliquer un fait, est-ce donc autre chose que le dériver d'un autre fait, et ce genre d'explication, s'il doit s'arrêter quelque part, ne suppose-t-il pas des faits inexplicables ? N'y aspire-t-il pas nécessairement ? La science de l'esprit humain aura été portée au plus haut degré de perfection qu'elle puisse atteindre, elle sera complète, quand elle saura dériver l'ignorance de sa source la plus élevée. » (p. 15.)

Ces principes sont sages, pris en général ; mais ici

toute la question est de savoir si le fait de la conscience, tel que le présente M. Royer-Collard, est l'ignorance de la source la plus élevée...Il n'explique jamais que la *croyance* humaine, tandis qu'il faut expliquer la *raison* humaine. Il ne saurait être question de *raison pratique*, mais il s'agit de *raison théorique*; on confond souvent ces deux choses qui sont cependant très-différentes. L'idée des corps extérieurs n'est pas une idée primitive. peut-on dire que les corps extérieurs ont réellement la solidité et l'étendue (pag. 10)? qu'il y a des qualités premières (pag. 32)? Ces notions ne sont-elles pas des sensations pures et des jugemens de déduction sur ces sensations? La notion de l'étendue, de l'impénétrabilité, est une idée et non une perception directe. Comment M. Royer-Collard parviendrait-il à démontrer par sa *croyance* l'existence de l'âme à celui qui n'y *croit pas*, qui n'en a pas la conscience? Il sera forcé de dire qu'il lui manque un sens particulier (Béattie) : tout essai de démonstration, soit générale, soit particulière, deviendra inutile et même ridicule.

M. Maine-Biran, métaphysicien très-profond, et qu'on est fâché si souvent de ne pas comprendre, parce que l'on reconnaît qu'il dit d'excellentes choses, quand on parvient à l'entendre, et qu'un bon esprit doit présumer qu'il en est de même pour celles qu'il ne peut pas avoir l'avantage de saisir,

M. Maine-Biran a établi que l'idée de cause est puisée en nous-mêmes par le procédé suivant : le même acte *réflexif* par lequel le sujet se connaît et se dit *moi*, le manifeste à lui-même, comme force agissante, ou cause qui commence l'action ou le mouvement, sans y être déterminé ni contraint par aucune cause autre que le *moi* lui-même, qui s'identifie de la manière la plus complète et la plus intime avec cette force motrice (*sui generis*) qui lui appartient... Le sentiment de l'effort fait tout le lien des termes de ce rapport primitif, où la cause et l'effet sont donnés distincts comme élémens nécessaires d'un seul et même fait de la conscience. »

M. Maine-Biran nous paraît considérer la volonté d'une manière trop bornée, quand il ne la voit que sous l'idée de force motrice. Le *moi* agit sur lui-même, mais il n'est pas prouvé qu'il n'agisse que par le mouvement. D'autre part, M. Maine-Biran semble donner une idée trop métaphysique de la force, quand il la considère comme étant toujours une chose abstraite et en quelque sorte spirituelle, si toutefois j'ai bien compris sa pensée. Cette théorie de la causalité avance beaucoup la solution du problème ; mais elle est vague, et peut être encore attaquée sous plusieurs rapports.

M. Engel, membre de l'Académie de Berlin, a rapporté l'idée de causalité à un sens particulier, qu'il nomme *sens musculaire, sens de la tendance,* ou à la conscience des efforts musculaires contre une résistance étrangère. Mais je ne vois là encore qu'une explication de l'idée de la causalité en nous, et non une théorie de la causalité par rapport à elle-même.

CCX.

Nous nous sommes convaincus que les différens procédés logiques par lesquels on avait cherché à établir la notion de cause, ne pouvaient pas satisfaire pleinement la raison; nous allons essayer de donner une nouvelle solution du problème.

A la première sensation que nous recevons, nous n'avons que la conscience de cette sensation; il est même douteux que cette conscience soit accompagnée d'une perception vive et distincte, parce que ces qualités de la perception dépendent beaucoup de l'attention, de la comparaison, de la réflexion, etc. Quoi qu'il en soit, la sensation est perçue avec netteté au bout d'un temps plus ou moins long.

Nous recevons plusieurs sensations, nous les comparons, nous discernons leurs ressemblances et leurs différences; nous étudions tous les rapports qu'elles ont entre elles et avec nous: nous réagissons donc sur ces sensations par l'attention, la mémoire, l'imagination, la réflexion, la comparaison, le jugement, le désir, la volonté, etc.

Ces opérations qui ont lieu en nous et par nous, qui sont nous-mêmes, nous en avons conscience; mais ce n'est encore là qu'une simple perception, du même ordre que la première sensation que nous avons éprouvée, et nous n'avons pas plus la notion de l'existence de nous-mêmes que de celle des corps qui nous sont étrangers.

Mais nous parvenons à la fin à nous distinguer de nos perceptions mêmes: celles-ci sont passagères et différentes les unes des autres, le sentiment de nous-mêmes et de nos opérations est constant et uniforme. Les impressions nous viennent de je ne sais où, le sentiment de nos opérations nous vient de nous-mêmes. Or si nous nous sentons différens de nos perceptions, nous ne sommes donc pas nos perceptions mêmes; si nous nous sentons agir, nous sommes forcés de reconnaître que nous sommes quelque chose. et quelque chose d'agissant, de réel, de positif. Si nous étions passifs dans nos sensations, dans nos idées, nous n'aurions peut-être pas la conscience de notre propre existence; elle serait du moins vague et indéterminée; nous n'affirmerions jamais: *je suis sûr que je suis;* nous ne dirions pas même *je suis.* Cette opération suppose de la réflexion, c'est-à-dire de l'activité appliquée à notre activité même; nous serions comme une glace qui réfléchirait les objets par le sentiment. Le sentiment seul, s'il était passif, ne donnerait donc pas la raison suffisante de la croyance ou plutôt de la certitude de notre existence. Une pierre *est*; mais elle ne sait pas qu'elle *est* : pour avoir l'idée de l'existence, il faut sentir qu'on existe, par l'action qu'on produit. Aussi tous les métaphysiciens qui n'ont admis dans l'homme moral que des sensations passives, n'ont pas pu donner la théorie de la croyance à notre propre existence.

Si je veux me confirmer dans la notion de mon existence, j'agis sur moi-même, je me modifie à volonté par les idées que je me donne par la mémoire; j'obéis ou je résiste à mes désirs, pour apprendre à me connaître : en un mot, j'expérimente sur moi, comme par la suite j'expérimenterai sur les corps, pour me confirmer dans l'idée de leur existence absolue, nécessaire, indépendante de mes sensations, etc. Je vois donc de plus en plus que je suis quelque chose de réel, de positif.

Telle est la première vérité que j'admets; plus je l'examine, plus je me pénètre d'une conviction réfléchie et profonde : car dès l'instant que je me suis aperçu ou senti, le doute sur ce point ne peut pas même entrer dans mon esprit. Cette vérité est à-la-fois *intuitive* et réfléchie, instinctive et raisonnée, sensation et idée, je me connais moi-même comme *subjectif* et comme *objectif*; c'est *moi* qui examine, qui connais *moi*; les élémens de toute ma connaissance en ce genre sont en moi, sont moi-même, le *modus essendi* est ici le même que le *modus cognoscendi* (M. Maine-Biran). Quelle autre chose pourrai-je mieux connaître? quelle autre remplit-elle les mêmes conditions de la connaissance? L'univers entier se conjurerait, s'il était possible, pour m'ôter cette idée, qu'il n'y parviendrait jamais, quelque moyen qu'on employât; moi-même je ne pourrais jamais m'arracher à cette conviction. J'ai donc trouvé, je crois, le point fondamental de toute certitude, le point de départ de toute connaissance; il ne s'agit que de suivre le fil conducteur sans le rompre. Descartes commença comme moi, il est vrai, et ne s'en égara pas moins dans la suite; mais Descartes admit l'idée de son existence comme une vérité primitive fournie par l'évidence seule de cette idée ou par des raisonnemens abstraits; tandis que j'ai justifié de cette vérité même par le raisonnement et l'observation réunis; et peut-être que ce ne sera qu'en étendant le même raisonnement, que je parviendrai à justifier de la même manière de toutes les existences. Dès son entrée dans la carrière, Descartes établit une supposition, l'idée évidente et directe de son existence, et se créa un *criterium* de vérité qui le livra à toutes les illusions de ses *idées* et de ses préjugés; tandis qu'il nous semble que nous avons trouvé, dès notre premier pas, une méthode d'induction sûre qui n'est qu'une traduction littérale de la perception même. Reid, Dugald Stewart et tous les philosophes modernes, n'ont fait que développer la notion de Descartes sur l'évidence, en admettant pour point de départ des vérités premières, naturelles, innées, manifestées par le *sens commun*. Nous sommes partis, comme eux, du sentiment intime, mais nous avons justifié de ses premières opérations, de ses premières déductions.

Voyons maintenant comment je puis sortir de l'idée de moi-même. Revenons sur cette idée pour en prendre une notion plus exacte et pour y chercher la solution du problème; car d'après ce que nous avons déjà dit, elle doit être renfermée en elle. En comparant mes sensations et la réaction de mes opérations sur ces sensations, je me suis séparé par abstraction de mes sensations mêmes, je me suis vu hors d'elles, j'ai eu deux termes de ma comparaison, *moi voulant*, *agissant*, *moi actif* et *moi forcé à quelque chose*, *moi passif* sous ma propre action; en d'autres termes, j'ai distingué mon *moi modifiant* de mon *moi modifié*. De ces deux termes, j'ai vu, *j'ai senti* que le premier était *cause* des modifications du second, et que le second était soumis comme effet à l'action du premier, du moins dans la sphère d'opérations soumises en entier à ma volonté, et c'est de celles-là seules dont il est ici question.

Encore ici je puis expérimenter sur moi-même, je puis varier mes moyens d'exploration, pour m'assurer que ce que je veux, c'est *moi* qui le veux; que ce que je fais, c'est *moi* qui le fais; que j'agis et que j'agis sur *moi*; c'est *moi* qui réponds à moi-même; ayant en *moi* le point de départ et l'aboutissant de l'action, je dois connaître l'action toute entière. Il n'y a rien d'intermédiaire qui me soit caché, point d'autre lien secret entre ces deux phénomènes que ma volonté même; rien n'échappe à mon sens intime. J'ai donc enfin établi la théorie de cette causalité tant cherchée, je l'ai trouvée dans la vérité première, dans la vérité la plus incontestable de toutes, le sentiment de mes propres opérations; cela seul garantit l'exactitude de notre analyse. Nous avons vu ailleurs que le principe de toute connaissance était la notion de la causalité; cette idée devait donc être l'idée première ou se confondre avec elle.

L'idée de causalité est donc une idée que nous puisons en nous, et non pas hors de nous, comme on l'a cru : considérée en elle-même, elle est déduite et non pas primitive (Reid, M. Degérando.)

L'idée de cause, par rapport à nous-mêmes, est indépendante de toute notion que nous pouvons acquérir dans la suite sur notre propre nature. Hume prétend que pour que nous reconnussions la loi de causalité en nous-mêmes, il faudrait que nous sussions ce que sont en eux-mêmes l'esprit et la matière, comment l'un peut agir sur l'autre, par quels instrumens, etc. Cette idée est contraire à la bonne manière de philosopher, qui constate les choses sans pénétrer les *essences*.

CCXI.

Il nous sera possible maintenant de montrer comment nous pouvons justifier d'une autre existence que de la nôtre.

Parmi les perceptions que je sens en *moi*, les unes viennent de moi-même, ne sont que moi-même : telles sont celles de mes propres facultés; les autres ne viennent pas de moi, je les sens malgré moi, souvent même elles sont très-pénibles, et certes je ne me les donnerais pas, si elles dépendaient de ma volonté. Je viens de distinguer le *moi modifié* et le *moi modifiant;* mais ici je n'ai pas les deux termes en moi, comme dans le cas précédent; je n'en ai qu'un, la sensation. Or, ce terme n'exprime qu'un effet, puisqu'il ne peut être que l'un ou l'autre, et qu'il est évident qu'il n'est pas cause, et que *je* ne puis rien sur sa naissance;

que je la reçois et ne la produis pas : donc il y a quelque chose hors de *moi* qui n'est pas *moi*.

En opposant le *non moi* au *moi*, j'acquiers une idée plus vive de l'un et de l'autre, et peut-être même ce n'est qu'alors que j'ai une idée très-nette du premier ; tant il est vrai que nos idées forment un système, dont toutes les parties se soutiennent réciproquement, et que nos analyses scientifiques ont toujours quelque chose de faux. Plus je les considère, plus je les distingue et plus je me confirme dans l'idée de leur existence absolue, indépendante, et enchaînée seulement par les liens de l'action et de la réaction. Si je n'étais que passif, je subirais tous les effets des agens extérieurs, sans avoir aucune idée de leur existence ; je serais modifié par eux, j'aurais conscience de ces modifications mêmes, sans m'élever à l'idée de leur action comme cause et comme dérivant d'une existence positive et distincte. Si je n'étais qu'actif, je n'aurais encore aucune idée de l'existence de quelque chose hors de moi, je n'aurais pas même peut-être la notion de ma propre existence : la résistance de certaines existences à mon action m'a fait mieux connaître cette action même et ma propre existence. Ainsi l'idée des existences résulte en partie du caractère même de la sensation, qui est à-la-fois active et passive, comme nous l'avons déjà prouvé (CLXIX) ; et la théorie de la sensation donne la clef de toute connaissance, comme nous l'avions entrevu (CLXXXV). Les métaphysiciens s'étant égarés dans les abstractions indéterminées, dans les idées et les calculs logiques, ou s'étant arrêtés dans une sensation bornée, avaient fait l'homme tout actif ou tout passif, et n'avaient pas pu trouver la véritable génération des idées.

Quelle est la nature de ce quelque chose qui excite des sensations en moi? Je l'ignore dans le moment actuel ; peut-être même ne le saurai-je jamais et ne puis-je pas le savoir : mais peu importe ; il existe, parce que je sens qu'il est la cause de mes sensations ; je crois à son existence, parce que je crois à la mienne : ces deux vérités se soutiennent réciproquement, je suis presque aussi sûr de l'une que de l'autre, parce que l'une est dans l'autre, que l'une est une conséquence de l'autre.

Je prends ce quelque chose qui n'est pas *moi*, j'expérimente sur lui, je le modifie, et il change ; je puis prévoir ces changemens ; donc il a une existence absolue, indépendante ; donc tous les systèmes d'idéalisme et de mysticisme s'évanouissent à jamais comme des songes de l'esprit d'abstraction et d'*explication*.

Ce quelque chose, je ne sais pas ce qu'il est en lui-même, je ne le vois pas en lui-même ; mais je le considère dans ses effets sur moi comme cause en lui. Je vais étudier maintenant ses effets, et je pourrai par cette voie me faire une idée exacte de ce quelque chose, sur-tout dans ses rapports avec notre sensibilité, notre existence et notre conservation : ce qui est pour nous le point important de la connaissance.

CCXII.

Ce quelque chose est résistant ; il arrête ma volonté et mon action. Cette résistance me confirme dans l'idée qu'il n'est pas *moi*, et qu'il existe. Cette impénétrabilité est la qualité première de la matière. Je ne sais ce qui produit cette résistance, ce qui la constitue, quelle est sa nature, son essence ; mais je juge qu'il y a quelque chose qui a la faculté de produire en moi le sentiment de résistance. C'est cette notion qui me représente la matière ; c'est par elle que je m'en fais une idée, quoiqu'il soit bien évident que la matière n'est pas en elle-même cette impression de résistance. La résistance est un effet, non une chose réelle et distincte telle que je la sens : elle résulte de l'action réciproque de la matière et de ma sensibilité ; mais elle n'est ni l'une ni l'autre. Les métaphysiciens n'ont pas bien développé en général le mode de formation de cette notion ; en la séparant trop de notre sensibilité pour la transporter aux objets mêmes, ils en ont fait à tort l'essence, la nature de la matière; c'est par elle qu'ils se sont imaginés concevoir celle-ci, et c'est cette conception fausse que tous les matérialistes ont mise en avant pour appuyer leurs hypothèses et leurs objections contre la doctrine de l'âme.

Parmi les sensations de résistance que je reçois, j'en distingue bientôt de très-singulières. Je sens que c'est *moi* qui résiste à *moi-même*; je me parais être *corps*, comme tout ce qui n'est pas *moi*; mais pour augmenter mon embarras et confondre toutes les analogies de ce genre, je sens que cette résistance ne vient pas de *moi*; que ce n'est pas *moi* qui la produis. Ce phénomène m'occupe longtemps, il obscurcit toutes mes idées antérieures, il recule même toutes mes connaissances. En réunissant les unes et les autres, je finis par me convaincre par des comparaisons attentives et multipliés, que ce corps est à *moi*, mais n'est pas *moi*; que je ne puis rien sur sa nature intime, tandis que je puis tout sur moi-même et sur mes facultés; seulement je vois que je me sers de ce corps pour mes besoins divers, sur-tout quand je veux me mettre en relation avec les corps analogues de la nature; je vois encore que je sens dans ce corps, par ce corps, quand ma sensibilité se met en relation avec les corps extérieurs; mais je ne puis m'empêcher d'établir une différence immense entre la manière dont je possède mes facultés, et celle dont je possède mon corps : mes facultés c'est *moi*; mon corps est quelque chose qui est à *moi*, mais qui n'est pas *moi*; c'est un instrument, un moyen dont je me sers, voilà tout. Quand je pense et que je réfléchis sur mes facultés, et même sur mes sensations, je me sens, et ne me sens pas résistant; donc mon véritable *moi* n'est pas résistant. Dans le moment actuel, je n'en sais pas davantage; mais j'entrevois déjà une très-grande différence entre les corps extérieurs et moi, entre mon corps et mon *moi*. Mon corps ne me paraît qu'un seul point résistant, je ne sais pas encore qu'il est étendu; voyons comment je m'en forme cette notion.

Je reçois à la fois deux impressions différentes de résistance; l'une est molle, et l'autre très-dure : je touche en même temps le noyau d'une pêche et la pulpe du fruit : je compare ces deux impressions, je sens que ce quelque chose qui est hors de *moi*, résiste plus ou moins. Alors, par un nouveau raisonnement, qui est une déduction du premier sur l'existence de quelque chose hors de moi, je conclus que ce quelque chose n'est pas le même partout; qu'il a deux parties; que ces deux parties étant résistantes et ne pouvant pas se pénétrer, doivent être par conséquent l'une hors de l'autre, comme elles sont hors de moi;

qu'elles sont l'une à côté de l'autre ; c'est-à-dire que je crée l'idée d'étendue : je dis que je la crée, parce qu'en effet je n'en ai pas une notion intuitive : l'étendue n'est pas une chose réellement existante telle que je la conçois ; il y a bien quelque chose qui me la donne, quelque chose qui répond à mon idée, qui est le signe de mon idée, mais qui n'est pas son modèle, son image, comme on le croit dans le langage vulgaire. L'idée d'étendue n'est ni une sensation directe, ni une idée primitive, comme l'ont dit Platon, Leibnitz, Kant, etc., mais bien le résultat d'un raisonnement très-compliqué.

C'est à tort qu'on a cru que l'étendue représentait la nature de la matière ; qu'elle était l'essence de la matière, comme la pensée était celle du *moi*. Ici Descartes a été conséquent à son idéalisme, il s'est arrêté au phénomène et à sa perception ; il a seulement réalisé sa propre notion, et a ainsi tout confondu. Tous les matérialistes ont puisé dans cette conception fausse, résultat des préjugés de l'ignorance première de la science, pour en tirer une foule de raisonnemens plus arbitraires les uns que les autres.

Maintenant je reviens à moi-même pour mieux me connaître, je m'aperçois que mon corps n'est pas d'une résistance égale dans toutes ses parties, et que, par conséquent, il est étendu. Je remarque que tantôt je me sens, et que tantôt je ne me sens plus : mon étendue a donc des bornes et des limites.

J'étudie encore mieux l'étendue par la mémoire des sensations analogues passées et par la répétition des mêmes sensations. Je me représente à la fois les sensations diverses de résistance, et je me fais une idée plus large de l'étendue : ce sont maintenant des points progressivement plus multipliés. Il me faut sans doute beaucoup de temps; mais enfin j'arrive progressivement à une notion moins bornée, je parviens, à force de comparaisons, à me faire des idées exactes des figures et des formes. Je distingue les corps par elles ; alors, je dessine l'étendue, sur cette étendue je place les corps et je mesure leurs intervalles. Ces intervalles changent, ils diminuent ou augmentent : j'en conclus que les corps changent de place.

Je les sens réellement changer de place, et je les sens augmenter ou diminuer les intervalles. C'est ainsi que je me forme la notion du mouvement : je sens que je remue mon corps; que je touche tantôt une chose, tantôt une autre; que je retrouve toujours ces choses dans la même position par rapport les unes aux autres : j'en conclus que c'est moi seul qui ai changé de place. On voit donc que l'idée du mouvement est une idée fort compliquée; qu'elle suppose une foule de jugemens antérieurs; qu'elle n'est pas directe, primitive; qu'elle n'est pas une image représentative de la chose même, puisqu'elle est la conséquence de l'idée d'étendue qui n'est pas l'image de quelque chose réellement existant ou du moins tel que nous le percevons.

Quand les corps se meuvent, ils laissent une place pour en prendre une autre ; celle qu'ils quittent n'en existe pas moins : ainsi je me forme la notion de l'espace. L'idée de l'espace est une des plus compliquées et des plus intellectuelles ; elle ne représente rien en elle-même qui soit réellement existant : elle répond bien à quelque chose ; mais il est évident que ce quelque chose n'est pas représenté d'une manière exacte et *adæquate* par notre idée d'espace.

Kant a entrevu vaguement que l'idée d'espace n'était pas une sensation pure : il a reconnu, au milieu des nuages de ses abstractions, que cette notion ne représentait pas la chose même; mais il s'est complètement égaré quand il a fait de cette notion une idée primitive, directe, tirée de l'entendement pur qui ne s'appuyait pas sur des matériaux fournis par l'univers extérieur et par les sensations. Cette hypothèse est ridicule, absurde; mais elle est la conséquence nécessaire de l'ignorance de la génération des idées d'une part, et de l'autre, des efforts le plus profondément combinés pour arriver à la vérité.

Nos sensations se succèdent, la mémoire les reproduit dans cette succession même: le jugement les voit donc l'une hors de l'autre dans une étendue de temps, et il crée celle-ci, comme il a créé l'étendue de résistance, et par le même procédé. Les phénomènes de la nature n'ont pas lieu à la fois, donc ils sont distribués dans un espace de temps.

Cette idée du temps répond à quelque chose de réel; la succession de nos idées, des phénomènes de la nature et du mouvement, est la mesure du temps ; mais le temps n'est rien de tout cela, il existe hors de tout cela. Sa nature nous est inconnue; mais il est quelque chose (M. Royer-Collard). Locke, Condillac et la plupart des métaphysiciens ont confondu le temps avec la succession de nos idées qui le mesure; c'est de l'idéalisme pur. Le peuple croit concevoir le temps par des images : c'est une sottise qui a été partagée par quelques philosophes.

Jusques ici je n'ai raisonné que comme si je n'avais que le toucher; je vais étudier maintenant mes sensations de couleur. D'abord, j'observe qu'elles ne me donnent point par elles-mêmes la notion de l'étendue, comme on le suppose. La notion de l'étendue est une idée, un jugement, et non une sensation directe, comme le croit le peuple, et beaucoup de philosophes après lui. Il ne faut rien moins que l'idée positive de la résistance sentie sur divers points, pour arriver à l'idée de l'étendue. Des couleurs différentes l'une de l'autre, et même répandues sur une surface comme elles le sont sur la rétine, ne suffisent pas, quoique cependant la première idée prenne une netteté plus grande par les sensations de la vue : ce qui explique la grande affinité qui liera dans la suite ces deux sortes de sensations.

Je m'aperçois que tantôt je vois une couleur, et que tantôt je ne la vois plus ; je touche un point résistant, je le couvre de ma main, et la couleur disparaît. D'abord, je croirai peut-être que la couleur a disparu par un effet pur et simple de ma volonté ; mais bientôt je puis me convaincre qu'il n'en est pas ainsi, et par des expériences répétées je vois que la couleur vient du point résistant lui-même.

J'associe dès-lors ces deux impressions, et, à force de les unir par le jugement, elles se lient ensemble ; alors pour moi l'étendue devient colorée. C'en est fait : l'univers paraît au dehors sous l'image de mille couleurs, je me vois moi-même avec les formes qui me sont propres : un spectacle magnifique se déroule devant moi.

Dès cet instant j'acquiers une idée plus vive de l'existence des objets du dehors et de ma propre existence. L'étendue est mieux mesurée ; je n'ai pas besoin de toucher tous les objets. J'apprécie leur distance par une foule de jugemens. Les cieux se déroulent sur ma tête, et c'est mon jugement qui distribue au loin les impressions qui, dans le fait, sont concentrées dans mon œil. Je me trompe souvent dans mes jugemens de distance et de forme, et cela seul me confirme que mes idées en ce genre sont plus mon propre ouvrage qu'une représentation fidèle, exacte, *adæquate* de la nature même.

CCXIII.

Je vais prouver combien notre théorie des notions simples diffère de celles qui sont le plus souvent admises, et à quelles absurdités on s'exposait avec les idées communes, surtout dans les doctrines matérialistes. Je prends pour exemple la doctrine d'un médecin de ces derniers temps, qui était très-instruit, et qui paraît raisonner avec beaucoup de profondeur (Darwin).

« Lorsqu'un corps comprime une partie quelconque de notre organe du toucher, qu'arrive-t-il ? D'abord, cette partie du *sensorium* subit une pression mécanique qu'on nomme *stimulation*; ensuite il en résulte une *idée* ou une *contraction* d'une partie de l'organe du sentiment ; et enfin, il se fait un mouvement des parties centrales, ou de tout le *sensorium*, ce que l'on nomme *sensation:*

et ces trois mouvemens constituent la perception de la solidité (1). »

Il n'est pas possible, peut-être, d'entasser en moins de mots plus d'hypothèses et plus d'absurdités ; et cependant c'est à de pareilles idées que l'on peut réduire tout ce que les matérialistes et presque tous les physiologistes ont dit sur ce point. La stimulation n'est-elle qu'une pression mécanique de l'organe? Le *stimulus* ne produit souvent aucune espèce d'impulsion mécanique, comme quand on l'applique très-doucement, ou surtout quand on le laisse pendant un certain temps sur la surface vivante, et qu'il continue cependant à agir : dans ce dernier cas, la commotion supposée du premier ébranlement n'a plus lieu. Quel rapport y a t-il entre un mouvement d'impulsion et un mouvement produit par l'irritation? Quand on se contente de comparer les phénomènes, peut-on dire qu'ils sont identiques, que l'un n'est que l'autre modifié? Et cependant il faudrait que cela fût pour autoriser ce rapprochement et les conséquences qu'on en tire. Il nous serait facile de prouver que dans tous les temps, encore même aujourd'hui, la plupart des physiologistes ne sont jamais sortis de cette analogie fausse, de cette hy-

---

(1) Darwin, *Zoonomie ou Lois de la vie organique*, traduit par Kluyskens, t. I, p. 184.

pothèse, que pour rapprocher aussi vicieusement les mouvemens d'irritation de l'action de l'âme sur le corps, et pour les rapporter à l'âme intelligente ou à quelque chose d'analogue, ce qui n'est pas moins absurde.

L'idée n'est-elle qu'une contraction, c'est-à-dire qu'un mouvement mécanique de la fibre nerveuse, comme Darwin le dit expressément dans le passage cité et dans mille autres, ou plutôt dans tous les détails de sa doctrine, qui repose toute entière sur ce rêve creux?

Ce qu'il y a de fort singulier dans les principes de Darwin, c'est que l'idée précède la sensation, loin d'en être le résultat. Il définit l'idée un simple mouvement de la fibre nerveuse (*mouvement sensuel*). (1)

Les trois mouvemens supposés, qui, au fond, n'en font qu'un seul, car je ne sais nullement comment il peut s'y prendre pour les distinguer, constituent, selon lui, la perception de la solidité; mais il a beau faire, ils ne constitueraient jamais qu'un mouvement ou des mouvemens. Darwin ne voit pas que la notion de la solidité n'est que le résultat de plusieurs raisonnemens tirés de nos perceptions, et que ce n'est pas une perception simple et passive.

---

(1) Ouvr. cité, t. I, p. 13.

Poursuivons cet examen intéressant. Je rapporterai les expressions mêmes de l'auteur, de peur qu'on ne m'accuse de lui prêter à dessein des absurdités; d'ailleurs, je ne saurais les imaginer par moi-même, ni même essayer de les reproduire à ma manière. « Personne, dit-il, ne saurait nier que la partie médullaire du cerveau et des nerfs n'ait une certaine figure qui, étant répandue dans presque toutes les parties de l'animal, doit avoir à-peu-près la figure du corps. Or, il suit de là que l'esprit d'animation ou le principe vital, occupant cette partie médullaire, et non une autre (ce qui est *prouvé* par un grand nombre d'expériences cruelles faites sur des animaux vivans), il s'ensuit, dis-je, que cet esprit d'animation a aussi la même figure que cette partie médullaire ; *j'en appelle au sens commun.* L'esprit d'animation agit ; où agit-il? Partout où l'on trouve cette substance, soit que le membre se trouve joint encore à l'animal vivant, soit qu'il vienne d'en être séparé ; car le cœur d'une vipère ou celui d'une grenouille piqué par une épingle, renouvellera ses contractions plusieurs minutes après qu'on l'aura séparé du corps. Agit-il quelque autre part? Non. Alors il existe nécessairement dans cette partie de l'espace et nulle autre part : c'est-à-dire qu'il a une figure qui est celle du système nerveux, laquelle approche elle-même de la figure ou de la forme de ce corps. Quand l'idée de la solidité est déterminée comme je l'ai expliqué plus haut, une partie de l'organe du toucher est comprimée par quelque corps extérieur, et cette partie du *sensorium*, ainsi comprimée, ressemble exactement par sa *figure*, à celle du corps qui la comprime. De là, lorsque nous acquérons l'idée de la solidité, nous acquérons en même temps celle de la figure; et cette idée de la figure, ou ce mouvement *d'une partie* de l'organe du toucher, ressemble exactement *par la figure* à celle du corps qui la produit; et de cette manière elle nous fait connaître exactement cette propriété du monde extérieur. » (1)

Voilà une théorie bien bizarre de la notion de la figure des corps : elle repose sur un ensemble d'hypothèses plus gratuites les unes que les autres, et qui cependant sont des conséquences rigoureuses et inévitables de la plupart des idées reçues dans tous les temps sur les sensations, sur les idées en général, et en particulier sur celles de l'étendue et de la forme des corps. Aussi toutes ces hypothèses ont-elles été admises textuellement par la plupart des physiolgistes, et le sont-elles encore aujourd'hui. Darwin a eu la franchise d'exprimer nettement son idée; son ignorance des

---

(1) Ouvr. cité, t. 1, p. 185.

travaux des métaphysiciens, qu'il n'avait jamais lus ou jamais compris, lui donne un ton d'assurance qui est précieux pour le philosophe.

Cette forme particulière du principe vital ou de l'âme, car Darwin les confond, comme tant d'autres, a été adoptée par toute l'antiquité; c'était sur cette idée que reposait même la religion des peuples anciens, celle des peuples sauvages (*mânes*, *ombres*), et il faut convenir que beaucoup de philosophes n'ont pas eu souvent d'idées plus exactes. Elle avait été admise par Fouquet d'une manière positive. « Les atomes animés, dit-il, s'insinueront dans la texture de certaines parties du corps disposées à les admettre, en sorte qu'on pourrait se représenter l'assemblage distributif de ces atomes comme un tout figuré ou modelé sur l'ensemble de ces mêmes parties. Cette forme du principe sensitif est justifiée par ce qui s'en manifeste dans les passions. C'est, en effet, le relief de cette âme qui semble varier celui du corps sous des caractères relatifs aux affections qu'elle éprouve; souvent même ces caractères restent représentés sur certaines parties quelques momens après la mort : ce qui rend plus qu'applicables à des êtres réels les expressions figurées des poëtes et des historiens, comme, par exemple, le *relictæ in vultibus minæ* de Florus, lib. I, et le *e morte anco minaccia* du Tasse (1).

Nous avons vu que presque tous les métaphysiciens anciens avaient cru que l'idée était une impression dans les organes, semblable à celle d'un objet dans la cire. Cette notion est absolument la même que celle de Darwin : elle n'a une signification réelle que lorsqu'on admet que le *moi sentant* n'est autre chose que l'organe visible ou invisible de la sensation. Dans ce cas, l'idée de l'étendue est une notion primitive, une véritable représentation des corps. Il n'est pas difficile alors de prouver l'existence des corps ; aussi Darwin convient-il qu'il n'a jamais rien entendu aux raisonnemens abstraits de Hume (p. 181).

Or nous avons prouvé, et il est évident que l'idée de l'étendue n'est pas une sensation primitive, ou une perception directe de notre conscience, encore moins un mouvement mécanique de l'organe; mais qu'elle est le résultat d'un raisonnement très-compliqué; que notre perception ne nous donne qu'une modification de nous-mêmes; qu'en supposant que les objets se réfléchissent dans notre sensibilité comme dans une glace, et s'imprimassent en nous comme sur un plateau de cire, il

---

(1) *Dictionn. Encyclod.*, art. *Sensibilité*

faudrait encore admettre une opération de réflexion, qui ne serait pas l'impression même, qui la percevrait avec netteté et la distinguerait même de la réflexion, en la rapportant à un objet extérieur.

Pour achever le tableau des conséquences ridicules de cette doctrine, pénétrons dans les détails ultérieurs de l'idée de Darwin.

Il établit que la matière n'est pas impénétrable, comme on le dit, et il va jusqu'à en faire une chose abstraite et spirituelle, se jetant ainsi à-la-fois dans l'abîme du spiritualisme et du matérialisme, ou plutôt matérialisant les idées d'esprit, et spiritualisant les idées de matière, comme on a presque toujours fait (p. 178).

« Quoiqu'il puisse exister, dit-il, des êtres dans l'univers qui n'aient point la propriété de la solidité, c'est-à-dire qui n'occupent aucune partie de l'espace, dans le temps même qu'elle est occupée par d'autres corps, il peut y avoir cependant d'autres êtres doués de la faculté de prendre cette forme solide et de la quitter selon les circonstances, comme on le dit des esprits et des anges; et il paraît que *l'esprit d'animation* doit être doué de cette propriété, car, sans cela, comment pourrait-il imprimer le mouvement aux membres des animaux? ou enfin comment pourrait-il être stimulé lui-même par les impressions des corps ambians, tels que la lumière et les odeurs? »

« Si l'esprit d'animation était toujours nécessairement pénétrable, il ne pourrait ni influencer par la solidité la matière, ni recevoir d'elle aucune influence : ils existeraient ensemble, mais ils ne pourraient jamais s'exclure réciproquement de la partie de l'espace où ils existent, c'est-à-dire qu'ils ne pourraient pas se communiquer le mouvement l'un à l'autre. *Deux corps ne peuvent pas s'influencer ni s'affecter réciproquement, s'ils n'ont pas une propriété qui soit commune à tous les deux.* Car influencer ou affecter un autre corps, c'est lui donner ou lui communiquer une propriété quelconque qu'il n'avait pas auparavant. Mais comment un corps peut-il donner cette propriété à un autre, s'il ne la possède pas lui-même? Ces mots indiquent nécessairement qu'ils doivent avoir ensemble la puissance ou la faculté de posséder une propriété en commun. Or, si un corps en chasse un autre d'un certain espace qu'il occupait, il faut qu'il ait la faculté d'occuper lui-même cet espace : et si un corps peut communiquer de la chaleur ou du mouvement à un autre corps, il s'ensuit qu'ils ont tous deux également la propriété de pouvoir posséder la chaleur ou le mouvement. »

« Ainsi donc, lorsque l'esprit d'animation communique le mouvement aux corps solides ou le reçoit d'eux, il faut qu'il possède lui-même quelques-unes des propriétés de la solidité; et en conséquence, dès qu'il reçoit d'autres espèces de mouvemens communiqués par la lumière, il doit avoir la propriété qu'a la lumière de communiquer cette espèce de mouvement, qui n'est désigné par aucun terme dans quelque langue que ce soit, à moins qu'on ne le nomme *visibilité*. Lorsqu'il est stimulé d'une autre manière par les particules des corps odorans ou sapides, qui affectent les sens de l'odorat et du goût, il doit *ressembler* à ces particules odorantes ou sapides dans la possession d'une propriété analogue ou correspondante: propriété qui n'a également de nom dans aucune langue, à moins qu'on ne puisse employer ceux de *sapidité* et de qualité odorante, pour désigner les propriétés que possèdent en commun nos organes de l'odorat et du goût et les particules des corps sapides et odorans ; comme les mots *tactilité* et *audibilité* peuvent exprimer la propriété commune possédée par nos organes du toucher et de l'ouïe, et par les corps solides ou leurs vibrations qui affectent ces organes (1). »

---

(1) Ouv. cité, tom. I, p. 191.

Ces idées bizarres sont les mêmes que celles qui ont toujours régné et qui règnent encore en partie dans les sciences métaphysiques. C'est le fameux principe des écoles grecques : *le semblable seul peut agir sur le semblable.* C'est encore aujourd'hui la base de tous les systèmes du matérialisme. Comment *concevoir* que la matière agisse sur l'âme, *et vice versâ*, si l'une et l'autre ne sont pas de même nature, ne sont pas soumises aux mêmes lois de mouvement, hors desquelles on ne veut *concevoir* aucune action dans la nature? Dire que l'esprit d'animation doit être odorant, sapide, coloré, etc., pour pouvoir percevoir les odeurs, les saveurs, les couleurs, etc., c'est l'idée la plus singulière possible, et elle a été admise cependant par Épicure et par toutes les écoles matérialistes de l'antiquité.

En effet, selon Empédocle, les sensations résultent de l'attraction qu'exercent réciproquement les élémens similaires des corps extérieurs et de nos organes. « L'œil a une nature resplendissante, l'oreille aérienne, le nez vaporeuse, la langue humide, l'organe du tact terrestre. Nous voyons la terre avec la terre, l'eau avec l'eau, l'éther divin avec l'éther, le feu lumineux avec le feu. » Selon Leucippe, Héraclite, Démocrite, etc., le principe pensant n'est qu'une combinaison d'atomes, et c'est ainsi qu'il communique avec la nature universelle. Épicure croyait de même que les atomes extérieurs et invisibles sont perçus par l'entendement, d'après une affinité supposée de nature. Il admettait encore que l'homme, par cette même affinité, avait l'idée des dieux par représentation de l'éther divin avec lequel son âme éthérée communiquait. Aristote pensait que les sens étaient secs ou humides, froids ou chauds, et que par-là ils étaient en relation avec les objets.

« Toutes ces doctrines, avons-nous dit ailleurs, s'appuyent sur ce dogme consacré dans les écoles de l'antiquité, que *le semblable ne peut affecter que le semblable;* dogme qui paraît incontestable comme vérité logique et de pur raisonnement, et qui cependant est arbitraire dans son origine, contraire à un très-grand nombre de faits, et absurde sous le rapport métaphysique, puisque nous n'avons aucune notion du mécanisme intérieur de l'action des choses les unes sur les autres. Sur cette même base, les sectes *spéculatives* avaient établi leur doctrine, savoir : que nos idées générales devaient dériver du principe même de l'intelligence, et non des sensations individuelles, le général ne pouvant être le produit du particulier. Les matérialistes modernes ne conservent-ils pas quelque chose de ce dogme, lorsqu'ils pensent que tout doit être matière, par cela seul qu'ils ne peuvent pas concevoir comment celle-ci agirait sur un esprit? (1) »

Toutes les doctrines ont donc reposé jusqu'ici sur un principe logique, et non sur un principe d'observation : au lieu de comparer les phénomènes et de distinguer par eux les existences, on a voulu pénétrer leur nature intime; au lieu de constater les divers ordres de succession des phénomènes, on a voulu expliquer leur lien intérieur de causalité, et dans ces vues on a imaginé une identité de nature et d'action, choses que nous ne concevons pas mieux au fond.

Mais poursuivons l'examen de la théorie des notions premières dans le système du matérialisme.

« Or, comme l'univers entier, dit Darwin, avec toutes les parties qu'il renferme, possède une certaine forme ou figure, si l'une ou l'autre de ces parties se meut, la forme ou la figure du tout est changée; ainsi, puisque le *mouvement* n'est qu'une variation perpétuelle de figure, nos idées du mouvement sont donc une image réelle du mouvement qui les produit. »

« Notre idée du *temps* vient de la même source; mais elle est plus abstraite, parce qu'elle ne com-

---

(1) *Doctrine médicale de l'Ecole de Montpellier*, vol. I, p. 325.

prend que les vélocités comparées de ces variations de figure : on pourrait donc demander combien a-t-il fallu de temps pour imprimer ce livre? et on pourrait répondre : le temps que le soleil a mis à parcourir le signe du Bélier. »

« Notre idée de *lieu* ne comprend que la figure d'un groupe de corps, et non les figures des corps eux-mêmes : par exemple, si l'on demande où est le Nottinghamshire ? on répondra : il est entouré par le Derbyshire, le Lincolnshire et le Leicestershire. Ainsi l'idée que nous avons du lieu est celle de la figure d'un corps environné par les figures d'autres corps. »

« L'idée de l'*espace* est une idée de lieu plus abstraite, indépendamment du groupe des corps. »

« L'idée du *nombre* ne représente que les arrangemens particuliers ou les distributions d'un groupe de corps, et ce n'est, en conséquence, qu'une idée plus abstraite des parties de la figure d'un groupe d'objets ; ainsi, lorsque je dis que l'Angleterre est divisée en quarante comtés, je ne parle que de certaines divisions de sa figure. » (1)

En dernière analyse, l'idée du temps, de l'espace, du lieu et du nombre, ne sont que des mouvemens d'impulsion de la fibre nerveuse : ces

---

(1) Ouv. cité, tom. I, p. 186.

mouvemens sont simples ou complexes ; ce sont des totalités de mouvemens, des *concaténations* de mouvemens, telles que les objets les impriment dans nos sens, ou bien des parties de mouvemens ; car, selon la doctrine bizarre de Darwin, l'abstraction n'est conçue que sous ce dernier point de vue. Un pareil système s'évanouit comme une ombre en présence des phénomènes et de leur comparaison analytique, et ne laisse d'autre souvenir que celui de l'étonnement que produit le spectacle de semblables idées et de pareils écarts de la raison humaine. Et cependant ce système est très-conséquent au principe qui veut concevoir les choses ; c'est à de pareilles idées, avouées ou secrètes, que se réduisent tous les systèmes des matérialistes.

Les systèmes imaginés par les *spéculatifs* ne sont pas plus raisonnables au fond ; ils se bornent tous à dire que le monde n'est qu'une perception, qu'une idée qui nous appartient en propre.

CCXIV.

D'après la manière dont nous avons vu que l'esprit procède pour s'élever à l'idée des existences, nous pourrons déterminer le nombre des existences différentes que nous pouvons admettre, ce qu'il y a dans chacune d'elles qui puisse nous être connu ; en un mot, nous pourrons distinguer ce qu'il y a dans nos idées d'*objectif* et de *subjectif*, comme parle l'école de Kant, c'est-à-dire ce qu'il y a en elles que l'on puisse regarder comme répondant aux réalités, aux choses existantes, aux *noumènes*, et ce qu'il y a en elles qui dépende de nos facultés, soit de sensation, soit de réflexion, ou ce qui est relatif aux *phénomènes* ou plutôt à nos perceptions représentatives. En d'autres termes, nous voyons les choses, mais nous les voyons à travers nos facultés, par nos facultés, sous les *formes* de nos facultés : il faut donc distinguer nos connaissances et nos moyens de connaissances ; ce que sont les choses en elles-mêmes, du moins par rapport à nous, et ce que nos moyens de les connaître peuvent y ajouter. Nous les voyons à travers un verre coloré; il faut donc examiner le verre lui-même, la couleur qui lui est propre et toutes les conditions par lesquelles il peut influencer et modifier la *réflexion* des objets qu'il reçoit. Si nous confondons une de ces choses avec l'autre, la connaissance devient impossible. Si certaines sciences ont fait jusqu'ici des progrès si ralentis, il faut en chercher la cause dans l'ignorance de cette distinction importante. On a rapporté presque toujours aux objets ce qui n'était que le produit de l'action de nos propres facultés ; ne connaissant pas celles-ci, on ne pouvait pas connaître les résultats qu'elles donnent ou les notions des objets eux-mêmes. La distinction de l'*objectif* et du *subjectif* représente la distinction de la *matière* et de la *forme* ; la matière de nos idées, ce sont les circonstances, quelles qu'elles soient, qui résident dans les choses mêmes, et qui modifient notre sensibilité d'après les relations qu'elles ont avec elle.

Ainsi dans les corps extérieurs il y a quelque chose, quelle que soit sa nature intime, qui nous donne l'impression de résistance ; cette chose qui détermine en nous ou dans notre sensibilité cette perception particulière, est la matière de cette perception même, l'*objectif*. La *forme* est la modification de nous-mêmes, soit dans les facultés de sensation, soit dans les facultés de réflexion. Dans l'exemple cité, la modification de la sensibilité qui constitue la perception de résistance, et tous les jugemens, tous les raisonnemens que nous portons sur cette perception, appartiennent à nous-mêmes, sont des *formes* de nos facultés, en un mot le *subjectif*. Ces deux choses sont très-difficiles à séparer ; ne connaissant les objets que par nos sensations, et non point par eux-mêmes, la matière réelle de nos connaissances semble se confondre dans les sensations mêmes : les réalités ne sont que les déductions du jugement qui signale l'existence des choses et nous donne leurs caractères par la différence des perceptions.

Nous allons distinguer dans chacune de nos connaissances principales ce qu'il y a d'*objectif* et ce qu'il y a de *subjectif*. Nous verrons par-là ce qu'il y a de vrai et de réel en elles, ce que nous pouvons affirmer à leur égard, jusqu'à quel point nous pouvons aller, et par quelle voie nous pouvons acquérir des vérités.

Nous avons déjà analysé nos sensations simples; et en établissant par quel procédé nous nous élevons à l'idée des choses qu'elles représentent, nous avons déjà déterminé ce qu'elles étaient en elles-mêmes par rapport à nous, et ce que nos facultés y ajoutaient; en un mot, nous avons décomposé les notions de résistance, d'étendue, d'espace, de figure, de forme, etc. Il est facile de résumer cette analyse.

Dans la perception de couleur, le rayon qui produit en nous la sensation de couleur est quelque chose de réel : il n'est pas la perception même, mais il est ce qui la produit.

Les rayons lumineux déterminent des couleurs différentes, donc les rayons eux-mêmes sont différens : cette différence, je ne la connais pas en elle-même; mais je la connais par ses effets. Je puis donc discerner les rayons lumineux par les effets particuliers qu'ils produisent en moi. La sensation est *à moi*, est une modification de ma sensibilité ; mais le raisonnement, en réagissant sur mes sensations et par le principe même de la causalité, reconnaît qu'il doit y avoir, dans la cause qui produit les couleurs, des différences réelles et intrinsèques.

J'approche la main du feu, je me chauffe et je me brûle : l'impression que j'éprouve est à *moi*, le feu n'a rien d'analogue, il n'est pas chaleur ni brûlure; mais il est quelque chose, quel qu'il soit, qui produit en moi cette impression. Ce quelque chose, je l'appelle *feu*; pour moi le feu n'est que la cause inconnue de la sensation de chaleur et de brûlure.

Il en est de même de nos notions les plus simples, elles supposent toujours quelque chose qui n'est pour nous qu'une cause, quelque chose qui est inconnu dans sa nature intime, et que nous ne voyons que par déduction et à travers les perceptions qu'il nous procure.

L'idée a deux faces : l'une, dirigée vers nous, est notre perception ou la modification de notre sensibilité; l'autre est tournée vers l'objet même; c'est un jugement, une déduction des sensations, qui nous manifeste les caractères de l'objet par les *signes* des perceptions différentes.

Arnaud a très-bien vu ce double caractère de l'idée, quoiqu'il n'ait pas analysé celle-ci dans ses détails et dans sa formation. Voici le sommaire exact et précis que Brucker donne de sa doctrine sur ce point : *Antonius Arnaldus , ut argumenta Malebranchii eò fortiùs everteret, peculiarem sententiam defendit, asseruitque ideas earumque perceptiones esse unum idemque, et non nisi relationibus differre. Ideam scilicet esse, quatenùs ad objectum refertur quod mens considerat; perceptionem verò, quatenùs ad ipsam mentem quæ percipit: duplicem tamen illam rationem ad unam pertinere mentis modificationem* (1).

Nous ne connaissons donc rien d'une manière directe: ce n'est que par déduction que nous établissons l'existence des choses; nous n'avons pas même une idée directe de notre existence. Nous ne pouvons pas nous voir nous-mêmes : nous nous sentons agir ; et, par une conclusion nécessaire et forcée, qui est renfermée dans notre perception, mais qui n'est pas notre perception même, nous nous démontrons à nous-mêmes l'idée de notre existence. A plus forte raison, ne pouvons-nous pas connaître par une voie plus courte ce qui n'est pas nous : il est évident qu'ici nous ne pouvons employer que la déduction, que nous ne connaissons les choses que par les effets qu'elles déterminent en nous; que nous nous élevons du *subjectif* à l'*objectif*; que nous voyons l'un dans l'autre, l'un par l'autre, et que ce n'est qu'en con-

---

(1)* Hist. phil. , *De ideis*, p. 247-248.

sidérant les choses par ce point de vue que nous pouvons les distinguer l'une de l'autre.

Ainsi nous ne connaissons pas la matière d'une manière directe, quoique le vulgaire se l'imagine et que le philosophe lui-même ne se rende pas toujours raison de l'idée que nous en avons. Nous percevons les sensations qu'elle nous donne, nous nous élevons de ces sensations *effets* à l'idée de la matière comme *cause*. Cette idée de simple chose existante, voilà l'*objectif*; nos perceptions et nos réflexions sur ces perceptions, voilà le *subjectif*; ce quelque chose, nous n'en connaissons que l'existence, et voilà tout ; c'est pour nous un inconnu, un x.

Les Kantistes étant idéalistes n'ont vu dans la matière qu'une *force* abstraite : pour nous, c'est quelque chose de réel, de positif, de substantiel, quoique inconnu.

En étudiant les effets, nous pouvons nous faire quelque notion de la cause, toujours par déduction, par raisonnement, par l'idée de ce qui *doit être* nécessairement d'après les effets différens, et non par l'*intuition directe de ce qui est*, comme on se l'imagine. Alors l'x, l'inconnu, prend une valeur : ainsi l'x-matière $=$ ce qui nous donne la sensation de résistance, de mobilité, d'étendue, de couleur, saveur, odeur, etc. Plus nous signalons un grand nombre de ces caractères différens, et plus l'inconnu x devient connu autant et comme il peut l'être. C'est à l'aide de ces caractères multipliés que nous distinguons les corps, que nous établissons les propriétés qu'ils ont en eux-mêmes, ou plutôt dans leur action sur nous et dans leur action réciproque les uns sur les autres ; que nous acquérons, en un mot, des connaissances positives sur les corps. Les circonstances, quelles qu'elles soient, qui produisent ces effets, soit sur nous, soit dans l'action réciproque des corps, sont quelque chose de réel, voilà l'*objectif*, le *noumène*; la modification de notre sensibilité, et les raisonnemens par lesquels nous reconnaissons ces propriétés et les rapportons à un objet hors de nous, voilà le *subjectif*.

Il est incontestable, d'après cette analyse, que dans le fond nous ne connaissons jamais les corps en eux-mêmes, mais dans leurs effets, dans les modifications de notre sensibilité. Ces modifications ne sont pas les représentations directes, les images fidèles des corps ; mais elles en sont les signes naturels, les représentations *réfléchies* et *idéales*; ce n'est ni l'objet, ni l'ombre de l'objet, comme disait Platon et à-peu-près tous les métaphysiciens après lui ; mais ce sont les *expressions*, les *signes*, les *paroles* de la nature ; et de même que dans les mots il faut distinguer le matériel du mot prononcé et l'idée qu'il signifie, de même dans nos idées il faut distinguer la perception phénoménale qui est le *mot*, et la déduction logique qui nous conduit à l'existence de la chose, qui est l'*idée*.

Puisque ces corps agissent les uns sur les autres et déterminent entre eux des changemens réciproques, ils sont quelque chose, ils ont des qualités réelles et positives; ces qualités répondent quelquefois à celles que j'en reçois moi-même; mes sensations et mes jugemens ne me trompent donc pas, ce n'est pas ma sensibilité seule qui me donne l'idée de leurs qualités, cette idée est confirmée par leurs effets réciproques qui sont absolus et indépendans de ma sensibilité et de la sensibilité analogue des autres hommes. Le résultat de la combinaison de deux corps me donne des perceptions différentes, donc ils ont exercé une action entre eux, donc ils sont quelque chose; tout cela confirme et étend la notion que j'ai de ce qu'ils ont d'*objectif* et de réel.

Il en est de même de notre *moi* : nous ne savons pas ce qu'il est en lui-même, nous ne le voyons pas directement, et cependant c'est ce qui nous touche de plus près, et ce que nous devrions le mieux connaître par cette voie, si la chose était possible.

La perception que nous avons de nos opérations, et la réflexion qui s'exerce pour en tirer l'idée de nous-mêmes, voilà le *subjectif*; le *moi* qui est établi par suite de ces perceptions et de ce travail de réflexion, voilà l'*objectif*, la réalité, l'existence.

Je me sens agir, je suis donc quelque chose; ce quelque chose est la source de toutes mes opérations; il est en-dessous de mes opérations, c'est la *substance* qui les supporte, qui les produit; en un mot, c'est *moi*. Je ne vois pas directement ce qu'il est, mais je sais qu'il est; plus sa nature est impénétrable pour moi, plus son existence est certaine: je ne doute de l'une que lorsque je veux pénétrer l'autre.

Cette chose qui est en *moi*, considérée dans sa nature intime, est pour nous encore un x; l'observation des phénomènes qu'elle présente donne une valeur à cet x, et nous disons alors x-*moi* $=$ sensation avec conscience, mémoire, imagination, idée, jugement, etc.

Nous pouvons comparer l'x-*moi* $=$ sensation, mémoire, etc., avec l'x-*matière* $=$ résistance, étendue, etc. Nous pouvons étudier les rapports et les différences des phénomènes; nous assurer s'il y a entre eux analogie, identité ou opposition; et comme, d'après le principe fondamental de la connaissance humaine, nous sommes en droit d'établir la nature des choses d'après leurs propriétés, nous pouvons voir aisément si les phénomènes moraux sont identiques, analogues ou opposés aux phénomènes physiques, et par conséquent si les propriétés des uns et des autres sont les mêmes : car celles-ci sont toujours dans un état correspondant à ceux-là. Or, d'après la comparaison analytique complète des phènomènes, il est incontestable qu'il y a opposition, incompatibilité entre eux: donc les propriétés sont opposées, incompatibles: donc les natures, les substances, les *substrata*, quels qu'ils soient en eux-mêmes, sont différens: donc l'*x-matière* = résistance, étendue, etc., loin d'être égal à l'*x-moi* = sensation, mémoire, etc., est incompatible avec lui, ne peut pas coexister avec lui et dans le même sujet, ne peut pas être de même nature que l'*x-moi*. Je désigne celui-ci sous le nom d'*esprit*, d'*âme*, etc., et je l'oppose à ce quelque chose inconnu que j'ai nommé *matière*. Il est évident que j'ai une conviction aussi profonde de l'existence de l'un que de l'autre; que je me suis élevé à l'idée de cette existence et de sa nature par le même procédé, et que, dans l'un et l'autre cas, j'ai les mêmes garanties générales de conviction. Dans le fond je ne connais pas plus directement l'existence et la nature de la matière que celles de l'esprit.

Passons à l'analyse de l'idée la plus relevée de la connaissance humaine, celle de Dieu. L'harmonie du monde, le but final qu'il remplit dans l'immensité de son ensemble et dans ses moindres détails, nous conduisent forcément à la notion abstraite de ses rapports *intentionnels*, et ces rapports, à une intelligence qui les a conçus et qui a réalisé l'univers sur ce plan, c'est-à-dire, que nous allons toujours de l'effet à la cause. Ces rapports, saisis par mon entendement, voilà le *subjectif* de cette idée; la cause intérieure de ces rapports, voilà l'*objectif*. Lorsque ma main a senti la résistance d'un corps, ma raison m'a dit, d'après le principe de la causalité, qu'il y avait au-dessous quelque chose que j'ai nommé *matière* : lorsque je me suis étudié moi-même et mes opérations par le sentiment de la conscience, je me suis touché en quelque sorte, et j'ai reconnu qu'au-dessous de ces opérations il y avait quelque chose d'existant, plein de vie, de sentiment et d'action, et j'ai cru à mon *moi*; par le même procédé, mon intelligence a contemplé les rapports de l'univers, et elle a *touché*, si j'ose le dire, par-dessous tous ces rapports, une cause générale d'ordre et d'harmonie, de création et de fécondité ; j'ai reconnu que toutes mes sensations relatives au quelque chose qui m'est étranger supposaient deux existences: celle de la matière, et en arrière de celle-ci et dans le lointain, celle de Dieu qui embrasse l'univers entier.

Sa nature intime est enveloppée pour moi dans un mystère impénétrable, et ma raison confondue s'humilie devant cette sublime conception. C'est pour moi un nouvel inconnu, un x; mais si j'étudie avec plus de soin les rapports de l'univers, cet x prend une valeur plus étendue : il représente l'ensemble de tous ces rapports que ma raison ne peut suffire à embrasser; une bonté, une justice, une intelligence infinies, et dont je ne me fais qu'une idée très-incomplète, quand je les rapproche de tout ce que les hommes les plus parfaits ont jamais présenté, je n'ose dire d'analogue. Un sentiment d'effroi, d'admiration et de reconnaissance vient suspendre le calme de ma froide méditation, et je m'écrie malgré moi :

« Être des êtres, je ne sais pas ce que tu es en toi-même, mais je sais que tu es; ta nature est pour moi un mystère, mais ton existence est la première des certitudes, le soutien le plus ferme de toutes les autres. Je douterais de la mienne, si je n'admettais pas la tienne : l'univers ne semblerait pas exister pour moi, puisque je ne le pourrais pas concevoir sans toi. Je pourrais m'imaginer que ce spectacle enchanteur n'est qu'une espèce de rêve et d'illusion, qui amuse et qui trompe une ombre, un je ne sais quoi, que j'appelle *moi-même*. Je craindrais à chaque instant qu'un si bel ouvrage, résultat du hasard, né fût détruit par lui. Toi seul lui donnes la garantie d'existence, et à moi la garantie de conviction : tu es le principe de toute philosophie comme de toute réalité. »

« C'est toi qui as donné à l'homme ses facultés intellectuelles et morales, et c'est dans l'idée seule de ton existence qu'elles peuvent trouver un point d'appui, comme le cœur humain peut trouver en toi seul le repos de ce mouvement inquiet qu'on nomme la *vie*. Cette vie n'est qu'un rêve pénible, marqué des illusions de tous les genres ; en toi seul nous nous réveillerons pour le bonheur comme pour la vérité. »

« Si tu as mis en l'homme le désir et les moyens de s'élever à l'idée de cause, c'est sans doute que tu as voulu qu'il arrivât jusqu'à toi. S'il était borné à une vie purement physique, pourquoi l'aurais-tu doué d'autres facultés que les animaux? L'instinct lui suffisait : que dis-je? l'homme eût été plus harmonique en lui-même et plus heureux dans cet ordre inférieur, qu'il ne peut l'être par la raison. Non, tu n'as pas fait le monde pour amuser tes loisirs, la sublime pensée de la création est sortie de ton sein pour y rentrer par l'esprit de l'homme, pénétré d'admiration pour ton ouvrage, et de reconnaissance pour son auteur. »

CCXV.

D'après notre analyse de *l'objectif* et du *subjectif*, l'on voit qu'il y a dans nos idées quelque chose qui tient à nous et à nos facultés, et quelque chose qui tient à l'objet et aux réalités. Or, ce qui tient à l'objet est fixe, immuable, nécessaire : ce qui dépend de nous est variable, mobile, encore même seulement dans certaines limites, nos facultés de sentir et de raisonner étant soumises à des lois uniformes. On a beaucoup disserté sur les erreurs des sens, et on a conclu de là que nous ne devions avoir aucune confiance en eux : cette conclusion est absurde : parce qu'ils nous trompent quelquefois, il n'est pas dit qu'ils nous trompent toujours. En second lieu, ils se redressent constamment et très-aisément les uns par les autres. Ils ne nous trompent le plus souvent que dans les relations des perceptions avec notre sensibilité et notre intérêt de conservation, et d'après les lois générales auxquelles est soumise leur action.

D'après ces principes, il est donc sûr qu'il y a une *vérité*, que l'on la considère, soit dans les existences mêmes, soit dans nos moyens de les connaître ; la science peut donc se revêtir de la garantie de l'absolu, du nécessaire. Les métaphysiciens avaient cherché en vain le point d'appui de ce caractère de la science dans les idées pures et dans les raisonnemens abstraits.

CCXVI.

Notre manière de considérer la théorie de la causalité, et notre distinction de ce qu'il y a de *subjectif* et d'*objectif* dans les notions des différentes existences, peuvent avoir, je crois, la plus grande influence sur la philosophie des sciences et sur leurs progrès ultérieurs. En effet, toutes les erreurs, toutes les hypothèses, nous paraissent provenir d'une source commune : d'une doctrine fausse et incomplète sur la causalité, la génération des idées et la détermination des élémens qui les composent. Tant qu'on n'avait pas établi les rapports de nos idées avec les choses, on ne devait pas savoir par quel procédé on pouvait acquérir des notions positives. On a été en-deçà ou au-delà de la vérité : tantôt on a nié toute possibilité de la connaissance, ou bien on ne l'a placée que dans nos propres idées et dans de pures abstractions ; tantôt on a cru avoir le droit de concevoir la nature des choses, et on a expliqué celles-ci d'après des analogies superficielles qui ne faisaient que masquer une ignorance invincible. Nous croyons devoir nous arrêter sur quelques détails de ce genre, parce qu'ils nous paraissent être de quelque intérêt en eux-mêmes, et qu'ils peuvent faire saisir les principes de notre doctrine des idées, et plus généralement du physique et du moral de l'homme.

CCXVII.

Nous distinguons quatre ordres de phénomènes dont l'ensemble constitue la nature universelle, et quatre ordres de sciences qui embrassent la connaissance humaine :

1°. Les *phénomènes physiques*, ou les phénomènes que présente la matière en général, auxquels répondent les *sciences physiques*;

2°. Les *phénomènes vitaux*, ou les phénomènes que présente la matière dans l'état particulier de vie, auxquels répondent les *sciences physiologiques* et *médicales*;

3°. Les *phénomènes moraux*, ou les opérations du *moi*, de l'*âme*, auxquelles répondent les *sciences métaphysiques* et *morales*;

4°. Les phénomènes qui expriment les rapports de toutes les parties de l'univers, et auxquels répondent la *théologie naturelle*, et, par suite, la *théologie révélée*.

Ces divisions nous paraissent distinguer les sciences et les existences différentes; elles reposent sur les caractères tranchans et essentiels des phénomènes; elles sont l'expression pure de ces différences, du moins dans l'état actuel de la science, et celle-ci doit toujours se constituer selon l'état présent, et non, comme on fait tous les jours, d'après les espérances d'un avenir qui ne fera, selon toute apparence, que confirmer de plus en plus ces distinctions mêmes, puisqu'elles sont établies sur des caractères parfaitement connus dès aujourd'hui et que l'avenir pourra bien étendre, mais ne changera pas.

Chacune de ces sciences a son domaine d'observation, son *sujet*, ses notions ou idées, ses principes, sa logique, son langage, etc. C'est pour avoir franchi les limites naturelles qui les séparent, que les sciences se sont détruites réciproquement.

Notre division des sciences n'est pas une simple classification d'arrangement, comme la plupart de celles qui ont été déjà données (Bacon, Locke, D'Alembert). Elle est l'expression de la philosophie première, et garantit son application à tous les détails de la connaissance humaine.

Nous allons jeter un coup d'œil rapide sur la manière de philosopher que l'on a suivie dans toutes ces sciences d'après les principes de l'idéologie reçue, et nous indiquerons le nouveau point de vue sous lequel on pourrait les considérer d'après notre doctrine des idées.

CCXVIII.

I. *Sciences physiques.* Deux molécules mises

en présence se portent l'une vers l'autre; il y a quelque chose qui produit ce rapprochement, qui lie les deux phénomènes : ce quelque chose existe, je n'en puis pas douter. Ce quelque chose est une propriété primitive, ou l'effet d'un phénomène antérieur et d'une propriété correspondante, ou l'effet de la cause première, un ordre fixe de sa volonté, une loi, etc.

Dans l'état actuel de la science, je ne puis m'enfoncer dans ces profondeurs; peut-être même ne le pourrai-je jamais, puisque l'observation ne me conduit pas au-delà du rapprochement même des deux molécules. Je suis donc obligé de m'arrêter au phénomène, et de placer en arrière une cause correspondante qui le produit, et qui, très-certainement, existe, quelle qu'elle soit.

On ne peut pas dire que ce mouvement de rapprochement dépende de la nature intime et de l'essence de la matière, parce que nous ne connaissons pas les *natures*, les *essences*, et que nous ne pouvons pas affirmer une chose qui suppose cette connaissance. Pendant long-temps plusieurs métaphysiciens ont décidé que la matière était inerte par son essence; que le mouvement lui était toujours donné : tandis que d'autres soutenaient que la matière était active par sa nature et que le mouvement lui était essentiel. Cette question, tant agitée, est hors de la science. Le mot d'*at-*

traction, qui exprime ce mouvement, cette loi de rapprochement, et indique seulement d'une manière abstraite et indéterminée sa cause inconnue, suffit pour tous les besoins de la science.

Dans tous les temps on a cherché à aller plus loin et à expliquer ce mouvement de la matière. Newton lui-même a voulu concevoir l'attraction, et le plus souvent il la rattachait à l'impulsion. «On ne saurait concevoir, dit-il dans une lettre très-remarquable, écrite à Bentley, que la matière brute et inanimée puisse, sans l'entremise de quelque chose d'immatériel, agir sur une autre matière ou l'affecter de quelque manière, sans être en contact immédiat avec elle. C'est cependant ce qu'il faudrait supposer, si on admettait avec Épicure, et dans le sens qu'il l'entendait, qu'elle est essentielle et inhérente à la matière : c'était un des motifs que j'avais pour vous prier de ne point m'attribuer l'opinion de la gravité innée. Prétendre que la gravité est innée, inhérente, essentielle à la matière; qu'un corps peut agir sur un autre corps, à travers le vide, sans l'entremise de quelque autre chose, par laquelle et à travers laquelle l'action et la force de l'un puisse passer jusqu'à l'autre, est à mes yeux une si grande absurdité, que je ne puis me persuader qu'aucun homme doué d'un jugement droit et capable de l'appliquer aux objets de philosophie, soit en danger de commettre une telle méprise. »

Dans ces vues, il rapporte l'attraction à l'impulsion d'un fluide éthéré. Il suppose que cet *éther* est ce je ne sais quoi d'inconnu qui reste dans le vide après qu'on a épuisé l'air du récipient. Il croit que, plus subtil dans sa nature et plus prompt dans son mouvement que la lumière, il pénètre tous les corps, et par son immense élasticité se répand dans tous; que sa densité est plus grande dans les espaces ouverts et libres, que dans les pores des corps compactes; qu'en passant des corps célestes à de grandes distances, il devient toujours de plus en plus dense, et par là est cause que ces grands corps gravitent l'un vers l'autre, aussi bien que les parties respectives de chacun d'eux vers le centre commun, chaque corps tendant à passer du milieu le plus dense dans le plus rare.

Il est évident que cette opinion est, au fond, la même que celle de Descartes, qui expliquait tous les phénomènes de l'univers, et même sa formation première, par une matière subtile qui était mue naturellement en cercle.

Ailleurs, selon Newton, Dieu lui-même est l'espace, l'éther est son instrument universel: opinion qui est un mélange bizarre de conceptions matérielles et spirituelles, et qui établit la confusion absolue de toutes les notions, de toutes les sciences.

Enfin, dans d'autres occasions, Newton embrasse

une manière de raisonner plus sage; il admet des propriétés, des forces primitives dans la matière, sans en rechercher la cause; ce n'est même que depuis Newton que cette manière de raisonner s'est introduite dans les sciences. Si elle n'a pas été généralement suivie, c'est qu'elle ne s'appuyait pas sur une idéologie perfectionnée. Car ce n'est que par une distinction approfondie de l'*objectif* et du *subjectif* des différentes notions, que l'on peut voir à quel point il faut s'arrêter, et que l'on peut parvenir à débarrasser la science de toutes les questions puériles ou insolubles qui l'ont occupée, embarrassée et détruite jusques ici.

Newton s'était écrié en commençant la science: *Physique, défie-toi de la métaphysique.* Cette maxime était très-sage, prise en particulier pour la métaphysique de son temps; mais elle était fausse, appliquée à la métaphysique en général. La science métaphysique seule peut dévoiler la génération des idées et établir ce que nous pouvons connaître des choses. Elle est la souveraine législatrice de la physique comme de toutes les sciences; elle prévient surtout ces extensions vicieuses d'une science à l'autre, dont Newton a donné un si fâcheux exemple dans son hypothèse du fluide éthéré considéré comme la source de tous les phénomènes physiques, de toutes les opérations de la vie et de la pensée, et dans plusieurs autres occasions.

Plusieurs philosophes et même le plus grand nombre, ont rapporté les mouvemens des corps à l'action d'une *âme*, d'un *esprit*. On a établi en principe que la matière étant *passive* par sa *nature*, et l'âme étant *active* par la sienne, le mouvement ne pouvait être imprimé à la matière, surtout dans sa première origine, que par un être spirituel. Cette opinion s'appuye toujours sur cette idée fausse et anti-logique, que nous pouvons concevoir et expliquer les choses, que nous pouvons pénétrer les *natures*, les *essences*. L'activité de notre âme est un fait : nous ne pouvons pas la concevoir elle-même, comment voudrions-nous expliquer par elle l'action de la matière, qui ne peut être elle-même reçue que comme un fait? Cette opinion a été celle qui a régné le plus long-temps dans les sciences physiques; elle embrasse leur histoire entière, et il n'en faut excepter peut-être que le siècle dernier.

Selon Berkeley, les philosophes mécaniciens n'ont jamais rien expliqué; ils se sont bornés à découvrir les lois de la nature, c'est-à-dire les règles générales du mouvement, et à rendre raison des phénomènes particuliers, en les rappelant à ces règles et montrant la conformité qu'ils ont avec elles. Voici comment il établit et développe sa doctrine : « Tout ce que l'on a dit des *forces*, comme résidant dans les corps, soit qu'ils attirent, soit qu'ils repoussent, doit être regardé comme une pure hypothèse mathématique, et nullement comme quelque chose de réellement existant dans la nature. N'allons donc pas nous persuader sérieusement, avec certains philosophes mécaniciens, que les petites parties des corps ont des *forces*, ou pouvoirs réels, en vertu desquels elles agissent l'une sur l'autre pour causer les divers phénomènes de la nature. Ces corpuscules sont poussés et dirigés ; ils s'approchent et se fuient, selon les diverses lois du mouvement. Celles de la pesanteur, de l'électricité, du magnétisme, sont différentes..... »

« Les mouvemens de la matière sont très-variés, très-combinés ; ils sont dirigés vers un but, surtout dans les plantes et dans les animaux. Ces effets, aussi bien qu'une infinité d'autres, paraissent inexplicables par les principes de la mécanique, à moins que l'on n'ait recours à un *esprit*, à un *agent spirituel* ; ce n'est point assez de remonter de ces phénomènes actuels, par une chaîne de causes secondes et d'agens aveugles subordonnés, jusques à une divine intelligence, comme à la cause originelle éloignée qui, après avoir créé le monde, l'a ensuite mis en branle. Non, nous ne saurions faire un seul pas dans l'explication des phénomènes sans admettre la présence et l'action immédiate d'un agent immatériel, qui enchaîne, meut et dispose toutes choses selon les règles et pour les fins qu'il trouve à propos (1). »

« L'ordre même et le cours des choses, joint à nos expériences journalières, montre qu'une âme gouverne l'univers et le meut en qualité d'agent et de cause proprement dite. La cause subalterne qui sert d'instrument à cette première, c'est le pur éther, le feu ou la substance de la lumière qui, appliquée et déterminée par un esprit infini avec un pouvoir sans bornes et selon des règles fixes, exécute dans le grand monde ce que l'âme humaine avec un pouvoir et une intelligence limitée opère dans le petit. La raison ni l'expérience ne nous manifestent aucun autre agent, ou cause efficiente, que l'âme ou l'esprit. Lors donc que nous parlons d'agens ou de causes corporelles, cela doit s'entendre dans un autre sens, dans un sens impropre et subordonné. »

« Les principes dont une chose est composée, l'instrument dont on se sert pour la produire, et la fin pour laquelle on la destine, tout cela, dans

---

(1) Berkeley. Voyez le curieux et excellent ouvrage intitulé : *Recherches sur les vertus de l'eau de goudron*, p. 195, § 237.

l'usage vulgaire, s'appelle *cause*, quoiqu'à parler exactement rien de tout cela n'agisse ni ne produise. Il n'y a aucune preuve qui nous convainque qu'une cause étendue, corporelle ou mécanique, agisse proprement et réellement, le mouvement lui-même n'étant en effet qu'une *passion*. Ainsi, quoique nous parlions de la substance ignée comme d'un agent, nous entendons simplement qu'elle est un moyen, un instrument ; et c'est là le cas de toutes les causes mécaniques, quelles qu'elles soient. Quelquefois, néanmoins, on les nomme *agens* et *causes*, quoiqu'elles ne soient en aucune manière actives, dans la signification propre et étroite de ce mot. Quand, donc, on parle de force, de pouvoir, de vertu et d'action, comme subsistant dans un être étendu, corporel ou mécanique, cela ne doit pas être pris dans un sens propre et réel, mais seulement dans un sens grossier, dans celui du peuple, qui s'arrête aux apparences et ne va pas analyser les choses jusques dans leurs premiers principes. Pour nous accommoder au langage établi et au commun usage, nous sommes obligés d'employer les expressions populaires ; mais afin que la vérité n'en reçoive point d'atteinte, nous devons en distinguer le vrai sens (1). »

Campanella dit que Dieu ne conduit toutes

---

(1) Ouvr. cité, p. 122, §§ 154, 155.

choses à leurs fins, que parce qu'il a imprimé à chaque nature d'êtres une vertu suffisante pour tous les actes que cette nature produit, qui non-seulement fait tendre ces êtres à leur fin, mais encore leur donne l'art nécessaire pour *savoir* y tendre (1).

Glisson se fonde à établir qu'un principe de vie doit être inhérent à la matière, par la raison qu'elle ne peut être prédestinée nécessairement à toutes les opérations, par l'action d'une cause génératrice qui soit hors d'elle. « Car, dit-il, on ne voit pas comment cette cause pourrait déterminer en une seule fois (*simul*) la nature, à produire plusieurs actions d'une même espèce, d'autant que toute détermination actuelle doit être unique. » D'où Glisson conclut que, puisque la nature n'est point contrainte antérieurement à une seule action, mais que, selon les circonstances (*pro re natâ*), elle est déterminée tantôt à une action, et tantôt à une autre, il faut que ses déterminations soient l'effet d'un principe intérieur, en vertu duquel elle *aperçoit* ce qu'elle doit faire, et *appète* la poursuite de son action (2).

Jean Ray a adopté cette opinion de Glisson,

---

(1) *De Sensu rerum*, l. 1, c. VII.
(2) Voyez son Traité de *Natura substantiæ energeticæ, seu de vitâ naturæ*, p. 229.

quand il a dit qu'on ne peut *mieux et plus heureusement expliquer* l'origine du mouvement et d'autres merveilleux phénomènes de la nature, qu'en ayant recours à un *principe vital*, qui est une cause assistante.

Le matérialiste Gassendi, quoiqu'il dise bien qu'on ne peut pas attribuer à toutes les choses existantes dans l'univers, une sorte de connaissance semblable à celle dont l'homme est doué, soutient cependant qu'on ne peut leur refuser une *faculté* de *perception* qui leur est propre, au moyen de laquelle elles exécutent leurs opérations, que l'homme ne saurait produire (1).

C'est sur ces mêmes principes que repose la doctrine de tous les anciens. Héraclite expliquait les phénomènes de l'univers par le feu *intelligent* : ce feu étant susceptible, selon lui, d'amour ou de haine, il rendait de cette manière raison de l'attraction et de la répulsion. Héraclite confondait ainsi toutes les existences, tous les phénomènes, par le mélange le plus bizarre. Hippocrate, ou du moins l'auteur du *Traité du Régime*, n'avait pas d'autre idée de la cause générale des phénomènes du monde. C'était dans le même sens que Platon admettait un *principe d'animation*, et qu'il

---

(1) Gassendi, *Phys. Sect.* 1, l. IV, c. 1. *Oper.* t. I, p. 286.

disait que les *idées archétypes*, d'après lesquelles Dieu avait fait les choses, avaient pénétré les corps et constituaient le principe actif de toutes leurs propriétés de mouvement.

Les stoïciens croyaient que le feu était l'âme du monde physique, et qu'il le régissait par ses *raisons séminales* ou par *un principe d'intelligence*. Selon les péripatéticiens, la forme du ciel ou l'éther enflammé, contient les *formes* de tous les êtres inférieurs, est comme gros de *formes*, et les communique aux sujets capables de les recevoir.

Aristote, dans son *Traité du monde*, admet un cinquième élément, de nature éthérée, impassible, immuable, fixe, qui est le point d'appui du mouvement, qui ne pourrait pas avoir lieu sans lui, et qui meut les natures inférieures par le feu, élément plus grossier. Ce cinquième élément est Dieu même.

Quand Aristote expliquait les phénomènes du monde par l'horreur du vide et par d'autres affections morales, il était très-conséquent au principe d'où il était parti. Aussi son opinion, qui était en rapport avec les idées dominantes, fut-elle généralement admise pendant long-temps.

C'est à la même source qu'il faut rapporter les idées singulières des philosophes brachmanes, des Égyptiens, des derniers platoniciens, idées que l'on a retrouvées chez les Chinois. (*Système des émanations d'un seul principe.*)

On discutait fort gravement dans l'antiquité pour savoir si le monde était un végétal ou un animal, et on ne doutait pas qu'il n'existât une *âme*, ou un *principe vital* du monde. Toutes ces absurdités venaient de ce qu'on croyait que la science consistait à pénétrer la nature des choses, à les concevoir. On les expliquait, ou l'on croyait les expliquer par des analogies morales, c'est-à-dire par des analogies prises des choses que l'on croyait concevoir le mieux.

Presque toujours, jusques ici, la logique des sciences a consisté à expliquer les choses, en diminuant le nombre des problèmes de ce genre par des analogies trompeuses, et en s'efforçant de les rattacher à un seul, que l'on n'expliquait pas mieux, que l'on ne concevait pas mieux, mais que l'on supposait conçu ou expliqué, ou plutôt que l'on ne discutait jamais, et que tous les esprits sages déclaraient être inconnu, quoique eux-mêmes en fissent dans la suite le point de départ de leurs théories.

L'univers indique un but, une intention, une fonction remplie, par la nature et le nombre de ses principes, par toutes leurs propriétés et leurs opérations. La théologie saisit ces rapports et en fait le fondement de la science qui la constitue. Ce sont ces mêmes rapports qui, transportés dans l'étude des autres sciences, ont donné naissance à presque toutes les hypothèses admises, où l'on a attribué les phénomènes du monde physique à l'action d'une âme qui agit avec réflexion et sagesse, ou à la souveraine intelligence.

L'étude de ces rapports a fait confondre et a détruit à la fin toutes les sciences. Les sciences naturelles considèrent les choses dans leurs phénomènes immédiats, et s'arrêtent dans l'observation du dernier phénomène. Elles ne sortent pas des choses mêmes, parce qu'elles veulent les connaître de plus en plus, et qu'elles ne pourraient plus même s'occuper de leur étude, si elles les considéraient dans l'action déterminée et supposée connue de Dieu : elles ne suivent pas l'étude des choses jusques au dernier anneau, qui se perd dans le sein de Dieu même. La théologie, au contraire, part de ce point de vue ; elle rattache tous les phénomènes à Dieu, à sa volonté, mais d'une manière abstraite et indéterminée, et elle ne décide pas, du moins quand elle est dirigée par une saine logique, ce que Dieu a fait, d'après quelles lois il a agi, et par quels moyens immédiats : si c'est par les lois actuellement connues, ou par d'autres qui sont antérieures à celles-ci.

En considérant les sciences naturelles et la théologie sous ce point de vue, elles ne seront plus ennemies, chacune aura son domaine bien déterminé. C'est pour ne pas avoir connu ces limites respectives, que l'une des deux sciences a tout entraîné vers elle : de là sont venus le mysticisme, le matérialisme, et enfin le scepticisme absolu. Dans tous les cas, la science, livrée à cet esprit d'anarchie, est impossible ou chimérique.

Une doctrine physique fort singulière, et qui repose toujours sur les mêmes principes d'explication, est celle des philosophes qui ont expliqué les phénomènes de la nature par les formes de notre entendement. C'est ainsi que Schilling a dit que les *lois de l'expérience ne sont que les lois que notre entendement impose à la nature.* Et en effet, dans le système de l'idéalisme pur, les lois de l'expérience ne peuvent pas être autre chose : il n'existe rien que nous-mêmes, l'espace et le temps sont nos propres idées.

Aristote commit la même faute, quand il crut expliquer la nature des choses par la distinction du genre et de l'espèce et par des définitions logiques.

CCXIX.

II. *Sciences physiologiques.* Les êtres vivans présentent certains phénomènes : irritation, contraction, assimilation, etc. Ces phénomènes ont des caractères particuliers qui les spécifient et les distinguent des phénomènes physiques et des phénomènes moraux : disons, du moins, que ces phénomènes paraissent différens, dans l'état actuel de l'observation, pour n'alarmer aucune prévention, de quelque espèce qu'elle soit, et pour permettre même toutes les espérances, pourvu toutefois qu'on ne les réalise jamais, avant que l'observation en ait donné le droit. Ces phénomènes supposent donc des causes particulières, des forces propres. Ces forces se rattachent sans doute à quelque chose de réel et de positif; mais nous ne pouvons pas déterminer ce quelque chose, et nous ne pouvons pas aller plus loin que l'admission même de ces forces. Ces forces sont inhérentes à la *matière vivante*, soit dans les humeurs, soit dans les solides; car ce n'est que par des idées rétrécies et fausses que l'on circonscrit la vie dans ces dernières parties. Nous pouvons étudier les lois particulières de ces forces, leurs conditions organiques et physiques, etc. (XI.) Voilà la vraie science physiologique; tout le reste n'est qu'un roman qui s'appuie sur la prétention absurde de connaître directement l'*objectif* de la vie, de pénétrer la cause intérieure d'où elle dépend.

La doctrine des forces vitales, considérée dans ce point de départ et dans les détails ultérieurs qu'il donne, diffère, sous plusieurs rapports essentiels, des doctrines qui ont été admises. Elle diffère de celle de l'illustre Bichat, en ce que les forces vitales de ce dernier ne sont que des propriétés passives qu'il a trop rapprochées des propriétés de la matière morte : tandis que nos forces sont essentiellement actives. Les unes obéissent forcément à l'action des stimulus, qui constitue pour lui toute la vie (Brown) : les autres agissent par elles-mêmes, et les stimulus ne font que mettre en jeu leur exercice ou augmenter l'énergie qui leur est propre. Les propriétés de Bichat ne sont que des abstractions nominales, réalisées d'après la philosophie de Condillac : nos forces vitales sont des forces réelles, *intensives*, susceptibles d'augmentation et de diminution d'énergie, et qui se rattachent à quelque chose de positif, quoique nous ne puissions pas déterminer la nature de ce quelque chose.

Les propriétés vitales de Bichat ne sont pas des forces primitives, puisqu'il cherche à les expliquer; elles sont plutôt des fonctions, d'après le langage de ses disciples, MM. Richerand, Magendie, Bégin, etc. : nos forces vitales sont des forces primitives, du moins dans l'état actuel de la science. Bichat a déclaré que les propriétés vitales dépendaient de l'organisation ou de l'arrangement des tissus, et c'est dans ce sens qu'il a présenté tous les détails de la physiologie et de la pathologie ; c'est-à-dire qu'il a voulu *concevoir* la vie, l'expliquer, et qu'il s'est placé par-là hors de l'observation et de la science : nos forces vitales sont inhérentes à la matière vivante, nous ne les considérons jamais isolément de l'organisation elle-même ; mais nous ne décidons pas qu'elles dépendent de la matière et de l'arrangement des molécules qui la composent. Bichat a considéré les propriétés vitales comme étant isolées et circonscrites dans chaque tissu, dans chaque molécule organique : nous les étudions telles que l'observation les présente, dans les rapports réciproques qui les lient en système et qui les ramènent enfin à une sorte d'unité : en d'autres termes nous considérons la vie où elle est, dans l'organisation, et comme elle est, dans les lois qui lui sont propres.

Notre doctrine se sépare aussi de celle de Bordeu, dont elle cherche d'ailleurs à se rapprocher, toutes les fois que ce grand physiologiste rentre dans l'observation de la nature vivante. Doué d'une imagination ardente, Bordeu a combiné trop souvent, dans son système, les hypothèses de l'animisme de Stahl et de van Helmont, du mécanicisme de Baglivi, et celles d'un *organicisme* qui lui est particulier ; et il a mêlé trop souvent les *explications*, les *conceptions*, aux grandes richesses d'observation que son génie lui fournissait. Il a considéré les *vies propres* des organes d'une manière trop isolée et trop anatomique.

Notre manière de voir ne se distingue pas moins de celle de Barthez. Ce grand physiologiste, frappé et en quelque sorte ébloui par l'observation de quelques phénomènes importans de la vie, a isolé les forces vitales de l'organisation, à laquelle seule nous les rapportons ; il a repoussé de la physiologie et de la pathologie les connaissances anatomiques, auxquelles nous assignons leur véritable place. Il est parti de l'unité vitale, et a rapporté à celle-ci toutes les forces, toutes les fonctions, toutes les maladies : l'unité vitale n'est pour nous qu'un fait, qui n'est que le résultat des dernières et des plus grandes communications des forces, fait qui tient sa place dans la physiologie et dans la pathologie, mais qui ne la constitue pas toute entière. Les sympathies et les synergies sont, selon lui, le résultat de l'unité vitale, et il les explique par cette unité même : elles ne sont pour nous qu'un fait, que l'observation consacre, que les conditions organiques favorisent, mais qui, dans l'état actuel de la science, est hors de toute explication. Enfin Barthez a cherché à *concevoir* la cause de la vie par l'admission d'un principe vital et par des analogies métaphysiques, ou du moins par un langage fort dangereux en lui-même, et aux inspirations duquel il a souvent obéi, malgré ses promesses et ses protestations : nous établissons comme la base fondamentale de la science, que l'on ne doit pas, que l'on ne peut pas déterminer la cause de la vie, même d'une manière vague et sceptique, comme il le voulait ; et que la physiologie constitue une science à part, qui doit se défendre avec autant de sévérité des analogies métaphysiques que des analogies physiques, même dans le langage.

Tels sont les principes que nous avons toujours professés, soit dans nos cours, soit dans nos ouvrages. Il nous importait de les faire connaître d'une manière bien positive, afin qu'on ne dirigeât pas contre eux, comme on l'a fait plus d'une fois, des objections qui portent sur des doctrines que nous sommes quelquefois aussi loin de partager que ceux mêmes qui les attaquent.

Nous allons voir maintenant sous quel point de vue on a considéré jusqu'ici la physiologie. On s'est perdu dans le champ des *conceptions* et des explications de la cause première de la vie; on a placé la science dans la région des chimères et des essences inconnues ; on a invoqué le secours des analogies physiques ou métaphysiques, c'est-à-dire qu'on a voulu expliquer une chose par une autre que l'on croyait avoir expliquée elle-même ; et c'est dans ce cercle vicieux, où l'on cherche en vain une explication réelle, qu'a roulé la science des êtres vivans.

Les uns ont voulu expliquer la vie par les conceptions physiques, comme par le mélange des principes médiats et immédiats des corps vivans (Hippocrate, Aristote, Galien); par la forme des molécules (Descartes); par les lois de la mécanique (Boerrhaave); par l'arrangement des tissus ou par l'organisation (Cabanis, Bichat). Dans ces derniers temps, on a commencé à sentir le vide des hypothèses de ce genre, on a repoussé toutes les idées émises jusqu'ici ; mais on a gardé le principe fondamental et la même logique. On a affirmé que la vie devait être expliquée par les propriétés générales de la matière ; que l'on arriverait enfin au résultat désiré ; qu'il fallait travailler la science dans ce sens ; qu'elle ne pouvait faire de véritables progrès que par cette voie, en supposant même que ces idées ne fussent que des hypothèses; c'est-à-dire, qu'on a livré la science aux chances du hasard et des espérances de l'avenir. En supposant qu'elle pût jamais atteindre ce but, il est certain que l'on a choisi un chemin tortueux qui fera perdre beaucoup de temps : tandis qu'en prenant celui de l'observation même, la science existe dès cet instant, puisqu'elle possède un vaste ensemble de faits, et l'on est sûr, en avançant progressivement, d'arriver à la vérité, quelle qu'elle soit, si toutefois on peut, on doit jamais sortir des forces primitives et propres telles que l'observation les consacre aujourd'hui.

D'autres ont pris un principe d'explication opposé ; ils ont eu recours à un feu intelligent, à une âme sensitive, végétative, à l'archée intelligente, au principe vital, etc. Tous, sous des noms différens, ont conçu les opérations de la vie par l'analogie des opérations morales, par des idées réfléchies ou intuitives, et ils ont transporté dans la physiologie les principes, les lois et le langage de la métaphysique : ils ont retrouvé dans les opérations les plus aveugles de la vie l'*attention*, la *sensation*, la *mémoire*, l'*idée*, le *plaisir*, la *douleur*, l'*affection*, la *passion*, la *colère*, l'*intelligence*, la *ruse*, des *déterminations*, etc.

Il en est enfin qui ont expliqué les opérations des êtres vivans par l'action directe de Dieu. (La plupart des physiologistes de l'antiquité ; Descartes, Cudworth, Malebranche, etc.)

Il serait facile de prouver que les questions les plus particulières de la physiologie et de la pathologie ont été toujours décidées en entier d'après ces trois ordres de conceptions ; que l'observation a toujours été pliée à ces idées, et que chaque division des systématiques n'a tenu compte que des faits qui semblaient se prêter à leur hypothèse, faits qu'ils ont même le plus souvent torturés et tronqués, pour les accommoder à leurs vues particulières. Il serait aisé de montrer que les différentes méthodes thérapeutiques adoptées par eux se rattachent à ces trois hypothèses ; que celles-ci ont décidé, par exemple, du choix des méthodes naturelles ou perturbatrices, expectantes ou agissantes, des médications locales ou générales, évacuantes ou *altérantes*, échauffantes ou antiphlogistiques, internes ou externes, etc.

On peut donc prévoir par avance quel changement heureux pourrait amener dans la théorie médicale et dans les applications pratiques une doctrine qui n'admettrait aucune supposition pour base, qui ne sortirait pas des faits du moins actuels, et qui ne pourrait se méprendre que dans leur classification, leur degré d'importance, leur ordre de succession, etc., toutes erreurs qu'elle pourrait aisément redresser.

La direction vicieuse, imprimée à la physiologie, vient de ce que cette science, n'étant pas encore constituée par elle-même, n'a pas su se défendre contre les usurpations des sciences étrangères. Elle n'a pas senti sa puissance, sa dignité, son indépendance, et elle a lâchement abandonné son domaine aux physiciens, aux chimistes et aux métaphysiciens, qui, cependant, n'entendaient rien à ses doctrines et à l'observation qui lui est propre, quelque haut rang qu'ils occupassent dans leur science respective ; par la raison toute simple que l'on ne connaît une chose que lorsque l'on s'en est occupé. Je ne crains pas de manquer au respect dû à un Newton ou à tout autre savant, astronome ou physicien, qui pourrait aujourd'hui tenir sa place, quand je déclare franchement que les vrais physiologistes frappent du sceau du ridicule la plupart des explications que les chimistes et les physiciens importent dans la science des êtres vivans avec une emphase qui s'accommode peu d'ailleurs avec la réserve qui lui est propre. La physiologie pure et légitime repousse même de son sein ceux qui ne sont exclusivement qu'anatomistes ou naturalistes, c'est-à-dire ceux qui ne se sont occupés que du matériel des organes et n'ont pas étudié leurs fonctions, que l'on ne peut d'ailleurs bien connaître peut-être que dans l'étude et dans l'exercice de la médecine, comme le pensait Hippocrate, et que le prouve d'ailleurs l'histoire impartiale de la science (1).

Les prétentions des physiciens sont aussi absurdes dans leur principe, aussi funestes dans leurs résultats, que l'ont été les prétentions analogues des métaphysiciens. Ce dernier despotisme a duré pendant un grand nombre de siècles ; celui des sciences physiques ne date que

---

(1) Voyez *Doctr. médic. de l'Ecole de Montp.*, p. 275.

d'un siècle à proprement parler. Le moment approche où la physiologie s'affranchira de l'un, comme elle s'est affranchie de l'autre; et il faut peu connaître son état actuel, ses vœux les plus prononcés, ses espérances les mieux fondées, pour ne pas prévoir que cette époque d'indépendance ne saurait être très-retardée.

S'il fallait chercher le point du monde médical d'où partira le mouvement décisif de cette heureuse révolution, il faudrait s'attendre peut-être à ce qu'il vînt de celui où depuis plus d'un demi-siècle on combat dans le sens de l'indépendance. Cette révolution sera d'autant plus importante, qu'elle amènera à sa suite et qu'elle assurera l'affranchissement des sciences morales et religieuses: car rien n'est plus propre qu'elle à garantir le domaine de ces dernières, et plus généralement encore à rétablir entre toutes les sciences un équilibre de pouvoir qui n'aurait jamais dû être rompu, et qui est plus réel dans son existence, plus noble et plus pur dans ses moyens, que cet équilibre des puissances politiques qui se partagent ou se disputent le globe. La physiologie peut être regardée comme un moyen d'union et de pacification entre les sciences physiques et métaphysiques, de la même manière que le sujet dont elle s'occupe lie et unit le moral au physique dans l'existence humaine.

On reconnaîtra à la fin que la science ne repose pas sur l'explication des choses; que nous ne concevons rien, pas plus la nature de la matière que celle de la vie, de l'âme et de Dieu; que nous ne devons pas aller de nos *conceptions* des choses aux choses mêmes; mais de l'observation pure, absolue et complète des phénomènes et de leur comparaison légitime, aux existences et aux modes différens de ces existences; que celles-ci ne sont pour nous que des x dont nous voyons la valeur et les caractères toujours à travers les phénomènes, et rien que par les phénomènes.

CCXX.

III. *Sciences métaphysiques et morales*. Il y a des êtres qui présentent certains phénomènes particuliers, sensation, idée, désir, volonté, etc.; ces phénomènes ont des caractères qui les séparent de tous les autres: il faut donc les étudier à part, ils se rattachent donc à des propriétés, à des causes particulières. Ces phénomènes supposent nécessairement quelque chose de réellement existant. Ce quelque chose présente des phénomènes et des propriétés différentes et opposées à celles de la matière, soit morte soit vivante: je proclame donc qu'il doit être en lui-même différent et opposé. Ce dernier point de vue signale et circonscrit le domaine de *l'objectif* dans les sciences métaphysiques.

La vraie philosophie va jusqu'à admettre cette cause, ce *substratum* particulier, à déterminer ses caractères spécifiques et distinctifs; mais elle ne s'avance pas plus loin. Trop souvent on a suivi une marche inverse : on a voulu concevoir la nature intime de la cause de la pensée ; et dès-lors la métaphysique a consisté dans des hypothèses sans garanties, des assertions sans preuves et des discussions sans fin.

Les uns ont eu recours aux propriétés générales de la matière ou à des conceptions tirées d'une matière morte qui n'offre aucun des phénomènes, aucune des propriétés du principe de la pensée ; ils ont osé comparer l'une à l'autre, parce qu'ils croyaient pouvoir les connaître ou les concevoir l'une et l'autre et l'une par l'autre : ils ne savaient pas que l'idée de la matière elle-même n'est pour nous que le résultat d'une déduction prise des phénomènes, et que nous ne pouvons comparer les *natures* que par leurs phénomènes ou par leurs signes.

Tous les raisonnemens des matérialistes se réduisent à cette thèse anti-logique, contraire à tous nos moyens de connaissance : nous ne concevons pas l'âme en elle-même et dans ses rapports avec la matière vivante ou morte, et nous ne voulons admettre que ce que nous expliquons; ou par un raisonnement encore plus ridicule, et qui revient au même, nous concevons la matière, nous ne concevons qu'elle, donc il n'y a qu'elle dans le monde ; ou encore, nous allons essayer d'expliquer les phénomènes moraux par l'hypothèse d'une matière subtile ou autre ; si nous pouvons faire voir que la chose nous semble être ainsi, nous affirmerons qu'elle l'est. Nous convenons bien que jusques à aujourd'hui toutes les explications données n'ont aucune valeur réelle ; que les phénomènes moraux présentent des phénomènes différens et opposés à ceux de la matière ; mais nous *assurons* que dans un million de siècles on analysera chimiquement le principe de la pensée, on le *cohobera* dans des capsules, et on pourra le vendre au prix de fabrication par zèle philanthropique; que ce qui nous paraît différent et opposé, sera un jour analogue et identique, et en attendant nous allons faire la science sur toutes ces espérances. A procéder ainsi, on ne pourrait pas admettre l'existence de la matière, ni sa propre existence. Toutes ces erreurs viennent de l'idée inexacte qu'on se fait de la matière dont on croit avoir une idée directe, pleine et entière. Nous avons prouvé que cette notion n'était que le résultat d'une déduction, d'un raisonnement fondé sur l'observation des effets (CCXII), et que l'idée de notre âme s'appuyait sur le même procédé logique, et avait pour le moins autant de garantie de certitude. Nous n'allons pas plus loin hors des faits, dans un cas que dans l'autre; si on nous empêche d'aller jusque-là dans la métaphysique, nous aurons le droit d'empêcher qu'on aille jusqu'à l'existence de la matière dans la physique et même dans le langage ordinaire. Les philosophes sceptiques, qui embrassaient ces deux opinions négatives, nous paraissent plus raisonnables que les matérialistes : reste à savoir si cette position logique est même possible.

D'autres ont voulu concevoir la pensée par les propriétés de la vie; ils n'ont vu dans l'homme moral que des impressions, des stimulations, des mouvemens : ils ont imaginé mille hypothèses sur l'action du cerveau et des nerfs. Expliquer les facultés morales par les propriétés de la vie, c'est montrer que les phénomènes, les lois, les conditions, etc., sont les mêmes pour les unes et pour les autres : je ne connais pas d'autre méthode logique d'explication. Or, a-t-on suivi cette marche? n'a-t-on pas voulu plutôt concevoir les choses? n'a-t-on pas comparé les *natures*, les *essences*, c'est-à-dire des choses qu'on ne connaissait pas, qu'on ne pouvait pas connaître de part et d'autre, et sur lesquelles, par conséquent, on pouvait imaginer tout ce qu'on voulait, et établir tel rapprochement qu'il plaisait? D'ailleurs, ceux qui ont admis cette analogie supposent que la vie est soumise aux lois physiques; et rentrant par-là dans la classe des matérialistes, ils ont à se tirer de la position pénible dans laquelle nous avons placé ceux-ci.

Plusieurs philosophes ont expliqué les opérations morales par l'action immédiate de Dieu. Ce genre d'explication était fort commode, et en apparence très-satisfaisant : on avait à sa disposition une cause qu'on pouvait faire agir quand bon semblait, de la manière et au degré qu'on voulait, et à laquelle on accordait une telle puissance, que rien ne pouvait lui résister.

Les hypothèses de ce genre sont celles qui ont régné le plus longtemps et qui ont été défendues par les génies les plus profonds, par les hommes de la moralité la plus pure. (Pythagore, Platon, Zénon, Descartes, Cudworth, Malebranche, Berkeley, Leibnitz, etc.) Les matérialistes, les sceptiques, ont eu recours quelquefois à de pareilles explications ; tels furent la plupart des philosophes de l'antiquité, Spinosa, Hobbes, Locke, Voltaire, etc. On a fait ainsi un mélange bizarre et qui se détruit de lui-même, du spiritualisme, du matérialisme et du théisme.

Notre doctrine des idées paraît s'appliquer encore avec le même avantage à la morale. L'observation attentive de l'homme prouve qu'il y a en nous des instincts de bienveillance, de sociabilité, de sympathie morale, etc. Ces instincts sont des faits primitifs qu'il faut recevoir comme tels.

On a voulu concevoir, expliquer, le principe de

la moralité par des hypothèses incomplètes ou fausses, par la sensibilité physique (Helvétius, Cabanis); par les calculs de l'intérêt personnel; par une volonté arbitraire de Dieu, qui aurait créé le juste et l'injuste, sans aucune relation avec les choses mêmes (Hobbes).

Je ne chercherai pas à établir avec détails les rapports de notre manière de voir avec les sciences politiques. Je dirai seulement que les doctrines de ce genre doivent embrasser l'homme tout entier, et que dans les théories d'explication, admises le plus souvent, on n'a pris qu'un seul de ses élémens, on n'a vu qu'une face de l'objet; souvent même on n'a pas considéré la chose en elle-même, mais dans des analogies physiques, métaphysiques, etc.

Je me contenterai de remarquer que l'application de ces systèmes incomplets, de ces théories imparfaites, a toujours été aussi dangereuse dans ses effets que vaine dans ses derniers résultats. Une bonne *politie* ne peut être établie chez un peuple, que lorsque ses conditions politiques, civiles, scientifiques, et surtout morales et religieuses, sont remplies. Ils seraient bien maladroits et peu philosophes, ceux qui à la fois exalteraient les *droits* des hommes au-delà même des limites que comporte l'état social le plus libre, et qui détruiraient tout principe des *devoirs*, en détruisant toute religion et toute philosophie positives. Montesquieu a dit avec profondeur qu'un prince sans religion est un tigre sans frein (1); mais que serait-ce d'un peuple souverain qui serait aussi sans religion ? le monstre aux cent têtes de la fable serait moins effrayant que lui. Ces philosophes établiraient une liberté illimitée dans l'état politique et l'anéantiraient dans la conscience et dans la volonté même ; par une contradiction formelle, ils affranchiraient le citoyen et enchaîneraient l'homme par les liens indestructibles de la nécessité. La liberté morale est la première des libertés, celle d'où dérivent toutes les autres, celle qui mérite et assure à un peuple la possession de celles-ci, et lui apprend l'art si difficile de s'en servir sans danger. L'homme livré aux calculs de l'égoïsme est toujours esclave : l'homme vertueux et religieux est libre sous quelque gouvernement qu'il vive. Le pouvoir souverain, qu'il soit populaire, aristocratique ou monarchique et considéré dans sa plus grande pureté possible, tend toujours à s'aggrandir par sa nature et par le principe même de conservation. Ce sont les doctrines morales et religieuses qui seules peuvent donner à la réaction légale cette tendance et cette force mesurée, sage et efficace, qui est à-la-fois conservatrice d'elle-même

---

(1) *Esprit des Lois*, liv. XXIV, chap. II.

et du pouvoir. Pour un peuple sans religion et sans mœurs, la liberté ne serait qu'un mot vide de sens, qu'une illusion exploitée au bénéfice de l'ambition et de l'esprit de parti, qu'un cri de guerre et de mort, qu'un rêve sanglant entrecoupé de quelques instans de réveil marqué par les remords.

La liberté, comme l'hygiène, est moins une science qu'une vertu, et ce n'est pas tant le perfectionnement des lumières qu'il faut invoquer pour l'établir, que le perfectionnement de la moralité et de la religion.

Les nations les plus éclairées de la terre ont été souvent les plus esclaves, et le despotisme a commencé pour elles avec les lumières, j'oserai même dire par les lumières, non pas prises en elles-mêmes, mais quand elles ont été incomplètes, fausses et mal dirigées.

Ce n'est pas Périclès et les arts qui ont perdu la Grèce, ce n'est pas l'ambition de Philippe ou d'Alexandre qui l'ont asservie : ce sont les doctrines sceptiques et corruptrices, qui ont brisé le ressort de la liberté en détruisant tout principe d'action morale.

Ce n'est pas César ni ses légions qui ont fait perdre aux Romains leur indépendance (1). Rome ne

---

(1) Montesquieu, *De la Décad. et Grand. des Rom.* c. X, *De la Corruption des Romains.*

fut plus libre au jour où la doctrine de l'immortalité de l'âme fut traitée de fable absurde, en plein sénat, par Cicéron lui-même, dans le procès mémorable de Catilina. Qui pourrait expliquer comment un philosophe aussi sage, un politique aussi profond, eût commis une si grande imprudence, si l'on n'admettait que le mal était déjà fait, et que les opinions de ce genre devaient être bien répandues, pour qu'on les proclamât dans le sénat, et qu'on les insérât, en quelque sorte, dans les motifs d'un arrêt de mort, comme un peu plus tard on les déclamait en vers boursouflés sur le théâtre (dans la Médée, de Senèque).

CCXXI.

IV. *Sciences religieuses.* Il y a un Dieu, l'univers entier manifeste son existence et ses attributs; mais nous ne pouvons pas pénétrer sa nature intime, nous ne pouvons reconnaître et étudier l'ouvrier immortel que dans l'ouvrage même. On n'a pas voulu suivre cette marche, la seule qui nous fût assignée par nos facultés; on s'est efforcé de concevoir sa nature par des analogies mensongères. Les uns ont voulu même l'expliquer par les propriétés de la matière morte. En effet, ce système bizarre, toujours fondé sur la même manière de raisonner, a été embrassé par tous les peuples et par presque tous les philosophes de l'antiquité : tous ont vu Dieu dans la matière et dans l'ensemble des êtres qui constituent l'univers (panthéisme). Le besoin d'explication a ramené ce système, même dans les temps modernes et au milieu des nations chrétiennes, qui avaient des idées bien différentes de la Divinité (Spinosa).

Selon d'autres, Dieu n'était qu'une sorte de principe vital, dont celui des plantes et des animaux n'était qu'une partie, qu'une image (Zénon).

Certains ont voulu concevoir Dieu par les analogies prises de nous-mêmes. Il n'avait pas d'autres facultés que les nôtres, et nous étions une partie de Dieu même.

Les sciences religieuses ne se bornent pas à l'étude de la religion naturelle, c'est-à-dire de celle qui dérive de la contemplation de l'univers : elles embrassent aussi l'étude des révélations. Car enfin, il ne serait pas étonnant que Dieu se fût révélé à l'homme par toute autre voie que par ses ouvrages ; et puisque l'on rencontre sur toute la terre cette croyance d'une révélation divine, il n'est pas permis à un vrai philosophe de ne pas examiner les choses de ce genre.

Toutes les révélations, vraies ou fausses, s'autorisent de faits ; toutes disent que Dieu a paru à telle époque de l'histoire, qu'il a parlé et agi. Leur examen se réduit donc toujours à une question de fait, et, sous ce rapport, il appartient à la critique historique, et est soumis à ses lois générales.

Fidèles à la méthode suivie dans les autres sciences, les philosophes ont presque toujours mal posé les questions de ce genre, ou ne les ont jamais considérées dans leur pureté. Ils ont prétendu concevoir les révélations, comme ils avaient voulu concevoir la nature, et ont fini par les embarrasser de mille hypothèses ou par les rejeter d'une manière absolue.

Ce n'est point ici le lieu de rappeler les preuves que la religion chrétienne invoque à son appui, j'établis seulement que la manière dont on l'a attaquée est le plus souvent de toute nullité; qu'elle est contraire au principe même de toute révélation religieuse et à la logique propre à ces matières; qu'elle renferme un *non-sens ;* que les milliers de volumes qu'on a dirigés contre elle dans cet esprit, sont hors de la logique de la chose, j'oserai même dire hors de toute logique humaine; car à suivre cette méthode, on ne devrait admettre comme vrai que ce que l'on conçoit; et comme il est démontré, je crois, par le fait et par la théorie de nos facultés, que nous ne concevons aucune existence, il est évident que, pour être conséquent à ce principe, il faudrait rejeter toute existence, celle de la matière, comme celle de nous-mêmes. Et en effet, la plupart de ceux qui ont attaqué le christianisme ont été jusques-là, et ce sont ceux qui se sont montrés les plus conséquens.

La parole du Dieu révélateur nous transporte dans un ordre particulier d'idées et de choses : ces idées, nous ne pouvons pas les concevoir en elles-mêmes. Telle est la condition générale de la raison même et de nos facultés. En outre, nous ne pouvons pas établir de rapprochement ou d'analogie entre nos idées naturelles et les idées révélées.

Mais par quel point ce nouveau système d'idées est-il donc accessible à la raison ? par l'examen et la garantie historique de la parole elle-même. Il n'est pas question de comprendre ce qu'a dit le Dieu révélateur; mais d'entendre matériellement et par les mots imparfaits et grossiers de nos langages, la parole divine, et de s'assurer que c'est bien Dieu qui a parlé; que ceux qui l'ont vu, qui l'ont entendu, ne s'y sont pas trompés ou n'ont pas voulu nous en imposer. Telle est la véritable logique en matière religieuse (1).

En présence des mystères les plus impénétra-

---

(1) Il n'y a qu'une ignorance, qui n'est que trop commune aujourd'hui en matière religieuse, ou la mauvaise foi la plus insigne, qui puisse prétendre que le christianisme commande une foi aveugle dans le point de départ de sa doctrine. Depuis sa première origine jusques à nos jours il a toujours dit : *venez*, voyez *le fait* et croyez *la doctrine.*

bles de sa croyance, le chrétien peut donc se dire à lui-même : « Dieu m'a donné divers moyens pour connaître les choses, ou du moins pour m'assurer de leur existence : les sens pour la matière, la réflexion pour moi-même et pour lui, sa parole pour les mystères qu'il a daigné me révéler. Sa parole est pour moi un nouveau sens, une nouvelle raison. Dans tous les cas, je ne pénètre pas la nature des choses, je ne vois rien directement ; mais je vois tout par déduction, ou plutôt je ne vois rien et je crois tout ce qui est vrai par ma raison ; je reconnais ce qui doit être dans ce qui est, je n'ai de l'existence des choses qu'une conviction de raisonnement ; et puis-je trouver une garantie moindre dans sa parole que dans mes propres facultés? celles-ci ne sont-elles pas aussi son ouvrage? La croyance en Dieu n'est-elle pas, dans tous les cas, la dernière garantie de mes facultés? La révélation s'appuyant sur des faits qui ont frappé les sens d'un grand nombre de témoins justifiés pour moi par la critique historique, elle reçoit donc le même genre de garantie que toutes les autres vérités. »

Le philosophe chrétien admettrait donc deux sortes de révélations religieuses, celle de la nature et celle de Dieu même, qui est plus directe, plus immédiate, plus positive que la première, et qui s'appuie également sur le témoignage des sens.

A en croire quelques théologiens faussement alarmés sur les dangers de l'examen, il semblerait que Dieu aurait révélé à dessein les mystères, et les aurait presque imaginés pour humilier notre raison.

Dieu a dit ce qui était, ce qu'il devait dire pour nous faire connaître l'économie de ses bienfaits. Il voulait établir de nouvelles relations entre lui et l'homme; il fallait donc lui faire connaître de nouveaux bienfaits. Lors même qu'il nous eût dit des choses en apparence plus simples, les aurions-nous mieux comprises? Mais si les nouvelles idées établissent les relations les plus intimes, les plus passionnées entre Dieu et l'homme; si elles exaltent les sentimens de reconnaissance, d'amour et de dévoûment au-delà de toute expression et par des moyens sûrs, à la portée de tous les esprits et de tous les cœurs; si elles rendent plus faciles tous les genres de sacrifices, une pareille révélation n'est pas indigne de la plus haute raison et n'occupe pas une place peu honorable dans le monde si beau et si grand des idées religieuses.

Sans doute que la foi pourra être toujours un don de Dieu, comme la force morale nécessaire pour résister à ses passions; mais elle sera aussi le noble attribut de la raison humaine, et il n'y aura pas plus de mérite sous le rapport philosophique dans la foi aux idées religieuses que dans la foi à l'existence de la matière et du monde, dans la foi à notre propre existence et à celle de Dieu. Car, puisque nous ne connaissons pas directement les existences, il y a une sorte de foi dans toutes nos sciences comme dans la doctrine religieuse. Tout, dans l'univers, n'est-il pas, au fond, pour le philosophe qui s'élève au point le plus élevé de la connaissance humaine, langage et parole de Dieu, manifestation et révélation de ses attributs? Nous ne voyons l'univers entier qu'à travers un nuage, et ce nuage est resplendissant de l'idée de Dieu.

Je n'examine pas ici jusqu'à quel point cette nouvelle logique peut servir à rallier à une même doctrine religieuse tous les peuples de la terre, à quelque culte qu'ils appartiennent; toutes les divisions de la grande famille chrétienne, à quelque dissidence particulière qu'elles soient livrées; tous les vrais philosophes, quelque hypothèse qu'ils aient embrassée.

Qu'on y fasse attention, je ne décide pas ici les questions de ce genre, à proprement parler; je m'élève, dans ce moment, au-dessus de toutes les discussions, au-dessus de ma conviction personnelle, qui s'abaisse devant la hauteur de ma pensée générale et indépendante ; je me place, par supposition, au-dessus de tous les cultes de la terre. J'établis seulement la législation d'un examen impartial en ce genre; je veux prouver qu'il y a une science religieuse, qu'elle a sa logique, ses preuves ; qu'elle mérite respect et attention sous le rapport rationnel, comme reconnaissance et vénération sous le rapport moral; et que ceux qui ne l'ont jamais étudiée, ou qui l'ont considérée sous un faux jour, ou qui ont été assez malheureux pour ne pas pouvoir se donner un si grand moyen de bonheur et de vertu, doivent ne l'attaquer qu'avec ménagement; si toutefois même, une haute philosophie ne proscrivait pas les discussions publiques de ce genre, et ne leur ôtait pas, du moins, ce caractère d'aigreur ou d'indécence dont elles ont été presque toujours accompagnées. Le jour où un vrai philosophe démontrerait jusqu'à l'évidence la fausseté du christianisme, et ce jour n'est pas encore venu, quoi que l'on en ait dit; ce jour, dis-je, devrait être un jour de deuil pour lui, loin d'être un jour de triomphe ; je ne sais pas même si un amour réel pour l'humanité ne lui commanderait pas de supprimer son fatal ouvrage, ou de l'écrire du moins dans une langue qui le rendît inaccessible à la grande majorité des lecteurs. Que penser dès-lors de la légèreté et de la vanité puérile des philosophes qui ont sacrifié les intérêts de l'humanité à ceux de leur amour-propre, ont attaqué sans moyens, repoussé sans preuves, et ont applaudi par un sourire infernal à la destruction de toutes les espérances et de toutes les beautés morales du christianisme ?

Croit-on que les philosophes de la Grèce, qui ont traité avec tant de ménagement une religion absurde dans ses bases, souvent même immorale dans ses préceptes, eussent pris un langage semblable à celui de plusieurs philosophes modernes, s'ils avaient eu le bonheur d'avoir une religion qui doit être un objet de respect et de reconnaissance pour ceux là même qui n'ont pas l'avantage inappréciable de partager sa croyance? On a cru que la distinction des deux doctrines *esotérique* et *exotérique* des écoles de l'antiquité n'était qu'une invention de l'orgueil : elle était peut-être celle de la prudence et de l'amour le plus pur de l'humanité ; à une époque où la raison, jeune encore, s'essayait à trouver la vérité par toutes les chances des hypothèses et de l'erreur, elle devait embrasser un système de réserve et de sagesse pour ne pas compromettre les intérêts de la *raison-pratique* et de la société même.

CHAPITRE III.

Du Jugement, du Raisonnement et des Méthodes.

§. I. *De leurs Caractères essentiels et distinctifs.*

CCXXII.

Juger, c'est comparer deux sensations, deux idées, et les choses mêmes qu'elles *représentent*, pour connaître leur différence, leur identité ou leur analogie, et toutes leurs relations d'apparence extérieure, de nature essentielle, de succession nécessaire ou accidentelle, et d'action réciproque; c'est se replier activement sur deux sensations, sur deux idées; c'est se *réfléchir* sur soi-même ou sur le sentiment qui nous constitue, pour sentir que l'on n'est pas modifié par chacune d'elles de la même manière, pour saisir toutes leurs ressemblances, leurs distinctions et leurs relations, et pour s'élever, par la loi de la causalité, à la comparaison des choses elles-mêmes, en tant et de la manière qu'elles peuvent nous être connues par nos facultés.

Le jugement est donc une conséquence nécessaire de l'activité de la sensation elle-même et de l'idée ; car si l'on sent que l'on sent, si l'on sent avec conscience et réflexion, si le *moi* est *conscius sui*, on doit sentir que l'on est modifié de la même manière ou d'une manière différente, par deux perceptions ou par deux objets correspondans à ces perceptions. Le jugement n'est donc pas une faculté primitive, comme l'ont établi la plupart des idéologistes. Presque toujours les métaphysiciens ont réalisé les abstractions de l'esprit et se sont égarés dans des analyses subtiles ; méconnaissant l'*objectif* de leurs idées, ils ont mis des mots à la place des choses, et ont donné à ceux-ci une réalité qu'ils ne savaient pas voir dans les choses mêmes. L'homme ne saurait se passer de réalité; c'est une loi de sa nature, le vœu, la conviction de sa *raison-pratique*. La plupart des philosophes ont nié l'existence positive et substantielle de l'âme, et ont cru à celle de toutes leurs idées, de toutes leurs perceptions.

Le jugement est donc un acte particulier de l'activité du *moi* ; c'est un nouveau résultat de cette activité, et pas autre chose ; c'est la faculté d'affirmer par la pensée et avec le secours des mots, qui consacrent son travail, mais ne le constituent pas, qu'on sent ce qu'on sent, en rapportant la sensation ou l'idée à un *sujet*, en divisant par la vue de l'esprit ou par l'analyse mentale le *sujet* du *prédicat*, et en affirmant que l'un est dans l'autre.

CCXXIII.

Condillac a cru à tort que le jugement n'était qu'une comparaison ou plutôt qu'un rapprochement, ou mieux encore qu'une coïncidence presque accidentelle de deux sensations, qu'une double sensation. Il n'a tenu nul compte de l'activité qui préside en partie à la formation des élémens et des matériaux du jugement (les sensations et les idées), et en entier à celle du jugement lui-même. Il a supposé celui-ci passif, et en cela il a été conséquent à tout son système. En général, Condillac n'a vu que le squelette, que le cadavre de l'esprit humain, si j'ose ainsi parler ; il n'a saisi que les effets, les résultats ou les matériaux de ses opérations ; il n'a vu l'homme que dans la statue qu'il avait ingénieusement imaginée pour l'étudier. Il a complètement méconnu le travail de l'entendement sur lui-même, et par suite tout le mécanisme de la génération des idées et du jugement. Il a mis de côté les forces vives qui président à toutes ses opérations, et dont la connaissance seule peut donner la théorie de ces opérations mêmes. Il a commis en métaphysique le même genre de faute que les physiologistes qui n'ont vu dans l'homme vivant que le cadavre et l'organisation, et ont ignoré complètement les forces qui décident et soutiennent le jeu de la machine, et qui seules peuvent rendre raison de ce jeu dans la théorie et la science, comme seules elles en sont la cause dans la réalité et l'exercice de la vie.

Lorsque Condillac a dit que toutes les idées, toutes les facultés n'étaient que la sensation transformée, il a eu raison sous certains points de vue; mais il ne s'est nullement occupé de la force active qui transforme ces sensations, c'est-à-dire de la force réelle de l'entendement et du principe de toutes ses opérations, de tous ses actes, dont les idées, les jugemens, les raisonnemens, etc., ne sont que le résultat (M. Laromiguière). Je dis qu'il a eu raison sous certains rapports, car les sentimens intérieurs du *moi* et de ses propres opérations sont aussi des principes, des origines d'idées, et ne sont pas des sensations (Locke). Les idées abstraites, les jugemens, sont déduits des sensations, mais ne sont pas des sensations mêmes. Pour accommoder cette théorie aux faits, il a fallu substituer le sentiment à la sensation (M. Destutt-Tracy); et encore même cette nouvelle théorie est-elle incomplète et toujours frappée des mêmes vices fondamentaux ; elle masque seulement ceux-ci, embarrasse l'examen et retarde un arrêt de juste condamnation qui peut affliger certains amours-propres, mais qui doit servir les intérêts de la science et de l'humanité.

CCXXIV.

D'après cette exposition, le jugement ne peut pas être un simple mouvement d'organe, comme on l'a supposé dans toutes les doctrines matérialistes. Comment un mouvement qui serait sensation, se modifierait-il pour devenir jugement? Si le mouvement n'a nulle analogie avec la sensation même passive (XXXI), ni avec l'idée (CLXXXVII), combien en a-t-il moins encore avec le jugement, qui n'est qu'action, abstraction, travail de l'entendement sur lui-même? Si l'on compare le jugement et le mouvement, quel rapport peut-on établir entre eux? Rien ne prouve mieux combien la méthode qu'on a suivie dans les sciences physiologiques et morales est vicieuse, combien elle a même faussé l'esprit humain, que lorsqu'on voit des idées aussi hypothétiques, aussi erronées, aussi ridicules, arrêter les plus grands génies et la généralité même des hommes; lorsque l'on remarque qu'une foule immense de volumes ont été écrits dans cet esprit; que l'on a discuté pendant long-temps sur de véritables *non-sens*, sur des idées sans support, et des conceptions enfin plus arbitraires en elles-mêmes que celles des *Mille et une nuits*.

On doit mettre incontestablement dans ce rang l'opinion de Cabanis, que le cerveau digère les sensations et en fait des idées et des jugemens, comme l'estomac fait du chyle avec les alimens, le foie de la bile avec le sang, etc. Cette idée est très-certainement aussi ridicule et aussi fausse que peut l'être celle par laquelle on rapportait les mouvemens de la matière morte à des affections de haine ou d'amour ; elle est d'ailleurs puisée dans la même manière de philosopher. Lorsque la métaphysique sera étudiée par une observation directe, et non point par des analogies mensongères, on présentera l'un et l'autre exemple aux enfans dans les écoles premières pour leur donner un modèle du raisonnement le plus absurde qu'on ait jamais imaginé, et l'on traitera Cabanis sur ce point comme on traite depuis long-temps Aristote sur l'autre. L'analogie et l'étude approfondie de l'histoire des progrès de l'esprit humain font présumer avec assez de probabilité un résultat logique auquel paraissent attachés les plus grands perfectionnemens de la raison.

CCXXV.

Un raisonnement n'est qu'une suite, qu'un enchaînement de jugemens. Le *moi*, en réagissant sur les idées et sur les jugemens, sent leurs rapports, surtout à l'aide des mots, qui décomposent les jugemens et fixent lentement l'attention sur chacun de leurs élémens. Le raisonnement est la preuve la plus forte de l'activité suprême du *moi* dans l'exercice de ses facultés. Il est le dernier terme et le triomphe de cette activité même, surtout quand le raisonnement embrasse un vaste ensemble d'idées, habilement coordonné dans toutes ses parties, comme dans le système d'une science ou même dans le système entier de toutes les connaissances humaines, ainsi que la chose a lieu dans les plus hautes méditations de la philosophie première et de la métaphysique.

CCXXVI.

Les facultés de l'entendement se combinent dans tous les sens et se confondent entre elles. Les métaphysiciens les ont isolées pour les étudier, et sous ce rapport ils ont bien fait; mais ils auraient dû ensuite les rapprocher pour les mieux connaître. Ils ont morcelé l'entendement, et l'ont détruit pour l'examiner, sans jamais s'occuper du soin de le refaire de toutes pièces pour le voir tel qu'il est. Il est facile de reconnaître que les sensations les plus grossières renferment les raisonnemens les plus abstraits : que, par exemple, toutes nos sensations supposent l'existence des corps, idée qui est la notion la plus élevée de toutes, et le résultat d'une foule de combinaisons logiques. D'un autre côté il y a des sensations dans les raisonnemens les plus abstraits. L'idée renferme toujours à la fois des sensations et des raisonnemens ; elle est intermédiaire entre les unes et les autres : elle suppose encore, comme nous avons vu (LXXXVII), de la mémoire, de l'imagination, etc., c'est-à-dire l'exercice de toutes les facultés.

CCXXVII.

Le dernier résultat du raisonnement est d'avoir fait un art du raisonnement même. Le *moi*, en se réfléchissant sur lui-même, ou en se sentant agir, a connu les procédés de son action normale ou irrégulière, et est parvenu à s'imposer des lois. Rien n'est plus propre encore à prouver l'activité et l'indépendance du *moi* dans ses opérations, et rien ne démontre mieux la fausseté de tous les systèmes idéologiques où l'on rattache les idées à des sensations et à des modifications purement passives, mécaniques et organiques. Qu'est-ce que l'action d'un organe qui se gouverne lui-même, qui se donne des lois à lui-même, et apprend à se diriger (Cabanis)?

L'art des méthodes, dont l'empire suprême double les facultés de l'homme (Bacon, Descartes), est le chef-d'œuvre de l'esprit humain, et met hors de toute contestation la sublimité de sa nature et sa supériorité sur la matière, sur tous les animaux avec lesquels un examen superficiel pourrait le confondre, et sur l'univers entier. Je ne crains pas de le dire, ce caractère de l'homme l'élève à côté de la Divinité même, qui embrasse dans sa pensée éternelle tous les êtres, comme tous les temps.

CCXXVIII.

Nous allons éclairer les divers procédés généraux de l'esprit ou les méthodes, par notre théorie des facultés intellectuelles.

L'*observation* est la considération des phénomènes dans leur exercice naturel; l'*expérience*, celle de ces mêmes phénomènes dans des conditions que l'art établit : l'une et l'autre sont actives, et surtout la dernière. Pour observer il faut regarder, et pour regarder il faut avoir un but, et par conséquent des idées antérieures à l'observation même. On a dit que, pour raisonner, il fallait observer; on doit dire aussi que, pour observer, il faut raisonner : observer c'est juger, c'est raisonner encore plus que voir (CLXXIX).

De nos jours, dans toutes les sciences et surtout dans la médecine, on avait voulu prohiber toute théorie pour faire prévaloir l'observation empirique pure (M. Pinel). On est revenu de ces idées, dont on a pressenti l'erreur et les conséquences funestes.

La philosophie empirique avoit détruit la science et l'entendement humain lui-même. C'est par cette circonstance qu'il faut expliquer en général la médiocrité reconnue des esprits de notre époque, du moins dans certaines sciences. Je dis en général, parce que je suis loin de méconnaître des exceptions honorables, et que notre intention est moins d'alarmer les amours-propres, que de proclamer avec courage et franchise une vérité sévère sans doute, mais qui peut tourner, de la manière la plus avantageuse, au profit de notre siècle. D'ailleurs, la nature ne perd pas ses droits, et la loi imprescriptible du perfectionnement progressif de l'esprit humain, son heureuse application, l'une et l'autre sont chargées de conduire nos facultés dans la suite des siècles, et de les amener au but définitif, même au milieu des hésitations les plus pénibles ; elles prennent un chemin détourné et comme en spirale, quand des obstacles particuliers arrêtent leur marche directe. Une philosophie plus complète dans ses principes, plus active dans ses moyens, peut rendre peut-être à l'esprit humain vieilli toute sa force native, comme au cœur la première fraîcheur de la jeunesse du monde, si elle dirige d'ailleurs cette activité intellectuelle et morale vers des vérités et des vertus dignes du haut degré de perfectionnement des lumières et de la civilisation auquel nous sommes parvenus aujourd'hui. Cette philosophie doit se proposer pour but d'unir et de confondre la chaleur de l'enthousiasme et la froide raison, les élans impétueux de la théorie et la marche mesurée de l'expérience, tout ce qu'il y a de beau, de noble, de poétique dans l'existence intellectuelle et morale, et ce qu'il y a de simple, de démontré, de didactique en elle ; l'admission de tous les mystères de l'existence, de la nature et de la religion, et de tous les calculs sévères de l'examen logique.

L'*analyse* décompose les objets, c'est-à-dire, qu'elle dirige et concentre l'attention du *moi* sur une série d'idées, pour faire ressortir celle-ci ; elle s'élève ensuite du particulier au général, du simple au composé. Dans toutes ces opérations on reconnaît l'activité de l'entendement. Il en est de même encore dans la *synthèse*, qui, dans un principe général, découvre une foule de vérités particulières.

L'*analogie* compare deux objets et juge de l'un par l'autre. L'*induction* décide d'une chose par une autre, de ce qui ne se voit pas par ce qui est apparent. Elle s'affranchit des liens des perceptions, passe et s'élance du dehors au dedans, de l'effet à la cause, du présent et du passé à l'avenir, de la matière à l'esprit, de l'univers à Dieu même, qui seul arrête et repose son vol audacieux.

CCXXIX.

On a cherché pendant long-temps le *criterium* de la vérité; chaque école a donné le sien, et cela seul suffirait pour établir qu'on n'avait pas trouvé le véritable. Aussi toutes les sectes ont-elles fini par un scepticisme absolu : Zénon, Gorgias, Protagoras, et les sophistes, pour l'école d'Elée; Arcésilas, Pyrrhon, et les deux nouvelles académies, pour la première; les *nominaux* et les *scolastiques* pour Aristote; Huet pour Descartes; Humes pour Locke; Kant pour Leibnitz, ou plutôt pour tous les philosophes qui l'avaient précédé. Si l'on observe d'un œil philosophique l'état actuel de la raison humaine dans toutes les parties du monde savant, on ne peut pas se dissimuler que dans toutes les sciences on sent le besoin et le défaut d'un *criterium*. Nous allons essayer d'en chercher un dans les principes que nous avons déjà établis.

La vérité nous paraît consister dans le rapport exact de nos idées, de nos sensations, avec la nature des choses, en tant et de la manière que celle-ci est accessible à nos moyens de connaissance; je ne dis pas dans la ressemblance de nos idées avec la nature des choses, comme on a supposé presque toujours, parce que nos idées ne sont pas l'image fidèle, et la représentation *adæquate* de la nature des choses, mais sont le résultat des rapports de nos facultés de sentir et de penser avec les choses. Le *criterium* de la vérité doit donc se trouver dans la connaissance des circonstances qui établissent et justifient ces rapports, c'est-à-dire dans une connoissance exacte de la manière dont nous acquérons et dont nous formons nos idées. Il résulte de ces principes que, si l'on n'avait pas encore des notions complètes de ces rapports et du procédé de la formation de nos idées, les différentes espèces de *criterium* imaginées par les philosophes ont dû être insuffisantes, n'ont pu donner qu'une règle de mensonge et d'erreur, et ont dû être rejetées peu de temps après qu'on en a eu fait l'essai. L'histoire de la philosophie ne justifie que trop cette importante et pénible vérité.

Les écoles grecques avaient séparé d'une manière absolue, et par une barrière insurmontable, les sensations et les idées. Les sensations avaient rapport à un *sujet* mobile, changeant, qui ne pouvait être *l'objet* de la véritable connaissance, comme ils le déclaraient positivement, celle-ci devant être nécessairement fixe, invariable, pour mériter ce titre. Ils ne voyaient dans les sensations que des accidens mobiles, qui pouvaient tout au plus servir aux besoins de la vie journalière et diriger la conduite habituelle de l'homme, mais qui ne pouvaient pas servir aux besoins de la vie intellectuelle et diriger la conduite métaphysique du philosophe (Héraclite, Xénophane, Parménide, Mélissus).

D'un autre côté, les idées abstraites, les principes

synthétiques qui avaient le caractère demandé de fixité et d'universalité, et qui, par conséquent, étaient l'*objet* de la science, ne pouvaient avoir aucune fécondité de vérité. Ils avaient été complètement isolés de l'expérience, qui est leur corps, leur substance, qui seule leur donne de la réalité et les met en rapport avec la nature même des choses. La science devenait donc impossible; elle ne pouvait aboutir, comme elle fit en effet, qu'à une identité logique ridicule: *ce qui est, est;* ou à un scepticisme absolu: *rien n'est vrai, rien n'existe.* Les philosophes arrivèrent ainsi à leurs propres idées, et ne purent jamais en sortir : la pensée solitaire fut sans communication avec l'univers et avec les existences réelles.

Platon chercha le *criterium* des idées et des principes dans leur ressemblance avec l'essence divine qui les renferme: système qui ne laisse d'autre ressource à la recherche de la vérité que l'illumination divine, c'est-à-dire, qui consacre tous les écarts de la raison.

Aristote crut trouver le *criterium* de la vérité dans le rapport des mots entre eux, par les définitions et les syllogismes; mais les mots, les définitions et les syllogismes ne sont pas les idées. Cette méthode ne garantit nullement les idées elles-mêmes, elle ne garantit que la fidélité du langage et des déductions logiques; elle garantit des rapports de nos idées avec nous-mêmes, et de leurs rapports entre elles, mais non de ceux qu'elles ont avec la nature des choses (CCIII).

Descartes donna pour *criterium* de la vérité le sentiment de l'évidence. Il suppose toujours que les idées simples et les axiomes ne viennent pas du dehors, ou de la force active de l'entendement appliquée aux perceptions internes et externes, mais bien de Dieu, et de la disposition native de l'entendement, en un mot, des notions innées. Dans ce système, il n'y a nul moyen de refaire les idées, de s'assurer de l'exactitude de leurs rapports avec les choses elles-mêmes; aussi toutes les doctrines émanées du cartésianisme se passent-elles dans le fond du monde extérieur, et aboutissent-elles à l'idéalisme ou à l'identité absolue (Spinosa), comme les premiers systèmes abstraits de l'école d'Élée; c'est-à-dire, qu'elles détruisent toute science, toute idée, et qu'elles expliquent la nature par des possibilités logiques et par des hypothèses.

Leibnitz suit les mêmes erremens ; partant de la même théorie de l'entendement et des idées, il rattache toutes les notions à des principes synthétiques, comme à celui de la *raison suffisante*. Il n'a donc toujours d'autre *criterium* qu'une évidence sans garantie, et qui n'apprend à former aucune notion solide, exacte, ou qui du moins puisse être justifiée par la raison théorique. Il rapporte les notions à une force active de l'entendement sans matériaux, et qui échappe, par elle-même, à toute règle et à toute méthode logique.

Kant a marché dans la même voie, et n'a fait que développer les mêmes idées; il a réuni le platonicisme à l'aristotélicisme : il a combiné heureusement tous les systèmes rationnels et de déduction ; et c'est par lui sans doute que ceux-ci vont finir, comme les systèmes empiriques, ou ceux qui sont tirés de la sensation passive, ont fini peut-être avec les derniers écarts d'Helvétius et de Condillac.

Kant exige, il est vrai, le concours des données de l'expérience ou les sensations, il pense que l'entendement pur ne peut rien sans ce concours même ; mais il accorde trop aux facultés actives, ou plutôt il n'a pas saisi le passage des sensations aux idées, le mode d'union des unes aux autres ; il s'est perdu dans les abstractions des métaphysiciens qui l'avaient précédé, au lieu d'observer la nature directement ; il a plus combiné leurs idées que les résultats de l'expérience.

Aucun de ces systèmes de raisonnement ne justifie de l'expérience et ne donne le *criterium* de la vérité. Ils ne peuvent en recevoir ni en féconder les matériaux ; ils détruisent toutes les sciences qui en résultent, c'est-à-dire toutes les sciences sans exception. Les plus conséquens arrivent à cette absurdité qu'ils osent proclamer : que nous imposons des lois à la nature ; que les lois de celle-ci ne sont que les lois de notre entendement : c'est-à-dire, en dernière analyse, que nous imaginons sur la nature des choses tout ce que nous voulons, et que notre connaissance n'est que le jeu de nos facultés que rien ne peut vérifier ni garantir. Encore même faut-il reconnaître qu'ils ont créé ces hypothèses avec quelques fragmens pris à la dérobée au domaine de l'expérience, tant il est vrai que l'entendement est impuissant par lui-même, quand il est réduit à lui seul ! Aussi Platon, Aristote et tous les scholastiques, Descartes, Leibnitz et Kant, etc., n'ont-ils rendu que peu de services réels aux sciences d'observation ; ils ont honoré la nature humaine, cultivé la force logique de déduction et de raisonnement, et répandu quelque lumière sur les sciences qui n'exigent que quelques observations superficielles qu'il n'est pas permis de repousser, comme dans les sciences morales. Ils ont détruit toute science en arrivant à l'idéalisme et enfin au scepticisme.

D'un autre côté, les sensualistes n'ont pu aboutir qu'à un empirisme brut, destructeur de toute connaissance. Considérée du moins dans sa partie pratique et vraiment féconde, leur doctrine a servi les intérêts de l'observation, mais dans les détails seulement; et le plus souvent elle a fait payer ces vérités de détails par mille erreurs de doctrine générale. Ils ont anéanti les sciences morales, religieuses et politiques, la théorie des beaux-arts, la métaphysique, etc. (CCIV).

Ceux qui ont entrevu la véritable théorie de la formation des idées, et qui s'en sont approchés, c'est-à-dire, ceux qui ont établi la philosophie sur l'expérience généralisée, ont trouvé un *criterium* plus exact; ce sont aussi ceux qui ont le plus perfectionné les sciences : tels sont Bacon, Newton, et en partie Locke. Ils ont admis deux sortes de facultés et de sources d'idées, les sensations et la réflexion ; deux méthodes, l'expérience et l'induction. Mais ces philosophes n'ont considéré la chose que d'une manière générale et vague; ils n'ont pas spécifié les vrais liens des deux facultés, des deux sources d'idées ; ils n'ont pas expliqué comment une sensation devient une notion exacte ; et il est résulté de là que le *criterium* cherché par les vœux de la philosophie n'a pas pu être établi par eux d'une manière nette et positive (CCV).

Leurs disciples se sont égarés, comme auparavant, dans le matérialisme ou dans l'idéalisme, dans l'empirisme brut ou dans les raisonnemens abstraits, dans le dogmatisme ou dans le scepticisme. Locke ne remonte pas jusqu'à la notion de la cause, Bacon va au-delà; l'un prétend que nous ne pouvons pas connaître même son existence (Hume), l'autre pénètre son mécanisme d'action, sa *nature naturante*, comme il dit.

Le *criterium* de la vérité ne peut se trouver, ce me semble, que dans les principes que nous avons établis sur l'*objectif* et le *subjectif* de toutes nos idées, ou du moins dans des principes analogues; alors seulement on sait ce que c'est que la notion des choses, ce qu'elle a d'exact ou de faux; nous pouvons la soumettre à une règle, à un *criterium* dans tous ses élémens : dans la partie qui est fournie par nos sensations ou par l'expérience, comme dans la partie qu'y ajoutent nos facultés de réflexion. Nous pouvons nous assurer si nous avons bien senti, bien raisonné; si nos jugemens sont renfermés dans nos sensations, et nos idées des choses dans nos sensations et dans nos jugemens. On voit jusques où l'on peut aller, et par quel chemin on doit marcher pour arriver à ce point; on distingue quelles sont les parties inaccessibles de la science; on connaît, en un mot, la formation des idées et la manière d'en faire de bonnes et de mauvaises. Il peut y avoir alors une logique ou un art de conduire son esprit, bien différent des méthodes auxquelles on a donné ce nom jusques ici, et qui se bornaient à des moralités inutiles ou à quelques observations de détail isolées et insuffisantes, qui ne se rattachaient pas au point fondamental, à la théorie des idées. Sur ce point décisif toutes les logiques n'ont que des notions fausses, hypothétiques ou incomplètes.

Toutes les logiques que nous possédons ont été faites sur le modèle de celle d'Aristote ; elles ne s'occupent que de l'art des déductions, des formes du raisonnement et du syllogisme ; c'est-à-dire de cette partie de la logique qui se fait toujours bien, et qui n'a pas besoin de règles, même quand elle est livrée à l'instinct naturel. En effet, il est aisé de déduire des conséquences légitimes d'un principe vrai ou faux; mais c'est ce principe lui-même qu'il faut vérifier, qu'il faut soumettre aux lois d'une logique sévère, aux règles d'un art particulier, parce que l'erreur est toujours dans ce point, et que là seulement elle est possible; c'est donc à apprendre à faire des idées exactes, à mettre les notions en rapport légitime avec les choses, et non en rapport les unes avec les autres, que consiste la vraie logique. Car, enfin, la science n'a d'autre but que de connaître les choses et de justifier de cette connaissance. M. Destutt-Tracy a très-bien reconnu que la *logique-art* ne pouvait pas exister avant la *logique-science*, et qu'avant de tracer les règles des idées, il fallait avoir connu le mécanisme de leur formation.

§. II. *Du Rapport du Cerveau avec l'Intelligence.*

CCXXX.

Nul doute que le cerveau n'ait un très-grand rapport avec l'exercice du jugement, du raisonnement ou de l'intelligence : car ce dernier mot comprend toutes les facultés supérieures. Une foule de faits établissent cette incontestable vérité ; mais de quelle nature est ce rapport ? Le cerveau produit-il directement et par lui-même la pensée, comme on l'a dit si souvent ? Est-il le siége du principe de la pensée, de telle sorte que la pensée ne puisse avoir lieu qu'en lui et par lui ? Le cerveau est-il l'organe ou l'instrument de la pensée, le principe de la pensée ne pouvant agir que par lui, et ne pouvant manifester que par lui ses opérations les plus intérieures et les plus libres (MM. Gall, Georget) ? Ou bien les rapports du cerveau avec l'intelligence sont-ils d'un ordre particulier, et le cerveau n'est-il qu'une des conditions de l'exercice de l'intelligence, qu'un moyen auxiliaire, sans être ni cause, ni instrument de ses facultés ? L'action vitale de cet organe soutient-elle l'énergie et la force d'action du principe auquel la pensée appartient essentiellement ? Le cerveau concourt-il à fournir seulement les sensations ou les matériaux des idées et des jugemens? ou plutôt de quelque manière que la condition organique exerce ses effets, ne faut-il pas la recevoir comme un fait fondamental, dont la science cherchera de plus en plus à connaître la valeur, les lois générales et secondaires?

Telles sont les importantes questions que nous allons examiner.

CCXXXI.

Pour entrer en matière, nous allons nous arrêter quelques instans pour déterminer ce qu'on doit entendre par *organisation* en général, et établir les rapports de l'organisation avec les propriétés vitales et les fonctions. Nous pourrons mieux connaître alors quels sont les rapports de cette même organisation avec les sens, les facultés et les fonctions morales. Les rapports de l'organisation avec la vie et les fonctions n'ont peut-être jamais été examinés sous leur véritable point de vue; et cependant une question de ce genre est la base de la science des êtres vivans. On a considéré toujours la chose dans cet esprit d'explication et de conception auquel la science s'est montrée constamment soumise jusqu'ici, et on n'a pas constaté ces rapports d'après les principes d'une saine philosophie et d'après une théorie exacte de la notion de la vie et de ses propriétés. On n'avait pas distingué ce que nous connaissons de la matière prise en elle-même et dans sa nature, et ce que nous ne pouvons pas en connaître ; dans cette ignorance on devait accorder à la matière plus d'attributions qu'elle n'en a réellement, ou considérer sous un faux jour celles qu'elle possède, et les enchaîner entre elles par le lien imaginaire d'une causalité trompeuse.

On a dit que la vie dépendait de l'organisation, c'est-à-dire du mélange chimique des principes constituans de nos organes, ou des propriétés générales et communes de la matière, affinité, impulsion, élasticité, etc., ou enfin de l'arrangement respectif des molécules et de la texture des tissus, qui en est le résultat. (Cabanis, Bichat, etc.)

Toutes les théories de la science des êtres vivans se rattachent à ces principes généraux d'explication : car les prétendues *propriétés vitales* de la plupart des physiologistes ne sont pas des *principes primitifs* de théorie, ni d'action ; elles sont des résultats, des effets de conditions matérielles, physiques, chimiques ou organiques, des conséquences du mécanisme des parties. La sensibilité elle-même et les facultés morales sont rapportées à des mouvemens particuliers des fibres cérébrales, à l'action mécanique d'un organe, et leurs différences les plus spécifiques à des organes particuliers et différens, dont l'arrangement est toujours en harmonie avec celles-ci et peut en donner la raison suffisante, de la même manière que les différens rouages d'une machine expliquent tous et chacun de ses mouvemens. (M. Gall.)

Il en est de même de la contractilité; elle n'est qu'une suite, qu'un perfectionnement organique de l'élasticité physique, qui a lieu en raison du perfectionnement même de l'organisation de la fibre musculaire (M. de Blainville) (1).

Je n'ai pas besoin de rappeler ici ce qu'on a dit sur le développement de la chaleur animale, sur la digestion, la nutrition, l'assimilation, etc. On n'a pas hésité un seul instant à les expliquer par des combinaisons chimiques du mélange, ou par un effet, une action des propriétés déjà expliquées organiquement, telles que la sensibilité vitale et la contractilité.

Cependant, si l'on suit la bonne manière de philosopher, qui consiste dans la comparaison pure et simple des phénomènes, on constate que les phénomènes vitaux sont différens des phénomènes physiques; que leurs lois, leurs conditions sont différentes, et que ces phénomènes supposent par conséquent des forces différentes. Il faut renoncer à toute logique, ou il faut recevoir ce principe et

---

(1) Ouvr. cité, tom. I, p. 23.

ses résultats comme le fondement de la véritable science, dans l'état actuel de l'observation.

Ces forces sont primitives et ne peuvent nullement être expliquées par l'organisation, par cela seul même qu'elles sont primitives. Il est absurde de rechercher leur explication et de s'efforcer de les rattacher à la forme des molécules, à leur arrangement général ou à toute autre circonstance analogue. On ne peut pas aller au-delà de l'admission de ces forces abstraites, même par des espérances fondées sur l'avenir (CXLIX—CLIV); du moins on ne peut pas faire entrer dans les propositions fondamentales de la science ces espérances comme devant être à coup sûr réalisées ; parce que l'on ne saura qu'elles peuvent l'être, que lorsqu'elles l'auront été.

Il est évident qu'on suit encore, dans la science des êtres vivans, la trop célèbre méthode par hypothèse, introduite dans la physiologie et plus généralement dans toutes les sciences, par Descartes, ou plutôt par tous les philosophes des temps anciens et modernes jusqu'à Newton, qui, malgré ses incertitudes pénibles et nécessaires dans le passage d'une opinion à l'autre et dans une si étonnante révolution, adopta une méthode vraiment expérimentale et rationnelle. Ceux qui cultivent la physiologie dans ce sens ne s'en cachent pas, ils sont forcés d'avouer que leurs moyens d'explication ne sont pas satisfaisans; mais ils prétendent que leur méthode les conduira un jour à de grandes vérités, et qu'il n'y en a pas d'autre, d'ailleurs, pour faire des découvertes.

Ces considérations prouvent qu'à bien voir, la grande réforme qui a eu lieu dans les sciences n'a intéressé dans le fait que les sciences physiques, et a été sans influence formelle sur les sciences physiologiques, métaphysiques et morales. La philosophie que l'on suit encore dans celles-ci est essentiellement différente de celle qui assure les progrès des sciences physiques. Aujourd'hui le physicien ne se chargerait pas de faire le monde matériel avec de la matière et du mouvement. Il voudrait que cette matière fût pénétrée, dirigée par des forces générales et spécifiques d'affinité. Les sciences physiques n'ont influencé jusques ici les sciences physiologiques que pour leur faire présumer que leur méthode était vicieuse : encore même la chose n'a eu lieu que quand les physiciens étaient animés d'une véritable philosophie, libre par elle-même et indépendante de leurs prétentions ordinaires.

L'histoire de toutes les sciences, et plus généralement celle de l'esprit humain, nous paraît pouvoir se partager en trois grandes périodes. Dans la première on s'occupa de l'origine des choses, de leur création, de leur formation, de leur nature ; questions insolubles, puisqu'elles sont hors de toute observation : tels furent les problèmes qu'osèrent se proposer les colléges des prêtres égyptiens, indiens, gaulois, toutes les écoles de la Grèce, celles du moyen âge et des premiers temps de la renaissance des sciences.

Dans la seconde, on renonça à l'investigation des causes premières, et l'on se rabattit sur celle des causes secondes. On crut procéder avec sûreté, en cherchant celles-ci dans la matière, dans les formes des corps, et dans leurs principes constituans (Descartes). Plus on avançait, plus on s'occupait des phénomènes, et plus l'on se dégoûtait de la recherche des causes ; plus l'on pouvait se convaincre que la méthode était la même et qu'elle était également vicieuse, lorsque l'on cherchait à *concevoir*, à expliquer les phénomènes purement matériels par la forme des molécules ou par un esprit surajouté à la matière.

Enfin dans la troisième, on ne s'occupa que des phénomènes seuls, de leur comparaison analytique et de leur classification plus ou moins générale. On s'éleva de ces comparaisons à la notion des forces primitives correspondantes, et enfin à la détermination des *substrata* différens et de leurs caractères (XI).

Les sciences physiques ont déjà parcouru ces trois périodes; elles sont arrivées à la troisième, et c'est pour n'en plus sortir. Aussi, quels progrès rapides et inconcevables ne font-elles pas tous les jours? Il n'en est pas de même des sciences physiologiques: elles semblent s'efforcer dans le moment actuel de sortir de la seconde période. Comment finira cette lutte? Il est facile de le prévoir : heureux ceux qui hâteront, ne fût-ce que par leurs vœux, une révolution qui ne peut être éloignée, qui doit renouveler la science dans toutes ses parties, comme la chose a eu lieu pour la physique sous la même influence, et qui doit lui imprimer une marche aussi rapide que celle qui signale et distingue celle-ci !

Encore aujourd'hui on ne considère l'homme que comme une machine, dont les organes sont les rouages(1). On donne à ceux-ci des propriétés en apparence particulières; mais en dernière analyse, ces propriétés dépendent de l'arrangement des tissus et sont essentiellement physiques. Peu s'en faut que l'on n'ait la prétention de faire un homme de toutes pièces, comme Paracelse, Descartes, etc. ; et si le système fondamental était vrai, il faut convenir que la chose ne serait pas impossible en théorie : cette folle espérance n'est donc que le résultat nécessaire de la manière vicieuse dont

---

(1) Voyez les art. ORGANE et ORGANISATION, *Dict. des Scienc. Médic.*, et tous les ouvrages sortis de l'illustre Ecole de Paris.

on considère encore la vie; aussi cette prétention absurde échappe-t-elle de temps en temps à tous les systématiques. Un naturaliste célèbre partant de l'idée que la vie dépendait de la forme des organes, a établi que la génération est spontanée et qu'elle advient quand les molécules s'arrangent de certaine manière; que ces divers arrangemens se perfectionnent de plus en plus par l'habitude, par le résultat même des fonctions ou par d'autres circonstances, et que les espèces actuelles, même les plus parfaites, se sont ainsi formées graduellement. Cabanis émet la même proposition, du moins comme une conjecture probable et comme une espérance assurée de la science (1). Descartes s'écriait dans son délire philosophique et dans sa puissance imaginaire d'explication : *que l'on me donne de la matière et du mouvement, et je vais créer le monde, les cieux, la terre, les plantes et les animaux.* Que l'on nous donne des organes, disent sans cesse les anatomistes, *et nous formerons tels animaux qu'on voudra.* Ils ne voient pas que si ces organes n'étaient pas animés de leurs propriétés particulières, qui ne sont pas une dépendance nécessaire de

---

(1) Ouvr. cité, t. I, p. 199 — 204; t. II, p. 235, 238, 240, 242, 244, 246, 250, 255.

l'arrangement, ces organes ne formeraient jamais qu'un cadavre sans action.

L'arrangement des molécules des organes ne peut pas rendre raison des forces primitives de ceux-ci, et du mode divers d'action de ces forces. La forme des molécules ne rend pas même raison des propriétés générales de la matière. L'attraction, dans sa source première et dans les modifications innombrables qu'elle présente dans les affinités électives de chaque espèce de corps, ne peut pas être rapportée à cette circonstance; elle est considérée aujourd'hui comme une force primitive qui est dans la matière, mais qui n'est pas liée à sa forme. Les chimistes ne s'occupent plus du soin de l'expliquer et de la rattacher à cette forme, comme Descartes ; et c'est cette règle fondamentale de la logique de ces sciences, qui est la cause et le soutien de leur perfectionnement et de leurs progrès continuels.

A plus forte raison ce principe est-il vrai pour les propriétés vitales. La sensibilité vitale, la contractilité, la force d'assimilation, sont des forces primitives : elles sont dans la matière, s'exercent sur la matière, par la matière ; mais elles ne dépendent pas de la forme et de l'arrangement des molécules. On ne peut pas plus les séparer de la matière, que l'on ne peut isoler de celle-ci l'affinité ; mais les unes ne dérivent pas plus de la forme des molécules que l'autre. C'est cette grande vérité que la physiologie n'a fait qu'entrevoir, et qu'elle n'a point encore appliquée franchement, positivement, à toutes ses doctrines ; et cependant, si cette condition n'est pas remplie, la science n'est pas même possible. Aussi, s'est-elle égarée jusques ici dans les hypothèses mécaniques ou métaphysiques. Elle ne s'avancera d'un pas ferme vers la vérité que lorsqu'elle ne s'occupera même pas de ces questions insolubles. Elle a marché comme un homme ivre, se jetant tantôt d'un côté et tantôt de l'autre ; ses efforts pour s'empêcher de tomber d'un côté, ne faisaient qu'assurer sa chute de l'autre.

Je l'ai dit ailleurs : (1) « La science des êtres vivans n'a été étudiée que d'après des analogies physiques ou métaphysiques. Elle peut être comparée sous certains rapports à une personne qui, ne sachant pas se servir de ses membres naturels, et ignorant même qu'elle en a, aurait longtemps marché sur deux jambes factices ; elle s'est tenue tantôt sur l'une, tantôt sur l'autre. Elle apprend tous les jours de plus en plus qu'elle peut marcher par elle-même ; tous les jours elle

---

(1) *Doctrine médicale de l'École de Montpellier*, t. I, p. 161.

acquiert plus de forces, et ses pas deviennent moins incertains. Les enfans ont besoin de lisières, dont se passent très-bien les adultes. »

Il est donc évident, d'après ces principes, que l'on ne peut pas rapporter à l'organisation les forces primitives et leurs modifications fondamentales, essentielles ; que ces forces n'ont pas, ne peuvent pas avoir, à proprement parler, d'organe spécial de leur action, comme on l'a supposé dans toutes les doctrines physiologiques ; que par conséquent il est contraire aux vrais principes de la philosophie d'expliquer les différens modes des facultés intellectuelles par des organes divers, comme l'a fait M. Gall, ainsi que la plupart des physiologistes et un grand nombre de métaphysiciens ; les différens modes de sensibilité animale par l'organisation nerveuse ; ceux de la sensibilité vitale, par la texture des tissus, comme Bichat ; ceux de l'assimilation et des sécrétions variées, par la forme des pores organiques des glandes, comme la plupart des physiologistes.

Cabanis, qui est celui qui a raisonné ce système avec le plus de profondeur, est obligé de se contredire à chaque instant : tantôt il déclare que nous ne pouvons pas, que nous ne devons pas pénétrer la nature intime des propriétés primitives (1.) Il

---

(1) Ouvrage cité, tom. I, pag. 132, tom. II, pag. 234.

affirme positivement que les propriétés vitales ne peuvent être étudiées que dans les phénomènes qui leur sont propres, qu'elles suivent des lois particulières ; il attaque avec force les doctrines des mécaniciens, des chimistes, etc.

Cependant, malgré ces promesses, il explique les propriétés vitales et toutes leurs modifications, les instincts physiques et moraux et leurs nuances, même la formation première du corps, par les lois du mouvement, par les affinités (1). Un peu plus loin, il explique les attractions électives elles-mêmes par la sensibilité, par une sorte de jugement ou pour le moins d'instinct. (p. 259—264.)

Si ce ne sont pas là des explications et des explications ridicules, absurdes ; si, dans toutes ces divagations hors de la science et du sens commun, Cabanis ne sort pas des phénomènes, je ne sais plus ce que c'est que la logique. On ne peut pas se jouer davantage de la raison : au moins les anciens étaient-ils francs quand ils faisaient des hypothèses; ils ne s'en cachaient pas, et chacun pouvait les juger sur ce pied. Je ne crains pas de le dire, sous le point de vue de la philosophie, les *Rapports du physique et du moral* déshonorent la raison humaine dans l'état actuel

---

(1) Voy. surtout la Section des *Premières Déterminations de la Sensibilité*, tom. II, p. 251.

de son perfectionnement, et ne peuvent guère la servir que comme présentant le dernier résultat des méthodes vicieuses de raisonnement si long-temps suivies dans les sciences physiologiques.

Nous trouverons encore un exemple frappant de la philosophie ordinaire et des erreurs qu'elle a toujours entraînées pour les derniers détails de la médecine, dans l'ouvrage de Selle, un des médecins modernes les plus remarquables par ses connaissances métaphysiques et par la force de sa logique. On sait qu'il se montra digne de lutter contre le célèbre philosophe de Kœnisberg, et qu'il prouva, par un exemple ajouté à celui de l'immortel Locke, que l'étude de la médecine, dirigée dans un véritable esprit philosophique, est une des meilleures études préparatoires à celle des sciences métaphysiques, comme l'a déjà observé Dugald Steward (1).

Selle commence par établir hypothétiquement : « qu'il est hors de doute que tous les phénomènes présentés à nos sens, par le monde matériel, prennent leur source dans le mélange et l'organisation des corps. Il suit de ce principe que tous les phénomènes et les changemens que peut offrir le corps humain résultent de la structure particulière des solides et du mélange des fluides qui le composent.»

---

(1) Voyez note 15.

« Cette proposition, ajoute-t-il, nous donne les corollaires suivans : l'organisation animale est la *cause*, et les phénomènes en sont l'*effet*. Tous deux peuvent être isolés par la pensée, quoique dans la réalité ils ne puissent avoir une existence séparée. L'examen de la *cause* doit toujours précéder celui de l'effet (1). »

Et ailleurs il dit : «Tout être matériel nous offre trois choses à considérer. En premier lieu, nous observons les phénomènes; ensuite, nous calculons la puissance qui les produit ; en troisième lieu, nous supposons une certaine structure ou union de la matière, d'où résulte la puissance (p. 23, §. 12)...Toute puissance résulte de la modification et du mélange de la matière ; et dans le monde matériel, on ne peut *imaginer* une puissance sans cause matérielle qui l'ait précédée (p. 25, § 14). »

C'est d'après ces principes, analogues à ceux qui avaient été suivis avant lui, et qui l'ont été encore après lui, qu'il établit que la maladie suppose toujours un dérangement dans le mélange ; que ce dérangement constitue sa cause, sa nature, son essence (*cause matérielle et formelle*) ; qu'il détermine les différentes espèces de maladies d'après leurs différentes causes matérielles, et qu'il dirige dans ces vues les indications et le traitement.

---

(1) Selle, *Pyrétologie*, trad. de Nauche, p. 7, §. 4.

Cette manière de raisonner est le fondement de toutes les doctrines médicales modernes. M. Broussais n'a pas d'autre idée ; et, si l'on saisit bien son système au milieu de ses déclamations continuelles et de ses principes contradictoires, on voit que, selon lui, les propriétés vitales et leurs modifications, considérées comme indépendantes de l'organisation des tissus, ne sont que de vaines abstractions et de l'ontologie.

M. Boisseau, malgré la sage réserve de sa marche, puisqu'il n'ose pas rapporter tous les phénomènes de l'univers au mouvement, et qu'il dit très-bien que l'on n'a qu'une simple analogie en faveur de cette opinion ; après avoir déclaré que l'on ne peut pas pénétrer la cause de la vie, et que pour son compte il ne veut pas aller plus loin, dans l'étude théorique de la vie, que l'expression même de ses actes (n° 27) ; M. Boisseau, dis-je, affirme ensuite contradictoirement que l'excitabilité change par le fait seul de l'organisation (n° 28); que les maladies dérivent toujours de l'altération du mélange (n° 40) ; et c'est d'après cette idée théorique et arbitraire qu'il décrit, qu'il distingue et qu'il traite toutes les maladies.

Toutes ces idées sont des hypothèses qui reposent sur une notion inexacte de l'idée de *ma-*

---

(1) *Prétologie physiologique*, p. 7.

tière et de *puissance* ou de *force*, de *cause*. On a cru concevoir la matière; on a cru du moins que l'idée que nous en avions était une image, une représentation de sa nature; et conséquemment à cette première idée, on a établi que nous connaissions cette nature; que c'était la seule que nous connussions; que nous ne connaissions rien hors d'elle; que la force, la puissance, la cause, ne pouvaient qu'émaner d'elle et de ses propriétés fondamentales d'étendue, d'impénétrabilité, ou plutôt de sa forme. J'ai démontré, je crois, jusques à l'évidence, que nous n'avions qu'une idée indirecte de la matière, qu'une idée de déduction; que nous ne la voyions qu'à travers nos sensations; que notre notion, en ce genre, n'était pas une image ni une représentation de la matière, mais un *signe* de son existence et de ses caractères (CCXII); que l'idée de force et de cause dérivait de la notion directe des phénomènes qu'elle présente, et non point de cette nature supposée; que la notion de l'attraction elle-même n'en découlait pas, mais était fournie par l'inspection des effets, et ne pouvait pas aller plus loin que l'idée d'une simple force abstraite qu'on ne pouvait pas rattacher à une prétendue essence connue de la matière; que cette idée paraissait encore plus vraie pour les propriétés qui animent la matière en tant que vivante; que les phénomènes de la vie, soit dans l'état de santé, soit dans l'état de maladie, ne pouvaient qu'être rapportées à des forces particulières correspondantes, au-delà desquelles on ne pouvait pas aller dans l'explication de ces phénomènes ; que l'on ne pouvait pas les rattacher par le lien de la causalité à la forme et à l'arrangement de la matière ; que par conséquent la physiologie, la pathologie et la thérapeutique ne pouvaient admettre d'autres principes fondamentaux et essentiels de leurs théories et de leurs opérations pratiques, que ces forces vitales mêmes reçues positivement et franchement (CCIX).

CCXXXII.

Entendons-nous enfin sur ce mot d'*organe*, dont on a tant abusé dans la science. Les grandes fonctions ou le concours de plusieurs actes dirigés vers un but final, positif et distinct, ont des organes ; mais les forces primitives n'en ont pas. Ainsi la digestion est une fonction : il y a ici un but à remplir ; ce but est positif, distinct ; il se remplit par un concours d'actions, par des instrumens, par des organes qui exécutent la fonction, et qui appliquent les forces primitives à l'exécution de ce but ; il y a donc des organes de la digestion ; mais la force digestive elle-même n'a pas d'organe, n'a pas d'instrument qui explique ni son action fondamentale, ni les modifications innombrables de cette action. Le suc gastrique, la bile, etc., sont des moyens d'application des forces digestives, mais ne sont pas les instrumens immédiats de leur action intérieure et intime ; pas plus que la forme des molécules d'un acide n'est l'instrument immédiat et primitif des actions chimiques qu'il déploie : ces molécules sont seulement dépositaires des forces spéciales qu'il possède et qui l'*animent* en quelque sorte. Toutes ces forces doivent être conçues comme indépendantes de la forme des molécules, comme inhérentes à la matière, comme faisant partie de la matière, comme confondues et perdues dans son essence intime que nous ne connaissons pas.

De même, chaque glande sécrétoire est dépositaire d'une force assimilatrice propre ; l'organisation de la glande ne rend pas raison de sa spécificité d'action.

Chaque organe présente des modifications fondamentales et essentielles de sensibilité ; ces modifications dépendent de la nature même de ces propriétés, se cachent dans cette nature inconnue, et ne dépendent pas de l'arrangement des tissus, ou du moins aucune preuve ne nous autorise à l'établir ; et en supposant que cela soit démontré dans le temps, nous ne pouvons faire aucun usage de ce principe général, du moins dans la science actuelle, puisque rien ne confirme et ne développe aujourd'hui cette prétendue vérité.

Les fonctions des sens, de la vue, de l'ouïe, de l'odorat, etc., exigent des appareils compliqués et distincts; le but de ces fonctions est séparé : aussi y a-t-il des organes de la vue, de l'ouïe, etc. Mais la vision, l'audition, l'olfaction, considérées en elles-mêmes et comme des modifications spécifiques de la sensibilité, ne peuvent pas avoir d'organes, d'instrumens, et n'en ont réellement pas; la membrane sensible n'est ou ne nous paraît être que dépositaire d'une force particulière, et ne rend pas raison de ces différences, du moins dans leur caractère fondamental.

On n'a donc pas bien compris la définition de l'organe et de l'organisation en général, quand on a cru que l'homme était une simple machine, qui n'avait pas d'autres propriétés que celles d'une machine ordinaire.

Mais en admettant même l'exactitude de cette analogie, on a encore raisonné d'après une méthode qui n'est plus reçue aujourd'hui, même en mécanique. Une machine ne rend pas raison de la totalité de son action; les parties qui la composent ne sont souvent que des moyens d'application de certaines forces, qu'on ne peut pas expliquer toujours par le mécanisme lui-même, c'est-à-dire par la forme des pièces de la machine, ou par leur organisation; il faut admettre, en outre, des forces primitives inexplicables, que les moyens mécaniques ne font qu'appliquer et diriger. Ainsi le balancier d'une pendule est l'instrument de son mouvement, mais n'en est pas la cause essentielle. Il suppose la pesanteur et le mouvement; il ne rend pas raison de l'une ni de l'autre, il ne fait que les appliquer. On se laisse donc entraîner par les conceptions vulgaires, quand on croit expliquer les propriétés et les fonctions vitales par le mécanisme; il en faut toujours venir à ce principe fondamental, que toute la science consiste à comparer et à classer les phénomènes, les lois, pour arriver enfin aux forces.

Les formes d'une molécule, d'un tissu, d'un organe, ne peuvent pas être prises par cette seule circonstance comme étant le principe d'action, soit physique, soit vitale, des opérations qu'il exerce. Quel rapport y a-t-il entre cette forme et cette action? comment concevoir le passage de l'une à l'autre? Par le raisonnement? mais le raisonnement pur, par lui-même, ne peut concevoir aucune action ; il la reçoit telle quelle de l'expérience seule ou de l'observation des phénomènes. En accordant qu'il pût par lui-même, ou avec les données de l'expérience, s'en former une idée, quel rapport pourrait-il établir entre la forme d'une molécule et telle action, telle affinité, tel mouvement vital?

Sera-ce par l'expérience? mais l'expérience ne

voit dans le phénomène que le phénomène même; dans la forme elle ne voit que la forme; l'action ne lui apparaît pas comme une dépendance de la forme, mais comme le résultat d'une force intérieure et cachée. S'il invoque à-la-fois le raisonnement et l'expérience, et qu'il proclame les causes par un procédé légitime, il ne peut que s'élever des phénomènes, des actes, à leur cause, il établit l'existence de cette cause, étudie et différencie ses caractères par les phénomènes; jamais il ne pénètre leur essence même. Nous n'avons besoin que de rappeler ici notre doctrine sur la causalité (CCX), et sur la notion de l'étendue (CCXII). La forme en elle-même, l'étendue, n'a qu'un rapport de causalité avec les perceptions d'où notre entendement tire cette notion. Nous ne pouvons donc pas y voir plus que ce que notre esprit y a mis d'après les données des sensations et de l'expérience. Toutes les idées contraires à ces principes viennent des conceptions arbitraires que l'on se fait de la matière, de la forme et de l'étendue. On s'abandonne aux prétentions les plus chimériques et à tous les prestiges de l'imagination. Telle est la véritable source de tous ces faux raisonnemens.

On voit bien que dans notre manière de considérer les propriétés purement vitales, nous ne les séparons pas cependant des organes vivans, pas plus qu'on ne sépare les affinités générales ou électives des molécules matérielles qui les présentent. Seulement nous étudions leur action en elle-même, et non dans des hypothèses analogiques; nous les considérons dans les effets, dans les phénomènes, dans les forces cachées correspondantes à ceux-ci, et non dans la forme des molécules ou l'arrangement des tissus, qui n'explique rien. Nous ne les rapportons pas pour cela à un principe particulier, placé hors de la matière, comme nous croyons avoir le droit de le faire pour les phénomènes moraux, parce qu'aucun fait direct ne nous oblige à cette opération, ne nous conduit à cette idée; parce qu'aucun intérêt n'est même attaché à une pareille recherche, et qu'au contraire l'histoire de la science la signale comme une des sources les plus fécondes d'erreurs; parce que cette manière de voir, telle qu'elle a été conçue jusques ici, est une explication, un effort de l'esprit humain pour pénétrer les essences des choses. Cette hypothèse se rattache au même principe fondamental, à la même logique que la doctrine mécanicienne. Dans l'une et dans l'autre on sort des phénomènes et des causes expérimentales; on recherche le mode d'action, l'explication; on se place hors de la science; l'on ne procède pas dans cette recherche par les phénomènes, qui ne disent rien sur ce point dans cette partie de l'existence, mais par de pures conceptions et des fantaisies d'imagination.

Mais, objectera-t-on, il est incontestable que les propriétés vitales changent avec les changemens d'organisation; on en voit une preuve dans toutes les altérations de tissu. Je ne nie pas le fait : l'organisation change et les propriétés changent ; mais celles-ci ont-elles changé par une conséquence d'un arrangement différent, ou du moins ont-elles changé *seulement* et *exclusivement* par cette cause, et ne doit-on tenir compte que des circonstances prises de la forme? Deux principes chimiques combinés ensemble acquièrent des affinités nouvelles. Dit-on que ces attractions nouvelles dépendent de la forme nouvelle qu'a prise le mixte, soit dans ses molécules intégrantes, soit dans son ensemble ? Non ; on étudie ces attractions nouvelles comme de nouveaux faits primitifs, on n'en cherche pas la raison ; si on la cherchait, on pourrait présumer *peut-être* que ces changemens dépendent, *en partie*, de la combinaison des forces attractives entre elles, quelles qu'elles soient. Les tissus vivans s'altèrent sous l'empire des lois vitales, et cette altération de la forme des tissus est un résultat et non pas une cause. Mais, en outre, ces tissus vivans ne sont pas de simples molécules, avec telle ou telle forme; ils sont animés de forces propres, et ces forces peuvent agir entre elles par des lois particulières ; tout cela se perd du moins dans la nature même de ces forces. On n'affirme la seconde proposition, savoir que les nouveaux changemens de formes changent les propriétés vitales, que parce que l'on reçoit la première : savoir, que la vie ne dépend que de l'arrangement primitif des molécules. L'une est la conséquence de l'autre; mais si l'une est arbitraire, comme nous l'avons déjà prouvé, l'autre croule avec elle.

Comme on pourrait aisément abuser de mes expressions, et croire que je nie toute influence de l'organisation sur la vie, je me hâte d'ajouter que les changemens de tissu changent l'instrument de l'action; que lors même que l'action, et la force dont elle émane resteraient les mêmes, ce qui n'est pas, comme nous venons de le voir, les résultats devraient être différens; que, par exemple, la force contractile restât-elle la même dans un muscle, elle ne peut plus s'exercer de la même manière, quand ce muscle a perdu cette contexture particulière, qui n'est pas la raison suffisante de cette force, mais qui favorise et exécute si bien ses actes.

Je dis plus, je veux seulement ici provoquer des doutes sur un raisonnement que l'on regarde comme une base inébranlable du matérialisme médical; car je me garderai bien de pénétrer dans tous ces mystères, je m'attache, au contraire, à repousser toutes ces questions hors de la science.

De quel droit affirme-t-on plus, quand il est

question des organes vivans, que quand il s'agit des molécules d'un minéral ? le sujet est-il mieux connu, mieux apprécié dans ce qu'on appelle sa *mécanique intérieure*? les propriétés sont-elles plus simples? ont-elles été rapportées préalablement, avec plus de fondement, à la forme des molécules?

C'est à tort que l'on compare sans cesse la machine vivante à une machine physique. Une machine ordinaire est passive, forcée dans son jeu : la machine vivante est animée de forces qui agissent spontanément, qui ont une énergie à elles (CLXXV); les causes extérieures ne font que développer et exciter le jeu de cette énergie. Ces forces portent en elles le principe de leur action, et les dispositions *virtuelles*, instinctives, automatiques, de leur application compliquée et *savante*, en quelque sorte, à tous les besoins de l'économie. Du moins, dans l'état actuel de l'observation, nous ne pouvons pas aller plus loin que l'admission des modifications mêmes des forces primitives, dans la contemplation de ces modifications.

Loin d'être le résultat de ce qu'on appelle l'*organisation*, ces forces préexistent à l'organisation même, puisque ce sont elles qui la décident dans le premier acte de leur formation, qui l'entretiennent pendant la longue durée de la vie, qui la réparent plus ou moins quand elle souffre des pertes plus ou moins considérables; qui la reproduisent enfin dans un être semblable au premier, et qui maintiennent ainsi l'éternelle jeunesse de la nature. Ce sont elles qui, fidèles au modèle qu'elles reçurent au premier jour de la création, l'ont conservé dans toute sa pureté, dans les grandes distinctions des espèces, même chez l'homme qui se plait à effacer le type primordial par tant de causes destructrices. Le système reçu ne rend raison ni de la naissance, ni de la durée de la vie, pas même de la mort qui est fixée pour chaque espèce, et qu'aucune circonstance physique et anatomique ne peut expliquer.

Si la vie dépend de l'organisation, comment les humeurs vivent-elles? car il est incontestable qu'elles sont pénétrées de vie. Les physiologistes font très-bien de les écarter de leurs systèmes, car les notions de ce genre les détruisent complètement. Dans ces systèmes, qu'est le sang, qu'est cette semence chef-d'œuvre de la création animée?

Si la vie n'est que l'arrangement des molécules, comment paraît-elle dans toute son énergie dans certaines plantes, et dans les animaux *amorphes*, qui n'ont pas d'organisation, à proprement parler?

Un organe est un instrument adapté à un but, à une fonction. Un instrument n'est pas un rouage, comme on se l'imagine; un instrument suppose un principe actif, qui n'est pas l'instrument même, mais qui se sert de l'instrument, et qui l'adapte, par sagesse, par instinct ou d'après des lois primordiales, à certaines fonctions. Ainsi le *moi* humain, principe d'action et d'intelligence, fait servir les organes d'instrumens à la satisfaction de ses besoins divers. De même, les forces vitales se servent des organes, ou des instrumens, pour exécuter des fonctions. Les organes sont actifs ; le mot d'*organe* exprime lui-même cette idée ; *organum* vient de εργον, *travail*. Les organes remplissent des fonctions, c'est-à-dire sont dirigés vers un but ; les fonctions ne sont pas de simples concours de mouvemens mécaniques. Les forces primitives n'agissent pas au hasard et par des motitations incertaines ; elles agissent d'après un plan.

Stahl est le seul, d'entre les modernes, qui ait bien saisi la grande différence qui sépare l'organisme du mécanisme physique (1). Il ne s'est égaré que lorsque, contre toute observation, il a voulu expliquer les *intentions* finales des fonctions, en les rapportant aux notions intuitives de l'âme intelligente. Les anciens, beaucoup plus grands observateurs que les modernes, avaient très-bien connu ce caractère essentiel de l'organisme, et l'immortel Galien ne fait pas difficulté de dire que la providence créatrice a mis en harmonie

---

(1) Stalh, *Theoria medica vera. Disquisitio mecanismi et organismi diversitate.*

les forces vitales et morales, et les instrumens de leur action ; que, par exemple, si elle a donné la main à l'homme, c'est parce qu'elle l'a pourvu de plus d'intelligence, et qu'il avait besoin d'instrumens plus appropriés à ses nobles idées ; qu'il en est de même de tous les instrumens d'attaque et de défense particuliers aux divers animaux, de même pour tous les organes internes et externes. Il n'a pas nié que ces circonstances ne réagissent dans la suite sur l'intelligence et sur l'activité de la vie ; mais il a soutenu, et nous le soutenons avec lui, que l'organisation seule, même en lui accordant gratuitement des propriétés qui ne dépendent pas de l'arrangement, ne rend pas raison des modifications fondamentales de l'intelligence et de la vie, et de toutes les opérations qu'elles exécutent.

La plupart des physiologistes modernes ont pris les choses en sens inverse de leur ordre de succession, de génération et de prééminence. Ils ont commencé par étudier les formes organiques, et n'ont pas été plus loin. Les anciens ont été de prime abord à l'examen des forces qui précèdent l'organisation même qu'elles produisent, au but final ou au plan qui a été antérieur à l'exécution. Ils ne rougissaient pas de proclamer de temps en temps la cause première. Ils ne croyaient pas que ce genre de vérité pût être repoussé de la science, pas plus qu'il ne peut l'être du monde.

Il est aussi absurde de rechercher dans le mécanisme la cause première des propriétés vitales, et de leur action si bien adaptée aux besoins, que de vouloir expliquer la cause de la forme particulière de nos organes, par des circonstances purement mécaniques : pourquoi, par exemple, l'œil et le nez sont disposés de certaine manière et pas d'une autre, etc.

Les organes ne sont donc pas, comme on a dit avec plus d'esprit que d'exactitude, les moyens, les causes, le principe de l'existence ; mais ils sont les instrumens des actions vitales, leurs moyens de manifestation, d'entretien, d'augmentation d'énergie, par des procédés propres à la vie, et que l'expérience seule constate, comme nous l'avons déjà établi (CXXVII — CXXXVII).

M. Bayle a fait des efforts profondément combinés pour assigner la place et la valeur des connaissances d'anatomie pathologique. Il distingue les lésions vitales et les lésions organiques ; mais s'il était vrai, comme le soutient Bichat et son école, que les propriétés vitales elles-mêmes dépendissent de l'organisation, dès-lors il faudrait admettre que toutes les lésions sont organiques et des altérations de la matière : tout au plus distinguerait-on les altérations sensibles et celles qui sont insensibles. C'est sur ces bases hypothétiques que reposent, en effet, les prétentions actuelles de l'anatomie pathologique.

D'après les principes que nous établissons, on pourrait assigner d'une manière plus ferme la véritable valeur de l'anatomie pathologique sur la détermination plus exacte des rapports de l'organisation avec les propriétés vitales. 1°. Les lésions organiques sont l'effet des propriétés vitales dérangées, comme les formes primitives du corps vivant et l'organisation elle-même sont le résultat de ces mêmes forces : dès-lors les modifications des formes manifestent l'état antérieur des propriétés vitales.

2°. Les altérations du matériel des organes amènent à leur suite des changemens dans les propriétés vitales, sans qu'on ait le droit de les rapporter exclusivement aux altérations de la forme seule et de l'arrangement, même d'une manière générale, vague et indéterminée.

3°. Les altérations matérielles changent l'instrument, et dès-lors le jeu des propriétés vitales doit être différent. En outre, il doit en résulter des changemens profonds dans tout ce que les fonctions ont de mécanique et de dépendant de la forme comme de la continuité, des propriétés de tissu, etc. : telles sont les affections chirurgicales et organiques proprement dites.

CCXXXIII.

Le système de M. Gall et de tous ceux qui partagent son opinion directement ou indirectement, c'est-à-dire de la plupart des physiologistes anciens et modernes, repose sur le matérialisme médical, ou sur l'hypothèse que les propriétés vitales dépendent de l'organisation, de l'arrangement des tissus comme cause (1) : or, comme cette opinion est pour le moins une hypothèse que rien ne justifie, il est évident que toutes les conséquences qu'on en a tirées sont fausses, problématiques ; qu'elles sont hors de toute preuve, du moins actuelle, hors de la science même. Il faut conclure de là que toute cette partie de la science physiologique, considérée soit comme doctrine générale de la vie, soit comme appliquée en particulier aux fonctions intellectuelles et morales, doit être reprise pour être étudiée et *théorisée* sur un plan entièrement nouveau et d'après les principes de la bonne manière de philosopher en médecine et dans toutes les sciences.

CCXXXIV.

Maintenant que nous avons analysé, d'une part,

---

(1) M. Gall, *sur les fonct. du cerv.*, chap. I et *passim*.

les facultés intellectuelles, et, de l'autre, établi les rapports généraux de l'organisation avec les fonctions, il nous sera facile de déterminer, d'après l'observation et l'expérience, les rapports de ces facultés intellectuelles avec cette organisation animée de forces propres.

Les facultés intellectuelles se composent de deux élémens, que l'on peut distinguer sous certains points de vue, du moins par abstraction, sinon par la réalité même : les perceptions internes ou externes et les idées d'une part, et de l'autre l'activité de nos facultés mêmes sur ces perceptions et ces idées; ou plutôt les sensations, et surtout les idées, étant en partie le résultat de cette activité dans leur formation, disons en termes plus positifs et plus clairs, que nous séparons ce qu'il y a d'actif et ce qu'il y a de passif dans nos facultés.

Or, tout ce qu'il y a en nous d'actif, de volontaire et de sentiment réfléchi, ne saurait être rapporté qu'au *moi* lui-même, qui n'est pour nous qu'action et sentiment, et non à l'organisation qui en elle-même est passive à proprement parler, ou qui, du moins, considérée dans les forces qui l'animent, est active, il est vrai, mais d'une activité seulement spontanée, automatique dans son jeu, et toujours sans conscience, ni volonté : caractères essentiels de toutes les opérations intellectuelles et morales.

Il ne peut pas y avoir d'instrument organique, direct et essentiel, entre la sensation, l'idée, le jugement et l'activité de notre *moi* sur cette sensation, cette idée et ce jugement, c'est-à-dire dans les opérations de *réflexion* du *moi* sur lui-même. Tout intermédiaire imaginé suppose toujours cette action antérieure, libre et indépendante de toute action organique. En effet, il ne peut pas y avoir d'instrument pour sentir que l'on sent, pour agir sur soi-même, dans un principe qui, sous quelque idée qu'on se le représente, n'est pour nous qu'action et sentiment, ne nous est connu que par ces caractères mêmes. Un instrument, nous l'avons déjà dit, suppose une force active qui s'applique à un but, à une fonction : or, cette force est distincte de l'instrument, n'est pas l'instrument même, qui ne donne pas la raison suffisante de l'action directe qui s'applique, au contraire, à l'instrument, et est en quelque sorte hors de lui. Mais si les opérations du *moi* ne sont que cette action même, il est évident qu'il n'est nul besoin d'instrument, qu'il ne peut pas y en avoir ; que le phénomène en question n'a nul rapport avec les actes physiques, vitaux ou moraux, qui sont soumis à cette condition. Pour sentir qu'il sent, pour agir sur lui, le *moi* n'emprunte aucun secours: il n'a besoin que de lui-même pour se mettre en relation avec lui-même, qui n'est que sentiment et action. Le *moi* réclame des instrumens pour sentir les qualités particulières des corps, pour se mettre en relation, par exemple avec la lumière, avec le son, avec les saveurs, les odeurs, avec les corps tangibles. Dans ce cas, il agit sur une chose qui n'est pas lui-même ; que dis-je, il agit? cela n'est pas exact, il souffre une action, il reçoit un effet du dehors ; il a besoin d'instrumens et d'instrumens corrélatifs à la chose extérieure.

CCXXXV.

J'avais déjà entrevu et développé ce point important de doctrine, et je l'avais opposé à l'hypothèse de M. Gall, et plus généralement à la plupart des doctrines reçues jusqu'ici (1).

« En supposant, disais-je, que le *moi* ait besoin d'un instrument pour agir, il faut toujours admettre que l'acte de la volonté, quelque puisse être cet acte, est antérieur à l'acte organique ; l'un est *cause*, l'autre *effet* ; l'un est *puissance*, l'autre *instrument* : il est donc un moment où le *moi* agit par lui-même, modifie les organes loin d'être modifié par eux. Ainsi en multipliant les

---

(1) Voyez l'article CRANIOSCOPIE du *Dictionnaire des Sciences Médicales.*

instrumens intermédiaires entre le *moi* et la manifestation de ses actes, on ne fait que reculer la difficulté, on ne la résout pas ; loin de la simplifier, on l'augmente ; on est à la fin forcé d'en venir à une action première du *moi*, antérieure à tout acte organique. Pourquoi ne pas arriver de suite à cette *proposition qui paraît si singulière*, mais qui est établie par l'ensemble des faits ? Il me semble qu'on se serait bien épargné des hypothèses, et surtout bien des disputes, si l'on avait fait cette réflexion si facile et si simple. Est-il donc si difficile de s'arrêter au vrai, dans une route qui devient impraticable, si l'on ne s'en tient aux faits et à leur comparaison? »

« On ne saurait trop le répéter, l'animal veut et il fait ; il est souverainement maître dans l'exercice de ses fonctions morales ; il n'a d'autre cause de ses actes que la volonté de les produire. La matière inorganique et brute, celle qui est organisée, obéissent à des lois fixes et immuables dont elles ignorent le but ; les fonctions intellectuelles et morales seules sont libres, volontaires et avec conscience : ici il faut toujours en venir à un principe d'action qui ne dépend que de lui-même. Au reste, si les *cranioscopes* sont bien loin d'adopter le fatalisme, puisqu'ils admettent que l'organe ne donne que la disposition à l'acte, que cette disposition n'entraîne pas nécessairement l'exercice et que l'âme réagit, ils admettent donc que quelquefois l'âme agit indépendamment des organes cérébraux. »

« Si les qualités intellectuelles et morales, propres à un individu, n'étaient que le résultat du développement relatif des organes appropriés à ces qualités, cet individu exercerait toujours ces qualités à-peu-près comme un automate, ou une machine, qui vont dès qu'ils sont montés. Il n'y aurait nul rapport entre l'exercice des facultés morales et les causes extérieures; le poëte ferait toujours des vers, le musicien de la musique, etc. D'un autre côté, l'éducation a la plus grande influence, même sur les plus grands hommes, les motifs moraux sont la cause de la plupart de nos actes : il faut donc admettre que le moral agit souvent par lui-même et sans organes. Mais alors qu'a-t-il besoin de cet appareil d'organes distincts et séparés? on voit qu'il y a ici une sorte de contradiction évidente. Il n'y a pas de milieu, ou il faut admettre que les actes moraux sont toujours involontaires et forcés, ce que personne n'a osé soutenir, ou que le *moi* agit souvent par lui-même sans avoir des organes particuliers, instrumens spécifiques de tous les actes divers qui lui sont propres; et s'il agit souvent ainsi, pourquoi n'agit-il pas toujours de même? Tout ce que disent les faits, c'est que, pour que l'intégrité des fonctions morales ait lieu, il faut celle des organes, surtout celle du cerveau ; que d'après les liens qui unissent le moral au physique dans le plan des lois primordiales, les lésions de l'un amènent celles de l'autre, et *vice versâ;* que l'activité de l'un, dans les fonctions vitales, soutient et anime l'activité de l'autre dans les fonctions animales; ils sont unis, mais non pas confondus ; ils réagissent l'un sur l'autre. »

Voici comment M. Gall répond à cette objection très pressante, mais dont il paraît n'avoir pas saisi toute la portée.

« Si l'activité du *moi* précède le développement et l'activité des organes, et si le *moi* a le droit exclusif de modifier les organes, pourquoi chaque *moi* ne se forme-t-il pas un corps parfait? pourquoi le *moi* n'agit-il pas dans l'enfant qui vient de naître? pourquoi est-il forcé d'attendre, pour agir, que les organes soient développés? pourquoi tombe-t-il en démence, lorsque, dans l'âge de décrépitude, les organes se détériorent? Si les fonctions du *moi* sont des actes absolument libres et spontanés, indépendans de l'organisation, pourquoi ne sommes-nous pas tous ce que souvent nous désirons si ardemment d'être? Que devient cette volonté libre et indépendante dans l'ivresse, dans l'imbécillité, dans la manie, dans l'apoplexie, dans la défaillance, dans le sommeil, dans l'inflammation cérébrale? Si une faculté, pour être innée, doit être nécessairement dans une activité non interrompue, pourquoi l'animal et l'homme ne se livrent-ils pas sans relâche à l'amour physique, penchant dont MM. Bérard et de Montègre ne voudront pas soutenir qu'il n'est pas inné (1) ? »

Parce que j'ai dit que le *moi* est maître de ses *propres facultés*, de son attention aux perceptions, M. Gall veut que je sois obligé d'admettre qu'il peut modifier son corps de toutes les manières possibles, et qu'il puisse se faire un corps parfait quand bon lui semble ! parce que j'ai dit qu'il peut porter son attention sur ce qu'il lui plaît, appeler ou écarter telle idée, M. Gall veut que je sois forcé de croire qu'il peut se donner ou s'ôter la colique à volonté ! Je n'ai pas dit que le *moi* pût modifier *tous* les organes de *toutes les manières qu'il lui plaisait*; mais j'ai dit qu'il pouvait les modifier dans certaines fonctions, leur commander, s'en servir dans une *certaine sphère* fixée par des lois primordiales, constatées elles-mêmes par l'expérience seule, lois que je ne reçois que comme telles, et au-delà desquelles je ne puis pas aller. J'ai dit que dans les cas où le *moi* se sert d'un organe, il n'est pas cet organe dont il se sert; que l'acte de sa volonté est antérieur à l'exécution

---

(1) M. Gall, ouvr. cité, t. II, p. 404.

organique, est hors de cette action organique, n'a pas besoin d'elle dans cette action même; que l'action du *moi* est cause, et que le changement organique est effet; que la cause est avant l'effet, n'est pas l'effet. J'ai dit que le *moi*, dans ses opérations de réflexion qui lui sont propres, agit en lui seul et par lui seul: qu'il a une action à lui, libre de toute action organique, même instrumentale.

Parce que j'ai dit que le *moi* est maître de son action dans l'exercice ordinaire de ses fonctions à lui, je n'ai pas nié pour cela que dans certains cas cette volonté ne fût gênée, ne devînt même nulle par l'influence des organes; cette influence je l'ai admise expressément, mais non pas comme une hypothèse générale et absolue, ainsi que M. Gall; je l'ai reçue comme constatée toujours par une loi expérimentale, et dans la sphère circonscrite que lui assignent les faits de cet ordre.

M. Gall raisonne comme les systématiques ont toujours raisonné sur cette matière : l'homme n'est pas toujours libre, donc il ne l'est jamais ; les organes influencent la volonté et la nécessitent même quelquefois, donc ils la nécessitent toujours ; les organes ont un empire quelquefois très-marqué sur l'exercice de la pensée, donc les organes gouvernent toujours et constituent la pensée.

En suivant les véritables méthodes d'expérience, on ne donne dans aucune de ces exagérations; on reçoit tous les faits, même ceux qui paraissent contradictoires entre eux, et on les coordonne entre eux dans des conséquences sagement déduites et prudemment limitées les unes par les autres; ce sont nos systèmes qui se contredisent, la nature est toujours d'accord avec elle-même. Voyons l'homme tel qu'il est, n'en faisons ni un ange, ni une statue; qu'il ne commande pas à la nature entière, qu'il ne se commande pas toujours à lui-même, j'y consens: nous ne le savons que trop, il est souvent subordonné à son corps; mais qu'il ne perde pas en entier sa liberté, qu'il conserve ses droits, qu'il ne devienne pas dans nos systèmes, pas plus qu'il n'est dans la réalité de la nature, un organe soumis à la nécessité, une pierre qui obéit à des lois fixes et immuables qu'elle ignore; traçons avec impartialité le domaine de sa liberté, et qu'une prétendue science ne vienne pas donner un démenti au sentiment intime, à la voix constante du genre humain qui dit que nous sommes libres et maîtres de nous-mêmes dans la sphère de certains actes.

Les faits que rappelle M. Gall prouvent sans doute que le corps vivant a des rapports avec l'exercice de la pensée; mais ces faits ne disent pas que ces rapports soient de causalité absolue, ou même instrumentale. Le corps vivant peut agir sur la pensée, sans être ni sa cause première, ni son instrument direct; les faits ne vont pas jusques-là : bien interprétés et rapprochés d'un autre ordre de faits, ils disent même que l'organisation n'a aucun rapport de ce genre avec l'exercice de la pensée ; mais qu'elle n'a qu'un rapport d'aide et de secours, d'influence réciproque et indépendante de part et d'autre, de condition d'action et d'énergie.

CCXXXVI.

Quant aux sensations, aux perceptions internes et externes, aux idées, matériaux de la pensée, ou plutôt quant à la partie passive de nos facultés où nous recevons l'action forcée des agens extérieurs et du jeu même de ces facultés, cette partie du domaine de l'intelligence a des rapports avec l'organisation, et des rapports plus étendus que la partie active. Mais ces rapports ne sont pas encore des rapports de causalité ou d'instrument, comme nous l'avons prouvé ailleurs (1). Une sensation, une idée, s'accompagnent d'une modification correspondante du système nerveux et surtout du cerveau, et cette modification réagit sur toute cette partie de l'entendement. Sous ce point de

---

(1) Chap. I*er*, §. IV. *De la Théorie physiologique de la Sensation.*

vue, les raisonnemens les plus abstraits, s'appuyant sur des perceptions, auraient des rapports avec le cerveau, et l'on voit quel serait un des usages de cet organe dans l'exercice des pensées les plus intellectuelles.

Sous un autre point de vue, il y aurait encore un rapport plus direct du cerveau avec l'exercice de l'intelligence. En effet, il est prouvé par l'expérience journalière que l'exercice des pensées les plus abstraites porte ses effets sur le cerveau et sur les viscères épigastriques. Quand on pense, on éprouve un sentiment particulier au-devant de la tête et dans la région épigastrique ; lorsqu'on pousse très-loin l'exercice de la pensée, cette impression peut devenir très-pénible. Or, d'après ce que nous avons établi d'une manière générale sur le rapport des sensations avec les impressions vitales, on pourrait admettre que l'exercice de la pensée modifie la vitalité de ces deux organes, et que ces deux organes, en réagissant à leur tour sur la pensée, modifient celle-ci. Cette action serait purement dynamique, et ne pourrait jamais être entendue dans le sens qu'on lui a donné jusques ici. Elle n'aurait aucun rapport avec toutes les théories mécaniques et organiques qu'on a imaginées. On explique ainsi, sans s'enfoncer dans mille hypothèses plus insoutenables les unes que les autres, comment un certain état de l'organisme favorise plus ou moins l'exercice de la pensée ou l'embarrasse, le rend faible, obscur et même nul, dans certains modes très-vicieux d'organisation et de vitalité ; comment l'idiot, le crétin n'ont pas d'intelligence ; comment l'âge trop tendre ou trop avancé s'oppose également à l'exercice de la pensée ; comment on ne peut penser que difficilement après un repas copieux, après des mouvemens violens du corps, etc.; comment les individus forts, robustes, athlétiques, sont moins susceptibles de cette concentration vitale nécessaire à la pensée, que les personnes faibles, nerveuses, hypocondriaques; comment la plupart des maladies du cerveau et des méninges, de l'estomac, de ses membranes ou des organes environnans, et plus généralement de tous les organes de l'économie dans certains cas, peuvent suspendre ou déranger l'exercice de la pensée, etc. Que le cerveau agisse plus sur la pensée que ne le font les viscères abdominaux, nul doute; mais il ne faut pas pour cela exagérer l'influence du cerveau, la rendre absolue, et se mettre dans l'impossibilité de donner une place à l'influence des autres organes : ce qui détruirait même complètement le système embrassé. Il ne faut pas concevoir, d'ailleurs, cette influence du cerveau d'une manière hypothétique.

CCXXVII.

Nous avons déjà prouvé que par cela seul que les forces vitales agissaient automatiquement, spontanément, l'on ne pouvait pas, en bonne philosophie, leur donner d'autre cause qu'elles-mêmes, d'autre instrument de leur action intime que leur activité même (CLXXII); qu'il fallait les considérer comme des forces primitives, inexplicables par conséquent dans le point de départ de leur action, ainsi que dans le mode spécial de cette action (CCXXXI); que l'on ne pouvait pas les faire dépendre de l'organisation et de son arrangement, quoique l'on ne pût pas les séparer de l'organisation même qui les recèle, qui les applique aux divers besoins des fonctions; qui est le théâtre, le siége de leur action, et non leur cause essentielle, ni leur instrument direct. Nous avons vu que ce système général n'était pas même applicable aux affinités chimiques; qu'on ne pouvait pas les rattacher à la forme des molécules, mais qu'il fallait les considérer comme inhérentes aux molécules et décidant l'action réciproque de celles-ci : et l'on voudrait appliquer à l'homme moral une hypothèse de ce genre; à l'homme moral, qui, bien supérieur à la matière morte ou vivante, est maître de ses actes, est libre et indépendant! Certes, si une action est primitive, si elle ne peut être expliquée que par sa propre activité, et non par aucune circonstance antérieure, de quelque ordre qu'elle soit, c'est l'action morale.

Descartes avait entrevu que les facultés supérieures du *moi* n'avaient pas besoin d'instrument organique. « J'ai souvent, dit-il, fait voir fort clairement que l'esprit peut agir indépendamment du cerveau ; car il est certain qu'il est de nul usage, lorsqu'il s'agit de former les actes d'une pure intellection, mais seulement quand il est question de sentir ou d'imaginer quelque chose ; et bien que lorsque le sentiment ou l'imagination est fortement agitée (comme il arrive quand le cerveau est troublé), l'esprit ne puisse pas facilement s'appliquer à concevoir d'autres choses, nous expérimentons néanmoins que lorsque notre imagination n'est pas si forte, nous ne laissons pas souvent de concevoir quelque chose d'entièrement différent de ce que nous imaginons ; comme lorsque, au milieu de nos songes, nous apercevons que nous rêvons : car alors c'est bien un effet de notre imagination que nous rêvons ; mais c'est un ouvrage qui n'appartient qu'à l'entendement seul de nous faire apercevoir de nos rêveries (1). »

Ici Descartes distingue très-bien nos facultés

---

(1) Descartes, *Méditations métaphysiques*, Réponses aux cinquièmes objections, p. 460.

actives de nos facultés passives. Il établit avec exactitude que l'acte de réflexion n'a pas besoin d'instrument. Il exagère peut-être un peu trop d'un côté les rapports de l'imagination avec le cerveau, et de l'autre, l'indépendance absolue de la réflexion ; mais dans sa manière de raisonner et dans ses principes particuliers il ne pouvait pas tenir compte de ces degrés d'influence.

CCXXXVIII.

M. Cuvier, qui s'est toujours distingué par la sagesse de son esprit, et qui a d'autant plus de mérite à résister aux séductions des doctrines anatomiques, qu'il pourrait les soutenir par la foule immense de faits que son instruction en histoire naturelle mettrait à sa disposition ; M. Cuvier, dis-je, s'est exprimé ainsi dans son Rapport sur les travaux de M. Gall : « Les fonctions du cerveau supposent l'influence mutuelle à jamais incompréhensible de la matière divisible et du *moi* indivisible, hiatus infranchissable dans le système de nos idées, et pierre éternelle d'achoppement de tous les philosophes. Non-seulement nous ne comprenons ni ne comprendrons jamais comment des traces quelconques, imprimées dans notre cerveau, peuvent être aperçues de notre esprit et y produire des images ; mais quelque délicates que soient nos recherches, ces traces ne se montrent en aucune façon à nos yeux, et nous ignorons entièrement leur nature, quoique l'effet de l'âge et des maladies sur la mémoire ne nous laisse douter ni de leur existence ni de leur siége. En un mot, aucun de ceux qui ont travaillé sur le cerveau n'est parvenu à établir rationellement une relation positive entre la structure de ce viscère et les fonctions même les plus évidemment physiques. Les découvertes, annoncées jusqu'ici en anatomie, se bornent à quelques circonstances dans les formes, les connexions ou le tissu de ces parties qui avaient échappé à des anatomistes plus anciens; et toutes les fois qu'on a cru aller au-delà, l'on n'a fait autre chose qu'intercaler, entre la structure découverte et les effets connus, quelque hypothèse à peine capable de satisfaire un instant les esprits peu difficiles, p. 4. »

« On peut constater par l'observation physiologique, dit très-bien M. Delpit, les liens qui unissent le physique et le moral, et qui font constamment réagir l'un sur l'autre ; mais tout l'homme n'est pas dans cette partie organique et matérielle. Sa partie principale, celle qui constitue sa supériorité sur tous les êtres créés, n'a ni siéges, ni points locaux déterminés; elle ne porte avec elle aucun caractère, aucun signe accessible à nos sens : le mode, comme le siège de ses opérations, se dérobe au scalpel, au tact, à la vue et à tout moyen de recherche physique et matériel. Voilà ce qu'il est important d'établir et d'opposer aux systèmes qui tendent à chercher dans les organes, à localiser, à matérialiser le principe de toutes nos facultés (1). »

Le cerveau est, dit-on, l'organe de l'âme, ou plutôt des facultés et des opérations morales, et non son siège, comme on l'a cru pendant long-temps (M. Gall.) La première expression est beaucoup plus vicieuse que la seconde, quelque vicieuse que soit celle-ci. Elle suppose que la pensée n'est qu'une chose organique, que le résultat de l'action cérébrale, comme la digestion est le résultat de l'opération de l'estomac.

CCXXXIX.

M. Gall a très-bien prouvé qu'il n'était pas hors de toute contestation que le cerveau fût le centre des sensations externes (2). Mais il n'a pas vu que les mêmes preuves sceptiques qu'il oppose à la doctrine reçue sur ce point, s'appliquent bien mieux encore à la sienne. Nous avons repris ailleurs l'examen de cette même question (XLVI—

---

(1) *Dictionnaire des Sciences médicales*, art. ORGANOLOGIE.

(2) Ouvrage cité, t. II, p. 85.

CXLVIII); nous renvoyons le lecteur réfléchi à cette partie de notre travail; nous ne croyons pas avoir besoin d'indiquer toutes les conséquences que notre doctrine peut avoir sur le système entier de l'idéologie. Nous recommandons surtout de ne pas perdre de vue notre distinction fondamentale, savoir, que le cerveau sert au maintien et à la durée de la sensation, sans être sa cause directe, et que la sensation est très-imparfaite et ne peut pas se maintenir longtemps, quand le cerveau est lésé (CXVIII). C'est par les considérations de ce genre, qui s'appliquent à l'exercice du raisonnement comme de la sensation, que nous mettons à leur place tous les faits connus. Nous opposons par avance cette réflexion aux objections des systématiques, qui s'efforceront peut-être de donner le change sur nos véritables opinions, de les dénaturer et de vouloir faire croire que nous, médecin et physiologiste, avons soutenu que l'on pouvait penser sans cerveau, et que cet organe n'était d'aucune influence dans l'exercice des fonctions morales. Nous espérons que les lecteurs réfléchis ne tomberont pas dans cette méprise; et c'est à ceux-là seulement que nous adressons un travail qui est écrit d'après une philosophie réservée, qui ne peut pas être encore populaire, du moins dans l'état actuel des choses.

CCXL.

On a voulu mesurer la force d'intelligence par le volume du cerveau pris en lui-même, ou comparativement aux nerfs qui sont en continuité avec lui, et à la moëlle épinière. M. Gall a démontré qu'il y a une foule d'objections péremptoires contre ces diverses mesures de l'intelligence (1). MM. Soemmering, Wrisberg, Blumenbach, Cuvier et d'autres, ont trouvé que le moineau, le serin vert, le rouge-gorge, le roitelet, et surtout plusieurs espèces de singes, ont, à proportion de leur corps, un cerveau plus grand que celui de l'homme. Quant à la mesure tirée de la proportion entre le cerveau et la moëlle épinière, M. Cuvier cite le dauphin comme une exception très-remarquable.

Nous ne contestons pas cependant toutes ces propositions, prises d'une manière générale ; mais nous établissons qu'on leur a donné un caractère absolu qu'elles n'ont pas et qu'elles devraient nécessairement avoir dans le système reçu. Cette dernière circonstance profondément méditée, nous paraît détruire complètement toutes ces

---

(1) Ouv. cité, t. II, p. 278.

hypothèses et consacrer un système où tous ces faits trouvent leur place naturelle, sans être soumis à cette nécessité (1).

Quant au volume et à la forme respective du cerveau et de la moelle épinière, on leur a donné une trop grande importance : pour en saisir en partie les raisons, il faut tenir compte de la configuration générale de l'animal, de sa manière de vivre, etc. (CX).

CCXLI.

« L'unité des fonctions morales est un caractère fondamental qui s'oppose encore à la multiplicité des organes. Lorsque les anatomistes et les physiologistes cherchèrent un *sensorium commune* dans le cerveau, ils eurent tort sans doute ; ils poussèrent cette idée trop loin, ils ne virent pas qu'un centre anatomique avait toujours des parties ; mais ils sentirent au moins que les fonctions intellectuelles exigeaient que les organes en rapport avec elles réunissent et concentrassent leur action. Cette unité absolue des phénomènes moraux prouve qu'il faut admettre l'existence d'un *moi* dans un sens positif et absolu lui-même, au sein duquel

---

(1) Voyez chap. *de la Sensation*, §. II, *des Rapports du cerveau et des nerfs avec la Sensation*.

se passent tous les phénomènes moraux. » (1)
Voici comment M. Gall répond à cette objection :
« Puisque tant de mes adversaires qui étudient l'anatomie et la physiologie dans les cabinets des métaphysiciens, ne peuvent pas concevoir, avec la pluralité des organes cérébraux, l'unité du *moi*, et que, pour cette raison, ils s'obstinent à rejeter cette pluralité, je vais soumettre à leur perspicacité les réflexions suivantes : Ayant une attaque de goutte, j'éprouve une sensation douloureuse dans les articulations; au même moment je puis avoir un grand mal de tête, des tourmens d'entrailles, des malaises d'estomac, etc., etc.; ainsi au même moment des sensations désagréables très-variées et par leur nature et par leur siége. Au même moment j'éprouve des sensations fort agréables en mangeant un plat exquis, en buvant une boisson délicieuse, en recevant une bonne nouvelle. Comment arrangerez-vous votre unité du *moi* avec les sensations si diversifiées, si opposées, et pourtant simultanées ? (2) »

Quand j'ai dit que toutes les perceptions, toutes les opérations ont lieu dans un même *moi*, j'ai exprimé un fait de conscience, un fait qui est

---

(1) *Dictionn. des Scienc. Méd.*, notre art. CRANIOSCOPIE, p. 315.
(2) Ouvr. cité, t. II, p. 406.

incontestable en lui-même et contre lequel viendront se briser tous les systèmes qui se mettent en opposition formelle avec lui. Je n'ai pas nié que les perceptions, les sensations ne fussent reçues par différens organes des sens; qu'on ne pût éprouver plusieurs sensations à la fois; mais j'ai établi que le *même moi* percevait ces sensations, soit successivement, soit simultanément, et réagissait sur elles ; que cet acte du *moi* et ces opérations ne pouvaient pas être rapportées à un *sujet* étendu, fût-il circonscrit dans un point mathématique, et je persiste à croire que cette vérité est l'expression de tous les faits, et que, bien méditée, elle détruit tout ce que les physiologistes ont dit sur la *mécanique* de l'intelligence; elle démontre que, de leur aveu, toutes les sensations, toutes les idées, toutes les opérations du *moi*, retentissent dans un *centre*, dans un *sensorium commun*. Or, ce *centre*, ce *sensorium* est *un* de la manière la plus absolue : un organe, fût-il réduit à un point mathématique, est multiple, n'est pas *un*; donc le *centre commun*, le *sensorium commun*, ne peut pas être autre chose que le *moi sentant*, que le sentiment même. Il ne peut pas y avoir ici d'instrument ou de moyen intermédiaire; tous les efforts qu'on a faits pour expliquer physiquement cette unité sont des *non-sens*, des conceptions imaginaires, dont on découvre toute la fausseté dès qu'on les compare avec les phénomènes mêmes (1).

Cette unité du *moi*, je ne cherche pas à la concevoir, à l'expliquer, comme on l'a tenté jusqu'ici (CLVII, CLVIII); je l'admets comme un fait, et comme un fait qui répugne à la notion de l'étendue, autre fait que je ne conçois pas davantage, mais que je puis comparer avec le premier pour établir leurs ressemblances ou leurs différences (CCXIV), seule méthode vraiment logique et qui soit en rapport avec nos moyens de connaissance.

M. Gall nous reproche d'étudier la physiologie dans les cabinets des métaphysiciens; et pourquoi pas, quand il est question de ce qu'on nomme *physiologie intellectuelle?* Vaut-il mieux l'étudier, comme il a toujours fait, sur le cadavre? faut-il avoir la prétention ridicule de disséquer ce qui ne peut être disséqué; de voir avec l'œil physique ce qui ne peut être saisi que par la vue intellectuelle? Le vrai philosophe admet tous les faits; il reçoit aussi bien les faits fournis par le sens intime, que ceux qui lui viennent des sens extérieurs; il croit autant à Locke qu'à Bichat. Il passe sans prévention de l'amphithéâtre des anatomistes au cabinet des métaphysiciens; il pense que pour connaître un objet, il faut

---

(1) Voyez note 16.

le regarder, que pour savoir une science il faut l'étudier, plutôt que de s'amuser à déclamer contre elle et à nier son existence même. S'il ne prenait pas ces précautions, il craindrait de prêter souvent à rire aux métaphysiciens, quand il se mêle de traiter les questions de ce genre sans emprunter leurs lumières ou du moins leurs moyens d'observation. Il se récuse ou se tait quand il s'agit de ces matières, ou sait parler en métaphysicien sur des choses métaphysiques. Je sais bien que les anatomistes, les physiciens ne seront pas de mon avis sur ce point; mais le vrai philosophe est au-dessus de toutes ces petites prétentions d'état qui déshonorent trop souvent les savans, et, ce qui est plus fâcheux, détruisent la science. Il apprécie tout, parce qu'il connaît un peu de tout, ou qu'il sait du moins avouer son ignorance.

Les vrais philosophes s'amusent de ces prétentions parfois trop ridicules ; ils ne peuvent s'empêcher de sourire quand on leur dit que l'homme n'a l'idée de Dieu que parce qu'il possède un organe approprié à cette notion, et que l'on croit en Dieu, comme on mange, et si j'ose le dire, comme on va à la garde-robe, ou comme l'on ferait toute autre fonction organique (1). Ils ne savent s'ils

---

(1) M. Gall, ouvr. cité, voyez le développement curieux de ses idées sur l'organe de la théosophie situé au-devant

doivent sourire ou s'indigner quand ils entendent dire gravement que l'amour maternel n'est qu'une modification de l'utérus, ou plus généralement des viscères abdominaux (Cabanis) (1); que

---

de la suture sagittale, sur le sommet de l'os frontal, et prenant un peu les angles supérieurs des pariétaux.

(1) « Mais de tous ces penchans qu'on ne peut rapporter aux leçons du jugement de l'habitude, l'instinct maternel n'est-il pas le plus fort, le plus dominant? à *quelle puissance* faut-il attribuer ces mouvemens d'une *nature sublime dans son but et dans ses moyens*, mouvemens qui ne sont pas moins irrésistibles, qui le sont peut-être encore plus dans les animaux que dans l'homme? n'est-ce pas *évidemment* aux impressions déjà reçues dans la matrice, à l'état des mamelles, à la disposition sympathique où se trouve tout le système nerveux, par rapport à ces organes éminemment sensibles? ne voit-on pas *constamment* l'amour maternel d'autant plus énergique et plus profond que cette sympathie est plus interne et plus vive, pourvu toutefois que l'abus ou l'abstinence déplacée des plaisirs amoureux n'ait pas dénaturé son caractère? il est sûr qu'en général les femmes *froides* sont rarement des mères passionnées. (Ouv. cité, t. I, p. 109.)

Et ailleurs, p. 319 : « Plusieurs nourrices m'ont avoué que l'enfant en les tettant leur faisait éprouver une vive impression de plaisir, partagée à un certain degré par les organes de la génération. D'autres femmes m'ont dit aussi que souvent les joies ou les peines maternelles étaient chez elles accompagnées d'un état d'orgasme de la matrice.

l'on donne l'amour maternel à un dindon en lui plumant l'abdomen et en lui frottant cette partie avec des orties (1); que la morale ne sera établie que quand on sera persuadé que tout dépend du physique; que c'est sur ces principes que doit reposer la morale des états libres ; que nous ne serons très-vertueux que quand nous aurons notre morale, comme les animaux, tels que les tigres et les lions,

---

(1) « Dans mon département et dans plusieurs de ceux qui l'avoisinent, quand on manque de poules couveuses, on emploie une pratique singulière qui mérite d'être remarquée. On prend un chapon, on lui plume l'abdomen, on le frotte avec des orties et du vinaigre, et dans l'état d'irritation locale où cette opération l'a mis, on le place sur des œufs : il y reste d'abord machinalement pour soulager la douleur qu'il éprouve ; bientôt il s'établit dans les entrailles une suite d'impressions inaccoutumées, mais agréables, qui l'attachent à ces œufs pendant tout le temps nécessaire à l'incubation, et dont l'effet est de produire en elles une *espèce d'amour maternel factice* qui dure, comme celui de la poule, aussi longtemps que les petits poulets ont besoin d'une vigilance et de soins étrangers. » t. II, p. 110.

Si Cabanis s'était contenté d'exprimer le rapport des organes avec les affections instinctives ou réfléchies, il aurait émis une grande vérité ; mais dire que l'amour maternel n'est qu'une modification de l'utérus et n'a d'autre jouissance qu'une jouissance en quelque sorte vénérienne, c'est se jouer par trop de la raison.

ont la leur (1); que l'on peut être fou d'un seul côté de la tête, et de l'autre raisonner très-bien, même sur sa manie (2); que l'on jugerait beaucoup mieux en général si l'on pouvait loucher du cerveau, comme on louche des yeux (3).

Tout cela leur rappelle l'histoire du Peintre et du Cordonnier, et mille anecdotes de ce genre, qui servent à les égayer un peu et à les délasser de leurs graves méditations; il ne faut pas leur refuser ce plaisir. L'étude des sciences, quand elle est cultivée avec un certain esprit d'indépendance et animée par une légère teinte de malice, devient plus agréable qu'on ne le croit. Quelquefois cependant les faits de ce genre élèvent leur esprit aux plus hautes pensées, et ils s'occupent du soin de tracer

---

(1) « La médecine éclaire l'étude de l'entendement et trace l'art de le conduire, de le perfectionner, en reconnaissant dans les impressions et dans les besoins propres à chaque nature sensible, les véritables rapports ou les véritables lois des rapports de tous les êtres qui lui appartiennent, ou qu'elle renferme dans son domaine, et du même principe découlent à ses yeux les règles de leur conduite réciproque et l'art raisonné de leur bonheur, c'est-à-dire la morale. Je dis la morale en général, parce que *chaque nature sensible a la sienne, et toujours fondée sur les mêmes bases.* » Du degré de la certitude en médecine. préface, page 10.

(2) M. Gall, ouv. cité, t. II, p. 248.

(3) Bichat, *Recherches sur la vie et la mort*, p. 24.

le domaine particulier de chaque science différente et d'établir leurs véritables relations d'amitié. Ils espèrent, dans leurs rêves philanthropiques, que quand l'homme connaîtra mieux les choses, il les étudiera en elles-mêmes, et non point par des analogies trompeuses, comme il l'a fait trop souvent; qu'il les examinera par une observation directe, scrupuleuse et attentive, et non point par des rapprochemens hypothétiques qui dispensent de la réflexion et du travail.

CCXLII.

Tous ceux qui ont admis des organes différens des opérations de l'âme ont isolé ces opérations, contre le témoignage du sens intime, et d'après des analyses subtiles et fausses.

Ainsi la plupart des philosophes de l'antiquité plaçaient l'*âme raisonnable* dans la tête, l'*âme brute* dans le tronc, et l'*âme sensitive* dans toutes les parties du corps sans exception. Ceux qui n'admettaient qu'une âme unique, plaçaient la *faculté intellectuelle* dans la tête, la *faculté appétitive* et les passions dans le tronc, et chaque qualité ou affection particulière, comme l'espérance, l'amour, l'envie, le courage, la tristesse, etc., dans telle ou telle partie. Les Arabes plaçaient le *sens commun* dans les cavités antérieures du cerveau, l'*imagination* dans la seconde cavité, le *jugement* dans la troisième, et la *mémoire* dans la quatrième. Selon d'autres, le cerveau était le siége de la *faculté apperceptive*, et le cervelet celui de la *mémoire*. Carpus place la mémoire derrière les oreilles. Des idées analogues ont été présentées avec toutes les variations possibles par Vockerodt, Albert-le-Grand, Mundini de Luzzi, Servetto, Pétrus Montagnana, Ludovico Dolci, Willis, Wieussens, Lancisi, Lapeyronie, Charles Bonnet, Haller, van-Swiéten, Mayer, Prochaska, Boerhaave, Platner, Malacarne, Chanet, Wrisberg, Tiedemann, etc. (*Voy*. M. Gall, t. II, p. 35o.)

CCXLIII.

Si l'on examine avec quelque attention les opérations de l'intelligence, on verra qu'elles se confondent dans le *moi* qui en est le principe, dans les actes qui les constituent, et dans les produits qui en sont le résultat. Peut-on séparer, par exemple, les sensations des idées et des jugemens correspondans? ceux-ci dérivent de celles-là; les uns ne sont que les autres réfléchies et soumises à la réaction. Il n'y a pas de passion sans idée et sans sensation; la passion n'est que la réaction du *moi* sur la sensation, considérée dans ses rapports de plaisir ou de peine avec nous-mêmes. L'attention, la mémoire, le désir, la passion, ne sont pas des facultés distinctes les unes des autres. M. Gall l'a très-bien reconnu ; car on ne peut lui refuser beaucoup de force et d'adresse logique, du moins quand il détruit une erreur. La volonté ne peut pas être distinguée de l'entendement, si l'entendement lui-même est actif et le résultat de la volonté même. Les facultés de presque tous les métaphysiciens ne sont que des abstractions réalisées. On considère isolément l'intelligence, la raison, la sensation, la mémoire, l'imagination, etc. ; on en fait des êtres réels, distincts, même matériels, et on leur donne une existence positive, une habitation déterminée, une naissance, une durée, une mort. Les facultés intellectuelles ne sont que des pouvoirs d'agir, des opérations, des actes particuliers ; elles n'ont donc pas d'existence positive, séparée du principe actif lui-même; donc elles sont des modes d'action, et non des choses, comme on le suppose dans la plupart des systèmes. Aussi les métaphysiciens n'ont-ils pas pu s'accorder sur leur nombre; chacun d'eux en a fait une énumération et une classification particulière, et tous avaient également raison ou tort à cet égard.

Les physiologistes se sont emparés de ces hypothèses et en ont ajouté de nouvelles. Parce que telle passion s'accompagne d'une certaine impression dans tel organe, ils ont établi que cette passion avait son siége spécial dans ce même organe, n'était qu'une modification de cet organe; et sur cela, on a créé l'*organoscopie*, qui est la science la plus conséquente, peut-être, au principe qu'on avait pris pour point de départ, et la plus ridicule dans ses derniers résultats ; ceux-ci semblent heureusement destinés, par leur absurdité et leur opposition contradictoire, à détruire le principe lui-même.

On n'a pas vu que le rapport de la passion avec l'organe n'est qu'un rapport d'influence, qui se présente même dans un ordre de succession inverse de celui qu'on a établi. Il est évident, pour le sens intime, que la passion est antérieure à l'effet physique qu'elle détermine; que celui-ci n'est qu'un de ses effets, d'après les lois primordiales, qui lient le moral au physique. M. Gall l'a très-bien prouvé contre Bichat, qui rapporte les passions aux viscères abdominaux, et voudrait que l'on fît une *splanchnoscopie* ou que l'on jugeât de l'intelligence, des passions et des mœurs des différens animaux par le développement des viscères abdominaux (1).

M. Gall ne s'aperçoit pas que le même argument s'applique à tous les effets de l'exercice des facultés intellectuelles sur l'organisme. Le sentiment de fatigue que nous éprouvons au devant

---

(1) Bichat, *Recherches sur la vie et la mort*, p. 71.

de la tête quand nous pensons, est du même ordre ; il n'est qu'un effet, comme toutes les choses de ce genre. La pensée et toutes ses opérations, ont lieu dans un principe qui est *un*, et qui est distinct des organes ; ce principe éprouve des modifications en lui, et les fait ressentir ensuite à l'organisme vivant ; comme, dans d'autres cas, l'organisme vivant ressent des modifications primitives qu'il communique directement au *moi* et à ses opérations. Ce qui acheverait de démontrer cette importante vérité, c'est que l'exercice de la pensée s'accompagne d'une impression spéciale dans la région épigastrique. Cette impression est directe, primitive, elle précède même celle que l'on rapporte à la tête. On n'a jamais osé dire cependant que l'on pensât par l'estomac, quoique peut-être trouverait-on des idées analogues dans les ouvrages de van-Helmont, de M. Broussais, etc. Ce qui le prouve encore mieux, c'est que le rapport de l'exercice de la pensée avec l'organisme change avec l'état de celui-ci, et que si un individu a un organe faible, malade, la fatigue de la pensée porte spécialement sur lui.

CCXLIV.

J'ai établi ailleurs que le cerveau de l'homme est fait sur le même plan fondamental que celui des animaux les plus imparfaits ; qu'il ne différait qu'en volume et en énergie d'action, et non en organisation essentielle, en nature réelle et en facultés distinctes (CIII —CVIII). Toutes ces parties que l'on distingue dans le cerveau, et auxquelles on a donné des noms différens, sont de la création des anatomistes. Autant vaudrait donner des noms particuliers et des fonctions spéciales aux lobules du parenchyme des poumons, qui très-certainement diffèrent autant, dans les différentes classes d'animaux, que l'organe cérébral ; mieux vaudrait encore distinguer les différens lobes et lobules du foie des animaux, parties qui cependant ont toutes les mêmes fonctions. Quand on suit la formation graduelle du cerveau dans les diverses classes d'animaux, peut-on conserver, un seul instant, des idées si étranges (CIX)?

N'est-il pas ridicule de mesurer l'intelligence des animaux par le nombre des circonvolutions du cerveau et du cervelet (Malacarne), par l'étendue des ventricules (Willis), par la quantité d'eau qu'ils renferment (Soemmerring), par le volume des faisceaux des fibres cérébrales (M. Gall)?

CCXLV.

Le système de M. Gall et tous les systèmes analogues n'embrassent pas l'ensemble des animaux; ils sont contraires aux dernières classes, et ne s'appliquent, à proprement parler, qu'aux vertébrés et même aux mammifères. Et cependant il est évident que les animaux inférieurs ont les mêmes facultés générales que les supérieurs ; qu'ils ne paraissent différer en partie, sous ce rapport, que par le degré.

« M. Gall demande si les fonctions des systèmes nerveux n'exigeraient pas, dans les animaux parfaits, l'action simultanée au moins de celles des parties du cerveau situées près de sa base, comme la circulation du sang exige l'action du cœur ; tandis que dans les animaux imparfaits les sensations, les mouvemens volontaires et l'action des organes des sens ont lieu sans le concours d'un cerveau ; tout comme, dans ces mêmes animaux et dans les plantes, il existe une espèce de circulation des fluides sans le concours d'un cœur ? » (1) Mais si cela est, le cerveau n'a pas une action différente, spéciale, distincte de celle des nerfs, comme les mouvemens du cœur ne diffèrent pas de ceux des capillaires, ni dans leur nature, ni dans le but général de la fonction. Le cerveau n'est donc qu'un principe de perfectionnement, et non la source de phénomènes particuliers.

« Quoique les modernes, dit Tiedemann, aient

---

(1) Ouvr. cité, t. II, p. 91.

reconnu combien l'anatomie comparée peut être utile à l'encéphalotomiste, ils ont cependant peu profité des avantages qu'elle met à sa disposition. Si nous jetons un coup d'œil sur le grand ouvrage de M. Gall, nous y voyons régner d'un bout à l'autre l'idée qu'il faut étudier la structure du système nerveux et du cerveau, en s'élevant peu-à-peu des animaux les plus simples jusqu'à l'homme. Mais qu'a fait réellement M. Gall ? Il n'a décrit et figuré, relativement au système nerveux des animaux, que les nerfs de la chenille, que le cerveau et la moëlle épinière d'une poule et de quelques mammifères : encore même son livre n'est-il pas exempt d'erreurs sous ce rapport. Partir d'un si petit nombre de données pour arriver à des conclusions générales sur la structure du cerveau et du système nerveux, ce serait rendre la question encore plus embrouillée qu'elle ne l'est actuellement, au lieu de répandre sur elle un jour salutaire. On ne doit considérer ces travaux partiels que comme des matériaux détachés d'un grand édifice ; et toutes les fois qu'on voudra les faire servir d'élémens à des propositions générales, ils ne pourront qu'entraîner dans de nouvelles erreurs. Nul axiome, relatif à un point quelconque d'anatomie ou de physiologie, n'est fondé, lorsqu'on ne l'a pas habilement déduit de tous les faits et de toutes les observations ayant trait à l'objet dont il s'agit (1).

M. Serres a rempli cette lacune de la science, sous le rapport anatomique, par son très-beau travail sur le système nerveux de toutes les classes d'animaux ; il nous a été très-fâcheux de n'avoir pas pu en profiter pour notre compte.

CCXLVI.

Tous les organes ont des fonctions analogues, ou même identiques dans toutes leurs parties, le cerveau serait le seul qui aurait des fonctions différentes dans ses divisions, il serait hors des lois générales et communes de l'organisation. On n'a jamais été tenté de voir plusieurs organes séparés dans les poumons, dans le foie, dans l'estomac; de dire, par exemple, pour ce dernier, qu'une partie de l'organe appétait les alimens pris du règne animal, et une autre, ceux du règne végétal ;

---

(1) *Anatomie du cerveau*, par Fréd. Tiedemann. M. Jourdan, qui a traduit encore cet excellent ouvrage, fait servir une instruction variée à mettre la France en relation avec les trésors les plus précieux de l'Allemagne savante. Des travaux aussi importans lui méritent la plus vive reconnaissance. Il a enrichi la traduction de ce dernier ouvrage d'un Discours préliminaire, très-remarquable sous le rapport de la philosophie.

et cependant, ici surtout, on pourrait très-bien appliquer tous les argumens des cranioscopes (1).

CCXLVII.

M. Tiedemann ne doute pas que chaque partie du cerveau n'ait une action particulière, et que les fonctions générales et particulières de cet organe ne dépendent de sa structure.

« Comme c'est, dit-il, par l'étude du système nerveux et du cerveau des animaux que nous parvenons à connaître la gradation que l'encéphale suit dans sa formation et sa complication progressives, de même aussi nous aurions besoin d'une psychologie comparée, pour concevoir les usages et la manière d'agir de chacune des parties qui entrent dans sa composition. Il faudrait qu'on observât attentivement les phénomènes de l'action cérébrale, depuis les animaux placés au bas de l'échelle jusqu'à l'homme, et qu'ensuite on les mît en parallèle avec la structure de l'organe lui-même. Cette étude comparative des actions et de l'organisation du cerveau dans les différens animaux nous dévoilerait les fonctions dévolues à chacune de ses parties, connaissance qui nous manque encore entièrement, et à laquelle nous ne saurions arriver par d'autre voie que par celle qui vient d'être indiquée. C'est une vérité généralement reconnue aujour-

---

(1) *Voyez* notre article CRANIOSCOPIE, page 310.

d'hui que les actions cérébrales deviennent d'autant plus nombreuses et diversifiées, que ces mêmes animaux offrent à nos regards un cerveau et un système nerveux d'une structure plus complexe. On sait aussi que les nerfs destinés aux organes des sens et leurs racines dans l'encéphale, sont d'autant plus volumineux chez les animaux, que les organes des sens eux-mêmes sont plus dévoloppés. On ne saurait douter qu'il n'y ait un accord parfait, une connexion intime, entre les actes de l'intelligence chez les animaux et la structure des parties de leur encéphale (1). »

La question préalable sur ce point est de savoir si les différens *actes* du *moi* ont besoin d'organes et d'organes différens; si toutes ces bases de la science ne sont pas hypothétiques et fausses, ne sont pas empruntées à des idées mécaniques et grossières, puisées dans les idées populaires ; si l'observation métaphysique, qui est aussi sûre que l'observation anatomique, ne donne pas d'autres idées. Il est certain que le développement de l'intelligence est en rapport avec le volume du cerveau, du moins d'une manière générale ; mais que les différentes opérations du *moi* dépendent de la *structure* des portions du cerveau, c'est une opinion qui est plus que douteuse, et qui est

---

(1) Ouvrage cité, pag. 4.

contraire à l'ensemble de tous les faits anatomiques, physiologiques, pathologiques et métaphysiques.

CCXLVIII.

Il est aussi ridicule de rechercher l'usage particulier de certains renflemens de la substance cérébrale, que si l'on s'efforçait de trouver la raison de la configuration et des moindres détails de forme de la moelle épinière et des ganglions. Le cerveau n'a fixé l'attention à cet égard que parce qu'il est plus volumineux, que ses renflemens sont plus marqués, et que les anatomistes l'ont décrit jusques ici d'après les méthodes les plus vicieuses, et ont adopté le langage le plus ridicule et le plus inexact pour exprimer les résultats de leur inspection.

CCXLIX.

Certaines parties manquent dans certaines classes, ou du moins sont très-peu développées, comme le corps calleux, la voûte, la cloison transparente chez les oiseaux, etc. C'étaient ces parties qu'il fallait considérer comme des organes distincts et auxquelles il fallait chercher des usages particuliers. Eh bien! il a été impossible de le faire, et la chose serait même ridicule. Le développement de ces parties tient à l'augmentation générale du cerveau : ce qui prouve bien que la manière ordinaire de concevoir le cerveau par parties isolées est très-vicieuse. Nous renvoyons à ce que nous avons déjà établi sur le développement graduel de cet organe dans les diverses classes. Nous ne craignons pas de dire que toute cette partie de l'anatomie doit être reprise sur de nouveaux principes, et que, telle qu'elle est présentée aujourd'hui, elle est la partie honteuse de l'anatomie et de la physiologie, sous le rapport de la philosophie (LXXXII—CXIV).

CCL.

M. Gall n'attache point d'importance à certaines parties auxquelles d'autres anatomistes voudraient faire jouer le plus grand rôle, toujours d'après cette même philosophie, dont la moindre discussion suffit pour détruire les prétentions ambitieuses. «Tant qu'on n'aura pas même de soupçons fondés sur les fonctions de la glande pituitaire, de l'infundibulum, des éminences mamillaires, des tractus qui se rendent de ces éminences dans l'épaisseur des couches, de la glande pinéale et de ses pédoncules, il faudra craindre qu'un système quelconque sur les fonctions du cerveau ne soit bien incomplet, puisqu'il n'embrassera point ces parties si nombreuses, si considérables et si intimement liées à l'ensemble de ce noble viscère (1).

---

(1) M. Cuvier, *Rapport cité*.

CCLI.

Il n'est point de parties du cerveau dont la lésion n'ait amené à sa suite la suspension de toutes les facultés intellectuelles, comme il n'en est point qui n'ait pu être détruite, les facultés intellectuelles conservant leur intégrité; donc le *moi* est présent à tout le cerveau et n'est, à proprement parler, nulle part; il se sert de toutes ses parties pour soutenir son action et il peut s'en passer. Ces deux ordres de faits bien médités et opposés l'un à l'autre, détruisent complètement toutes les conséquences anatomico-physiologiques qu'on en a tirées, et montrent qu'il faut admettre d'autres principes (CXIX).

CCLII.

Le cervelet, selon M. Gall, n'a aucune influence sur les facultés intellectuelles proprement dites, du moins sur les facultés supérieures; cependant nul doute que dans certains cas les lésions du cervelet n'aient influencé les facultés intellectuelles. Il en est de même de cette substance corticale des hémisphères, que la plupart des physiologistes disent que l'on peut ôter impunément. La manière ordinaire d'interpréter les faits de ce genre étant, par sa nature, absolue, exclusive, nécessaire, on ne pourra jamais rendre raison de ces faits et de leurs variations.

CCLIII.

Les lésions partielles des facultés, par suite d'une lésion isolée du cerveau, ne prouvent pas que ces facultés aient leur siége dans ce point lésé. Cela se rattache à d'autres lois connues ou à connaître; je vais en indiquer quelques-unes.

1°. Une partie du cerveau peut avoir un rapport organique ou vital avec telle partie, telle fonction morale ou vitale, sans que cette fonction ait son siége spécial dans ce point circonscrit. Je dis rapport organique : ainsi, nul doute que les lésions des différentes portions du centre encéphalo-rachidien ne portent spécialement leurs effets sur les parties les plus voisines, sur celles qui fournissent les origines des nerfs de la partie, et par suite sur les organes correspondans. Je dis vital, parce que les faits journaliers prouvent que telle partie a une action plus directe sur telle autre et sur ses opérations, quoiqu'elle ne soit pas chargée directement de celles-ci.

2°. Les différentes opérations morales et vitales exigent des degrés différens de forces, et dès-lors elles sont plus ou moins subordonnées aux liaisons organiques d'où émanent ces forces.

3°. Les différentes opérations morales et vitales sont plus ou moins étroitement liées au cerveau et au système entier, selon les différentes espèces d'animaux, selon les âges, les sexes, les professions, les habitudes, etc.

CCLIV.

Les preuves que M. Gall donne en faveur de son système particulier d'*organoscopie* sont telles, qu'elles pourraient être invoquées avec une force égale par ceux qui ont donné un tout autre siége que lui aux mêmes facultés. Ces preuves sont donc sans valeur pour lui et prises en elles-mêmes. Tous ces systèmes se détruisent par cela seul, et montrent qu'ils se rattachent à une mauvaise manière d'interpréter certains faits.

CCLV.

Il suffit d'indiquer les noms des organes cérébraux admis par M. Gall, pour sentir la fausseté et le ridicule de ce système qui est contraire aux moindres notions métaphysiques, anatomiques et physiologiques. Voici les facultés ou qualités fondamentales de l'entendement : 1°. instinct de la propagation ; 2°. amour de la progéniture ; 3°. attachement, amitié ; 4°. instinct de la défense de soi-même et de sa propriété, amour des rixes et des combats ; 5°. instinct carnassier, penchant au meurtre ; 6°. ruse, finesse, savoir-faire ; 7°. sentiment de la propriété, instinct de faire des provisions, convoitise, penchant au vol; 8°. orgueil, hauteur, fierté, amour de l'autorité, élévation; 9°. vanité, ambition, amour de la gloire; 10°. circonspection, prévoyance; 11°. mémoire des choses, des faits, sens des choses, éducabilité, perfectibilité; 12°. sens des localités, sens des rapports dans l'espace; 13°. mémoire des personnes, sens des personnes; 14°. sens des mots, sens des noms, mémoire des mots, mémoire verbale; 15°. sens du langage de parole, talent de la philologie; 16°. sens des rapports des couleurs, talent de la peinture; 17°. sens des rapports des tons, talent de la musique; 18°. sens des rapports des nombres; 19°. sens de mécanique, de construction, talent de l'architecture.

Ces facultés se rencontrent chez l'homme et les animaux; les suivantes appartiennent exclusivement à l'homme. 20°. sagacité comparative; 21°. esprit métaphysique, profondeur d'esprit; 22°. esprit caustique, esprit de saillie; 23°. talent poétique; 24°. bonté, bienveillance, douceur, compassion, sensibilité, sens moral, conscience; 25°. faculté d'imiter, mimique; 26°. Dieu et religion; 27°. fermeté, constance, persévérance, opiniâtreté.

M. Spurzheim, élève de M. Gall, a ajouté huit facultés aux vingt-sept précédentes; ce sont l'habitativité, les facultés de l'ordre, du temps, de la surnaturalité, de l'espérance, de l'étendue, de la pesanteur, de la justice ou le sens moral.

M. Gall considère comme simples des choses qui sont souvent très-compliquées; comme des modifications natives des choses qui sont essentiellement acquises; comme de simples perceptions ou affections de la sensibilité des choses qui sont déduites ou réfléchies. Que quelques-unes de ces modifications morales se lient à des dispositions natives ou accidentelles de la sensibilité, qu'elles soient en rapport avec l'état du cerveau, et plus généralement des organes, etc., nul doute; mais qu'elles dépendent d'une faculté particulière et d'un organe propre, c'est là un véritable roman. Voyez les puissantes objections que M. Jourdan a dirigées contre la doctrine de M. Gall dans le Discours préliminaire de sa traduction de Tiedemann, p. xxxvj-xlv.

CHAPITRE IV.

De la Mémoire et de l'Imagination.

§. I. *De la Mémoire.*

CCLVI.

En l'absence des objets ou des causes de mes sensations, de mes idées et de mes raisonnemens, je puis me rappeler ces sensations, ces idées, ces raisonnemens, avec la conscience que j'ai déjà éprouvé les unes et formé les autres. La mémoire, prise dans son extension naturelle, et considérée dans une sphère moins circonscrite que celle qu'on lui donne ordinairement, est la répétition de toutes les opérations du *moi*, quelles qu'elles soient, avec la conscience de les avoir déjà faites. On a établi beaucoup trop généralement que la mémoire n'était que le rappel des sensations *dites physiques*, et de cette première erreur en est résulté une foule d'autres. On a cru que la mémoire n'était qu'une chose purement mécanique : idée qui serait fausse, quand même les données sur lesquelles elle s'appuye seraient aussi exactes qu'elles le sont peu.

CCLVII.

La mémoire n'est pas une simple sensation, comme on le suppose dans toutes les théories où l'on a méconnu ses caractères essentiels : elle se compose de l'idée que nous avons déjà perçu cette impression, et par conséquent des idées de notre *moi*, de sa durée, du temps, etc., idées fort compliquées et très-abstraites. D'après ce caractère de la mémoire, on voit qu'elle ne peut pas être passive, comme on l'a supposé, et comme on a été obligé de le supposer dans toutes les théories de la mémoire, présentées par les *matérialistes* ou par les *spiritualistes*, par les *sensualistes* ou par les *idéalistes*. Tous ont méconnu l'activité du *moi* dans les sensations, et dans la formation des idées, des jugemens, des raisonnemens.

CCLVIII.

Si la mémoire est le rappel des sensations et des idées dans toutes leurs opérations, il en résulte que ces actes appartenant au *moi* seul, et non à l'organisation, la mémoire ne peut pas dépendre de l'organisation dans sa première origine, ni dans les détails de son action même. La même chose qui a exercé le premier acte répète le second.

CCLX.

La mémoire n'est pas la sensation continuée (Condillac). La sensation actuelle disparaît complètement, une foule de sensations et d'idées de nature différente ont lieu, et cependant la mémoire reproduit la sensation plus ou moins de temps après sa première impression. La mémoire est le rappel, la répétition d'une sensation passée.

CCLIX.

On a dit encore que la mémoire était une sensation affaiblie et avec *déchet* (Hobbes).

On ne tient ici nul compte de la circonstance fondamentale de la mémoire, le rappel pur et simple de la sensation. On s'efforce de rattacher la mémoire à une autre faculté pour en donner l'explication, et l'on met de côté ce qui la caractérise essentiellement. Les matérialistes surtout ont omis cette circonstance, parce qu'elle échappe à toutes leurs explications et les renverse complètement. Ici, comme dans toute autre occasion, on a voulu concevoir le phénomène, et on ne l'a admis que comme on l'a conçu.

CCLXI.

La mémoire obéit souvent aux ordres de la volonté. Dans d'autres circonstances, elle est forcée, automatique, mise en jeu par la liaison naturelle ou accidentelle des impressions, des idées (Condillac), ou selon d'autres lois particulières que l'expérience constate, ou qui ne sont pas encore connues. La plupart des métaphysiciens ne l'ont considérée que sous ce dernier point de vue, parce que presque aucun d'eux n'a étudié les facultés intellectuelles dans l'ensemble de leurs phénomènes et par les méthodes d'observation pure.

CCLXII.

La mémoire tient donc, sous certains rapports du moins, à l'activité du *moi* et la proclame hautement. Le *moi*, dans certaines circonstances, renouvelle quand il lui plaît ses propres modifications, même celles qui lui viennent du dehors, ou répète ses actes antérieurs; on se rappelle souvent ce que l'on veut, même selon son caprice, ou selon un caprice étranger: ce qui prouve bien que nous sommes maîtres de nos facultés, qu'elles sont à nous, sont nous-mêmes, et ne dépendent pas, du moins en entier, de ce qui n'est pas *nous*, comme de notre corps ou des agens extérieurs.

CCLXIII.

Puisque la mémoire ne reconnaît souvent d'autre cause que la volonté seule du *moi* ; qu'elle n'a aucune analogie avec les phénomènes physiques par ses caractères essentiels ; qu'elle ne peut être rapprochée d'aucun autre phénomène ou confondue avec aucune autre cause ou force, il faut donc la considérer comme une faculté primitive. Presque tous les métaphysiciens l'ont prise comme telle ; mais presque jamais ils n'ont connu toutes les conséquences de ce premier principe ; car si elle est une force primitive, on ne doit pas chercher à l'expliquer, comme on l'a fait presque toujours ; cette manière de procéder est contradictoire au premier résultat de l'observation. Au contraire, en suivant franchement la marche que nous indiquons, on ferme la voie à toute hypothèse, on étudie la mémoire dans l'ordre des faits qui lui sont correspondans, et l'on peut établir la doctrine de cette faculté sur ses véritables bases.

CCLXIV.

Une preuve encore que la mémoire est une faculté primitive, c'est que l'on peut défier l'esprit le plus subtil de deviner son existence *a priori*, d'après la connaissance exacte des autres facultés intellectuelles de l'homme, de toutes les forces vitales ou physiques ; et cependant cela devrait être, si l'on était en droit d'établir que l'une est la conséquence des autres.

CCLXV.

On a voulu expliquer la mémoire par les mots, qui sont en effet un de ses instrumens les plus précieux, mais qui, loin de constituer la mémoire, la supposent, et montrent d'ailleurs combien la mémoire est active et soumise aux calculs de l'intelligence et du raisonnement.

CCLXVI.

On a eu tort de vouloir expliquer la mémoire par des *traces* conservées dans le cerveau, comme l'impression d'un cachet est conservée dans la cire; par des *plis* de la substance nerveuse que la répétition des impressions physiques et des mouvemens mécaniques rend par cela même plus profonds et plus faciles. Cette hypothèse n'est qu'une conséquence de celle qu'on a émise par rapport à la sensation et dont nous avons déjà démontré la fausseté. En comparant les phénomènes de la mémoire avec ceux dont il s'agit ici, quel rapport y a-t-il entre une *trace*, un *pli*, et le renouvellement d'une impression qu'on a déjà éprouvée? Si cette théorie de la mémoire était vraie, les souvenirs devraient être toujours passifs et jamais soumis à la volonté, à l'activité du *moi*. Car si l'on suppose que la volonté remue telle fibre pour se donner tel souvenir, elle sait donc ce qu'elle cherche avant de l'avoir trouvé, le souvenir a donc lieu avant l'action physique à laquelle on le rapporte. Celle-ci ne serait donc qu'un effet de l'acte *mémoratif*, loin d'en être la cause ; que son complément, loin d'en être la première origine. On ne fait donc, par tous ces intermédiaires imaginés, que reculer la difficulté, loin de la résoudre ; on l'embarrasse même de plus en plus par de nouvelles difficultés.

CCLXVII.

Si le souvenir était une chose physique, une *trace*, une *impression*, il serait permanent : or la mémoire est intermittente ; donc elle dépend d'un principe d'action qui n'est pas soumis à la nécessité physique, mais qui agit quand il lui plaît, ou qui, lorsque son action est forcée, obéit à des lois qui lui sont propres et qui n'ont aucun rapport ou sont même incompatibles avec celles de la matière morte ou vivante. « L'intelligence, dit Bonnet, qui aurait lu dans le cerveau d'Homère, y aurait vu l'Iliade représentée par les jeux variés d'un million de fibres (1). » Cette idée brillante est contraire aux faits ; comment voir une chose qui n'existe pas encore ?

---

(1) *Contemplation de la Nature*, tom. I, p. 148.

CCLXVIII.

Si la mémoire est la simple répétition d'une modification ou d'un acte libre du *moi*, elle a donc lieu immédiatement dans ce *moi*, et non dans aucun organe physique, comme on l'a toujours pensé ; elle n'a pas même besoin d'instrument direct physique, elle ne saurait s'en servir. L'action est dans le *moi*, et tous les métaphysiciens, à l'exception des matérialistes, en conviennent. Le premier principe, le premier mobile de cette action est incontestablement dans le *moi*, dans les cas où la mémoire se montre soumise à la volonté ; ici il n'y a pas d'autre circonstance à invoquer, à supposer ; il n'y a, ni ne peut rien y avoir d'étranger à cette action même : mais dans les cas où la mémoire est forcée et subordonnée à l'action des organes, la théorie que nous présentons n'est-elle pas détruite? Non sans doute, elle reste essentiellement la même ; il faut seulement admettre que le *moi* est en rapport avec les organes, et que son action forcée, dans ce cas, est soumise à des lois particulières, qui ne ressemblent en rien, d'ailleurs, aux lois qui président aux mouvemens forcés de la matière connue. Une preuve négative ne détruit pas une preuve affirmative, une exception ne change pas la règle, un nouveau mode d'action accidentel ne détruit pas le mode fondamental et essentiel.

CCLXIX.

Si la mémoire n'était que le rappel des sensations, et qu'il fût prouvé que les sensations sont passives, le système physique de la mémoire aurait une apparence de raison ; mais nous avons vu que la sensation n'est pas passive, qu'elle est en partie le résultat de l'action du *moi* (CLIX—CLXXVIII). En outre, la mémoire n'est pas seulement le rappel des sensations, mais celui des idées (CLXXXVII), des jugemens (CCXXIV) et des opérations les plus actives du *moi*. Toutes les explications mécaniques, appliquées à cette partie de la mémoire, sont inadmissibles; donc elles sont fausses en elles-mêmes pour tout le reste, puisqu'elles sont et doivent être générales, absolues. Cela est si vrai, que les matérialistes qui ont donné cette théorie hypothétique de la mémoire, ont toujours établi que la mémoire n'était que le rappel des sensations, que les sensations étaient passives; donc, de leur propre aveu, si ces données fondamentales sont démontrées fausses, tout leur système s'écroule.

On a dit que la volonté ne pouvait pas s'empêcher de reconnaître une impression déjà reçue, et on en a conclu que la mémoire était essentiellement passive; mais on confond ici la partie active et la partie passive. Nos facultés se portent activement vers le rappel d'une impression, ensuite celui-ci a lieu bon gré malgré; la mémoire, comme toutes les autres facultés, est à la fois active et passive. C'est ce double caractère qu'il faut bien saisir, et qui est le fondement de l'idéologie expérimentale; et c'est pour avoir isolé ces deux parties, et n'avoir tenu compte que d'une seule, que l'on a méconnu presque toujours la théorie de toutes nos facultés.

CCLXX.

Dans l'idée généralement reçue, on semble croire que la mémoire ou le cerveau soit une sorte de magasin où sont renfermés par ordre les souvenirs. Cette fausse analogie vient de la notion inexacte que l'on a de la sensation et de l'idée.

Le *moi* a seulement le pouvoir de rappeler les souvenirs ou de répéter l'acte de la sensation ou de l'idée; le souvenir n'a donc qu'une existence *potentielle* et non *actuelle* : ce qui prouve encore que la sensation et l'idée sont actives, puisque la mémoire est la répétition de ces actes : aussi ne se rappelle-t-on bien que les sensations et les idées les plus actives.

Nous retrouvons dans les actes vitaux cette même différence de l'existence *potentielle* et de l'existence *actuelle*, et je vais la rappeler pour mieux la faire saisir et non pour établir des analogies entre ces deux ordres d'actes d'ailleurs si différens. Les diathèses morbifiques sont des dispositions de l'organisme vivant, d'après lesquelles telle série de mouvemens est en puissance, en disposition virtuelle, et se manifeste et éclate sous l'action de causes occasionelles qui n'en rendent pas raison, quoiqu'on l'ait supposé dans la plupart des doctrines pathologiques : ce qui a amené une foule d'hypothèses (M. Broussais). Dans l'état physiologique, on ne peut pas se refuser à admettre que l'organisme ne soit pénétré de dispositions virtuelles qui président à toutes les fonctions, à la manifestation de tous les besoins et de tous les mouvemens propres à les satisfaire. Cela s'applique encore à toutes les dispositions industrielles des animaux. Toutes ces idées, méconnues ou expliquées d'une manière mécanique, ont embarrassé les sciences physiologiques et morales d'une foule d'erreurs.

Des organes qui ont exercé certains actes pendant long-temps peuvent les reproduire après des intervalles de repos plus ou moins prolongés. A cette loi expérimentale, et dont je ne me hasarde pas à chercher l'explication, je rapporte tous les faits relatifs à l'empire de l'habitude dans l'état physiologique et pathologique. Je me garderai bien de dire pour cela par un véritable jeu de mots qui compromet à-la-fois la physiologie et la métaphysique, que l'organisme vivant a la *mémoire, l'idée* d'une série de mouvemens (Barthez): cela supposerait l'ignorance entière des caractères essentiels et distinctifs des deux phénomènes.

CCLXXI.

La mémoire tient à l'intégrité du cerveau comme condition, non comme cause, ni comme instrument direct ; voilà ce que disent tous les faits relatifs à l'influence du cerveau sur la mémoire, et pas davantage ; tout ce qui a été ajouté est une suite du roman de la physiologie *dite intellectuelle* sur la sensation. La mémoire exige la plénitude de cette condition physique : la sensation, qui est soutenue par l'action des objets extérieurs, qui est plus simple, plus facile à produire, exige, à un moindre degré, cette même condition : aussi la mémoire se perd-elle avant la faculté de sentir et par la moindre lésion du cerveau.

La mémoire étant le rappel des sensations, des idées, etc., doit nécessairement emprunter du cerveau l'action que cet organe prête à la sensation, à l'idée, etc. Or, nous avons vu dans le chapitre de la sensation (XLVI—CLVIII), dans celui de l'idée, et enfin, dans celui du jugement (CCXXX—CCLV), le genre de rapport qui lie le cerveau avec ces différentes opérations : nous n'avons donc rien à ajouter sur ce point, et nous renvoyons à ces chapitres, et sur-tout à celui de la sensation, pour les derniers développemens, qui sont d'ailleurs faciles à trouver d'après notre doctrine générale.

CCLXXII.

On conserve le souvenir d'un membre amputé, les douleurs qu'il procurait dans le temps se renouvellent sous certaines conditions extérieures auxquelles elles sont liées, comme, par exemple, dans certaines variations atmosphériques, etc. On explique ce fait, en attribuant la sensation primitive au cerveau ou au plexus nerveux correspondant du membre amputé, et on s'en est servi pour prouver que la sensation n'est pas dans l'organe auquel on la rapporte, mais qu'elle a lieu dans un autre point matériel. Il n'y a dans ce dernier raisonnement que la première partie qui soit exacte, le fait ou la déduction immédiate, savoir que la sensation n'a pas lieu dans l'organe ; quant à l'explication physique, elle n'est légitimée par aucune preuve. On ne peut rapporter qu'au *moi* cette répétition de la sensation qui peut avoir lieu sous l'influence de l'imagination ou sous certaines conditions et d'après certaines liaisons de sensations et d'idées.

CCLXXIII.

Des faits relatifs aux pertes partielles de la mémoire, on a conclu que les souvenirs étaient *casés* dans les divisions cérébrales comme dans un magasin : conséquence séduisante, mais absurde. En effet, si l'on voulait être plus conséquent encore au principe, il faudrait admettre autant d'organes différens qu'il y a de souvenirs différens de sensations, d'idées, de raisonnemens, etc., et de parties de sensations, d'idées; car très-souvent on se rappelle très-bien telle partie de la même série de sensations et pas telle autre. Il faudrait donc créer un bien plus grand nombre d'organes que celui qu'on a imaginé; il faudrait admettre, par exemple, comme on l'a fait réellement, un organe pour les noms substantifs et un autre pour les adjectifs, ou plutôt pour chaque mot. Cette conséquence est fausse, ridicule, on ne peut pas la soutenir : donc, le principe lui-même est faux. Si nous osions hasarder une explication qui signalât *une* des circonstances du phénomène, ne pourrait-on pas dire qu'il dépend de la facilité plus ou moins grande du rappel des impressions : ainsi les substantifs, plus compliqués, dans les notions qu'ils représentent, moins habituels que les adjectifs qui s'appuyent sur une sensation directe, vive et souvent répétée, s'oublient plus aisément que ces derniers. Ainsi encore, dans la vieillesse, on se rappelle mieux les choses anciennes que les récentes, celles-ci étant moins vives et ayant été moins renouvelées par leur répétition.

CCLXXIV.

La mémoire ne peut pas avoir d'organe spécial, comme on l'a toujours supposé, et comme l'a très-bien démontré M. Gall, dans son système ingénieux, quoique fantastique, comme s'exprime Morgan (1). Elle ne peut pas appartenir davantage au cerveau tout entier, nous avons prouvé ailleurs que les sensations ne se font pas dans le cerveau, n'ont pas lieu dans le cerveau pris comme siége, instrument ou cause de la sensation; nous avons vu qu'il en était de même, à plus forte raison, pour l'idée, le jugement, le raisonnement; donc, la mémoire, qui n'est que la répétition de ces mêmes opérations, ne peut pas avoir lieu dans le cerveau, du moins comme on l'entend.

CCLXXV.

Les animaux inférieurs ont de la mémoire, et

---

(1) Ouvrage cité, page 333.

cependant on ne rapporte pas, chez eux, cette faculté au cerveau : donc, la théorie reçue n'embrasse pas tous les animaux, et nous avons démontré ailleurs que cette condition était de rigueur dans le système mécanique et absolu que l'on a présenté, et que l'on a été obligé de présenter d'après le point de départ et le principe fondamental. Dans notre théorie, au contraire, on voit très-bien comment le cerveau peut favoriser le jeu de la mémoire, sans être la cause essentielle ni l'instrument direct de cette faculté ; comment cet organe peut avoir une influence différente dans les différentes classes d'animaux; comment il peut être remplacé, soutenu par d'autres organes, etc. etc.

CCLXXVI.

La mémoire est plus ou moins faible, plus ou moins active, selon l'état physique ou vital du cerveau ; donc cet organe n'exerce sur elle qu'une action purement dynamique qui soutient le jeu et l'énergie de son activité ; donc le cerveau est un moyen auxiliaire de ses actes, et non leur cause directe et essentielle. Quand on emporte une portion du cerveau sur un animal ou que l'homme en perd une partie par différens accidens, on n'emporte pas le souvenir de telle espèce d'idées, comme la chose devrait avoir lieu constamment dans le système reçu. La totalité des idées en souffre et plus ou moins, selon que la lésion s'approche de plus près des parties centrales ou même de la base du cerveau. Donc les différentes portions du cerveau ont une action purement dynamique sur la mémoire, et non mécanique ou organique, comme on l'entend. Même dans les cas rares de pertes partielles de mémoire, la chose suit des lois particulières, et ne peut dans aucun cas se plier à l'explication donnée, quoiqu'un examen superficiel puisse égarer à cet égard.

§. II. *De l'Imagination.*

CCLXXVII.

Le *moi* rappelle quelquefois les sensations qu'il a reçues, avec une telle vivacité, que l'objet qu'elles représentent semble agir actuellement sur les sens. C'est une mémoire plus vive que la mémoire ordinaire, et le dernier degré de cette faculté. En outre, le *moi* combine en divers sens les souvenirs et produit des images particulières qui n'ont pas de modèle dans la nature : telle est l'*imagination*.

CCLXXVIII.

Les illusions de l'imagination prouvent, pour

le dire en passant, que la sensation n'est pas passive, ne dépend pas en entier de l'objet extérieur, n'est pas une trace, une impression, puisqu'un acte volontaire de l'imagination la reproduit avec une telle fidélité, qu'on peut la prendre pour la sensation primitive. Comment peut-on croire que tout est matériel dans la sensation, si l'imagination peut renouveler, même volontairement, le spectacle du monde et le rendre présent! L'abus, il est vrai, des considérations de ce genre a jeté certains philosophes dans l'idéalisme; mais cette opinion exagérée a un fondement naturel dont il faut tenir compte dans une théorie expérimentale des facultés intellectuelles. Nul doute que cet ordre de faits ne prouve l'activité du *moi*, et ne démontre que les sensations ne sont pas le simple résultat des objets extérieurs, mais supposent nécessairement la réaction du *moi*, qui a reçu les premiers matériaux et peut reproduire les mêmes sensations.

CCLXXIX.

Si dans l'état de veille et d'intégrité de la raison nous ne sommes pas la dupe des illusions de l'imagination, quelque vives qu'elles soient, c'est parce que le jugement et la comparaison des souvenirs de l'imagination avec les sensations actuelles, préviennent et corrigent de pareilles illusions,

Dans le sommeil, où ces sensations n'ont pas lieu, et où le *moi* est enchaîné et moins actif, ou l'est à un très-faible degré, l'illusion est complète ; il en est de même et par les mêmes raisons dans le délire de la fièvre : ce qui démontre que l'imagination n'est pas passive et qu'il se mêle à ses opérations beaucoup de jugemens. Cette considération détruit toutes les théories qu'on a données de l'imagination, théories dans lesquelles on la suppose passive.

CCLXXX.

Des analogies fausses ont fait croire que l'imagination conservait, reproduisait ou créait les *images* des choses, comme le nom même de cette faculté l'exprime. Nous avons prouvé ailleurs que les *idées* même des objets visibles n'étaient pas les *images* de ceux-ci (CLXXXIX.) Cette conception de l'imagination n'est qu'une métaphore qui a porté cependant beaucoup de fausses notions dans l'histoire de cette faculté (Malebranche), et qui a fait qu'aucun métaphysicien, ni aucun physiologiste, j'oserai le dire, ne l'a considérée dans toute sa pureté expérimentale.

CCLXXXI.

L'imagination, comme la mémoire, est à la fois passive et active. La volonté combine les souvenirs dans tous les sens et crée des modèles plus parfaits que ceux que présente la nature, ou des monstres que celle-ci n'a jamais produits, comme dans les chefs-d'œuvre de la poésie et de tous les arts d'imitation. L'imagination n'est donc pas une faculté organique, et ne saurait dépendre en elle-même d'aucune façon d'un acte purement physique. Ce n'est pas d'une manière en quelque sorte mécanique qu'elle combine et arrange les sensations; ce n'est pas par une ampliation ou diminution passive, comme le disait Gassendi, disciple et commentateur d'Epicure, et comme l'ont dit tous les matérialistes qui se sont permis les plus grandes absurdités sur la théorie de cette faculté, qu'ils n'ont pas mieux comprise, ou même beaucoup plus mal que toutes les autres, comme la sensation, l'idée, le jugement, le raisonnement, etc. C'est par une force active et souveraine, dans certaines limites cependant, que l'imagination dispose des sensations comme il lui plaît, et les soumet à des combinaisons qui ne connaissent d'autres bornes dans leurs variétés que la bizarrerie de ses caprices ou la sublimité du génie. Elle devient ainsi la source de tous les arts d'imitation, que Bacon désignait sous le nom générique de *poésie*, de *création*, car ποιησις vient de ποιω je fais.

CCLXXXII.

On a dit que l'imagination était une sensation prolongée ou affaiblie : mais l'imagination est souvent plus vive que la sensation même qu'elle reproduit. L'imagination renouvelle en entier une sensation long-temps après qu'elle a eu lieu. Une sensation affaiblie n'est pas l'imagination : il y a dans l'imagination quelque chose de plus que tout cela ; le rappel de la sensation, la conscience de ce rappel, et souvent l'activité volontaire. L'imagination arrange les souvenirs des sensations dans des dispositions qui ne répondent à leur ordre primitif de réception, et qui, même, n'ont jamais existé, du moins dans cet ordre de combinaisons.

CCLXXXIII.

L'exercice de l'imagination conserve les plus grands rapports avec l'état physique des organes en général et en particulier du cerveau, de tout le système nerveux, des viscères du bas-ventre, des parties de la génération, etc. ; avec le tempérament, l'état de santé et de maladie, les âges, le sexe, les climats, le régime, les effets des modificateurs hygiéniques, pathologiques et thérapeutiques, etc. Mille faits établissent ces rapports, que nous soumettons aux mêmes lois expérimentales déjà indiquées; les métaphysiciens et les physiologistes, qui ont voulu aller plus loin, se sont égarés dans le champ des hypothèses, et aucune explication n'a pu en rendre raison. La saine théorie veut qu'on admette ces rapports tels que l'expérience les constate, sans aller au-delà et en se contentant seulement de les réunir en classes, de signaler leur degré plus ou moins grand d'influence, leurs conditions, leurs effets secondaires, etc. Les physiologistes ont toujours franchi cette borne, et se sont perdus dans des hypothèses variées, mais qui, étant également appuyées sur les mêmes faits qu'elles interprètent d'après les mêmes principes généraux, ont le précieux avantage pour le philosophe, de se détruire réciproquement.

CCLXXXIV.

Si le physique ou l'organisme vivant influence le moral dans l'exercice de l'imagination, l'imagination influence à son tour d'une manière directe le physique dans toutes ses propriétés et jusques dans la composition des organes. L'imagination frappée réalise souvent des maladies ou devient la cause essentielle ou occasionelle de leur développement; elle altère même les formes de l'enfant dans le sein maternel. Cette influence doit encore être reçue comme un fait, sans qu'on puisse aller au-delà : tout ce qu'on a ajouté d'explications est arbitraire.

CCLXXXV.

C'est en réunissant et en opposant les deux ordres de faits que nous venons d'indiquer, sans s'enfoncer dans aucune explication sur le lien intime d'union du moral et du physique, que l'on s'élève aux plus grandes vérités. C'est pour avoir exagéré les faits de la dernière série, et pour avoir voulu les expliquer, que Stahl imagina l'hypothèse singulière que le corps du fœtus était formé par l'âme pensante, et même son système entier de physiologie.

CCLXXXVI.

L'imagination étant souvent essentiellement active et n'exigeant pour ses opérations que l'activité seule du *moi*, n'a pas besoin d'instrument organique, et ne peut pas en avoir, du moins dans l'action qui la constitue essentiellement. Tout ce que nous avons dit pour la mémoire s'applique à plus forte raison à l'imagination.

CHAPITRE V.

Des Appétits et des Passions.

§. I. *Des Appétits dits physiques, et des Déterminations instinctives propres à les satisfaire.*

CCLXXXVII.

Ces appétits sont la faim, la soif, le désir vénérien, et tous ceux qui sont relatifs à la conservation du corps. Les impressions produites par les appétits modifient le *moi*, la conscience, appartiennent par conséquent à son domaine, et non à la vie seule, comme on le croit communément, et encore moins à l'organisation. Elles retentissent dans le même *moi* que les idées les plus intellectuelles et les affections les plus morales. Quelques métaphysiciens les ont rapportées à tort à une âme particulière. L'unité absolue de la conscience et de ses opérations repousse de pareilles suppositions. Ces affections ne sont pas physiques en elles-mêmes et considérées dans la modification du sentiment qui les constitue; elles ne sont physiques que dans la cause qui les provoque et dans le but auquel elles s'appliquent. Le mot de *physique* est vicieux en lui-même sous tous les rapports, pour le physiologiste comme pour le médecin. Ce mot a été la cause de beaucoup d'erreurs et de beaucoup de discussions. Quel rapport, en effet, entre les sensations, les déterminations de l'instinct, et les mouvemens d'impulsion et d'affinité? Elles ne dépendent pas même de ce qu'on appelle vaguement l'*organisation*, expression qui au fond ne peut désigner autre chose qu'une matière arrangée d'une certaine manière et régie par les mouvemens d'impulsion et d'affinité, quand elle signifie quelque chose.

CCLXXXVIII.

L'instinct manifeste nos besoins physiques que la réflexion ne pourrait jamais nous faire connaître; il provoque des mouvemens très-compliqués dans un but déterminé, sans expérience antérieure, et que toute la science possible ne pourrait imaginer ou diriger, en supposant même que l'on pût retarder pendant longtemps la satisfaction du besoin sans compromettre la vie. Il ne dépend donc pas ni de la réflexion, qui a besoin d'étude, d'épreuves et même d'erreurs; ni de l'organisme vivant, qui est aveugle et forcé dans ses opérations d'ailleurs sans conscience; mais il dérive de lois primordiales qui pénètrent et régissent à la fois l'organisme vivant et le *moi*.

CCLXXXIX.

C'est à tort qu'on a rapporté l'instinct à la réflexion (Condillac), ou à l'organisation (Cabanis), ou à des habitudes sans origine (Darwin); il constitue un ordre de faits primitifs qu'il faut admettre comme tels, et qu'il est aussi inutile qu'absurde de chercher à expliquer. L'instinct dirige le *moi* et le corps vivant vers un but qu'il ignore et qu'il ne saurait atteindre; il suppose une sagesse et une intelligence qu'il faut rattacher à la raison suprême de l'auteur de l'univers, ne pouvant pas en trouver la raison dans l'ouvrage même. Cette méthode n'est nullement anti-philosophique, quoi qu'on en dise, quand elle est sagement conduite, et qu'elle ne s'arrête que devant des phénomènes aussi inexplicables, et qui tiennent de si près à la sagesse créatrice.

CCXC.

L'instinct est dans le corps vivant pour les besoins du corps vivant; mais il n'est pas pour cela une modification pure et simple du corps vivant; il met le *moi* en rapport avec son corps, l'avertit des besoins qu'il concourt à satisfaire : on a confondu le plus souvent tout cela. Les organes des appétits intérieurs mettent le *moi* en rapport avec les besoins du corps, comme les organes des sens extérieurs mettent le *moi* en rapport avec les objets extérieurs. On ne peut pas plus tirer avantage des uns que des autres pour le matérialisme, on ne peut pas plus expliquer les uns que les autres par l'organisation. Tous les faits relatifs à ce point expriment un rapport d'influence, de coordination, d'harmonie et pas davantage : bien interprétés, ils n'ont pas plus de valeur.

CCXCI.

L'instinct est en rapport avec l'état des organes, change avec eux, et est en relation d'influence avec eux ; mais non pas en relation de causalité, comme on le dit, du moins de causalité essentielle et directe : ce qui est bien différent. Tout ce que la plupart des médecins ont imaginé pour le faire dériver de l'organisation est hypothétique et repoussé par les plus sages d'entre eux. Ce rapport de l'organisation avec les appétits est un fait, une loi, nous n'en savons pas davantage. Il suffit pour la véritable science, de connaître, d'une part, les conditions matérielles et vitales de l'instinct, ses modifications par les agens physiques, ses lois générales et secondaires, etc.; et de l'autre, ses modifications purement morales ou de conscience, leurs lois, leurs conditions, et enfin les rapports réciproques des unes et des autres. Cette connaissance suppose trois termes: *le moi, le corps vivant, et les relations de l'un à l'autre;* tous ceux qui s'en sont occupés n'ont fait attention qu'à un des termes.

CCXCII.

L'instinct appartenant au *moi* est soumis à son unité absolue; d'ailleurs, le même *moi* perçoit ses impressions et dirige ses mouvemens. Il ne peut donc pas y avoir un organe spécial pour l'instinct considéré abstractivement, ni plusieurs organes pour les divers instincts : il est occasioné par les modifications d'organes différens; mais il n'y a pas un organe spécialement affecté à l'instinct, il ne peut pas y en avoir. L'instinct étant une impression innée et une simple détermination naturelle, ne peut pas avoir besoin d'organes, d'instrument; il n'a rien à faire pour se créer (M. Gall). Il peut bien y avoir des organes de copulation, de génération, etc., on en sent aisément la raison ; mais il ne peut pas y avoir un organe spécial du désir de la génération, puisque c'est un simple désir, et que le désir est inné ; et, certes, ce prétendu organe n'a pas besoin d'être assez volumineux pour être sensible à l'œil, pour modifier le crâne, etc.

CCXCIII.

L'instinct, sous certains rapports, est actif; il est capable de s'aviver par l'attention, de diminuer, de s'éteindre par des distractions; il est susceptible d'obéir à une volonté contraire fortement prononcée, et de se montrer docile à l'éducation. Donc il n'est pas entièrement passif, comme l'ont supposé les matérialistes. L'organisation ne peut donc être ni la cause essentielle, ni l'instrument direct des modifications qui le constituent, mais bien la simple cause occasionelle, ce qui est bien différent. Ainsi donc, les facultés les plus inférieures de l'homme, celles qui touchent le plus à son physique, qui semblent se confondre avec celui-ci, ne perdent jamais en entier leur caractère distinctif d'indépendance.

CCXCIV.

L'instinct et l'activité de la raison réagissent l'un sur l'autre, surtout chez l'homme; de là résulte une foule de sensations, d'idées, d'abstractions, de jugemens, raisonnemens, plus ou moins compliqués, etc. Condillac et plusieurs autres métaphysiciens n'ont pas tenu compte de cette source particulière d'idées. La plupart des philosophes ont considéré l'instinct comme purement passif, les autres comme exclusivement actif; aucun d'eux n'a considéré la chose sous son véritable point de vue, par une analyse sévère et expérimentale.

§. II. *Des Désirs, des Affections et des Passions.*

CCXCV.

Jusques ici nous avons étudié ce que les métaphysiciens scolastiques désignent sous le nom de *facultés intellectuelles*. Passons maintenant à ce qu'on distingue sous la dénomination de *facultés affectives*.

Toute sensation, outre son caractère propre et qui la constitue *idée* ou représentation de la chose qui l'a produite, s'accompagne de plaisir ou de peine. Or le *moi* peut concentrer son attention sur cette modification qui le touche si directement, abstraction faite de la modification particulière de la sensation, qui est relative à l'idée de l'objet : il la sent activement. Si elle est désagréable, il éprouve une douleur vive et le désir de la faire cesser : de là la tristesse, la colère, le désespoir, toutes affections qui sont actives et le simple résultat de l'action du *moi* sur les impressions pénibles. Si elle est agréable et qu'elle vienne à lui manquer, il sent la peine de la privation, il goûte le plaisir qu'il aurait à la posséder. Si ce sentiment s'accompagne d'idées qui lui en montrent la possession comme possible : de là naissent le désir et l'espérance;

dans le cas contraire, il y a crainte. Si elle lui est disputée par une volonté opposée, éclatent alors la colère, la haine, la vengeance : si elle lui est accordée par une volonté favorable, il y a amitié, amour. On voit donc que les affections ne sont que les modifications de l'activité du *moi* sur les impressions de plaisir ou de douleur. La douleur ou le plaisir, source des passions, sont souvent le résultat d'une foule d'idées vraies ou fausses.

CCXCVI.

Il est donc évident que dans ces impressions il y a autre chose que des sensations ; que ces impressions particulières peuvent devenir source d'idées; qu'elles nous représentent et se représentent elles-mêmes, comme les idées externes représentent les corps extérieurs ; que par conséquent il n'est pas vrai, comme on le répète tous les jours, que toutes nos idées viennent des sensations; que les sensations ne sont que l'origine, la cause occasionelle de nos impressions ; que nos affections de plaisir ou de peine ne sont pas des sensations transformées, mais qu'elles sont le résultat de l'activité du *moi* sur certaines impressions particulières; qu'elles ne sont point passives, comme on l'a supposé si souvent, etc.

CCXCVII.

Les affections ne ressemblent donc en rien à

des actes physiques et ne peuvent pas être rapportées aux organes, ni comme cause essentielle, il n'y a nul rapport de causalité ou d'identité entre les affections et les organes ; ni comme cause instrumentale, la modification qui produit les passions est primitive. Le travail consécutif du *moi* sur cette modification appartient au *moi* lui-même, et n'a nul besoin d'organes pour sa manifestation dans la conscience même, ni pour son exécution immédiate.

CCXCVIII.

Les passions sont le plus haut degré de l'activité du *moi* ; aucun autre phénomène moral ne prouve mieux son activité même. C'est donc à tort que certains auteurs, d'après des idées abstraites et scolastiques, ont craint de rapporter les passions au même *moi* qui produit les idées les plus abstraites. Si les passions entraînent et forcent la volonté par leur vivacité, cela tient au jeu même de l'activité du *moi*, et aux lois auxquelles il est soumis. Des raisonneurs froids et peu observateurs ont cru que le *moi* n'agissait que quand il procédait par raisonnemens et presque par syllogismes.

CCXCIX.

Rien ne prouve mieux la grandeur de notre nature que ces mêmes passions qui si souvent la déshonorent et la ravalent. L'homme seul descend si bas, parce que seul il s'élève si haut, et la grandeur de sa chute peut servir à mesurer la sublimité de sa nature. Il n'a point été donné à la brute de se dégrader à ce point : passive et aveugle, elle marche dans la voie que lui prescrit la nature, sans pouvoir s'en dévier ; elle obéit à des lois qui l'enveloppent et l'entraînent dans un système général, comme le sol qu'elle foule, comme l'herbe qui la nourrit, comme le soleil qui l'éclaire.

C'est à tort qu'une philosophie égarée dans les abstractions et dans des théories rétrécies et incomplètes, avait enlevé les passions au domaine de l'âme proprement dite, pour les rapporter à une âme particulière, analogue à celle de l'animal : celui-ci a des désirs bornés et toujours proportionnés aux moyens de les satisfaire. L'homme, au contraire, par suite de l'activité inépuisable de ses nobles facultés, donne aux passions un caractère de force, d'énergie, j'ose même dire d'extravagance, par lequel elles ne sont plus en rapport avec la nature des objets. C'est de cette circonstance singulière que le philosophe ne saurait trop méditer, que résultent les malheurs, les désordres et tous les événemens de son histoire privée ou publique qui n'est que l'expression de son inquiète activité. C'est une sorte de délire du cœur, que rien ne semble pouvoir expliquer, et qui dépose sans cesse contre l'harmonie et les proportions de toutes les autres parties de l'univers. Mais serait-il vrai que l'homme rêvât sans cesse un bonheur sans objet, et qu'il n'y eût pas même pour lui possibilité de satisfaction dans aucune chance, dans aucun système d'événemens? La sublimité de sa nature et de nobles instincts dont il ne connaît pas toute la valeur, lui révéleraient-ils ainsi, comme au milieu d'un nuage, l'existence d'un objet infini, propre enfin à remplir sa vaste capacité? Ses facultés sont plus étendues que l'univers entier : c'est un palais magnifique, fait dans des dimensions gigantesques, qui semble être déplacé dans le point de vue actuel, et qui est trop grand pour tout ce qui l'environne. On a vu des rois dévorés d'ennui sur les plus beaux trônes du monde, et lors même qu'ils y étaient montés des rangs les plus inférieurs de la société; on les a vus renoncer à ces trônes pour chercher dans leur propre pensée, un bonheur que la plus grande puissance n'avait pu leur donner. Arrivé aux bornes du monde, Alexandre en demandait encore un autre.

CCC.

Les passions les plus physiques se combinent avec une foule d'idées morales, de telle sorte qu'on a peine à reconnaître leur première origine, tant elles s'en sont écartées! Ainsi, pour l'homme, l'amour n'est pas un simple besoin organique comme pour l'animal grossier ; ce besoin s'ennoblit par les préférences les plus délicates, par les sentimens les plus purs, par les idées les plus abstraites, et il devient quelquefois le chef d'œuvre du cœur humain, comme le plus haut degré du bonheur.

Il est si peu vrai que l'homme ne soit que matière et organisation, que l'amour commande souvent au plus impérieux de nos sens. Il le soumet aux lois des convenances et de la pudeur ; il le plie aux institutions sociales ; il peut pousser son empire dominateur jusques à lui apprendre à sacrifier à l'objet de sa passion les intérêts les plus chers, l'existence, et le bonheur même qui est encore plus que celle ci.

Ainsi nous retrouvons partout le caractère essentiel de l'homme, la sublimité de sa nature et le noble but de sa destination : nous les retrouvons dans toutes ses opérations, dans le délire des passions comme dans les idées métaphysiques les plus relevées. Si la philosophie a souvent méconnu ces grandes vérités, c'est qu'elle a étudié l'homme dans des hypothèses, des abstractions et dans l'ombre d'un cabinet, et non point dans la nature, dans sa propre conscience et sur le théâtre du monde Un philosophe peut apprendre plus de vérités métaphysiques dans les ouvrages qu'on flétrit sous le nom de *romans*, que dans ces traités dogmatiques qui mériteraient peut-être mieux eux-mêmes ce nom ; et j'oserai dire, que l'on retrouve mieux les grandes vérités de la métaphysique dans les admirables ouvrages de Mme Cottin, que dans Crouzas ou dans Buffier.

CCCI.

Les passions portées à un très-haut degré absorbent l'activité entière du *moi*, et forcent son assentiment, même contre la volonté. C'est une loi de l'entendement que l'on conçoit aisément, quand on considère l'esprit humain tel qu'il est, tel qu'il devait être, et non dans les idées abstraites des métaphysiciens spéculatifs. Ceux-ci ont pensé, d'après cela, que les passions n'appartenaient pas au *moi*, mais au corps ; certains, à une âme particulière qui n'était ni spirituelle, ni corporelle. Les physiologistes ont dit que les ganglions nerveux, siège, selon eux, des passions, arrêtaient physiquement l'action de la volonté sur les passions : idée ridicule et absurde, que repoussent les saines notions métaphysiques et physiologiques. Il est curieux de voir les physiologistes expliquant de différentes manières ce phénomène si simple pour l'observateur philosophe des opérations de l'esprit humain.

CCCII.

Croirait-on que l'on a pu comparer les passions à l'attraction. « Il y a, dit Morgan, une différence extrême entre les passions violentes, exagérées, de l'animal social (l'homme) et les simples attractions de l'affinité chimique; mais en parcourant la chaîne entière des existences, on trouvera, d'un chaînon à l'autre, un accroissement de force mouvante si léger, qu'il est difficile de fixer les limites où commence un nouveau principe d'action (1). » Ailleurs, il dit : « La base physique de l'amour-propre peut être placée dans la force attractive d'assimilation (pag 51). On trouve dans Cabanis des idées analogues sur les passions. Mais quel rapport y a-t-il entre l'action du *moi* qui se porte par le désir vers un objet, qui s'en éloigne par l'aversion, et l'attraction qui entraîne les unes vers les autres les molécules des corps organiques? C'est rapprocher les objets en poëte plutôt qu'en philosophe.

CCCIII.

On a séparé vicieusement les affections et les

---

(1) Morgan, *Essai philosophique sur les phénomènes de la vie*, pag. 61.

passions, des idées : toutes ces distinctions sont purement nominales. Les affections peuvent être sujet d'idées et de l'exercice des facultés intellectuelles : les idées, à leur tour, et l'exercice des facultés intellectuelles s'accompagnent d'affections, de passions. Les métaphysiciens se sont toujours laissés entraîner par les abstractions et par les mots au-delà de la vérité. On a poussé si loin cette séparation entre les idées et les affections, qu'on les a rapportées à deux âmes distinctes, à deux siéges organiques différens. C'est contraire à la théorie et à la génération des passions que nous venons de présenter. Ces deux modifications sont distinctes pour le sentiment; mais elles se combinent souvent entre elles.

CCCIV.

Cette unité des facultés morales, des passions et des idées, peut servir à détruire plusieurs erreurs physiologiques et à établir les rapports du physique avec l'exercice de ces facultés sur de nouvelles bases. Si dans les passions on reconnaît des sensations, des idées, des jugemens ; si dans l'exercice des sensations et des idées proprement dites, on retrouve des désirs, des affections, dès-lors on ne peut pas isoler les passions des idées, on ne peut pas les rapporter à deux siéges différens. Si cependant l'exercice des idées porte spécialement sur le cerveau, et celui des passions sur les viscères abdominaux, il en résulte que ces modifications organiques ne sont que des effets accessoires, qui ne sont pas liés à l'exercice direct de ces facultés; que ce ne sont pas ces organes qui sont l'instrument des idées, ni des passions. Ces effets portent sur des points différens de l'organisme : les idées et les affections sont unes, le *moi* est *un*; donc tous les faits relatifs à l'action des organes ne prouvent pas que ceux-ci soient l'intrument immédiat des modifications morales qu'on leur attribue.

CCCV.

Les passions sont soumises à la volonté, elles sont susceptibles d'éducation ; elles ne sont donc pas matérielles et physiques les organes n'en sont donc ni la cause essentielle et première, ni l'instrument direct.

CCCVI.

Les passions modifient les organes : on a cru à tort qu'elles étaient, au contraire, des modifications des organes, en les considérant dans leur première origine et dans leur point de départ. Les organes à leur tour modifient les passions, et celles-ci changent selon les sexes, les climats, le régime : c'est un fait, c'est une loi de l'homme vivant et pensant, tout ce qu'on a dit de plus est hypothétique. Il y a donc ici réciprocité, égalité ; le moral et le physique sont donc deux choses différentes ; il est absurde de n'en voir qu'une seule, de rapporter les passions à l'action organique et vitale, comme d'attribuer les fonctions vitales à des passions (van Helmont, Stahl). Cette dernière erreur fut celle des siècles raisonneurs; la première fut celle des siècles où régnaient l'empirisme et les sciences physiques.

CCCVII.

Les modifications que les organes éprouvent durant les émotions des passions, ne sont que les effets des passions mêmes, et non leur principe, comme on le dit tous les jours; elles ne viennent qu'après celles-ci. Il en est de même de l'impression de fatigue qui se fait sentir au cerveau après un travail intellectuel prolongé.

CCCVIII.

D'après la manière ordinaire de raisonner, on a été obligé de rapporter les passions aux viscères abdominaux. Bichat a soutenu affirmativement qu'elles avaient leur siége dans ces viscères; qu'elles appartenaient même à une vie particulière, *vie organique*, et ne faisaient pas partie de la vie animale. M. Broussais prétend que les besoins et leur expression sont des modifications des viscères; que ceux-ci donnent des avis au cerveau et reçoivent les siens; que les viscères répondent au cerveau et reconnaissent les idées qui peuvent intéresser la conservation individuelle; que les viscères à leur tour répondent aux idées, etc. : il admet même une sorte de réflexion organique. Il est curieux de suivre toutes les choses ridicules qu'on a dites à ce sujet depuis Bichat.

CCCIX.

Pour que les passions s'exercent, il faut admettre un certain état physique et vital des organes abdominaux et du cerveau, comme conditions, non comme causes : voilà ce que disent d'abord les faits de ce genre. Ce n'est que par un mode vicieux d'interprétation qu'on a conclu de ce que les passions portent leurs effets sur certains organes, que ces organes en sont la cause directe et que les passions ne sont que les modifications de ces organes.

De même que les sensations et les idées se lient à des impressions vitales (CLXIV), de telle sorte que les unes peuvent reproduire les autres; de même les modifications morales des passions s'enchaînent aux impressions vitales qu'elles produisent, de telle sorte que l'impression vitale peut renouveler primitivement l'affection morale, même sans cause extérieure. Par cette loi expérimentale j'explique les effets si étendus, si profonds, si incontestables, du physique dans les passions.

CCCX.

Les passions déterminent, d'après certaines lois, des effets physiques qui sont involontaires. Telles sont les larmes dans l'attendrissement, le rire dans la joie, la rougeur dans la honte. Eh bien ! une volonté ferme peut arrêter ces mouvemens physiques dans certains cas, et surtout chez les hommes qui ont contracté l'habitude de se contraindre. D'un autre côté, certains hommes pleurent, rougissent, pâlissent à volonté, et commandent à leur organisation. Je sais qu'on me dira que c'est par l'intermédiaire d'une idée que la chose a lieu : mais peu importe, les faits de ce genre n'en prouvent pas moins les effets du moral sur le physique et son indépendance du moins primitive (1).

---

(1) Nous renvoyons pour de plus amples détails à l'ouvrage que va faire paraître incessamment M. Alibert: *Physiologie des passions*, ou *nouvelle doctrine du sentiment moral*. Cet ouvrage, où l'auteur pourra faire briller toutes les qualités qui le distinguent, ajoutera sans doute beaucoup à sa gloire.

CHAPITRE VI.

De la Volonté et de la Liberté morale.

CCCXI.

Le *moi* est maître de ses actes, il dirige ses opérations ou ses facultés. Il veut, il fait ce qu'il veut, du moins quand il agit sur lui-même. Il peut même se commander certaines choses par pur caprice ou pour obéir à une volonté étrangère, pour faire un simple essai et donner preuve de sa liberté même et de son indépendance : c'est ce qu'on nomme *liberté*. La liberté morale est un fait attesté par le sentiment intime, un fait au-delà duquel il n'en est pas d'autre, qu'il n'est pas possible, par conséquent, de démontrer à proprement parler. Quand on a voulu le comprendre ou l'expliquer, on s'est égaré dans plusieurs erreurs que l'on pourrait trouver ridicules, si elles n'avaient été éminemment dangereuses.

CCCXII.

Tous les raisonnemens dirigés contre la liberté et dont on a fait de si gros volumes, se réduisent à établir que parce que l'homme n'est pas toujours libre, il ne l'est jamais. D'un autre côté, quelques philosophes ont exagéré l'opinion contraire; et parce que l'homme est libre dans certaines circonstances, ils ont soutenu qu'il l'est toujours. Ces deux opinions sont contraires à l'ensemble des faits relatifs à la question. La première a été celle de la plupart des physiologistes qui n'ont considéré que la partie passive de l'homme; la seconde, celle des métaphysiciens qui n'ont tenu compte que de ses facultés actives. Les premiers ont fait de l'homme une matière brute soumise aux lois de la nécessité; les seconds en ont fait un ange, un dieu; et cependant il n'est rien de tout cela, il est *homme*.

CCCXIII.

On a souvent cru la volonté passive, décidée forcément par l'attention, par des impressions plus vives, ou par des motifs plus puissans. Sans doute que la volonté suppose des motifs pour principe d'action : un être sensible et raisonnable n'agit pas sans but, sa volonté recherche toujours le bonheur ; mais, maître de ses facultés, le *moi* examine tous les motifs, les évalue l'un après l'autre, et se décide d'après ce calcul.

CCCXIV.

La liberté dépend de l'activité même du *moi*, qui tantôt s'applique aux facultés de l'entendement, tantôt aux facultés affectives, mais qui est toujours le même.

CCCXV.

Quelques-uns ont dit que l'action de la volonté n'était autre chose que l'action du cerveau ; si cette action prédomine sur d'autres organes, le *moi* est entraîné dans ce sens forcément (Cabanis, M. Gall). Cette théorie est une hypothèse dans toutes ses parties. Elle n'est pas en rapport avec l'ensemble des faits relatifs à la liberté, elle est contraire à son histoire, même superficielle ; elle est repoussée par le sens intime, par tous les faits, comme par tous les raisonnemens. Mais les philosophes systématiques n'y regardent pas de si près, pas plus que la plupart de leurs auditeurs : les uns et les autres se payent d'une analogie, d'une métaphore.

CCCXVI.

La volonté, comme nous l'avons déjà observé si souvent, s'élève au-dessus de toutes les facultés de l'homme, s'empare d'elles, les dirige et les soutient; c'est le premier mobile, le principe d'action de l'homme. Elle crée le système entier des idées et des affections avec les matériaux fournis par les sensations externes et internes. On ne peut pas aller au-delà de ce principe d'action. Je défie qu'on puisse concevoir la volonté comme une chose purement matérielle dans son principe, ou même comme ayant besoin d'un instrument direct pour agir sur elle-même, comme elle le fait réellement dans tous ses actes, dans toutes ses opérations. C'est, dit-on, le cerveau qui veut; mais, je le demande, un pareil langage ne répugne-t-il pas à la raison? Y a-t-il le moindre rapport entre la matière, telle qu'elle nous est connue, et la volonté? la matière, qui ne se meut que lorsqu'une cause extérieure force son jeu, dans les cas même où elle paraît agir spontanément! L'action la plus simple du *moi* a-t-elle besoin, pour être conçue et exécutée, d'une action organique, prise même comme instrument? Quelle est cette action? Quel rapport peut-il y avoir entre deux choses si disparates? Je le répète encore, tout cela ne fait qu'embarrasser le problème. On a beau multiplier la succession des intermédiaires, il faut toujours en venir à une action libre, primitive, qui a lieu sans instrumens et sans autre cause qu'elle-même; à l'action d'un principe qui agit par cela même qu'il peut agir : donc toutes les explications données jusques ici ne remplissent pas le but proposé.

CCCXVII.

Il faut, dans le système moral, admettre un premier moteur, un principe d'action, comme l'on a été forcé d'en admettre un pour l'univers entier. Les philosophes anciens avaient pensé que toute action physique ou morale suppose un principe spirituel, indépendant et libre, qui n'agit que parce qu'il le veut (Platon). Je ne connais, à proprement parler, dans l'univers, que deux principes d'action, Dieu et l'âme humaine. La pierre, la plante et l'animal obéissent aux mouvemens que la puissance suprême leur imprima au jour de la création. La force motrice dont ils jouissent ne leur appartient pas en propre, ils ne l'ont que d'emprunt. L'attraction, l'affinité, les forces vitales, considérées dans leur premier point de départ, ne sont que les effets de la volonté divine. Leur tendance vers un but déterminé, leur direction spéciale, leur énergie toujours limitée selon le besoin, prouvent qu'elles remplissent une fin qu'elles ignorent, que Dieu seul a pu connaître, et démontrent que lui seul les dirige à jamais par une loi immuable ou par un premier ordre donné (van-Helmont).

On dit communément aujourd'hui que les propriétés de la matière lui sont essentielles, inhérentes, découlent de son existence même; mais c'est ce qu'on n'a pas le droit d'affirmer, parce que l'on ignore la nature de la matière et que ce raisonnement n'est qu'une supposition. La quantité, la qualité de la matière et ses mouvemens étant déterminés selon une fin, je dis que ses propriétés et son existence même sont empruntées. Telles sont du moins les dernières idées auxquelles j'arrive, quand je m'enfonce dans les dernières profondeurs de la causalité et de l'univers, bien entendu que cette idée générale ne peut pas servir dans les détails de la science (CCVIII).

CCCXVIII.

On a dit que l'âme avait besoin d'un instrument pour la manifestation de ses opérations intellectuelles et morales, et que le cerveau ou tout autre organe était cet instrument. Tel est le fondement de la doctrine reçue, et admise même par les esprits les plus sages et qui sont le plus décidés à repousser le matérialisme. Mais dans ce système, on méconnaît, d'une part, le caractère essentiel des opérations du *moi* et leurs résultats, et de l'autre, la nature d'un instrument en général. Un instrument est un moyen mécanique, par lequel on fait une chose du même ordre. Il y a un rapport entre la cause qui s'en sert et la chose pour laquelle on s'en sert; c'est un *medium* analogue à l'une et à l'autre.

Ainsi un levier est un instrument que l'on emploie pour remuer des poids que l'on ne pourrait pas soulever sans lui. Il est en rapport avec la main qui s'applique sur lui et le corps contre lequel on s'en sert. Or, je ne vois rien de semblable dans les opérations du *moi*. Nous avons prouvé que le *moi* sent, qu'il sent qu'il sent, qu'il agit sur ses sentimens, et que par ce travail sur lui-même il produit toutes ses idées; il n'a donc besoin que de sentiment et d'action. Or, il n'est que cela; il n'a donc nul besoin d'intermédiaire entre le sentiment, l'action et le résultat de l'action. Il ne peut y avoir aucun rapport d'analogie et d'action entre cet intermédiaire et le sentiment, l'idée, etc. L'intermédiaire imaginé, loin de rapprocher ces choses, les séparerait; loin de faciliter l'acte, le rendrait plus difficile.

CCCXIX.

Les philosophes anciens, éminemment observateurs et moins avancés que nous dans les abstractions, par leur position même, avaient vu que cette force spontanée était le caractère essentiel de l'âme humaine. C'était par ce caractère même qu'ils la définissaient, qu'ils concevaient son essence et sa nature : *sui motrix natura quæ semper et a se movetur* (Thalès, Pythagore, Platon, Aristote), *Entelechia*, force motrice, action… *quasi quædam continuata motio et perennis* (Cicéron).

CCCXX.

Tous les matérialistes, sans exception, ont nié la liberté morale ; ils ont très-bien senti que si les opérations morales devaient être rapportées à la matière, elles devaient être soumises à la nécessité ; que la liberté était impossible, contradictoire à la nature même de la matière. Si donc le fait de la liberté est incontestable et ne peut être repoussé par celui qui est familiarisé avec l'observation de l'esprit humain, il faut en conclure que l'on ne peut pas rapporter la liberté à la matière, de l'aveu même des matérialistes.

CCCXXI.

La liberté, quoique indépendante sous certains rapports, peut être forcée dans certains cas par des sensations trop vives, actuelles ou reproduites par la mémoire, par des passions profondes qui occupent le *moi* tout entier et le dominent, par des déterminations instinctives, par l'influence du physique sur le moral, comme dans certaines maladies et dans les effets du tempérament, etc. Il ne faut pas oublier sans doute cette série de faits ; mais il faut bien se garder de ne considérer que celle-là : dans l'un et l'autre cas on ne verrait pas l'homme tel qu'il est.

CHAPITRE VII.

Du Beau et du Bon, et du Sens moral.

CCCXXII.

Les couleurs, outre leur impression propre et représentative, sont plus ou moins agréables : ainsi le rouge, le blanc, etc., nous plaisent plus en général que le noir : les couleurs primitives plus que les couleurs mélangées, et parmi celles-ci, les unes plus que les autres. Cette impression n'est pas arbitraire et conventionnelle ; elle dépend des rapports primitifs de notre sensibilité avec les couleurs (CLXXVIII). Telle couleur, placée à côté de telle autre, nous plaît davantage que dans toute autre combinaison : il y a donc un beau naturel dans les couleurs. Il en est de même des sons : il y en a de plus ou moins doux, et d'autres, au contraire, qui sont pénibles à entendre. Il en est des accords et de la succession des sons comme de la combinaison des couleurs (1).

---

(1) Le célèbre P. Castel, que j'ai l'honneur de compter parmi mes parens du côté maternel, avait établi les ana-

CCCXXIII.

La vue des objets réguliers et symétriques nous plaît. On en a donné différentes raisons abstraites, qui ne satisfont guères et qui n'expliquent pas ce sentiment particulier. (Wolf, Baumgarten, etc.) La raison peut bien ajouter ses jugemens à ce sentiment primitif; mais il est très-sûr qu'ici, comme partout ailleurs, l'instinct commence.

CCCXXIV.

Il est certaines actions morales qui nous plaisent ou nous déplaisent d'une manière instantanée, sans réflexion et sans calcul. Tous les raisonnemens possibles ne peuvent nous donner une explication même probable du sentiment de plaisir ou de peine que nous éprouvons dans ces occasions. Tel est le *sens moral*, qui doit être admis comme sens primitif, du moins tant qu'on n'en pourra pas donner une explication satisfaisante.

CCCXXV.

On demande si ces impressions sont innées : il

---

logies les plus ingénieuses entre les sons et les couleurs, et avait imaginé sur ces idées son *clavecin oculaire*. Voy. le *Dictionn. des grands Hommes* et les *Confessions* de J. J. Rousseau, qui, cependant, dans sa défiance ombrageuse, ne lui rend pas justice.

n'y a nul doute à cela. L'on ne s'est jamais bien entendu sur le sens de ce mot, parce que l'on n'en a pas cherché l'explication dans l'observation même, mais dans une analogie grossière prise des choses physiques. On a pensé qu'une idée, qu'une modification innée, devait exister toujours en acte; qu'elle était du moins déposée dans le *moi* comme dans un magasin. Mais la faculté de voir est innée en un sens : elle préexiste à toute sensation de la vue, elle fait partie de la constitution même de l'individu; et en un autre sens, elle est adventice, puisqu'elle ne se met en acte et ne se manifeste au dehors que sous l'action de ses causes particulières. De même, les rapports de la sensibilité physique et morale que nous venons de signaler, sont innés, tiennent à sa constitution primitive, mais ne se manifestent que dans le temps et sous l'action de leurs causes appropriées : un rapport n'a lieu qu'en présence de la chose avec laquelle il établit des relations. Cette manière de voir, puisée dans l'expérience, pourrait terminer toutes les querelles de la philosophie sur ce point important, donner une base solide à la science de l'homme, établir la part de la nature et de l'art, de l'instinct et de la raison, des résultats combinés des notions instinctives et des notions acquises par l'expérience. Elle me paraît avoir le grand avantage de rendre utile une foule de travaux des philosophes et des moralistes, qui avaient été rejetés par une science trop sévère, et qui n'avaient pas été considérés sous leur véritable point de vue (1).

CCCXXVI.

Le beau, considéré en lui-même, n'appartient pas à un sens particulier, comme on l'a supposé d'après des conceptions grossières prises de l'analogie de nos sens physiques : ce n'est pas même un sens interne spécial, comme l'ont dit plusieurs métaphysiciens, toujours d'après les mêmes conceptions. Le beau, considéré sous un point de vue général, n'est pour nous qu'une abstraction qui embrasse l'ensemble des modifications de la sensibilité dite physique et de la sensibilité morale, ou plutôt de toutes nos facultés ; car les perceptions du beau se retrouvent dans les perceptions de quelques-uns de nos sens, comme dans nos idées les plus intellectuelles. C'est à tort qu'on a réalisé cette abstraction, et qu'on en a fait une chose positive et distincte.

---

(1) Tels sont ceux de Shaftesbury, d'Adisson, de Steele, de Pope, de Hutcheson, d'Adam Smith, de Fergusson et de Reid. M. Buchon a donné une histoire détaillée de l'école écossaise, dans une introduction très-remarquable qu'il a mise en tête de la traduction de l'*Histoire abrégée des Sciences métaphysiques, morales et politiques, depuis la renaissance des lettres*, de Dugald Stewart.

De cette notion fausse sont venues toutes les erreurs, les hypothèses et les discussions capables de masquer ce qu'il y avait de vrai dans les observations de ce genre.

Ainsi Platon, d'après le vice de tout son système, a admis un beau réel, archétype, existant dans le sein de la divinité et se réfléchissant dans l'homme comme dans un miroir. Le beau était Dieu même ou l'éclat de son image réfléchie dans les intelligences humaines, *splendor Dei vultûs.*

D'autres, au contraire, n'ont vu dans le beau que des abstractions de notre esprit qui ne répondaient à aucune réalité, qu'un ensemble de règles arbitraires ou pédantesques que l'on pouvait se faire un mérite de transgresser.

Nous retrouvons ici la même difficulté, les mêmes incertitudes, les mêmes hypothèses que pour toutes les connaissances humaines (CCII — CCVII): on n'a pas pu distinguer ce que les notions de ce genre ont d'*objectif* et de *subjectif* (CCXIV). Nul doute que les perceptions du beau ne dérivent des *formes* de notre sensibilité et de notre entendement ; mais nul doute aussi qu'il n'y ait quelque chose dans les objets qui produise ces perceptions, qui réponde à ces perceptions : le beau existe donc dans la nature, quoiqu'il ne soit point en lui-même tel que nous le voyons, et encore moins tel que nous le supposons. Nous ne créons pas le beau de toutes pièces, comme on l'a cru ; la nature seule nous en fournit les matériaux; mais notre réflexion, notre jugement, nos caprices même, en réagissant sur ces matériaux, en forment toutes les idées. Cette double origine explique comment le beau est à la fois naturel et artificiel, comment il a des règles fixes, et comment quelquefois il n'en a pas d'autres que celles de nos associations d'idées, de nos habitudes et des goûts, soit généraux, soit particuliers, de nations, de siècles, de tempéramens, d'individus, etc.

CCCXXVII.

Appliquée aux beaux-arts, cette doctrine pourrait peut-être fournir les moyens d'établir les véritables règles du beau général et universel, et porter la lumière des théories les plus transcendantales dans le domaine du goût et du sentiment, qui semble échapper à toutes les lois de la raison théorique, pour n'être soumis qu'aux inspirations du génie, qui s'ignore si souvent lui-même, ou à des principes purement pratiques, susceptibles de tant d'exceptions et si peu utiles dans les applications.

Si nous avons prouvé ailleurs qu'il était impossible d'avoir une véritable logique, c'est-à-dire un art de conduire notre esprit dans la recherche de la vérité, tant qu'on ne connaissait pas ce qu'il y avait d'*objectif* et de *subjectif* dans nos connaissances (CCXXXIX) , il n'est pas moins vrai qu'on ne peut guère peut-être avoir de véritable esthétique, sans avoir rempli les mêmes conditions scientifiques ; sans avoir démêlé dans les douces émotions de ce genre ce qu'il y a de naturel et d'artificiel, et sans avoir rattaché les règles aux sentimens primitifs, c'est-à-dire à la constitution même de l'esprit humain. Les métaphysiciens n'ont pas en général considéré l'homme sous ce point de vue, parce qu'ils ne l'ont guère étudié que sur les bancs de l'école ou dans le calme d'une pensée froide et solitaire. Pour nous, qui croyons que la métaphysique doit envisager l'homme sous toutes ses faces et dans le jeu de toutes ses opérations, nous pensons que l'étude du beau, prise dans les facultés mêmes qui en sont la source, peut répandre le plus grand jour sur les théories métaphysiques et détruire presque toutes les erreurs qu'on a imaginées.

CCCXXVIII.

On n'a pas assez considéré les rapports des beaux-arts avec les doctrines métaphysiques, et on a presque toujours méconnu que c'est dans celles-ci qu'ils prennent leurs inspirations les plus générales et la tournure particulière de leurs opérations de détail, que la métaphysique qui commande et dirige toutes les idées intellectuelles, toutes les sciences, décide et modifie aussi toutes les opérations du goût. Cependant l'histoire des beaux-arts, étudiée sous le point de vue le plus transcendantal, établit cette haute et importante vérité. Chaque grande révolution de la métaphysique a amené une révolution correspondante dans les beaux-arts ; les grands poètes et les grands orateurs ont vécu auprès des grands philosophes. Anaxagore forma Périclès, Socrate Euripide, Platon Cicéron, etc.

Le métaphysicien Aristote fut le premier qui s'occupa de la législation des beaux-arts. Il serait très-utile de constater l'influence qu'eurent ses méthodes scolastiques et vides de sentiment, sur les principes qu'il établit en ce genre, et l'influence de ces principes eux-mêmes sur la poésie et l'éloquence modernes, qui, pendant si long-temps, ont été soumises ou asservies à ses lois. On pourrait examiner à cette occasion jusqu'à quel point les théories, qui bornent les beaux-arts à la simple imitation de la nature, ont servi ou embarrassé les élans du génie.

Les nations du nord de l'Europe, qui, par leur isolement et leur génie indépendant, ont mieux conservé que les peuples du midi le caractère original qui leur est propre, et qui, surtout, ont toujours eu une métaphysique plus idéaliste, plus décidée et plus morale ; ces nations, dis-je, ont eu aussi une poésie toute différente, marquée par des caractères correspondans. Elles l'ont mieux associée à leurs mœurs, à leurs habitudes, à leurs goûts, à leur religion et à tous ces grands changemens qui ont eu lieu dans les sociétés modernes.

Dans ces derniers temps, la doctrine de Kant a imprimé une tournure particulière aux beaux-arts en Allemagne ; Madame de Staël a saisi ses rapports avec une grande profondeur de génie, et les a exposés avec autant de grâce que de clarté (1).

Les doctrines du sensualisme ont eu aussi un très-grand empire sur les beaux-arts, et il faut reconnaître que l'influence qu'elles ont exercée a été très-funeste et fournit peut-être une des causes de l'état de dégradation ou plutôt de nullité de talens en ce genre, à une certaine époque de notre histoire, même chez une nation qui est habituée depuis plusieurs siècles à présenter à l'admiration de l'Europe les plus beaux modèles en ce genre. Réduisant l'âme à de pures sensations, ces doctrines ont créé le genre descriptif et l'imitation de la nature par les mots, sorte de poésie qui tient

---

(1) *De l'Allemagne*, t. III.

du matérialisme, et ont circonscrit le génie dans cette sphère rétrécie.

CCCXXIX.

Désormais l'histoire des beaux-arts ne peut guère être étudiée que sous le point de vue que nous signalons ; et si même l'on peut se promettre encore de grands perfectionnemens en ce genre, on ne peut les réaliser qu'en les puisant dans une nouvelle doctrine métaphysique qui associerait, d'après leurs relations réelles, les sensations, les idées et les sentimens, et qui rendrait à l'homme toutes les facultés que des systèmes rétrécis lui avaient fait perdre. Il est sûr que les formes anciennes ont été épuisées ; que le moule de ces beautés divines est en quelque sorte usé ; que la mythologie n'a plus pour nous ni le charme de la vérité, comme pour les anciens, ni même celui de la grâce ; que la poésie ne peut plus se borner à peindre ces sentimens d'hommes simples et primitifs et d'une existence sociale bornée et circonscrite.

Il faut aux peuples modernes une poésie qui s'élève à la hauteur des perfectionnemens de la raison à laquelle ils sont parvenus, qui devienne l'interprète des sentimens les plus délicats et les plus profonds, des pensées graves et sublimes qui les occupent ; une poésie qui se mette en harmonie avec les nouvelles formes qu'a prises le moral de l'homme sous les progrès de la civilisation, sous l'empire d'une religion qui a tant aggrandi le cœur humain, qui a tant ennobli notre nature, et qui, j'ose le dire, a créé, en quelque sorte, l'homme moral tout entier, qui lui a donné de nouvelles vertus, de nouveaux sentimens; qui, en un mot, a changé toute notre nature, comme l'ont entrevu quelques penseurs profonds.

Il faut combiner heureusement les beautés de la littérature du Nord avec celles de la littérature du Midi; de la littérature moderne flétrie sous le nom de *romantique*, avec la littérature ancienne et classique; de la littérature de la pensée et des sentimens les plus délicats de la civilisation, avec la littérature des sensations et des passions, en quelque sorte physiques, d'hommes à peine sortis de l'enfance et de la barbarie.

Je n'ose trop m'enfoncer dans le monde des beaux-arts, auquel je ne tiens que par des goûts que je m'occupe plus à combattre qu'à cultiver; mais il me semble que dans les arts, comme dans les sciences et dans toutes les parties de l'existence morale et intellectuelle, il se prépare une révolution qui pourra avoir les plus heureux résultats, si toutefois elle est conduite avec sagesse, si on ne s'abandonne pas à un esprit de destruction et d'innovation toujours funeste; si on associe tous les genres de beauté, si on ne méconnaît pas à la fois les avantages et les services de la littérature ancienne, et si on les combine heureusement avec les perfectionnemens de la littérature moderne; si on ne veut pas refaire l'art tout entier et de toutes pièces; mais si l'on veut seulement satisfaire les besoins réels que la nouvelle position sociale et les progrès de la civilisation ont fait naître, en les ajoutant aux besoins éternels, généraux et universels de l'art et de la nature humaine, à l'expérience et aux sublimes travaux des siècles passés.

Aujourd'hui les littératures de toutes les parties du monde se rapprochent, se connaissent réciproquement, se dépouillent peu-à-peu de leurs longues préventions et tendent à profiter de leurs richesses mutuelles. L'Allemagne surtout et l'Angleterre apportent de nouvelles doctrines, de nouvelles beautés, que la France, dépositaire de la littérature classique, et qui chez les modernes représente si bien l'antique Athènes, mère de tous les beaux arts, que la France, dis je, peut seule juger peut-être, par le goût délicat et sage qui la caractérise, et dont elle peut profiter mieux qu'aucune autre nation.

On est fatigué de la mythologie ancienne, vieillie depuis si long temps, comme du système abstrait et matérialiste qu'on avait mis à la place. On demande une poésie qui soit en rapport avec nos mœurs, la gravité de nos pensées et avec nos idées religieuses. Déjà les Allemands ont tiré un grand parti de celles-ci et ont fait entrevoir les résultats profonds qu'elles avaient apportés dans le cœur humain et dans les arts, qui ne sont que l'expression de celui-ci (Schiller, Werner, Jacobi, Herder, W. et F. Schlégel, etc.). Il y a quelques années que cet essai fut tenté en France de la manière la plus heureuse par un homme d'un génie puissant, auquel on ne pouvait reprocher que les écarts mêmes de ce génie, et qui, étant entré dans cette nouvelle carrière par l'impulsion seule d'un esprit inventeur analogue à celui qui a présidé aux grandes révolutions des sciences et qui a inspiré Newton ou Galilée, dédaigna trop peut-être de tirer parti des travaux du même genre et de leur donner ce caractère de haute philosophie et de moralité qu'ils avaient pris chez nos voisins. L'ouvrage de M. de Châteaubriand fut mal jugé, parce qu'il ne fut pas compris. On ne connut ni l'esprit, ni le but transcendantal de ce livre si original ; il éblouit encore plus qu'il n'éclaira un siècle livré à des préventions contraires et à une métaphysique aride et désenchantée. Madame de Staël fut la seule, peut-être, qui saisît toute la pensée de l'auteur, et une justice aussi circonscrite honore à la fois le juge et celui qui en fut l'objet. Les deux génies les plus remarquables de notre époque étaient faits pour s'entendre, dans la région supérieure où ils s'étaient placés ; devançant l'un et l'autre leur siècle et marchant dans ces idées grandes, morales et religieuses, qui très-certainement marqueront les temps qui suivront, ils devaient naturellement se rencontrer.

Considérés sous ce point de vue, les beaux-arts reprennent le rang élevé qu'ils avaient dans les premiers temps de leur gloire et de leur jeunesse ; ils conservent le caractère grave et imposant des premiers jours du monde ; ils peuvent même contribuer à la réparation de l'édifice social sur les nouvelles proportions que commandent les progrès d'une civilisation croissante, comme ils présidèrent à sa première construction. Dès-lors, la poésie n'est plus cet art de la mollesse et de la corruption qui amusait l'oisiveté et le luxe ; il appartient moins aux cours qu'à l'humanité même. Devenue l'interprète de tous les sentimens généreux qui honorent l'homme, elle les rend plus vifs et plus profonds ; elle cultive et développe le sens moral, qui est l'homme tout entier.

Sans morale et sans religion il ne peut pas y avoir de poésie chez un peuple ; et peut-être même qu'il ne serait pas trop hardi de dire que celle-ci peut rendre à celles-là les bienfaits qu'elle en a reçus. Les siècles religieux ont été les siècles des beaux-arts, ou du moins ceux-ci ont immédiatement suivi les premiers. On croyait encore à quelque chose, ou l'on se souvenait de ce qu'on avait cru, dans les siècles d'Euripide, de Virgile et de Racine. Quand on réduit l'homme tout entier à des sensations passives, quand on le soumet au joug de la nécessité, que l'on ne croit à rien qu'au plaisir, à l'argent et au succès, les beaux-arts deviennent impossibles. Dans tous les systèmes analogues, l'homme s'engourdit; il perd ses facultés les plus nobles; et à force de dire qu'il ressemble à la brute, on finit presque par avoir raison et par être à même de le prouver par l'expérience. Les beaux-arts se rattachent aux dernières profondeurs de l'entendement, aux derniers mystères de ses facultés, à tout ce qu'il y a de supérieur en lui. Ils se perdent sans cesse dans le beau idéal, dans le sentiment de l'infini, qui les fait toujours arriver à Dieu et à la portion divine de notre âme.

Si, au contraire, une doctrine mensongère circonscrit l'homme dans la sphère limitée des sensations, si elle anéantit toute activité, toute liberté de l'âme; si elle écarte comme de vains fantômes les idées du beau, de l'infini, et tous les sentimens de dévoûment et de vertu supérieurs ou contraires à l'intérêt personnel, l'homme ainsi enchaîné pourra-t-il s'élancer dans le domaine des beaux-arts? La nature humaine s'est mutilée, elle a détruit la plus grande partie de ses facultés ; elle a fait plus, elle les a flétries par le ridicule : comment pourrait-elle, oserait-elle s'en servir?

Si les beaux-arts ont conservé une portion de leur empire malgré ces doctrines ennemies, c'est qu'il n'a pas été donné à l'homme de se détruire en entier, que les droits de la nature ne prescrivent jamais, et que les heureux enfans des arts ont vécu le plus souvent loin de ces systèmes de mort. Mais si l'on voulait en suivre les conséquences rigoureuses, je défie qu'on pût faire une pièce de vers. Pour s'en convaincre, l'on n'a qu'à s'amuser à analyser les sentimens d'une tragédie de Corneille ou de Voltaire, d'après les principes d'Helvétius.

CCCXXX.

Quoique le sens moral appartienne à l'âme, qu'il soit sa plus honorable attribution et celle qui prouve le mieux que l'âme n'est pas bornée à des sensations passives et au jeu de l'organisation, on ne doit pas méconnaître cependant qu'il a des rapports intimes avec le physique ; que certaines modifications organiques et vitales sont favorables ou contraires à ses perceptions et à ses opérations ; que, dans certains états physiques, elles deviennent plus vives et plus nettes, ou plus obscures et même enfin nulles. Il serait sans doute fort important d'entrer dans quelques détails à ce sujet et d'indiquer quelques-unes de ces circonstances, autant que l'observation peut nous conduire dans des mystères aussi profonds que sublimes; mais il suffira, pour le plan général de notre ouvrage et le but fondamental de nos recherches, d'avoir déterminé, séparé le domaine du physique et du moral, et indiqué les lois de leurs rapports et de leur influence réciproque.

CHAPITRE VIII.

De la Volonté appliquée aux mouvemens des muscles.

§. I. *Des Mouvemens volontaires en général.*

CCCXXXI.

La volonté agit sur les muscles soumis à son empire directement et par une loi primordiale ; cette action est un fait au-delà duquel on ne peut pas aller. Il doit être reçu comme tel et rapporté à une force primitive correspondante, la *contractilité volontaire* ou *animale* (Bichat). C'est d'après une mauvaise manière de philosopher qu'on s'est toujours efforcé d'en donner l'explication ; aussi n'a-t-on jamais pu arriver en ce genre qu'à des hypothèses qui ne soutenaient pas le moindre examen et qui étaient contraires à tous les faits, à toutes les conditions, à toutes les lois du phénomène. On cherchait ce qu'on ne pouvait pas trouver, et on le cherchait dans des analogies physiques ou métaphysiques qui n'avaient aucun rapport légitime et fondamental avec la chose en question.

CCCXXXII.

Tous les intermédiaires imaginés, comme l'action des nerfs considérés comme cordes, le fluide nerveux, l'électricité, le galvanisme, etc., ne font que reculer la difficulté du problème, loin de la résoudre. Au même instant où la volonté se prononce, le muscle se meut ; donc il n'y a ni ne peut rien y avoir d'intermédiaire entre cet acte de la volonté et la contraction du muscle. Birtez veut que l'âme fasse savoir au principe vital qu'elle désire qu'il veuille bien faire contracter un muscle, et il prétend que le muscle obéit non à l'action directe de l'âme, mais à celle du principe vital. Tout cela n'est au fond qu'un roman à deux héros.

CCCXXXIII.

Darwin, Morgan confondent les mouvemens volontaires avec les mouvemens instinctifs. Selon eux, les uns et les autres sont décidés et forcés par des associations habituelles d'idées. Cabanis paraît avoir eu la même opinion ; car, d'après lui, les mouvemens des fonctions organiques sont provoqués par des impressions préalables portées de l'organe qui les reçoit dans le ganglion nerveux auquel appartiennent les nerfs des muscles de l'organe qui se met en mouvement. Ces impressions décident des determinations de l'action nerveuse, qui, à son tour, décide enfin les mouvemens de la partie. Dans les mouvemens volontaires il y a impression antérieure et mouvement avec conscience : dans les mouvemens involontaires, il y a, au contraire, impression et mouvement sans conscience ; mais, dans l'un et l'autre cas, les mêmes phénomènes ont lieu. Presque tous les physiologistes ont commis la même faute et établi le même rapprochement, et sur ces bases ils ont fait reposer un système unique, absolu, qui confond le moral et le physique, la métaphysique et la physiologie, et qui ouvre la porte à toutes les erreurs de l'animisme ou du mécanicisme, ou qui plutôt associe, par un mélange bizarre, ces deux sortes d'opinions contradictoires.

CCCXXXIV.

On a encore rapproché les mouvemens volontaires des mouvemens convulsifs, et on les a fait dépendre de la même origine (Haller, Bichat, Dumas). On a dit que la volonté agissait comme un véritable stimulus sur les muscles ; qu'elle irritait la fibre musculaire et que par cette irritation seule le mouvement avait lieu. Ce processus d'action est ridicule en lui-même et ne rend raison d'aucune circonstance du fait. Qu'est-ce qu'une volonté qui irrite comme le fait un stimulus ! une volonté qui meut telle portion du muscle qu'il lui plaît et à tel degré qu'elle le désire !

CCCXXXV.

Le cerveau est une condition du mouvement volontaire des muscles ; il n'en est ni la cause directe ou essentielle, ni même instrumentale. Les mouvemens volontaires ont lieu dans des animaux qui n'ont pas de nerfs ; ils persistent quelque temps surtout dans les dernières classes d'animaux, le cerveau étant enlevé.

CCCXXXVI.

Les nerfs et les centres nerveux influencent les mouvemens automatiques de toutes les parties : ainsi, l'intégrité de la moelle épinière est nécessaire à l'entretien des mouvemens du cœur (Le Gallois). Il en est de même des mouvemens de l'estomac, des intestins, de la vessie et de tous les organes qui jouissent de la propriété motrice que Bichat a désignée sous le nom de *contractilité organique sensible.* Mais la chose a encore lieu pour les mouvemens organiques les plus insensibles et les plus cachés. La circulation capillaire est bientôt anéantie dans les lésions graves des centres nerveux (gangrène). On ne peut pas dire cependant que toutes ces parties n'aient qu'un mouvement emprunté. Haller a démontré que le premier principe de ce mouvement est dans l'organe même ; seulement il n'a pas vu que le principe de la durée et de l'énergie de ce mouvement vient d'ailleurs, et notamment de l'action du cerveau et de la moelle épinière. Tous les faits relatifs aux mouvemens volontaires n'établissent pas autre chose que cette conclusion sévère, et ne peuvent pas être interprétés d'une manière différente. Au reste, nous renvoyons ici à l'ensemble de preuves que nous avons présentées à l'appui de notre doctrine physiologique de la sensation, tout ce que nous avons dit sur ce dernier point s'appliquant au premier : dans toutes nos expériences, le mouvement volontaire nous a servi pour constater et apprécier l'état de la sensibilité.

CCCXXXVII.

On a cru pouvoir établir, d'après quelques expériences, que les nerfs qui président au mouvement étaient distincts de ceux qui influencent le sentiment. Ces expériences ne nous paraissent encore rien moins que concluantes ; mais lors même qu'elles seraient aussi certaines qu'elles le sont peu, elles ne changeraient pas notre manière de considérer les rapports du cerveau et des nerfs avec les mouvemens volontaires.

CCCXXXVIII.

On apprend à marcher et à diriger les mouvemens; voyez le perfectionnement de cet art, dans celui de se tenir en équilibre sur une corde, dans les tours à cheval, la danse proprement dite, etc. : donc les mouvemens volontaires ne sont pas purement organiques dans leur cause première et dans leur point de départ. Dans ce dernier cas, ils seraient passifs, ou du moins soumis à des lois fixes et à un automatisme forcé, nécessaire, comme tous les phénomènes purement vitaux.

§. II. *Des Mouvemens volontaires qui président à la formation de la voix et de la parole.*

CCCXXXIX.

L'homme pousse des cris et rend des sons variés, il s'écoute avec attention, saisit avec sagacité les rapports de tel son avec tel mouvement des organes de la voix, et bientôt il crée l'art si compliqué de la voix et du chant. Voyez par ce nouvel exemple quelle fécondité peut acquérir sa sensibilité réfléchie sur elle-même, ou plutôt sur un certain ordre de sensations et d'actes. Admirez comment tous les arts, ou pour mieux dire tous les résultats des facultés morales, dérivent de leur activité inépuisable, appliquée à diverses sensations, de leur attention libre et indépendante dirigée dans certains sens.

CCCXL.

Les différentes modifications de la voix se lient par des lois primordiales à certaines affections, à certaines passions. L'homme saisit cet ordre de faits, il prend ces modifications diverses de la voix pour signes de ses passions; il s'efforce dès-lors de multiplier les différences de la voix, forme la parole, l'applique d'abord comme signe naturel et imitatif à certains objets, passe ensuite à l'établissement des signes artificiels, et finit par créer les langues, chef-d'œuvre de l'intelligence humaine, en allant toujours ainsi d'analogies en analogies.

CCCXLI.

Quelques philosophes n'ont vu dans les langues que le matériel des mots et leur influence sur la pensée, qu'ils ont d'ailleurs exagérée. Ils ont méconnu l'activité du *moi* qui crée les langues. D'autres, au contraire, ont eu recours à une révélation divine pour expliquer philosophiquement la formation des langues. Cette dernière doctrine, qui est hors de la science, à proprement parler, était très-excusable cependant quand elle était opposée aux idées rétrécies et incomplètes des sensualistes et de la philosophie empirique; celle-ci ne pouvait nullement rendre raison de la formation des langues.

CCCXLII.

Les gouvernemens, les habitudes nationales, les impressions morales produites par les objets environnans, etc., ont modifié les langues, comme les circonstances physiques, les climats, le régime, etc.; on reconnaît donc toujours ici cette influence réciproque du moral et du physique, sur laquelle nous ne saurions trop revenir et que nous ne saurions trop présenter comme un simple fait inexplicable.

CCCXLIII.

La faculté de pleurer ou de rire suppose de la réflexion sur les sensations pénibles ou agréables. Voilà pourquoi l'homme est à-peu-près le seul animal qui pleure et qui rie; la douleur et le plaisir bruts ne vont pas jusques-là; l'enfant ne rit qu'après quarante jours.

CHAPITRE IX.

De l'Habitude, de l'Imitation, de la Sympathie

§. I. *De l'Habitude.*

CCCXLIV.

Elle est commune à l'organisme vivant et aux facultés morales.

CCCXLV.

On a voulu expliquer les habitudes par des plis mécaniques ou par une circulation plus facile des esprits vitaux dans les canaux supposés des nerfs (Malebranche, Locke, Bonnet). Cette théorie est hypothétique, même pour le physique. L'habitude est un fait, une loi, et voilà tout ce qu'on en peut dire; elle est exclusive à l'être vivant et moral, et étrangère à la matière morte, quoi qu'en dise ridiculement Cabanis.

CCCXLVI.

L'attention rend les habitudes plus fortes et la volonté les répète : ce qui prouve qu'elles ne sont point entièrement passives, mais toujours soumises à l'activité du *moi*, et qu'elles ne dépendent pas des qualités connues de la matière (1).

§. II. *De l'Imitation.*

CCCXLVII.

Elle appartient au *moi* et non à la vie : elle suppose la sensation, l'idée du modèle.

CCCXLVIII.

Elle est soumise à l'éducation, à la volonté : ainsi toujours même conclusion à déduire que pour l'habitude.

§. III. *De la Sympathie.*

CCCXLIX.

Quand nous voyons un individu souffrir ou jouir, rire ou pleurer, etc., nous partageons ces impressions : c'est ce qu'on nomme *sympathie; on souffre avec*, ou plutôt on sent ensemble. Ce phénomène, propre aux êtres sensibles, doit être admis encore comme un fait, comme une loi.

---

(1) Nous nous contentons d'établir le point de vue fondamental sous lequel on doit considérer l'habitude sous le rapport physique et moral, sans entrer dans les détails : nous pouvons renvoyer avec confiance au **Mémoire de M. Maine-Biran** sur ce sujet.

CCCL.

Elle est la source de la sociabilité, de la pitié, etc. Le *moi* s'empare de ces impressions instinctives: en les avivant par l'attention et en les rendant le principe de nos actions, il en fait la source de mille vertus. Ainsi il se saisit du sentiment vague de la sociabilité, et crée, par ses derniers développemens rationels, les sociétés et les gouvernemens, chefs-d'œuvre de l'intelligence humaine. Tous les arts d'imitation prennent leur origine dans les affections sympathiques, qu'ils exploitent à leur manière par les jouissances qu'ils cherchent à nous procurer.

CHAPITRE X.

Du Sommeil, des Rêves, du Délire, de l'Aliénation mentale.

§. I. *Du Sommeil.*

CCCLI.

Quand nous avons exercé un certain temps notre faculté de sentir et notre intelligence, nous éprouvons une impression de fatigue, nous n'avons plus la force d'être attentifs; pour faire cesser cette impression pénible, nous nous décidons à retirer notre attention de tous les obejts extérieurs et de nos propres idées; nous recherchons un endroit écarté, sombre et éloigné du bruit; nous prenons une position qui exige le moins possible de force musculaire; nous fermons les yeux, etc. : peu à peu notre attention se sépare des objets; à la fin, nous ne sentons plus : il y a sommeil. On voit donc que le sommeil dépend *en partie* du *moi* qui ne prête pas son attention aux objets, et que le sommeil, dans ses rapports avec le *moi*, peut être considéré comme volontaire.

CCCLII.

Une volonté forte empêche l'établissement du sommeil pendant plus ou moins de temps. La volonté hâte, au contraire, et fixe quelquefois l'heure de son retour. Un phénomène incontestable, et qu'il faut rattacher à cette série de faits que nous présentons ici et à la conclusion que nous en déduisons, c'est que la volonté peut quelquefois nous réveiller à une heure déterminée par avance; elle le peut encore aussi lorsque nous nous le prescrivons, pour arrêter les effets énervans d'un songe lascif. Rien ne prouve mieux que le *moi* n'est pas toujours entièrement passif dans les rêves. Je n'ai pas besoin de rappeler ici que très-souvent des idées qui nous occupent, même involontairement, empêchent le sommeil; que la crainte de ne pas pouvoir dormir tient éveillé, etc.

CCCLIII.

On a expliqué le sommeil par des analogies physiques, comme par des compressions du cerveau produites par le sang accumulé, théorie arbitraire et absurde; par un simple relâchement des fibres qui sont tendues durant la veille, double supposition imaginaire; par l'épuisement d'un fluide, opinion gratuite en elle-même et qui, en outre, laisse à expliquer comment ce fluide ne se reproduirait pas d'une manière lente, graduée et constante, comme tous les autres fluides de l'économie. On a dit encore que le sommeil était actif, physiologiquement parlant (Barthez) : cela ne nous paraîtrait vrai que moralement parlant et dans le sens que nous l'avons établi. Bichat pense que le sommeil est la cessation ou la suspension, l'intermittence de la vie animale; mais on voit qu'il y a quelque chose de plus.

CCCLIV.

Pour étudier le sommeil sous son véritable point de vue, il faut le considérer à-la-fois dans le *moi* et dans l'organisme vivant, ainsi que dans les lois propres à l'un et à l'autre et dans les rapports réciproques de ces lois. Nul doute que les organes vivans, surtout ceux qui servent à l'action du *moi*, ne soient susceptibles d'un état particulier, dont la fatigue est l'expression pour la conscience; que les forces de ces organes ne s'épuisent et n'aient besoin de se renouveler par le repos et par l'absence d'une stimulation permanente ; l'analogie générale prise de tous les organes, même de ceux qui servent spécialement à la vie organique et automatique, justifierait cette proposition ; nul doute que cet état de l'organisme ne soit la condition et la cause occasionelle du sommeil ; mais aussi nul doute que le *moi* ne soit susceptible de fatigue, comme il l'est d'un travail plus ou moins actif; nul doute que l'exercice intellectuel et moral n'amène le besoin du repos, n'en donne la raison suffisante : nous le sentons de même après de vives émotions morales.

CCCLV.

Ceux qui ont supposé que le *moi* ne devenait susceptible de fatigue que par l'intermédiaire du corps, ont abouti, en dernière analyse, au même résultat, ne pouvant pas repousser les données de l'expérience. Ils sont partis d'idées fausses sur l'inaltérabilité de l'action du *moi*, qu'ils ont considéré moins en lui-même que dans les idées abstraites et théologiques qu'ils s'en formaient : ils voyaient moins l'homme dans les relations réelles de l'état actuel que dans ses relations avec une autre vie. On ne saurait trop se défaire de ces idées incomplètes et erronées qui ont été la source de mille erreurs, et entre autres du matérialisme de la plupart des auteurs, qui, ne pouvant accorder leurs idées avec les opinions de plusieurs théologiens et métaphysiciens sur l'âme, rapportaient à l'action purement organique d'abord certains phénomènes, et enfin tous en général, entraînés qu'ils étaient par l'analogie et l'identité de ceux-ci.

CCCLVI.

Descartes, Leibnitz ont prétendu que l'âme pensait toujours, même durant le sommeil ; que du moins elle avait alors le sentiment de son existence ; mais que ce sentiment et toutes les idées qu'elle pouvait avoir, ne laissant aucune trace dans la mémoire, elle ne pouvait en conserver le souvenir. Cette opinion est démentie par le sens intime, malgré toutes les subtilités par lesquelles on a cherché à décliner son jugement: car le sens intime est juge en dernier ressort dans les matières métaphysiques, qui ne sont au fond que le domaine du sentiment même. Cette opinion singulière de Descartes vient des idées abstraites et scolastiques, qu'il s'était formées du principe de la pensée. Il avait pris, en outre, la pensée comme une modification constante et passive de l'âme, et il l'avait opposée à l'étendue considérée comme image représentative de l'essence de la matière ; mais la pensée n'est qu'un acte du principe dont elle émane, cet acte peut ne pas avoir lieu et le principe n'en exister pas moins. Un homme qui se repose, conserve toujours le principe du mouvement. On ne saurait trop distinguer deux choses si différentes ; mais quand on s'en tient obstinément aux phénomènes ou aux idées qui les représentent (Descartes), sans jamais remonter de ces phénomènes à leurs principes d'action par un procédé logique légitime, on ne peut manquer de s'égarer dans les erreurs de ce genre.

§. II. *Rêves.*

CCCLVII.

Les rêves sont actifs et passifs : les idées qui les composent dépendent à la fois de la volonté et de l'activité automatique des fonctions morales, de l'association, soit naturelle, soit accidentelle, des idées, des jugemens et de toutes les opérations morales (Hobbes, Locke, Condillac, Darwin), de l'association des opérations morales avec l'état des organes et leurs actions vitales. Les matérialistes n'ont connu que cette dernière loi dans les songes qu'ils ont rapportés à ce qu'ils appellent la mécanique du cerveau. Dans ce qu'ils ont d'actif, ils dépendent de l'activité libre du *moi*; mais cette activité est plus ou moins enchaînée ou engourdie par l'état de sommeil. Cette activité travaille sur des sensations soit extérieures, soit intérieures, soit actuelles, soit renouvelées par la mémoire. De ce mélange de matériaux combinés par la force morale jetée dans un état si particulier, résulte le désordre et la bizarrerie des songes, et dans certains cas des phénomènes très-curieux qu'on a cependant exagérés, tels que des calculs nouveaux de la pensée rendue plus nette et plus libre. Toutes les sensations sont plus vives dans le sommeil ; on imagine, on voit tout ce dont on se rappelle, parce que le *moi* est moins distrait par les objets extérieurs et par une foule de sensations. Dans cet état, le *moi* n'a pas l'idée réfléchie de sa propre existence, ainsi que de l'existence des corps extérieurs. Ceux qui ont prétendu que nous n'avions aucun moyen pour distinguer l'état de veille de l'état de rêve, se sont moqués du sentiment intime.

CCCLVIII.

Jusqu'ici il a été impossible de donner une théorie complète des rêves, parce que les uns n'ont vu dans les rêves qu'un état passif ; les autres en ont fait, au contraire, un état toujours actif et quelquefois le plus haut degré des fonctions morales. Ils ont été jusqu'à penser qu'alors l'âme humaine correspondait directement avec les esprits et la divinité, et jouissait d'un sens intérieur particulier (les magnétiseurs). Pour bien saisir la théorie des rêves dont on pourrait faire une histoire du plus haut intérêt (Bacon), il faudrait faire entrer toutes les données que nous avons indiquées ; on verrait alors comment les rêves peuvent se lier aux besoins du corps, à ses dérangemens les plus intérieurs, exprimer ces besoins et les moyens que la réflexion et quelquefois même l'instinct, dans des cas très-rares, fournissent pour satisfaire les uns ou pour remédier aux autres ; comment les songes se rattachent souvent à des impressions intérieures sur lesquelles l'imagination travaille et crée les fantômes les plus bizarres.

§. III. *Du Somnambulisme.*

CCCLIX.

Il est à la fois actif et passif, et reçoit l'application de toutes les lois des rêves. C'est avec ces principes adroitement combinés d'après les faits, que l'on peut expliquer toutes les singularités du somnambulisme, qui jusqu'ici ont été vues sous un jour si faux et ont donné naissance aux opinions les plus hypothétiques.

CCCLX.

Dans le somnambulisme, les différentes facultés ne sont pas dans un état correspondant : les unes sont plongées dans le plus profond sommeil, tandis que les autres jouissent de toute leur activité naturelle et même quelquefois d'une activité prodigieuse, ce qui donne lieu à un mélange singulier de résultats. Certains sens sont réveillés isolément ; quelquefois même une certaine série de sensations ou d'idées occupe tellement l'attention, d'ailleurs engourdie par l'état de sommeil, que le somnambule ne voit qu'une seule chose, qu'une seule partie de cette chose, qui absorbe en entier sa faible attention, de manière qu'il ne voit rien de tout le reste. Cette théorie ou cette manière générale de voir les faits réduits en lois, explique les observations curieuses qu'on lit dans l'Encyclopédie (article *Somnambulisme*), dans les ouvrages des magnétiseurs, notamment dans l'excellente *Histoire du Magnétisme*, par M. Deleuze. C'est encore à ces principes qu'il faut rattacher la théorie de la catalepsie, de l'extase, etc.

§. IV. *Du Délire.*

CCCLXI.

Le délire n'est ni entièrement organique et vital, ni entièrement libre et moral. Quelquefois le délirant raisonne bien et d'une manière active, sur des impressions fausses, et *fait* des combinaisons d'après les lois que nous avons indiquées. Presque tout ce qu'on a dit sur le délire n'a été imaginé que d'après des idées absolues exclusives et des hypothèses; on ne s'est jamais même occupé d'avoir une histoire exacte du délire, qui cependant serait de rigueur pour donner la théorie de cet important phénomène. L'auteur qui a présenté les idées les plus exactes sur ce sujet, est sans doute mon savant et honorable ami M. Esquirol, dans le *Dictionnaire des Sciences médicales*, à l'article *Délire*.

CCCLXII.

A entendre Cabanis et quelques autres auteurs, les organes intérieurs, sains ou malades, donnent des idées primitives analogues à celles qui sont fournies par les sens extérieurs. Mais cette opinion est inexacte : je demande si, dans le délire ou dans la manie, on aurait jamais des idées de ce qu'on n'aurait jamais vu ? Et cela devrait être cependant dans ce système. Le délirant n'a que ses idées les plus habituelles : d'où il résulte évidemment que le phénomène en question tient à une simple association d'idées ou à de nouvelles combinaisons faites sous certaines conditions. L'état intérieur des organes peut cependant produire sans cause une affection de gaîté ou de tristesse, et celle-ci peut rappeler au *moi* les idées correspondantes.

§. V. *De l'Aliénation mentale.*

CCCLXIII.

L'homme est seul susceptible de manie. La fréquence de la maladie est même en raison du développement des facultés nationales et individuelles. C'est à tort qu'on a attribué exclusivement la manie au physique et que l'on s'est servi de cette supposition en faveur du matérialisme. La manie dépend souvent de causes morales et tient aux lois de la pensée, que quelques métaphysiciens ont considérée trop abstractivement comme raison pure et inaltérable.

CCCLXIV.

Le fou raisonne bien et activement sur des données fausses : ces données, il les tire d'idées ou de passions venues du dehors et qui ont acquis une fixité, une ténacité telle qu'elles n'obéissent plus à la volonté. La manie se rattache quelquefois à un exercice vicieux des lois de la pensée elle-même, comme à son automatisme, à l'association des idées, à leurs rapports avec l'état des organes, à leur exaltation, etc. On devrait faire une idéologie de la manie, comme on a fait l'idéologie physiologique ; on verrait qu'elles se montrent soumises aux mêmes lois et s'éclairent beaucoup réciproquement.

CCCLXV.

Dans certains cas, la manie dépend essentiellement du physique, dont les modifications vitales sont en rapport avec les sensations et les idées, comme nous l'avons exposé ailleurs. Au reste, nous regrettons beaucoup de ne pas pouvoir entrer dans des détails à ce sujet et de mettre à profit les observations si curieuses et si complètes de MM. Pinel et Esquirol, qui ont associé si heureusement leurs noms pour la réforme de cette partie de la médecine, et qui ont élevé en ce genre un monument qui honore à la fois notre art et la France.

CHAPITRE XI.

De la Personnalité.

CCCLXVI.

La conscience, en sentant le même *moi* toujours modifié par mille sensations différentes, et le sentant cependant toujours le même, en le considérant abstractivement des sensations qui le modifient et des corps étrangers qui produisent ces sensations, en liant les impressions passées, présentes et futures, dans ce même *moi*, s'élève à l'idée de la personnalité; c'est-à-dire, d'une part, à l'idée de l'existence individuelle, et de l'autre, à l'idée de l'identité et de l'unité de cette existence.

Cette notion, sous quelque point de vue qu'on la considère, ne saurait dépendre de l'organisation, qui ne peut qu'être actuellement et non dans le passé, et qui d'ailleurs est incompatible avec cette unité absolue.

CCCLXVII.

L'animal n'a qu'un sentiment vague, borné et irréfléchi de sa personnalité; il n'en a qu'un sentiment d'instinct, qui même ne doit pas étendre fort loin dans le temps l'idée de son existence, parce qu'il est privé en partie du degré des facultés, et en totalité de certaines facultés d'où dérive cette idée de la personnalité, qui est loin d'être aussi simple qu'on se l'est imaginé.

CCCLXVIII.

Le sentiment de la personnalité, de l'identité, est d'autant plus étonnant, que les parties qui constituent notre corps, par le mouvement continuel qui les agite, nous échappent sans cesse et sont renouvelées par des molécules étrangères. Il est certain qu'au bout d'un temps, qui n'est que trop réel, mais qu'on chercherait en vain à déterminer d'une manière fixe, il ne nous reste pas une seule molécule de celles que nous avions à une époque antérieure. Il faut donc que le *moi* soit hors de l'organisation et qu'il demeure immuable au milieu de ces variations continuelles, comme un rocher au milieu des flots qui glissent et coulent sur sa surface.

Morgan cherche en vain à expliquer cette identité par une suite d'actions qui se sont succédé à chaque moment de l'existence passée, et qui ont influencé plus ou moins chaque moment de l'existence qui les a suivies (1). Une suite d'actions qui s'influencent réciproquement ne constituerait pas l'identité; celle-ci suppose l'unité absolue : elle lie le passé au présent, comme elle lie entre elles les sensations simultanées.

CCCLXIX.

On a admis une individualité physique, organique ou vitale (Barthez); mais on ne peut rien conclure de celle-là contre l'individualité morale. Elle ne repose pas, comme dans la vie morale, sur l'unité absolue et sur la conscience même de l'identité; elle suppose seulement que les propriétés vitales modifient les molécules vivantes à leur manière d'être, les assimilent à leur état antérieur; et tel est, en effet, leur caractère le plus général, le plus constant et le mieux établi par les faits.

CCCLXX.

On objecte encore que certains animaux peuvent être divisés en plusieurs tronçons sentans. Mais, dans ce cas, on ne divise pas le *moi* primitif : ce qui devrait nécessairement avoir lieu pour

---

(1) **Ouvrage cité**, pag. 54.

que cette objection eût la force qu'on lui donne. Les sensations que le tronc avait reçues ne restent pas isolément dans le tronc, et de même pour celles de la tête ; les impressions nouvelles reçues par les deux tronçons se rattachent au *moi* antérieur, et dans ce phénomène singulier, il n'y aurait jamais division du *moi*, comme on l'entend pour les choses physiques.

CHAPITRE XII.

De l'Ame ou de la Psychologie.

§. I. *De l'Ame et de son existence substantielle.*

CCCLXXI.

Nous l'avons déjà établi (CCXIV), on s'élève à l'idée substantielle du *moi* (l'âme) par un procédé logique, qui est aussi sûr que celui par lequel on acquiert la notion des corps extérieurs ou de la matière, ou plutôt qui est le même ; c'est-à-dire que l'on voit l'une et l'autre à travers les phénomènes qu'elles produisent et qui les représentent fidèlement, et que l'on établit leur existence par une déduction sévère et forcée de ces phénomènes. Des propriétés, des modifications différentes et opposées, supposent un *substratum* particulier. Or, si la matière présente des phénomènes différens et opposés à ceux du *moi*, le *substratum* de l'une ne peut pas être le même que celui de l'autre.

1°. La matière est résistante, impénétrable ; elle arrête notre action. C'est par cette résistance seule que sa présence actuelle et son existence réelle nous sont manifestées (Kant). Si nous recherchons cette même qualité dans le *moi*, nous n'y trouvons rien d'analogue; nous y constatons même quelque chose d'opposé. Nous agissons sur nous-mêmes avec la plus grande liberté, et lorsque nous nous faisons obstacle par une volonté contraire, l'impression de résistance que nous éprouvons alors est toute différente.

2°. La matière agit passivement par impulsion, ou si elle se montre active dans l'attraction, c'est toujours sous l'influence d'une cause antérieure à son action même. On peut mesurer, augmenter ou diminuer l'une par l'autre. Avouons donc qu'elle n'est pas à elle-même le principe absolu et primitif de son mouvement; qu'elle n'a pas en elle-même de principe d'action, dans le sens absolu de ce mot (CCLIV). Dans les êtres vivans, elle agit spontanément, automatiquement; elle est soumise à des lois qu'elle ignore et qu'elle suit aveuglément. Elle manifeste de l'énergie, il est vrai; mais le développement de cette énergie est le résultat même de ces lois. Ainsi, lors même que la matière pourrait être considérée comme active sous certains rapports, cette action est toute particulière et bien différente de celle qui est propre à notre *moi*. Le *moi*, en effet, n'est qu'action, liberté et indépendance; il est *autocrate*; son action commence et finit en lui.

3°. La matière est étendue, divisible : le *moi* est *un* de la manière la plus absolue, et par conséquent inétendu et indivisible. La matière vivante paraît avoir, au premier coup-d'œil, quelque chose de cette unité ; mais elle diffère cependant essentiellement sous ce rapport : elle n'a pas ce caractère absolu qui constitue l'unité morale.

4°. Les propriétés et les lois physiques et vitales sont totalement différentes des propriétés et des lois morales.

D'après cette comparaison analytique et phénoménale, le *moi* a un *support* non matériel, inétendu, impénétrable, libre, etc. La *sub-stance* de la sensation, de l'idée, de la volonté, etc., n'est pas ou ne peut pas être la *sub-stance* de l'étendue, de la mobilité, etc.

CCCLXXII.

Quelle est la nature de ce support? nous n'en savons pas davantage que sur celle de la matière, pas plus que sur celle de Dieu. La notion de matière n'est pas plus claire dans le fait, n'est pas mieux approfondie dans sa nature réelle que celle de l'esprit. Ces mots sont comme les x des algébristes, qui désignent des inconnus (CCLVI). Mais ce que nous savons très-bien, parce que nous pouvons très-bien le savoir, d'après le caractère particulier des phénomènes que les deux substances nous présentent, c'est qu'elles sont différentes, opposées entre elles, comme ces phénomènes. Nous ne connaissons pas ce qu'elles sont en elles-mêmes; mais nous savons ce qu'elles sont dans leurs rapports réciproques, parce que nous avons toutes les données d'un jugement assuré sur ce point.

CCCLXXIII.

Nous le répétons, parce que l'on ne saurait trop le répéter, nous ne concevons pas ce que c'est qu'un *esprit*, pas plus que nous ne concevons ce que c'est que la *matière*. Nous n'avons pas des moyens de conception des choses, nous ne les voyons pas directement. Le mot *concevoir* n'est nullement philosophique, il ne signifie autre chose que la plus grande habitude que nous avons de voir une chose. En effet, les physiciens ne conçoivent pas l'esprit et le rejettent, les métaphysiciens ne conçoivent pas la matière et la nient. Le véritable philosophe se met au-dessus de toutes ces préventions partielles, parce qu'il embrasse toutes les vérités. Si nous ne nous occupions que d'objets métaphysiques et nullement d'objets physiques, nous ne concevrions pas l'existence des corps.

CCCLXXIV.

Locke demande si Dieu ne pourrait pas donner à la matière la faculté de penser. Ce raisonnement est plutôt celui d'un bon homme très-religieux, que d'un philosophe sévère ; il est hors de la science qui ne s'occupe jamais de la possibilité des choses sous l'action divine. S'il faut examiner une question qu'un grand homme a posée et dont on s'est tant servi dans d'autres vues que lui, je réponds que Dieu, avec toute sa puissance, ne peut pas donner la pensée à une pierre en tant que pierre. Il ne peut pas faire qu'une chose soit et ne soit pas, qu'elle soit à-la-fois étendue et inétendue. Il peut anéantir la matière et créer une âme à la place; mais il ne peut pas faire une *matière-âme*, il ne peut pas faire penser ni sentir la matière, parce qu'il ne peut pas réunir dans une même nature deux choses contradictoires et qui s'excluent réciproquement.

CCCLXXV.

Le sentiment intime est plus immédiat dans l'admission de l'âme que dans celle de la matière. Nous sommes plus près de nous-mêmes que nous ne le sommes des corps qui nous sont étrangers. Nous nous touchons, nous nous sentons par tous les points et dans tous les instans de notre vie. Nous avons donc plus de raisons de croyance, plus de motifs de certitude dans un cas que dans l'autre. Les idéalistes sont donc moins fous que les pyrrhoniens ou sceptiques, qui se niaient eux-mêmes. Osons le dire hautement, nous sommes plus sûrs, sous certains rapports, de l'existence de notre âme, que de celle des corps : c'est la première base de l'évidence, le fondement de toutes les autres. Si nous rejetons celle-là, nous ne pouvons en recevoir aucune autre. Ainsi, je ne puis admettre l'existence de la matière que par l'intermédiaire du sentiment réfléchi de moi-même, c'est-à-dire qu'en me reconnaissant moi-même : tandis que je pourrai me sentir directement, en supposant que tous les êtres matériels du monde fussent détruits, en supposant même qu'ils n'eussent jamais existé. Cette vérité est primitive, sans détour; elle est presque intuitive (CCLXX).

CCCLXXVI.

Il est absurde de rapporter les phénomènes moraux à de pures abstractions, à de simples mots, comme à ceux de *vie animale*, *sensibilité* et *contractilité volontaire*, etc. Comment peut-on nier l'existence substantielle d'une chose qui n'est que sentiment, volonté et action, qui est le premier et le seul mobile de ses actes, qui n'est que vie et existence? On pourrait plutôt nier l'existence d'une matière passive et soumise à un simple mouvement communiqué. Si Dieu modifiait nos sens de la même manière que le fait cette matière, nous pourrions avoir le tableau mensonger du monde (Malebranche, Berkeley).

CCCLXXVII.

Cette erreur vient d'une théorie incomplète, empirique et phénoménale de l'abstraction. On ne voit pas que des phénomènes, des modifications, supposent un *substratum* positif, l'existence d'une chose modifiée ; que des actes surtout supposent un principe actif réellement existant. Qu'est-ce qu'une abstraction qui veut, qui fait, qui se repent d'avoir fait, et qui refait la même chose sur un nouveau plan qu'elle corrigera encore? On ne distingue pas les abstractions les unes des autres, celles qui sont idéales de celles qui se rapportent à des réalités. Une abstraction, dit-on, ne suppose qu'une vue de notre esprit, qu'une manière de considérer une chose. Mais peut-on dire que le *moi sentant* et *voulant* ne soit qu'un point de vue d'une chose? Et de quelle chose? de la matière, du mouvement physique ou du mouvement vital? Une comparaison sévère avec tous ces phénomènes prouve qu'ils n'ont avec lui aucune analogie.

Dans certains cas, une abstraction suppose au-dessous quelque chose de réel : ainsi, notre idée de la matière est une véritable abstraction ; mais elle suppose nécessairement l'existence de quelque chose. Parce que l'esprit humain, confondant ces deux sortes d'abstractions, a souvent donné aux unes la réalité qui ne convient qu'aux autres, on les repousse toutes indifféremment, sans s'apercevoir qu'on détruit ainsi la raison humaine et toute science.

CCCLXXVIII.

Quelques philosophes redoutent tant d'admettre l'existence de Dieu et de l'âme, qu'ils protestent que désormais ils ne remonteront jamais aux causes, qu'ils ne les indiqueront pas et même d'une manière générale, indéterminée, abstraite, par des mots qui proclament leur existence, mais qui ne pénètrent pas leur nature et ne préjugent rien sur celle-ci. Ils ne voient pas qu'ils se jettent dans une philosophie dans laquelle personne n'a jamais pu se maintenir, le *phénomalisme*; que ce système conduit bientôt à l'*idéalisme* absolu, quand il vient à être démontré, ce qui d'ailleurs n'est qu'une conséquence nécessaire du principe admis, quand il vient, dis-je, à être démontré que l'existence de la matière n'est pas une notion directe, un esensation brute, mais bien une déduction logique tirée des phénomènes. C'est à cette doctrine singulière et par ce chemin que sont arrivées plusieurs sectes allemandes et anglaises (Hume, Fitche, Schelling.) Il n'y a pas à hésiter, ou il faut repousser la logique vicieuse que nous signalons de tous les points de la connaissance humaine, et alors vous ne pouvez admettre aucune existence, aucune réalité ; ou si vous la recevez pour un ordre de faits, il faut nécessairement l'admettre pour tous ceux où elle se montre également applicable.

CCCLXXIX.

La science devient impossible dans cette doctrine phénoménale et contradictoire. Aussi l'on peut s'en convaincre par les effets qu'elle a eus constamment. Ceux qui l'ont introduite dans les sciences métaphysiques, ont annihilé la métaphysique proprement dite ou la science de l'observation de l'esprit, pour en faire la science de la matière et de l'organisation, c'est-à-dire un ensemble d'hypothèses plus insoutenables les unes que les autres. Ils ont rattaché les phénomènes moraux à l'organisation, qui n'en était que le théâtre, et ont tout confondu. Ceux qui l'ont introduite dans la physiologie et la médecine, ont fait de l'une et de l'autre une simple histoire naturelle des phénomènes de la santé et de la maladie, qui est sans fécondité et sans application (analyse nosographique) ; ou si, contradictoirement au scepticisme admis en principe, on a rattaché les phénomènes de la vie à l'organisation ; si on les a considérés comme une dépendance nécessaire de la texture des tissus, on s'est livré aux hypothèses les plus arbitraires, aux vues les plus fausses et les plus incomplètes.

Les sciences physiques elles-mêmes seraient bientôt détruites, si l'on s'abandonnait aux conséquences rigoureuses de cette manière de raisonner. On ne pourrait plus admettre ni l'existence de la matière, ni celle de ses propriétés. L'attraction ne serait qu'une pure abstraction à proscrire, que de l'ontologie, comme le disent tous les jours les partisans de cette logique bornée et aveugle, qui ne sait où elle conduit ceux qu'elle dirige. L'admission de quelque chose de réel est si nécessaire, que je défie que l'on puisse dire quatre mots sur quelque science que ce soit, sans être obligé d'admettre des existences et des forces.

CCCLXXX.

« La sensation, dit-on, et toutes les actions consécutives de l'intelligence, sont des actions : toutes les actions sont des abstractions, sous ce rapport, toutes sont immatérielles. »

La sensation est une abstraction, j'en conviens ; c'est un mode, mais un mode de quelque chose. Ce qui sent, veut et agit, n'est pas une abstraction.

Si l'homme ne faisait que sentir passivement, je pourrais être plus porté à croire que le sentiment n'est qu'une modification abstraite ; mais je sens que je sens, je combine mes idées en cent manières différentes, je veux, je fais, je sens que j'ai voulu, que j'ai fait : et ce quelque chose ne serait qu'un mot, qu'une abstraction ! En vérité de pareilles idées supposent qu'on n'a jamais réfléchi sur les caractères de l'homme moral, ni sur la nature de l'abstraction elle-même.

CCCLXXXI.

« Les mots de *vie*, de *force vitale*, *sensibilité vitale*, *contractilité*, etc., n'expriment que des abstractions et non des choses réelles ; c'est par l'habitude de désigner des existences par les mots, qu'on donne l'existence aux dénominations analogues. Il en est de même de la sensation avec conscience, de la pensée et de toutes les opérations intellectuelles. »

Je conviens que la contractilité est une abstraction, c'est la puissance de se mouvoir et pas autre chose : encore même suppose-t-elle quelque chose de réel auquel elle se rattache, quoi que puisse être ce quelque chose ; mais le *moi* indique essentiellement ce qui sent, ce qui veut, ce qui agit : toutes choses qui supposent une existence.

CCCLXXXII.

La digestion, la sécrétion, auxquelles on a

comparé la pensée, ne sont que des mouvemens divers, sous quelques lois qu'elles se fassent; mais la sensation, la volonté, sont autre chose. Les premières opérations ne supposent qu'une matière qui se meut de certaine manière; les secondes supposent quelque chose qui est, qui sent, qui veut, qui agit. Descartes a dit: je pense, donc je suis. On s'est moqué de ce raisonnement: on a dit qu'il ne prouvait rien; que l'existence ne pouvait pas se démontrer. Mais on peut très bien adopter ce raisonnement, en le modifiant de la manière suivante : Je pense, je combine des idées, j'agis, je veux ; donc je suis. Ce raisonnement, présenté de cette manière, me paraît inattaquable.

CCCLXXXIII.

« Vous admettez, nous dira-t-on, une âme, parce que vous ne concevez pas sans elle les phénomènes moraux. Mais concevez-vous davantage le mouvement, la contraction vitale, la digestion? Vous serez donc obligé d'admettre une âme pour concevoir ces phénomènes ; et c'est, en effet, ce qu'on a fait pendant longtemps, par suite de cette même logique que vous embrassez. »

Cette objection est juste sous certains rapports: il n'est que trop vrai, nous ne pouvons rien concevoir, tous les raisonnemens tirés de cette source sont infidèles; mais ce n'est pas ainsi que j'ai raisonné pour mon compte. J'ai comparé les phénomènes, leurs lois, leurs conditions; ils m'ont paru différens, opposés, incompatibles; j'ai dit que des phénomènes différens supposaient des supports différens, et j'ai admis l'existence de l'âme. Dans tout cela, je n'ai pas cherché à comprendre le lien des phénomènes entre eux et avec le *substratum* qui les présente, je n'ai voulu rien expliquer ; j'ai dit seulement ce que je jugeais être d'après ces phénomènes ; je n'ai pas pris l'âme pour point de départ de la théorie de l'entendement : au contraire, je suis arrivé à ce point en dernier lieu, protestant qu'on ne pouvait aller au-delà de sa simple admission.

CCCLXXXIV.

« Mais, enfin, insistera-t-on encore, vous avez fait entendre plus d'une fois que les phénomènes vitaux différaient des phénomènes physiques proprement dits ; qu'on ne pouvait pas les faire dépendre de la texture des tissus ; vous serez donc obligé d'admettre une âme d'après les principes de cette logique. »

D'abord, je commence par déclarer hautement et avec toute la conviction et la bonne foi possibles, que je n'admets pas de principe vital substantiel. Mais quand cela serait, que pourrait-on en induire? Cela détruirait-il le principe logique établi? Ce dogme serait ridicule. Pourquoi le serait-il, s'il était établi par les faits et par le raisonnement? Les médecins matérialistes se refuseraient à le recevoir, et voilà tout. Mais il n'en est pas ainsi : les phénomènes vitaux diffèrent sans doute des phénomènes physiques, sans leur être contradictoires, opposés. L'unité vitale n'a nullement ce caractère d'unité absolue qui spécifie les phénomènes moraux. Les phénomènes vitaux n'indiquent qu'une matière qui agit automatiquement, qui est animée de propriétés particulières; au contraire, dans l'homme moral tout proclame l'existence d'un principe d'action substantiel.

Enfin, je n'ai aucun intérêt moral à admettre ou à rejeter l'existence d'un principe vital. Pour peu que la chose me présente de l'obscurité au premier coup-d'œil, je l'abandonne, comme complètement inutile; surtout si je reconnais qu'elle est même dangereuse par les obscurités qu'elle répand sur la physiologie entière. Mais le plus grand intérêt personnel est attaché à la solution de ce problème pour l'homme moral. Et combien je dois m'estimer heureux pour mon compte de pouvoir, à l'aide de ma raison et sans un travail trop pénible, d'avoir assuré l'espérance d'une autre vie, qui est la base du bonheur individuel et public, et la source de toute moralité; d'avoir ouvert de nouvelles routes à la démonstration des idées nobles ou généreuses, au milieu du labyrinthe inextricable de la philosophie régnante!

CCCLXXXV.

Tous les hommes, dans tous les temps, ont cru à l'existence distincte de l'âme, comme il[s] cru à l'existence des corps. Il n'y a que quel[ques] philosophes qui ont nié l'une ou l'autre, et le [plus] souvent par la raison ridicule qu'ils ne pouva[ient] pas les concevoir. Ainsi admettre cette vér[ité] c'est croire au genre humain, à la raison : c'es[t con]cevoir une vérité qui fait partie de notre exist[ence]. Si cette opinion était une illusion, nous ne po[u]rions pas y résister : elle serait dans nos faculte[s] mêmes; et si Dieu nous avait ainsi trompés, sa justice l'obligerait à réaliser cette illusion et nos espérances. On a beau dire, la voix du genre humain est la voix de la nature : elle est l'expression nécessaire de ce qui est ou de ce que l'on est obligé de croire comme si cela était.

§. II. *Comparaison de l'homme avec les animaux.*

CCCLXXXVI.

L'animal sent : il réunit ses sensations dans le même sentiment de la conscience, il a un *moi* : il a donc un principe d'unité et de sentiment, une espèce d'âme. C'est à tort qu'on a rapporté à l'organisation les phénomènes de ce genre présentés par l'animal ; parce que l'identité des phénomènes suppose l'identité des causes, et que nous n'avons d'autre moyen pour accorder une âme aux autres hommes, que cette même voie d'analogie par laquelle nous voyons en eux des caractères semblables à ceux qui nous spécifient.

CCCLXXXVII.

L'âme des animaux est-elle de même nature que celle de l'homme? C'est toujours par la comparaison des résultats que nous pouvons établir la nature des causes ; c'est par eux que nous pouvons déterminer, mesurer ces *natures* que nous ignorons en elles-mêmes. Or, d'après les données de l'observation, quel espace immense ne sépare pas l'animal le plus parfait de l'homme le plus stupide, pourvu qu'il ne soit pas dans l'idiotisme ! Dans l'animal. point de liberté, ni même de volonté à proprement parler : il est soumis aux besoins, aux inspirations, aux idées de l'instinct ; il réagit peu sur les impressions que la sensibilité met à sa disposition (1).

---

(1) J'ai entendu développer la différence qui existe entre l'homme et l'animal, par un homme qui réunit souvent l'éloquence de Bossuet à sa profondeur métaphysique, et dont j'invoquerais ici volontiers l'autorité, si son nom n'appartenait déjà à une région bien supérieure à cette

CCCLXXXVIII.

On prétend que cette grande différence vient du volume du cerveau ou de toute autre circonstance de l'organisation ; mais on a pris ici l'effet pour la cause, une coïncidence d'harmonie préétablie pour la cause première. L'animal n'a pas des organes si parfaits et des instrumens si multipliés que l'homme, par la raison que l'agent a moins à faire.

CCCLXXXIX.

Nous avons vu que par suite de sa puissance supérieure de réaction, l'âme humaine crée ses idées et les facultés qui la distinguent, c'est-à-dire que l'homme seul a des idées abstraites, un langage ; que seul, en un mot, il est raisonnable ; que lui seul est susceptible de religion, etc. On n'a pas reconnu le principe général de ces grandes différences, dans la plus grande activité et liberté du *moi* : un langage abstrait a conduit à des analyses arbitraires.

---

atmosphère nébuleuse et marquée par tant d'orages, au sein de laquelle vivent les philosophes : *Tradidit mundum disputationibus eorum.*

CCCXC.

L'homme a une vie toute morale, tandis que l'animal a une vie toute physique. La vie physique est le but, la fin de toute l'existence des animaux : pour l'homme, elle n'est qu'un moyen, qu'un instrument.

§. III. *Comment l'âme est dans le corps.*

CCCXCI.

Cette question est une des plus difficiles à examiner en elle-même ; cependant nous pouvons toujours la résoudre, en tant qu'elle est accessible par l'expérience, c'est-à-dire en rapprochant les faits et en tirant de ces faits des déductions sévères. Nous dirons moins ce que nous savons sur ce point, que ce que nous ne pouvons pas en savoir, et nous corrigerons seulement, le langage ordinaire qui, en général, est si vicieux dans cette partie de la connaissance humaine.

CCCXCII.

L'âme est une, indivisible, non matérielle ; par conséquent, si elle est unie au corps, elle ne peut l'être qu'en tant qu'elle est *âme* et d'une nature particulière, et non d'après les lois générales qui unissent deux corps analogues. Elle ne peut pas être juxta-posée, interposée, intercalée dans le corps On ne peut pas dire qu'elle soit contenue dans le corps comme un liquide l'est dans une bouteille. Ce sont là des analogies physiques qui ne sont pas ici de mise, et qui ne peuvent être d'aucune ressource, quoiqu'on les ait si souvent invoquées ou supposées.

CCCXCIII.

Elle est présente au corps vivant; elle sent dans le corps, à travers le corps, par le corps, même les modifications des corps extérieurs : elle sent immédiatement. Par sa présence, elle donne aux organes de nouvelles forces primitives, qu'ils ne sauraient avoir sans elle, mais aussi peut-être qu'elle ne saurait avoir sans eux.

CCCXCIV.

On a considéré l'âme comme essentiellement distincte du corps dans toutes ses opérations. On les a isolés de la manière la plus absolue; tandis qu'il fallait considérer leur union comme un fait primitif inexplicable. On a cherché, au contraire, à pénétrer les moyens d'union; ainsi on a admis qu'ils agissent l'un sur l'autre par des intermédiaires imaginaires, comme par des mouvemens mécaniques de fibres nerveuses, d'un fluide, etc.

On n'a pas voulu voir que l'âme était unie

non pas à un simple corps, mais à un corps animé de propriétés vitales qui, elles-mêmes, ne dépendent pas essentiellement de la matière, ou du moins de sa forme, de son volume, de son arrangement. On a considéré le corps dans ses propriétés les plus grossières et l'âme dans ses facultés les plus relevées et les plus supérieures, et on n'a jamais pu se faire une idée exacte de leur rapprochement, tel que l'observation nous la présente. Il faut voir l'homme tel qu'il est, d'après les faits et dans l'exercice des fonctions sensitives, intellectuelles et morales : l'homme est un corps vivant, animé de propriétés particulières, et surveillé, pénétré, en quelque sorte, par un principe sentant et pensant, faisant une même chose, un même être avec lui, soumis à des lois communes et de relation que l'expérience seule constate, et qui a, en outre, ses lois particulières et son indépendance absolue. Nous n'en savons pas davantage. Nous touchons par l'esprit les phénomènes dans leur moment de rapprochement, d'union ; mais quand nous sommes arrivés à ce point, leur lien intérieur nous échappe.

CCCXCV.

Le corps agit directement sur l'âme, comme l'âme agit directement sur le corps vivant ; toutes les modifications de l'un modifient directement l'autre : tantôt c'est lui qui commence l'action, et l'âme qui l'achève, *et vice versâ*. Cette influence est un fait, et sa double réciprocité établit l'existence indépendante des deux choses séparées. Est-on en droit de se servir de cette influence du physique sur le moral pour rapporter tout vicieusement au physique ? L'erreur de ceux qui rapportent tout au moral sur la série des faits opposés ne serait pas moins ridicule. Il faut recevoir le fait de cette influence dans sa simplicité expérimentale, sans l'embarrasser d'hypothèses intermédiaires. Telle est la vraie science, le solide fondement de la psychologie et de la physiologie, la source pure de leurs progrès ultérieurs.

CCCXCVI.

L'âme est liée au système sensible organique et vital. J'entends par système sensible l'ensemble des organes qui peuvent donner des impressions à la conscience. Le système sensible peut varier en lui-même ; ainsi les os, qui ne lui appartiennent pas dans l'état physiologique, peuvent rentrer dans son domaine sous certaines modifications, (l'inflammation).

Elle est liée dans son exercice à certaines conditions physiques et vitales comme à l'intégrité du cerveau, à l'action des viscères abdominaux, etc. Mais on ne peut pas dire que ces organes soient la cause première ni instrumentale de ses opérations.

CCCXCVII.

Le moral et le physique sont unis synergiquement par des lois primordiales dont on voit le but, l'utilité manifeste, et qui, par conséquent, ne dépendent pas du mécanisme, et qu'on ne doit pas chercher à expliquer par lui ou par toute autre circonstance, parce qu'il n'y a pas, au fond, d'autre cause de ce vrai miracle, que la volonté de celui qui a donné telle forme déterminée aux organes et les a disposés dans leurs propriétés comme dans leur organisation. La synergie même purement vitale, ne peut pas être rapportée à la texture des tissus; on ne peut pas expliquer par celle-ci comment deux organes souvent éloignés et sans liaisons organiques plus particulières que tels autres, entrent en action à point nommé et dans un ordre de mouvemens déterminés, coordonnés et dirigés vers un but fonctionnel (Barthez).

CCCXCVIII.

L'organisme vivant a une énergie propre, susceptible d'augmentation et de diminution. L'âme se montre susceptible d'une force, d'une énergie analogues. Cette force de l'âme est, comme celle de l'organisme, susceptible d'augmentation et de diminution. Les faits journaliers prouvent que ces deux sortes de forces se correspondent, se soutiennent réciproquement : j'ignore comment la chose se fait. L'analogie des forces peut servir à rapprocher les choses, mais non à les lier entièrement. Cette loi expérimentale explique en partie l'action du physique sur le moral, *et vice versâ*, action que l'on a toujours considérée d'après des conceptions mécaniques et anatomiques, et non d'après des données purement expérimentales; mais les physiologistes eux-mêmes ont le plus souvent ignoré ce mode d'action de la vie, cette énergie purement dynamique, et que je distingue de l'action organique et fonctionnelle (CXXII).

§. IV. *De l'Immortalité de l'âme, et Probabilités sur l'état de l'âme après la mort.*

CCCXCIX.

Mourir est un mot vague, qui n'est vrai que dans le sens populaire : pour le philosophe, rien ne meurt, tout est immortel. Mourir, c'est se diviser, c'est changer de forme : or, le *moi* est un, indivisible, et par conséquent impérissable. Le principe moral persiste donc après la mort par sa nature même. Analogue, sous quelque rapport, à Dieu même, dont il retrace une image imparfaite, il est parce qu'il est, ou plutôt parce qu'il a été. Comme il possède l'existence en propre, il ne saurait la perdre une fois qu'il l'a reçue, et il faudrait un acte formel de la puissance de Dieu pour le détruire, comme il en fallut un pour le créer. La matière partage sans doute cette prérogative; mais elle est indifférente à tel ou tel état : ses formes passagères se renouvellent sans cesse, et elle ne se ressemble jamais à elle-même dans aucun moment de son existence; sans cesse elle est agitée par des mouvemens de destruction et de rénovation. L'âme est une forme simple qui ne peut perdre ses modifications naturelles ou acquises; il est évident qu'elle ne peut être soumise aux altérations, résultat d'un simple déplacement des parties qu'elle n'a pas.

CCCC.

L'action appartient en propre à l'âme : nous l'avons établi par l'histoire de toutes ses opérations ; même dans son état d'union avec le corps, les actes moraux ont lieu immédiatement par elle et en elle : donc il ne peut y avoir cessation d'action par le simple fait de la mort.

CCCCI.

Quant aux matériaux de la pensée, sensations, idées et tous les résultats du travail intellectuel, la mémoire, qui les conserve, les emporte avec elle. La personnalité, l'identité n'est pas détruite par la mort, puisqu'elle ne vient pas de l'organisation.

CCCCII.

D'après ces considérations, qui sont des conséquences nécessaires de tous les faits, le principe de la pensée, l'action et les matériaux, tout est hors de la matière et de l'empire de la mort: donc il est probable que l'âme peut penser après la mort, par cela seul qu'elle existe encore et qu'elle a existé pensante durant la vie. Elle peut continuer la série d'idées qui l'occupaient pendant le cours de celle-ci ; rendue à elle-même et à elle seule, elle médite dans la solitude du tombeau et dans le silence de la mort. Durant la vie d'esclavage et d'enchaînement au monde extérieur, elle s'essayait quelquefois à penser en elle-même, par une méditation profonde détachée des sens et de toute action organique directe.

CCCCIII.

Au moment de la mort, on observe quelquefois une exaltation prodigieuse d'idées, surtout chez les personnes fortement pénétrées d'idées morales et religieuses, animées par une passion vive ou par une volonté ferme : dernier acte d'indépendance par lequel elle proclame la liberté souveraine dont elle va jouir. Cependant, le plus souvent, il y a diminution et dégradation des facultés morales; mais cette série de faits ne prouve rien contre nos probabilités; l'âme est encore sous l'influence du corps, elle subit les lois de cette influence.

Mais après la mort toute influence cesse, et alors réveil dans un autre ordre de choses; réveil mille fois plus doux que celui auquel elle avait été habituée jusqu'alors, et qui marquait si souvent une alternative de peines renaissantes et de plaisirs chèrement achetés. La vie humaine se compose en quelque sorte de deux parties; quand la portion qui frappe nos regards finit, c'est comme lorsque le soleil disparaît de notre horizon pour éclairer un autre hémisphère: elle n'éprouve aucune interruption dans sa course immortelle.

CCCCIV.

Dans cet état de choses, et après le premier étonnement, suite d'une situation si nouvelle, elle peut se rappeler le passé. Les détails minutieux de la vie ont sans doute disparu; mais elle retrace à son souvenir les idées fondamentales de l'existence : elle se ressouvient surtout de ses actions morales, et alors commence l'empire du remords ou des joies de la conscience. L'âme doit avoir une idée plus vive et plus nette de l'Être-Suprême, qui se manifeste en quelque sorte à elle par cela seul, et en attendant une manifestation plus intime et plus positive. La vie intellectuelle seule occupe les facultés sans distraction, et doit par conséquent fournir des idées plus profondes : les idées d'ambition, de fortune, qui l'occupèrent tant jadis, se reculent dans le lointain et se perdent comme dans un nuage; elle n'a conservé peut-être de tous les souvenirs de la terre que celui des personnes qui lui furent chères, et qui avaient tenu une place si douce dans sa vie morale.

CCCCV.

Les rêves et les profondes méditations peuvent donner une idée imparfaite de l'état de l'âme après la mort. Ils prouvent que l'âme peut agir dans l'absence des objets, et se les rappeler d'autant plus vivement qu'elle est moins distraite. Mais après la mort, l'âme est bien plus libre encore de toute impression extérieure et intérieure. Elle doit avoir des idées bien plus nettes; elle doit imaginer tout ce dont elle se rappelle : son activité n'est pas engourdie comme dans le sommeil.

Telles sont les dernières conjectures auxquelles l'esprit peut se livrer avec quelque légitimité, d'après l'ensemble des faits, abstraction faite des lumières positives que la révélation donne sur ce point.

Telles furent à-peu près les raisonnemens que Socrate présenta à ses disciples au moment solennel où il attendait son heure suprême (1). Mais déjà on a apporté la coupe fatale ! Socrate suspend ses discours, et élève ses vœux au ciel, à-peu-près en ces termes : « Etre des êtres ! j'ai cherché, par la raison que tu m'as donnée, à m'élever jusqu'à toi et à l'idée de l'immortalité de mon âme. Il me semble que je ne me suis jamais écarté de la voie sévère des déductions légitimes ; mais si ma faible raison m'avait trompé, je ne perdrais pas pour cela toute espérance. Ce n'est plus au nom de ma trop faible raison que je te demande l'immortalité, c'est au nom de l'humanité toute entière qui en a toujours senti le besoin, au nom de l'ordre social qui la réclame, au nom de tous les hommes qui, comme moi, ont sacrifié et qui sacrifieront encore leur bonheur et leur vie à la loi du devoir. Tromperas-tu les espérances de l'univers qui croit en toi et à l'immortalité, et qui n'a jamais séparé ces deux sublimes idées ? » A peine Socrate a-t-il fini cette prière, que l'on

---

(1) Œuvres complètes de Platon, trad. de M. V. Cousin, t. I, du *Phédon ou de l'Ame*, p. 159.

apporte la coupe : il a déjà bu le poison ; bientôt il tombe en défaillance. Ses disciples annoncent leur crainte par l'expression plus libre de leur douleur. Une populace égarée, qui écoute à la porte de la prison, répond au cri de douleur par un cri de joie féroce. Anytus, confondu et caché dans la foule, a tout entendu : le monstre est satisfait. Socrate a été comme réveillé par ces cris opposés : un sourire inachevé agite ses lèvres glacées ; il n'est déjà plus. Est-il bien vrai qu'il soit mort tout entier ? et, lorsque le tombeau aura confondu les cendres de la victime et du bourreau, ne différeront-elles aux yeux de l'éternelle justice que par leur pesanteur physique ? Le vent les emportera-t-il également dans les airs, et ne restera-t-il plus de Socrate et d'Anytus qu'un vain nom ? S'il existe un Dieu, n'y a-t-il pas une immortalité ? Je te le demande, raisonneur affirmatif ; prononce maintenant, si tu l'oses !

FIN.

NOTES.

Note 1, Préface, pag. 8.

Autant nous avons attaqué avec force et franchise la manière de philosopher de Cabanis, autant nous nous plaisons à rendre témoignage avec la même sincérité à la pureté de son caractère moral et de ses intentions. Tous ceux qui ont eu l'honneur de l'approcher durant sa vie, ont reconnu en lui les qualités les plus estimables (*). Il suffit même de lire ses ouvrages, pour s'assurer qu'il était animé des sentimens de la plus ardente philanthropie. Sa philosophie ou son siècle ont mal servi ses intentions et son génie; mais il faut toujours distinguer les moyens et les résultats des intentions mêmes : la moralité est seule dans celles-ci : c'est ce que l'on confond trop souvent, surtout lorsque l'on examine les choses sous un autre point de vue que celui purement scientifique, et qu'on mêle à ce dernier des considérations morales ou des passions, propres à égarer le jugement, ou même un esprit de parti, aussi nuisible et aussi contraire à la morale et à la religion qu'à la vérité.

Telle est, une fois pour toutes, notre profession de foi sur ce point; elle ne peut déplaire aux âmes honnêtes et aux esprits modérés. Quant à ceux qui ne partageraient pas cette manière de voir et qui nous en feraient un crime, leur blâme injuste, ni leurs critiques, quelque amères qu'elles fussent, ne sauraient nous atteindre, dans la hau-

(*) Voyez M. Alibert, son élève et son ami, dans la brillante introduction de sa *Nosologie naturelle*, p. lxxxj.

teur de vues de laquelle nous avons considéré les questions qui nous ont occupé.

Si quelqu'un de ces hommes qui ne croient pas à la pureté et au désintéressement des opinions, croyait que j'ai parlé contre ma conviction, je leur livre avec pleine confiance mes ouvrages, mes discours, et tout ce qu'ils pourront savoir de mes sentimens les plus intimes. Je ne crains pas qu'on me reproche d'avoir jamais parlé contre ma conscience : vendre sa pensée m'a toujours paru la plus lâche, la plus immorale et la plus irréligieuse des actions humaines.

D'ailleurs, celui qui pourrait croire qu'un système, vrai ou faux, mais aussi profondément combiné dans toutes ses parties, est un calcul de complaisance et une affaire du moment, ne se connaîtrait pas en logique, et la mauvaise foi d'un pareil reproche en ferait bientôt justice.

Note 2, Préf., pag. 13.

Tous ceux qui sont au courant de la science et qui jugent de son état plus par les idées que professent les hommes les plus influens, que par les opinions populaires et scolastiques, ne peuvent pas s'empêcher de méconnaître qu'il s'est fait en France, dans les idées métaphysiques, une très-grande révolution dont on ne peut pas encore calculer les résultats. Il n'est aujourd'hui aucun métaphysicien de premier ordre qui reçoive les doctrines de Condillac et d'Helvétius dans leur pureté; et les modifications que chacun leur fait subir sont telles, que le principe fondamental étant changé, tous les détails doivent l'être tôt ou tard. Il est même à craindre que la direction nouvelle ne soit trop opposée à celle de Condillac, et que l'on méconnaisse les vérités précieuses que renferme sa doctrine. A en juger par la plupart des écrits ou par les fragmens de doctrine publiés de temps en temps, il semblerait qu'on serait porté à se jeter vers le spiritualisme et l'idéalisme de Kant. Il serait temps cependant que la science sortît de ces alternatives pénibles qui la livrent aux chances de révolutions éternelles. Nous nous sommes attaché à former une doctrine mixte, qui combinât, par l'observation, tous les faits et toutes les théories.

Note 3, pag. 14.

Dugald-Stewart, qui peut être considéré comme le digne représentant et l'interprète le plus fidèle de la doctrine écossaise, me paraît être sceptique sur les points les plus importans de la connaissance humaine, comme sur l'immatérialité et l'immortalité de l'âme; du moins, il admet celle-ci par des raisons qui ne sont pas sans force en elles-mêmes, mais qui montrent le vice général que nous avons cru pouvoir reprocher à cette belle doctrine.

« La question sur la nature ou l'essence de l'âme, dit-il, a été de tout temps le sujet favori de la discussion des métaphysiciens, par la liaison apparente qu'on lui supposait avec les argumens en faveur de son immortalité. C'est sous ce point de vue que les deux partis l'ont considérée : les uns concevant que si l'esprit n'avait aucune qualité en commun avec la matière, sa dissolution devenait physiquement impossible; les autres pensant que, dans le cas contraire, il s'ensuivait nécessairement que l'homme tout entier devait périr à la mort. Le docteur Priestley et plusieurs autres théologiens philosophes ont depuis peu combattu avec beaucoup d'ardeur en faveur de cette dernière opinion, se flattant sans doute de préparer par-là le triomphe de leurs idées particulières de christianisme. Négligeant ainsi toutes les preuves d'un état futur, qu'on peut tirer de la comparaison du cours des affaires humaines avec les jugemens et les sentimens moraux du cœur humain, et passant sous silence, avec le même dédain, les présomptions qui naissent des limites étroites de la sphère où roulent les connaissances humaines, quand on les compare à la perfectibilité indéfinie dont nos facultés intellectuelles semblent susceptibles, cet écrivain ingénieux, mais superficiel, s'attachait exclusivement au *vieil* argument pneumatologique, si rebattu, et admettait tacitement, comme un fait, que l'avenir de l'homme dépendait entièrement de la solution d'un problème physique analogue à celui qui divisait alors les chimistes, sur l'existence ou la non-existence du phlogistique. Dans l'état présent de la science, devait-on s'occuper de telles spéculations ? *Quel est le métaphysicien sensé qui regarde aujourd'hui l'immortalité de l'âme comme une conséquence logique de son immatérialité*, et ne la considère pas plutôt comme dépendant entièrement de l'être souverain qui le premier lui donna l'existence? D'un autre côté, les meilleurs philosophes ne font-ils pas dépendre de l'analogie générale des lois qui paraissent gouverner l'univers, l'espoir suggéré par les lumières naturelles d'un avenir au-delà du tombeau, *aussi bien que tous nos autres pressentimens?* Tous les argumens sur l'immatérialité de l'âme ne *servent donc pas tant à fixer d'une manière positive cette destinée future, qu'à repousser les raisonnemens des matérialistes lorsqu'ils regardent son anéantissement comme un effet conséquent et nécessaire de la dissolution du corps.* » (*)

(*) « Contentons-nous, dit le savant John Smith de Cambridge, de cette sage assertion de Platon dans son Timée. Il attribue la perpé-

(*Histoire abrégée des Sciences métaphys., mor. et polit.*, traduite par Buchon, Ire Partie, pag. 181.)

NOTE 4, pag. 29.

Une habitude qui m'a toujours paru propre à conserver à l'esprit toute son indépendance, et à le préserver de ces idées fixes qui sont dans les sciences une sorte d'aliénation, source de toutes les hypothèses et de tous les systèmes, c'est de faire marcher presque de front l'étude de deux sciences, de deux doctrines diamétralement opposées.

NOTE 5, pag. 31.

Quand nous établissons que toutes les écoles de Médecine sont matérialistes, médicalement parlant, nous croyons avoir assez bien précisé notre idée pour qu'elle ne puisse pas être prise dans un sens autre que celui que nous voulons lui donner. Notre intention n'a point été de sortir ici de la sphère qui nous est propre et de frapper ces écoles d'un sceau de réprobation morale. En supposant même que le matérialisme physiologique se lie directement ou indirectement au matérialisme métaphy-

---

tuité de toutes les substances à la bienveillance et à la libéralité du Créateur, qu'il fait parler ainsi

Ἀθάνατοι μὲν οὐκ ἐσὶὲ οὐδ᾽ ἄλυτοι τοπάμπαν. οὔτι μὲν δὴ λυθήσεσθέ γε, οὐδὲ τεύξεσθε θανάτου μοίρας, τῆς ἐμῆς βουλήσεως μείζονος ἔτε δεσμοῦ καὶ κυριωτέρου λαχόντες ἐκείνων, οἷς ὅτ᾽ ἐγίγνεσθε, ξυνεδεῖσθε.

« Quoique vous paraissiez né pour mourir; et que je puisse rompre
» les nœuds que j'ai faits, je les rends indissolubles, et les droits de la
» mort ne s'étendront pas sur vous, ma volonté est un lien plus fort
» que ceux dont je viens d'unir les parties de votre être. » (*Disc. choisis*, Cambridge, 1660.)

sique, nous n'exprimerions ici qu'un fait, qu'un point de discussion scientifique; nous voudrions les faire suspecter d'erreur par cela seul, et voilà tout. Le savant, comme tel, n'empiète jamais sur les droits du moraliste et du théologien.

NOTE 6, pag. 32.

La doctrine de l'école de Montpellier ne peut manquer de s'étendre de plus en plus et de devenir enfin la doctrine universelle, lorsqu'elle aura subi les modifications que commandent les perfectionnemens successifs de la science et les derniers développemens de ses principes fondamentaux, que ses défenseurs ni ses adversaires n'ont pas toujours su dégager de quelques idées accessoires. Tous les médecins doués d'un esprit indépendant et vraiment philosophique, ont saisi l'esprit de sa doctrine et marqué ses dernières destinées. Voici comment s'exprimait Cabanis:

« Des opinions de Stahl et de van-Helmont, et du solidisme, étendu, modifié, corrigé, s'est formée une nouvelle doctrine à laquelle Bordeu, Venel, Lamurre, l'on peut même dire l'école de Montpellier presque entière, a donné beaucoup d'éclat et de partisans. Agrandie, depuis ces maîtres célèbres, par les vastes travaux de Barthez; fortifiée, par ses élèves et ses successeurs, de ce que les découvertes modernes et les progrès des sciences collatérales pouvaient lui fournir de preuves nouvelles ; perfectionnée par l'application des méthodes philosophiques, que de bons esprits *commencent* à porter *enfin* dans tous les objets de nos études, elle se *rapproche* de plus en plus de la vérité. *Bientôt ce ne sera plus une doctrine particulière:* en profitant des découvertes réelles, éparses dans les écrits de toutes les sectes ; en se *dépouillant de cet esprit exclusif* qui étouffe la véritable émulation, et qui n'a jamais enfanté que de ridicules débats, *elle deviendra la seule théorie incontestable en médecine ; car elle sera le lien naturel et nécessaire de toutes les connaissances rassemblées sur notre art jusqu'à ce jour.* » (Révolutions de la médecine, pag. 175.)

Cabanis a montré le but d'universalité auquel la doctrine devait tendre, et les moyens par lesquels elle pouvait l'atteindre. C'est dans ce sens que doivent travailler désormais les médecins de notre école qui cultivent la science plus dans les intérêts de l'une que dans ceux de l'autre, si toutefois ces deux choses peuvent être séparées.

M. Coutanceau, un des médecins qui conservent le mieux, dans le moment actuel, la saine doctrine, et qui l'honorent le plus par un esprit sage, par une philosophie relevée et par des pages remplies de toutes les grâces du style le plus pur, a dit, en parlant de l'invasion des doctrines chimiques dans les sciences médicales :

« Les médecins français ne se laissèrent point éblouir à l'éclat de la faveur extraordinaire que s'était acquise, sous leurs yeux, la nouvelle chimie, dans la contrée qui en avait été le berceau ; mais ils manifestèrent un esprit de modération et de sagesse fort éloigné de la légèreté qu'on reproche à leur nation, et qui, sans doute, sera consacré avec honneur dans les fastes de l'art. Un seul, parmi ceux qui tiennent un rang distingué dans leur profession, s'écarta un moment des sages principes qui lui avaient acquis l'estime de ses pairs et celle du public, pour se livrer imprudemment à tous les écarts d'une imagination méridionale, qui l'égara au point de lui faire composer un système chimique de nosologie, fondé sur les idées les plus étrangères à la saine médecine. Mais le ridicule de cette entreprise en fit justice ;

et le juste blâme qu'un pareil ouvrage attira sur son auteur, ne fut jamais mérité par l'école célèbre dans laquelle une doctrine si étrange a été professée, et qui, bien éloignée d'avoir partagé de pareilles erreurs, doit une grande partie de sa gloire séculaire à la courageuse constance avec laquelle elle a conservé, dans son sein, le précieux dépôt de la doctrine des forces vitales, souvent menacée, souvent étouffée même, au moins, sur quelques points de l'Europe médicale, et toujours en butte aux attaques renouvelées des différentes branches de la physique générale. » (*Révision des nouvelles Doctrines chimico-physiologiques*, avant-propos, p. vij.)

« Placé au centre étincelant de tant de connaissances physiques, dit M. Virey, comment toute école de médecine (quelque sages, quelque philosophes et habiles que puissent être ses professeurs), ne serait-elle pas en partie subjuguée par un tourbillon aussi entraînant? Aussi voyons-nous l'école de Montpellier, et d'autres écoles de médecine d'Allemagne suivre des doctrines souvent différentes de celles qui règnent à Paris, parce que ces écoles se trouvent placées dans d'autres circonstances et plus loin du tourbillon. »

» Aussi, tout ce qui appartient aux sciences physiques ou accessoires à la médecine, est enseigné avec une grande perfection sans doute à Paris; mais souvent on y glisse sur tout ce qui concerne cette puissance merveilleuse, cette lampe interne éclairant les actes de l'économie vivante par des instincts salutaires, par les mouvemens autocratiques, dans les maladies comme dans la santé. Le jeune docteur qui a le plus longuement essuyé le banc de nos écoles, en sort souvent la tête meublée de théories séduisantes, mais fort ignorant sur tout ce qui concerne les forces vitales elles-mêmes. » (*Réflexions sur quelques doctrines physiologiques modernes*, pag. 12.)

M. Virey a développé avec beaucoup de talent la doctrine du vitalisme, quoiqu'il faille avouer que son imagination brillante l'entraîne trop souvent vers le stahlianisme.

La maladresse de quelques adversaires passionnés ne nous sert pas moins que les encouragemens flatteurs des médecins les plus recommandables. Voici comment s'exprime M. Authenac dans une brochure qui est écrite sur un ton que l'on ne connaissait guère plus dans les sciences depuis le quatorzième siècle :

« *Doctrine des Montpelliéristes*. Pour juger la doctrine de l'école de Montpellier, qui, en grande partie, se réduit à celle de Bordeu, de Grimaud et de Barthez, nous prendrons les ouvrages de M. Bérard. = *Philosophie*. — Elle paraît aussi mauvaise que celle de M. Broussais. Comme ce dernier, M. Bérard veut baser la médecine sur la physiologie, c'est-à-dire sur les hypothèses et les conjectures. Du moins, telle est la conséquence qu'on doit tirer du passage suivant : « M. Broussais, dit
» M. Bérard, a ébranlé d'abord toutes nos idées médi-
» cales, et les a jetées comme dans une sorte de chaos ;
» mais bientôt, par l'habitude depuis longtemps contrac-
» tée, de juger et de concilier par l'observation toutes les
» notions anciennes et modernes, analogues ou opposées,
» nous avons cherché à refaire le système médical, sans
» prévention d'aucune espèce et en assignant aux nouvelles
» et grandes découvertes leur véritable place ; nous récla-
» mons l'attention et l'indulgence du lecteur : la pre-
» mière, parce que nous ne pourrons qu'indiquer les faits
» et les principes, laissant les développemens à sa sagacité ;

» la seconde, parce qu'il s'agit de l'entreprise la plus dif-
» ficile dans la philosophie de la science, d'une sorte de
» restauration de la médecine entière sur les principes les
» plus étendus, les plus multipliés et les plus en rapport
» avec l'ensemble des faits. » (*Revue médic.*, avril 1822,
p. 457.) De ce passage on peut, ce nous semble, conclure
que M. Bérard veut changer la médecine jusques dans ses
bases, et lui donner pour fondement sa physiologie, qui,
quoique plus vaste et moins exclusive que celle de M. Broussais, n'en est pas moins systématique, hypothétique,
conjecturale.=*Physiologie.*— *Elle semble belle, grande,
vaste, devant embrasser tous les faits, et fort supérieure à celle de M. Broussais.* En un mot, *tout fait espérer qu'elle sera en grande partie adoptée, pour expliquer les phénomènes et favoriser les découvertes,* mais
non pour servir de base à l'édifice médical. = *Graphie
et Classification.* — La *graphie*, peu connue, sera vraisemblablement insuffisante, s'il faut en juger par l'article
ELÉMENS de M. Bérard, inséré au *Dictionnaire des
Sciences Médicales*. On peut dire la même chose *des
Classifications.* = *Réflexions.* — Tout ce que le Montpell-
liérisme peut espérer, c'est de faire adopter sa physiologie pour l'explication des faits. Ce parti, très-peu nombreux, pourrait se rendre *redoutable*, s'il adoptait *la
philosophie, la graphie* et *la classification des contem-
porains*, en y réunissant *les découvertes du siècle* et du
Broussaisisme; mais alors il passerait au rang des éclec-
tiques et perdrait son nom. » (*Défense des médecins
français contre le docteur Broussais*, par Authenac,
deuxième livraison, pag. 217.)

Ce que M. Authenac nous fait considérer comme la perte
de la doctrine de Montpellier, serait sa gloire et est le but

de ses efforts. M. Authenac reçoit sa physiologie et repousse sa pathologie ; cette scission est contradictoire en elle-même, et prouverait seulement que la doctrine n'est pas encore achevée.

MM. U. Coste et Boisseau, auxquels nous devons d'ailleurs des remerciemens pour la manière polie et pleine de bienveillance avec laquelle ils ont examiné notre 1ᵉʳ volume de la *Doctrine médicale de l'École de Montpellier*, nous ont fait des reproches que nous ne croyons pas mériter ; il nous importe trop de nous concilier l'estime de juges si compétens, pour ne pas réclamer avec franchise de leur jugement à leur tribunal même. Décidé que nous sommes à profiter de leurs excellens avis, il nous importe de voir jusques à quel point leurs reproches sont fondés. Je le fais d'autant plus volontiers, qu'il nous sera facile de prouver que notre opinion ne s'écarte pas tant de la leur qu'ils pourraient le croire, et que nous sommes bien près de nous entendre et de nous accorder sur les points fondamentaux. Un rapprochement aussi heureux serait pour nous d'une tout autre importance que ce qui peut avoir rapport aux intérêts de notre amour-propre. C'est dans ce sens surtout que nous allons rappeler les jugemens de nos estimables confrères.

« M. Bérard, dit M. U. Coste, pense *avec raison* que les hypothèses métaphysiques, qui s'accordent avec un si grand nombre de faits, seraient infiniment préférables aux hypothèses *mécaniques, chimiques* et même *dynamiques* de Brown et compagnie ; je suis fâché seulement de lui voir envelopper dans cette réprobation ce qu'il appelle les *hypothèses organiques*. L'esprit sage et réservé qui attribue la vie à l'organisation ne croit pas faire une hypothèse; en effet, il a observé *que la manière de vivre* des organes, des individus, des espèces, diffère suivant les apparences extérieures et la disposition intime de leur matière : il a vu la matière modifier la vie, produire la vie et la détruire : il a conclu que la vie était la matière vivante, la matière organisée pour vivre, et que si les pierres ne digèrent pas, c'est évidemment faute d'organes. Qu'on prenne bien garde qu'il n'y a point là de supposition. Qu'est-ce que le rouge ? C'est la matière rouge, ou mieux la sensation du rouge. Vous ne pouvez aller au-delà sans témérité; mais vous pouvez aller jusque-là. Qu'est-ce que la vie? C'est la matière vivante, avec ou sans conscience de la vie. Vivre est un mot arbitraire, qui signifie, pour certains êtres, pousser des racines et des feuilles, se reproduire, etc. ; pour d'autres, digérer et se nourrir; pour d'autres, digérer, respirer, faire du sang, se mouvoir d'un mouvement spontané, etc., etc. Quant à *l'unité individuelle*, elle ne saurait appartenir à l'étendue; elle est uniquement constituée par le sentiment, et l'homme n'a aucun moyen de savoir ni de déterminer si elle appartient à d'autres espèces. Je sens que je pense et je sens que j'existe; je sens de plus que ces deux sentimens sont distincts; j'ai une intelligence et des organes qui, sans *hypothèse*, rendent assez raison de mes idées, de mes fonctions et de mes mouvemens. » (*Nouvelle Bibliothèque médicale*, 1re année, tom. Ier, janvier 1823, pag. 55.)

L'esprit sage, qui rapporte la vie à l'organisation, qui voit la vie dans les organes qui en jouissent, ne croit pas faire une hypothèse, et il a raison : mais celui qui attribue la vie à l'organisation comme cause, qui explique la vie par l'arrangement des tissus, ne croit pas faire une hypothèse, et en fait une, cependant, qui est insoutenable et qui a été l'une des sources les plus fécondes des erreurs qui ont infecté la médecine dans tous les temps, ou qui, réunie d'autre part à celle d'une *âme*, d'une *archée*, d'un *principe vital* qui ne vaut pas mieux, selon nous, ou qui revient au même, a été la cause de tous les écarts de la science. Qu'est-ce que la vie, demande M. U. Coste ? De la matière vivante, cela est vrai; mais elle n'est pas de la matière vivante, en tant qu'organisée ou arrangée d'une certaine manière. Je croyais avoir établi cette distinction d'une manière positive et franche, dans ma définition des médecins *matérialistes* et *organiciens*. « J'entends, disais-je, par *médecins matérialistes* ceux qui ont voulu expliquer les phénomènes du corps vivant par les propriétés de la matière, qui sont l'objet des sciences physiques et chimiques ; comme par l'impulsion, le mélange, les agens impondérables, etc. Les médecins qui rapportent les phénomènes vitaux à la matière, qui seule nous les présente, mais qui ne cherchent pas le lien de cette union, et qui admettent *franchement* les propriétés vitales, d'après les effets qui leur sont propres, ceux-là ne sont pas matérialistes, ils n'expliquent rien. Tous les jours on confond à tort ces deux opinions, qui diffèrent beaucoup l'une de l'autre. »

» J'entends par médecins *organiciens*, mot barbare que j'ai créé par nécessité, ceux qui *expliquent* les phénomènes vitaux *par* l'organisation, les fonctions vitales des organes *par* la texture des tissus simples et *par* la combinaison de ces tissus qui les composent. Cette secte de médecins n'est qu'une division des médecins matérialistes. Je n'appelle pas médecins *organiciens* ceux qui *ratta-*

chent les phénomènes vitaux *aux* organes qui en sont le théâtre, et qui craignent, en isolant les phénomènes des organes, de les voir se perdre dans les abstractions de l'esprit; ils prennent ceux-ci pour point d'appui, mais non pour *moyen* d'explication, ce qui n'est pas la même chose. » *Doctr. Méd.*, pag. 203, 204.

Je dois cependant avouer que M. U. Coste a ensuite très-bien saisi notre pensée.

» Après avoir exposé, ajoute-t-il, dans cette première section, la philosophie médicale de l'École de Montpellier, l'auteur se place enfin lui-même dans son tableau; et je ne puis mieux terminer cet article qu'en rapportant une profession de foi, digne de son caractère, et devant laquelle s'évanouissent toutes mes observations critiques. « Pour mon compte, je l'avoue franchement, les mots de *principe vital*, de *principe d'harmonie*, ou tout autre analogue, me paraissent trop difficiles à manier, pour que j'ose m'en servir.... D'ailleurs, je ne vois point la nécessité d'admettre les mots de ce genre. L'*unité vitale* est un fait, elle est l'expression de mille faits.... Mais je n'ai besoin que de transmuer le fait en loi. Je ne vois point l'obligation de chercher la cause de cette unité, et encore moins de l'indiquer par un mot qui ferait entendre que je l'ai trouvée dans des analogies avouées ou secrètes, prise de l'unité du principe moral et de son action. Que dis-je? ce fait important peut même n'avoir pas de cause particulière; il peut n'être qu'un résultat, qu'une circonstance de la nature des forces vitales ou de la matière organisée vivante. On peut donc admettre l'unité et l'harmonie des forces vitales comme la première loi de ces forces ; si l'on contractait l'engagement d'admettre une cause correspondante pour chaque loi, ne faudrait-il pas recevoir un principe particulier pour rendre raison des effets de l'habitude, de l'imitation, etc. ? Ces phénomènes ne supposent que des modifications générales et communes des forces de tous les organes. » (*Doctr. Méd.*, pag. 185.)

» Si M. Bérard ne parlait pas ici *pour son compte*, et qu'il me fût permis de penser que l'École de Montpellier partage aujourd'hui unanimement cette pureté de vues et de principes, je ne balancerais pas à la regarder, en effet, comme un modèle de bon goût et de saine philosophie. Malheureusement, M. Bérard ne s'explique pas sur ce point, il se contente de nous rappeler que nous avons vu successivement dans les annales qu'il vient de dérouler sous nos yeux, la doctrine de Montpellier, embrassant dans ses progrès continuels un plus grand nombre de faits, se dépouillant des opinions théoriques qui pouvaient altérer *son excellence*, et renonçant, enfin, à toute espèce d'hypothèses, ou du moins ne gardant *quelques restes* de celles-ci que comme *d'anciens souvenirs*. » (*Nouvelle Bibliothèque médicale*, pag. 61.)

M. U. Coste verra que je me suis expliqué plus positivement dans cet ouvrage; que j'ai précisé mon opinion particulière avec plus de détails, et l'ai même rattachée à de nouveaux principes de philosophie première (pag. 391, 402.) Je dois, cependant, à la vérité, et un pareil aveu ne coutera jamais à mon amour-propre et à mon cœur, de déclarer que mon opinion n'est que le développement et le perfectionnement, si l'on veut, des idées de l'école à laquelle je m'énorgueillirai toujours d'appartenir, quelque soit le sort de ma manière de voir.

Voici avec quelle haute philosophie s'exprime M. Boisseau :

« Il me semble que l'immense savoir des médecins les

plus célèbres de Montpellier, ne leur a servi jusqu'ici qu'à préparer les matériaux d'une bonne introduction pour un traité de la science de l'homme malade. Qu'ils rattachent enfin aux organes et non aux forces ou aux systèmes d'organes les connaissances profondes qui les distinguent ; qu'ils cultivent avec plus de persévérance la science du diagnostic, fondée non-seulement sur l'observation clinique, mais sur l'anatomie pathologique : alors seulement ils retireront des fruits précieux de leurs recherches sur la philosophie médicale. Tandis qu'ils hésitent, leurs voisins *se servent adroitement de cette philosophie simplifiée par Bichat*, et sont peut-être fondés à dire que Montpellier ne marche pas avec le siècle, dont il prépare le succès. Après avoir osé donner un conseil, nous nous permettrons une prédiction : c'est que M. Bérard ne peut manquer de faire subir d'importantes et d'utiles modifications à la doctrine de Barthez, s'il continue à se rapprocher de la doctrine de Bichat, comme il y paraît disposé.... enfin, s'il fait tout ce qu'on est en droit d'attendre de lui, M. Bérard élevera un monument durable à la gloire de son École chérie, dont les destinées ne s'accompliront que quand elles auront fait un pacte indissoluble avec celle de Bichat. »
(*Journal universel des Sciences médicales*, N° 85, VIIIe Année, pag. 74.)

M. Boisseau a très-bien pénétré notre plan de pacification entre la doctrine de l'École de Montpellier et celle de Paris, et plus généralement entre toutes les doctrines médicales ; mais les moyens qu'il nous présente ne sont pas précisément ceux que nous avons choisis. Voici, selon nous, les bases de cet important traité.

Le moyen de pacification et même de la vérité doit se trouver dans le point de doctrine qui est commun aux deux Écoles, et l'erreur, dans ce que chacune d'elles a de particulier.

Or, Bichat, comme Barthez, déclare que l'on ne peut pas pénétrer la cause première de la vie; que l'on ne peut pas la rapporter aux lois de la physique et de la chimie, mais à des forces primitives, au-delà desquelles on ne peut pas aller dans l'état actuel de la science.

L'École de Paris peut et doit donc renoncer à son hypothèse d'explication par l'organisation des tissus, comme celle de Montpellier peut et doit plus aisément encore renoncer à son expression de *principe vital*, de *cause d'harmonie*. Moyennant cette concession réciproque, les deux Écoles peuvent confondre leurs doctrines, leurs travaux, et élever à la gloire de la médecine et de la France le monument le plus beau et le plus durable. Nous pourrions recevoir encore dans notre *communion* les Browniens, qui couvrent le reste du monde médical. Brown ne considérait l'excitabilité que comme une propriété primitive et ne voulait pas qu'on en recherchât la cause. Il n'a pas tenu parole; il a admis du moins des analogies physiques. Renoncer à ces analogies et augmenter le nombre des propriétés vitales selon les faits, voilà tout ce que l'on exigerait de cette illustre École.

Mon honorable confrère pourra peut-être prétendre que je n'ai pas mission, et je suis forcé d'avouer que je n'ai pas mes titres, ni peut-être espérance de les obtenir; mais qu'il signe ce traité, et je lui garantis son exécution, sur la foi de la marche générale de la science et de l'esprit humain.

NOTE 7, pag. 36.

Tous les métaphysiciens, d'après la méthode généralement suivie dans toutes les sciences, ont commencé par disserter sur la nature de l'âme, avant que d'étudier ses opérations et les phénomènes particuliers qu'elle présente. Je crois que la marche inverse doit contribuer aux réformes les plus avantageuses de la science, et rendre aussi claire que solide la démonstration des vérités les plus relevées sur sa nature.

NOTE 8, pag. 112.

Cette prétendue chaîne qui lie tous les êtres a été admise par tous les auteurs, depuis les premiers philosophes jusqu'à nous, et c'est elle qui a consacré la confusion de toutes les sciences.

Barthez la rappelle et l'adopte en entier, sans faire attention qu'elle détruit le fondement de son système physiologique : ce qui me confirme dans l'idée que Barthez n'a fait qu'entrevoir la nécessité d'isoler la physiologie de toutes les autres sciences, et qu'il ne s'est pas dévié, dans le fond, des idées généralement admises jusqu'à lui. Sa théorie des existences est frappée du scepticisme et de toutes les erreurs dogmatiques de son siècle.

NOTE 9, pag. 134.

Tiedemann a établi un nouveau procédé pour déterminer l'ordre de formation des parties du cerveau, il suit l'ordre de développement des différentes parties dans le fœtus; cette méthode est très-précieuse pour détruire les erreurs de M. Gall et toutes celles analogues; mais Tiedemann interprète à tort les faits de ce genre, selon les hypothèses ordinaires. En effet, il est faux que ces différentes portions naissent les unes des autres, comme il paraît le dire; elles existent à la fois, seulement elles se développent successivement et acquièrent un volume progressivement plus marqué. Tiedemann a ajouté à la pureté de l'observation les idées les plus hypothétiques. Les travaux de cet anatomiste distingué font sentir combien il importe que l'anatomie soit enfin soumise aux lois de l'observation et des saines méthodes de philosophie.

NOTE 10, pag. 136.

Tiedemann pense que la moelle épinière est la source de toutes les autres parties nerveuses, et que le cerveau n'est qu'une *efflorescence* de la moelle épinière, comme avait dit Reil. On n'a qu'à lire ses discussions à ce sujet, pour voir dans quel mauvais esprit cette partie de l'anatomie a été toujours étudiée.

NOTE 11, pag. 149.

On peut voir, dans la Physiologie de Dumas et dans l'ouvrage de M. Gall, les noms des physiologistes qui n'ont pas partagé l'opinion commune que le cerveau est la cause ou l'instrument de la sensation.

NOTE 12, pag. 154.

L'opinion de Le Gallois est combattue par les faits de fœtus sans cerveau et sans moelle épinière, qui ont vécu dans le sein maternel plus ou moins de temps.

NOTE 13, pag. 212.

Voici l'épigraphe que Morgan a mise en tête de son roman sur les phénomènes intellectuels :

> « Les hommes ne peuvent pas trouver l'explication du mystère de la nature dans ces connexions à peine indiquées, cet enchaînement qu'on reconnaît sans en comprendre les lois. La structure de l'âme renfermée en nous a toujours échappé à nos recherches et nous restera toujours cachée. Tant de systèmes si longtemps admirés, tant d'efforts du génie nous ont laissés dans une ignorance profonde. »

« La nature intime de la sensibilité, comme celle de tous

les autres mouvemens organiques primitifs, est hors de la portée de nos moyens de recherches actuels ; mais il n'y a aucune raison *bien fondée* pour supposer que les phénomènes qui appartiennent à cette fonction sont différens des autres mouvemens physiologiques, et demandent la présence d'autres principes que ceux qui contribuent à la vitalité organique. » (pag. 275.)

« Si le chaînon qui lie l'organisation et les fonctions intellectuelles et morales, dans les animaux inférieurs, *échappe à l'observation,* il est déraisonnable d'en conclure qu'il n'existe pas. Adopter cette manière de raisonner, serait adopter que le tissu cérébral n'a aucune fonction spéciale et définie, et qu'il est de surérogation dans l'économie. Cette proposition, indépendamment de son absurdité, est d'une fausseté manifeste; car il est certaines limites au-delà desquelles ces organes ne peuvent être dérangés sans produire l'oblitération totale des facultés. En jugeant d'après la dissection, les affections du système vasculaire de ce tissu exercent une influence immédiate et despotique sur les facultés fonctionnelles. » (pag. 227.)

« La perception est le résultat d'*une loi primitive* de l'organisation, dont la nature est incompréhensible, et qui, de même que la digestion et la contraction musculaire, ne se reconnaît que par ses effets. Il est *très-difficile* de lier les phénomènes de la pensée avec les mouvemens de la matière; et les philosophes ont tranché la difficulté en considérant hardiment les premiers comme indépendans des seconds. Leur connexion doit être cependant admise comme fait. » (pag. 279.) On ne conçoit pas comment l'auteur, prenant un ton sceptique en commençant, finit par être si affirmatif. On voit qu'il a conscience de la faiblesse des raisons qu'il met en avant.

Note 14, pag. 300.

On peut voir les résultats de ce scepticisme pénible de Kant dans ses derniers momens, rapportés avec franchise par Schaëffer, dans son excellent article Kant, du *Dictionnaire biographique.* (*Edit.* Michaud.)

Note 15, pag. 452.

« Aucune science, d'ailleurs, n'était aussi propre que la médecine à préparer un esprit de la nature de celui de Locke, à l'habitude des recherches qui ont immortalisé son nom. Les phénomènes compliqués, fugitifs, et souvent même équivoques, des maladies, demandent dans l'observateur une sagacité bien plus minutieuse et plus constante que ceux même de la physique, et ont, sous ce point de vue, beaucoup plus de ressemblance avec les phénomènes dont s'occupent la métaphysique, la morale et la politique. »

« Quand j'ai dit que l'étude de la médecine était une des meilleures études préparatoires à celle de l'esprit humain, j'ai ajouté: *pour un esprit de la nature de celui de Locke;* et en effet, dans un esprit moins vaste et moins cultivé par une éducation libérale, cette étude pourrait bien amener les résultats qui se font remarquer dans les ouvrages d'Hartley, de Darwin et de Cabanis, auxquels on peut appliquer plus ou moins le bon mot de Cicéron sur le musicien Aristoxène, qui avait cherché à expliquer la nature de l'âme, en la comparant à une harmonie: *hic ab artificio suo non recessit.* (Tusc. Quæst., lib. I.) On ne trouve rien, au contraire, dans l'Essai de Locke, qui vous reporte à l'amphithéâtre anatomique ou au laboratoire chimique. » (Dugald-Stewart, *Histoire abrégée de la Philosophie*, par Buchon, II° part., pag. 9.)

Note 16, pag. 493.

« La difficulté qui me paraît la plus forte et la moins facile à résoudre, dit M. Georget, est celle-ci : Comment se fait-il qu'il n'y ait *qu'un moi, qu'un sentiment de l'existence, qu'une seule conscience de l'être pensant ?* ou en d'autres termes : Comment se fait-il que chacun de ces membres de la puissance intellectuelle n'ait pas son moi, sa conscience, son sentiment intime de l'existence ? pourquoi toutes les opérations intellectuelles, sensations, perceptions, travaux de l'esprit, passions, etc., font-elles l'effet d'être senties, perçues, exécutées, excitées par un pouvoir unique, de se rapporter à un seul moi ? L'un des élèves distingués de M. Gall, qui a très-bien aperçu cette difficulté, le docteur Dannecy, a souvent cherché à la résoudre dans des conversations que nous avons eues ensemble à ce sujet, mais en changeant presque totalement la doctrine de son maître : 1° en admettant une faculté, un organe pour le moi ; 2° en réduisant les autres facultés à de *simples tendances, réceptacles d'impressions* sous la direction du moi. Je laisse encore à d'autres, ou je remets à une autre époque l'examen de ces questions. » (Ouv. cité, t. I, p. 135.)

TABLE

DES AUTEURS CITÉS.

A.

ALIBERT, cité, pages 557 et 639.
ARNAUD, sa théorie de l'idée, 269. — Définition exacte de l'idée, 364.
ARISTIPPE, idéaliste et sceptique, 271.
ARISTOTE, sa doctrine de l'idée, 262. — Il cherche en vain à établir une liaison entre les sensations et les idées, 293. — Le *criterium* qu'il donne à la vérité est trompeur et stérile, 432.
AUTHENAC, le ton de son ouvrage, ses objections contre notre doctrine, 647.

B.

BACON, commença à donner aux méthodes d'observation une direction vicieuse, 42. — A pensé qu'on avait voulu jouir trop tôt des résultats des sciences, 45. — Ce qu'il nommait *science de l'alliance du corps et de l'âme*, 49. — Il ne résout pas le problème fondamental de la connoissance, 294.
BARTHEZ, dans quel sens il employa le mot de *principe vital*, 36. — Son *principe vital* est en partie un reste de l'animisme, 42. — Il est un de ceux qui ont commencé à donner à la physiologie d'observation le caractère de science, 49. — Par où il faut juger sa doctrine pour l'apprécier; son éloge, 171. — Comment notre doctrine physiologique diffère de la sienne, 395.
BAYLE, a cherché à établir la valeur des connaissances d'anatomie pathologique, 468.
BEGIN, les forces vitales sont, selon lui, des fonctions, 393.
BERKELEY, idéaliste pur, 286. — Comment il rapporte toute action à un esprit, 382.
BICHAT, il admet qu'il y a des organes qui n'ont pas de nerfs et qui ont la sensibilité de conscience, 83. — Rapporte les passions à une sensibilité propre des viscères abdominaux et dépendante de celle du cerveau, 88. — Les propriétés vitales dépendent de la texture des tissus, 441.
BIDLOO croyait à tort que le cerveau n'était d'aucun usage dans les sensations, 151.

BLAINVILLE, ses idées ingénieuses sur les élémens de l'organisation, 145. — Son hypothèse de la confusion des propriétés générales de la matière avec les propriétés de la matière vivante, 442.
BOISSEAU, sa doctrine conduit au *phénoménalisme*. — Est plus sévère dans sa marche que M. Broussais. Rattache la vie et les maladies à l'organisation et au mélange, 454.
BONALD (M. de), sa belle définition de l'homme, 236.
BROUSSAIS, s'est occupé des sympathies; mais les a considérées sous un jour rétréci, 170. — Ses idées sur les rapports des viscères abdominaux avec le cerveau, 190. — Sa détermination du siége de l'âme et de la vie, 194. — Son anti-ontologie, 298.
BROWN, toute la vie consiste, selon lui, dans l'action des stimulus, 393.
BUHLE, son histoire de la philosophie moderne, traduite par M. Jourdan,
BUISSON, a relevé quelques erreurs de Bichat, 245.

C.

CABANIS, sa doctrine est spirituo-matérialiste, 44. — Il est parti de l'unité de la science pour établir ses hypothèses, 45. — Il a considéré la sensation comme le résultat nécessaire de l'organisation, 55. — Il a confondu la sensation avec l'impression sans conscience, 57. — A emprunté ses idées à l'animisme, 64. — Il a accordé la sensibilité et une sorte de jugement à la pierre, 65, 67. — Il distingue le mouvement du sentiment, 222. — Réfutation de la doctrine que le cerveau digère les sensations et en fait des idées, 260. — Se contredit sur la cause première des forces vitales, 451. — Il a prétendu que l'amour maternel dépendait de la matrice, 495. — Son idée ridicule sur le procédé par lequel on peut donner de l'amour maternel aux dindons, 496. — Que les animaux ont leur morale, 497.
CHATEAUBRIAND (M. de), esprit de son livre. — Il ne fut pas compris, 578.
CONDILLAC, a confondu la sensation avec la faculté active de sentir, 59. — A cru à tort que l'attention était passive, 258. — Il est idéaliste, 296, 297.
CONDORCET, partage toutes les idées de Hume sur la causalité, 308.
COSTE (Urbain), le jugement qu'il porte sur la *Doctrine* de l'École de Montpellier, 647.
COTTIN (Madame), citée, 551.
COUTANCEAU, cité, 645.
COUSIN, services qu'il a rendus à la France en faisant connaître la métaphysique allemande, 313.

Cuvier, a connu la véritable organisation du système nerveux, 110. — A très-bien vu que chez les insectes les ganglions du tronc présentaient les traces de la moelle épinière, 137. — Sa réserve dans la théorie des fonctions nerveuses, 485.

D.

Darwin, a fait un roman sous le titre de *Zoonomie*, 172. — Sa théorie des notions simples des modifications des corps est ridicule, 346.

Degérando, son *Histoire comparée des Systèmes de philosophie* citée; ce que nous lui devons, 282. — Sa théorie de la causalité, 321.

Delpech, cité, 201.

Delpit, ses objections générales contre l'organologie, 486.

Démocrite, matérialiste et idéaliste à la fois, 290.

Descartes, avait lié les sensations à un mouvement mécanique, 226. — Sa doctrine de l'idée, 277. — Idéaliste, 285. — Il a cru à tort que l'étendue était l'essence de la matière, 341. — Son *criterium* de la vérité par l'évidence est trompeur, 433. — Sa méthode par hypothèse a été suivie dans la physiologie jusques ici, 447. — Il avait entrevu que les facultés supérieures du *moi* n'avaient pas besoin d'instrument organique, 384.

Destutt-Tracy, a donné une solution ingénieuse du problème de la causalité, 320. — Il a totalement changé la doctrine de Condillac, 422.

Dugald-Stewart, il a séparé très-bien la métaphysique de la physiologie, 250. — A détruit l'axiome : *natura non amat saltus*, 66. — Est idéaliste et sceptique, malgré tous ses efforts contraires, 318.

E.

Empédocle, sa doctrine ridicule des sensations, 356.

Épicure, théorie singulière de l'idée des corps extérieurs, 289.

Engel, sa théorie de la causalité, 328.

F.

Fodera, a très-bien vu que les sympathies n'étaient pas essentiellement liées aux nerfs, 180.

Foderé, a développé l'idée que la vie résidait dans le sang, 189.

Fontana, ses expériences sur la décapitation des tortues; cause de la différence des résultats, 193.

Fouquet, a donné une forme au principe sensitif, 351.

Flourens, ses expériences curieuses, 196, 198.

G.

Galien, rapporte des cas de compression de la moelle épinière, sans paralysie, 75. — Dit que le cerveau n'est qu'une production de la moelle épinière, 102.

Gall, a prétendu que les polypes ne sentaient pas avec conscience, 80. — Explique la diversité des idées par la diversité des organes cérébraux, 90. — Prouve que dans l'hydrocéphale il n'y avait pas destruction complète du cerveau, 92. — Fait provenir la substance blanche de la substance grise, 103, 106. — Il a détruit l'unité du système nerveux, 109. — Ses excellentes idées sur l'organisation du cerveau, 118. — Anatomiste philosophe et mauvais métaphysicien, 253. — Son système organologique repose sur son hypothèse du matérialisme médical, 470. — Réponse à sa réfutation de nos objections, 473. — Il a dit que l'on pouvait être fou de la moitié de la tête, 497. — Nomenclature des facultés primitives, 513.

Gassendi, il rapporte tous les phénomènes matériels à des sensations, 387.

Geoffroy-Saint-Hilaire, a renouvelé l'anatomie par son grand principe *des organes analogues*, 79. — Démontre que les insectes et les crustacés ont une sorte de squelette, 139.

Georget, son ouvrage cité. Son idée exacte sur le langage physiologique, 232.

Glisson, rapporte tous les phénomènes de la matière à des sensations, 386.

Grimaud, la sensation est active; elle suppose même des idées intuitives antérieures, 238.

H.

Helmont (Van), son archée est une application de la métaphysique à la physiologie, 42. — La sensation est active, 237.

Helvétius, sa doctrine est modifiée ou abandonnée, 13.

Héraclite, idéaliste, 283.

Hippocrate, ses idées exagérées sur la puissance de la nature médiatrice, 42.

Hume, ses raisonnemens contre la doctrine reçue de la causalité, 308.

K.

Kant, sa doctrine de l'idée, 264. — L'origine logique de ce système donne le seul moyen de le comprendre, 265. — Est tombé dans l'idéalisme qu'il voulait éviter, 299. — Devenu sceptique, 300. — Ne peut pas parvenir à démontrer l'existence des corps extérieurs, 311. — Sa théorie vague de l'idée de l'espace, 343.—Il a donné un mauvais *criterium* de la vérité, 434.

L.

LACAZE est le premier qui ait vu tout le rôle des sympathies dans l'exercice des fonctions, 170.

LALLEMAND, 200.

LAROMIGUIÈRE, a prouvé contre Condillac que la sensation était associée à l'activité du *moi*, 240. — Il a cru que la sensibilité était passive, une capacité et non une faculté, 241.

LE GALLOIS, prouva que les animaux décapités mouraient d'asphyxie, 98.

LEIBNITZ admit et exagéra l'activité des sensations, 239.—Il fut le plus hardi des idéalistes, 286. — Son principe de la *raison suffisante* pris pour *criterium* de la vérité, est stérile et trompeur, 433.

LOBSTEIN, a démontré la fausseté de la distinction des deux systèmes nerveux, 115. — Description des ganglions, 121. — dans le fœtus, les ganglions inférieurs du trisplanchnique sont plus rapprochés que les supérieurs, 142.

LOCKE, a établi son système sur de simples analogies de langage, 38. — Il est le père de la science de l'esprit humain, 49. — Il ne conçoit la sensation que sous l'idée d'un mouvement d'impulsion, 279. — Il est sceptique et faible sur le problème de l'existence, 295.

M.

MAGENDIE, *Mémoire sur le vomissement*, cité, 194. — Son *Précis élémentaire de Physiologie*, excellent dans la partie physique des sensations, 250.

MAINE-BIRAN, sa doctrine de la causalité, 327.

MALEBRANCHE, sa doctrine de l'idée, 277. — Idéaliste, 288.

MALPIGHI, son idée fausse sur l'organisation des glandes, 181.

MELISSUS, idéaliste, 284.

MONTESQUIEU, cité, 409.

MORGAGNI, rapporte un exemple de compression lente de nerfs sans paralysie du membre correspondant, 75.

MORGAN, il est à la fois sceptique et affirmatif sur la cause première de la sensibilité, 212.

N.

NEWTON a voulu concevoir l'attraction, 379.

P.

PARMENIDE, idéaliste, 283.

PINEL, a appliqué à la médecine la doctrine idéologique de Condillac, 298.

Platon, sa doctrine de l'idée, 263. — Idéaliste, 284. — Le *criterium* qu'il donne à la vérité est trompeur, 432.

Plistonicus prétendait que le cerveau n'était qu'une production de la moelle épinière, 102.

Praxagoras, affirmait que le cerveau n'était qu'une production de la moelle épinière, 102.

Protagoras, réduit toutes les facultés morales à la sensation, 289.

Pythagore, fondateur des théories spéculatives ou de raison pure, 282.

R.

Reid, ne démontre pas l'existence des corps extérieurs, 302. — Sa doctrine de la causalité insuffisante, 315.

Reil, il a dit que la sensation était produite par un *processus* chimico-vital, 55. — Son hypothèse d'une atmosphère nerveuse ridicule, 82. — Fait provenir la substance nerveuse du névrilemme, par sécrétion, 107. — A vu que plus les nerfs s'éloignaient du milieu de leurs troncs, et plus ils grossissaient, 114.

Ruysch, a voulu à tort expliquer les sécrétions par la texture des glandes, 181.

Richerand, ses vacillations sur les propriétés vitales considérées comme forces primitives, 393.

Rolando, ses expériences curieuses, 193. — Il compare le cervelet et ses facultés à la pile de Volta, 197.

Royer-Collard, sa doctrine de la causalité, 323.

S.

Scarpa, a très-bien décrit les ganglions, 121.

Schelling, idéaliste, 391.

Selle fait dépendre la santé et les maladies, ainsi que les forces vitales, de l'arrangement de la matière, 452.

Spurzheim, admet trente-huit facultés primitives, 514.

Stael (Madame de), la beauté de son génie, 578.

Stahl, toute sensibilité est, selon lui, morale, 59.

T.

Tiedemann, son jugement sévère sur les travaux de M. Gall, 505.

V.

Virey, a raison de faire des Mollusques une classe subordonnée à celle des insectes sous le rapport du système nerveux, 127.

W.

Willis, prétendait que le cervelet présidait aux fonctions vitales, 197.

TABLE ALPHABÉTIQUE

DES MATIÈRES.

A.

Abstractions réalisées. Ont été une des causes des fausses analyses des facultés de l'entendement, 38. — Leur influence dans l'idéologie, 38.
Affections. Théorie de leur formation, 545.
Ages. Influence des âges sur les sensations, 232.
Ame. Preuves de son existence substantielle, 609, 623. — Qu'elle appartient à un *sujet* non matériel, 611. — Que nous avons autant et plus de raisons pour croire à l'existence de l'âme et aux caractères distinctifs que nous lui assignons, que pour l'existence et les caractères de la matière, 613. — Comment l'âme est dans le corps, 627.
Amour. N'est pas chez l'homme entièrement physique, 550.
Amour maternel. Ne dépend pas de la matrice, comme le veut Cabanis, 496.
Analogies. Ont égaré dans la médecine, soit qu'on les prît dans l'ordre physique ou dans l'ordre métaphysique, 398.
Anatomie. Presque toujours elle a été au-delà de l'observation même. — Réforme qu'elle doit subir, 107.
Anciens. Plus observateurs que les modernes, 564.
Animaux. Différence immense qui sépare les animaux de l'homme, 623—627.
Appétits. Se rapportent au *moi*, à l'âme, 539.
Asphyxie. Est un des résultats de la décapitation, 98.
Atmosphère nerveuse. Est une hypothèse, 83.
Attraction. On a voulu l'expliquer. — Newton lui-même, 379.
Autonomie. La vie a ce caractère, 60.

B.

Beau. Se rattache à des impressions primitives, et tient aux lois mêmes de la sensibilité, 566. — Dans les sensations. — Dans la symétrie. — Dans les actions morales, 567.
Besoins moraux. Bien différens des besoins physiques, 22.

C.

Catalepsie. Sa théorie, 602.
Causalité. Doctrine de la causalité détruite par Hume, 307. —

Insuffisance de tous les moyens imaginés pour rendre raison de cette doctrine : Kant, Reid, Dugald-Stewart, MM. Destutt-Tracy, Degérando, Royer-Collard, Maine-Biran, Engel, 308—329. — Notre doctrine de la causalité, 329—335.

Causes finales. — On a flétri à tort leur étude, 145.

Cerveau. Se montre peu sensible par lui-même : conséquence exagérée qu'on a tirée de ce fait, 86. — Il n'est point de partie du cerveau qui ne puisse être détruite lentement, les sensations se conservant dans leur intégrité, 89. — Conséquence fausse qu'on a tirée de ce fait, 90. — Dans certains cas, le cerveau a pu même être détruit presque en entier, sans lésion grave de la vie animale, 91.

Cervelet. Son organisation chez les oiseaux, 130.

Classes d'animaux. Elles ne diffèrent pas par les propriétés ni par les fonctions générales, mais par l'énergie et l'unité d'action, 171.

Chaleur animale. A été rapportée à l'action nerveuse, 155.

Christianisme. Sa vérité, 414. — Sa beauté morale. — Doit être respecté par ceux mêmes qui n'admettent pas sa vérité, 417.

Compression du cerveau et des nerfs. Ses effets, 73. — Interprétation légitime des faits de ce genre.

Concevoir. On ne peut rien concevoir, 613.

Cordons nerveux. Leur usage, 120.

Cranioscopie. Erreurs fondamentales de cette hypothèse, 473.

Cristaux. On a dit à tort qu'ils ont une sorte de vie et d'organisation, 65.

Criterium de la vérité. Celui qui a été donné par les différentes sectes de métaphysiciens jusqu'ici est infidèle. — Il suppose la distinction de l'objectif et du subjectif. 429—437.

Criticisme. Le but qu'il s'est proposé, 264.

Croyance philosophique. Sa distinction de la conviction. — Elle est insuffisante, comme base de la morale et de la connaissance, dans un siècle éclairé, 17.

D.

Décapitation. De ses effets différens et des moyens de les défalquer dans les expériences de ce genre, 98. — Le temps que le sentiment persiste après la décapitation varie dans les différentes classes d'animaux. Tableau comparatif, 99.

Dieu. Comment se forme cette notion ; ce qu'elle a d'objectif et de subjectif, 372.

Digestion. Il est ridicule de dire que le cerveau fait des idées avec les sensations par une sorte de digestion, 260.

E.

Éducation. Influence les sensations, 243.

Espèces. Ce que c'est dans la doctrine d'Aristote, 236.
Espace. Comment se forme cette notion, 343.
Esprit. Comment se forme la notion de l'esprit ; ce qu'elle a d'objectif et de subjectif, 370.
Esprit de l'époque actuelle, 20, 29.
Esthétique. Ses fondemens scientifiques, 572. — Se rattache, sous le point de vue transcendantal, à la métaphysique, 573.
Étendue. Comment se forme cette notion, 341.
Existence. Notion de l'existence. 335.
Explication. On n'explique jamais le mécanisme intérieur d'action. — On s'est presque toujours imaginé pouvoir y parvenir.
Extase. Sa théorie, 662.

F.

Facultés affectives. Se confondent avec les facultés intellectuelles, 545.
Fluides. Ils jouissent de la vie comme les solides, 465.
Figure. Le principe d'animation a une figure, selon Darwin, 349.
Fonctions. Leur définition, 466.
Force. Qu'est-ce que la force ? 204. — On ne peut pas la séparer de la matière ; mais elle ne doit pas être conçue par elle. 205.
Formes (de l'entendement). Ce que c'est ; différence de celles d'Aristote et de celles de Kant, 293. — On doit distinguer dans nos idées la forme et la matière, 304.
France. Le génie qui la caractérise dans les beaux-arts, 577.

G.

Ganglions, leur usage, 122.
Glandes, on a voulu expliquer leurs fonctions variées par leur organisation, 457.

H.

Hémiplégie, 74.

I.

Idée. De ses caractères, 256. — Elle suppose l'activité du *moi*, 257. — Une vue nette et distincte de la perception, *ib*. — Elle n'est pas une représentation, une image, une trace, 258, 259. — Elle n'est pas un simple mouvement mécanique, 260. — On ne peut rendre raison de la formation d'une idée par le système des sensualistes ou de la sensation passive, 261. — Aucun système ne rend raison de l'idée, 262.
Images. L'idée n'est pas une *image*, 259.

Imagination. Sa définition, 532. — De ses illusions, et comment nous n'en sommes pas dupes durant la veille, 533. — Ne consiste pas dans des images physiques, 534. — Elle est à la fois active et passive, 535. — N'est pas une sensation prolongée ou affaiblie, 536. — Son exercice conserve les plus grands rapports avec l'état physique des organes, 536. — Elle influence à son tour le physique, 537. — Nécessité de réunir dans la théorie ces deux ordres de faits opposés. — Étant active, elle n'a pas besoin d'instrument organique, 538.

Immortalité. Ses preuves, 632. — Probabilité sur l'état de l'âme après la mort, 634.

Impressions. Ne sont pas des sensations des idées, 259.

Infini. Existe dans les passions de l'homme, 548.

Innée. Dans quel sens on doit prendre ce mot, 567.

Insectes. L'organisation de leur cerveau, 125.

Instinct. Ne dépend pas de l'organisation comme cause, ni de la réflexion, 541. — C'est un fait, une loi primitive. — Il a rapport au physique, mais n'est pas essentiellement physique, 542. — Appartient au *moi* comme modification des sentimens, 543. — Sous certains rapports est actif, 544. — Se combine avec les données de la réflexion, 544.

Intentions finales. On les observe dans toute la nature, on ne peut les rapporter qu'à Dieu seul, 541.

Intuitive (notion). C'est à tort que Locke croit que nous avons une notion intuitive des corps, 296.

Irritabilité. Doit être distinguée de la sensibilité, 56.

J.

Jugement. Sa définition d'après ses caractères, 419. — C'est à tort que Condillac a dit que c'était une simple comparaison, 421. — Il ne peut pas être un simple mouvement d'organe, 423.

L.

Langues. Théorie de leur formation, 589.

Liberté morale. Doit être admise comme un fait ; absurdité de tous les raisonnemens dirigés contre son admission, 559.

Liberté politique dépend plus du perfectionnement de la moralité et de la religion des peuples, que du perfectionnement des lumières, 409.

Littérature ancienne, moderne ; du nord, du midi, 576.

Loucher. Idée ridicule de Bichat, 497.

M.

Magnétisme. A quelles lois on doit rapporter ses phénomènes, 602.

Maladie. Ne peut pas être considérée comme une altération du mixte, 453.

Matérialisme dans la médecine, 29.

Matière. Comment se forme cette notion ; ce qu'elle a d'objectif et de subjectif, 369.

Mémoire. Sa définition selon son extension naturelle, 516. — — N'est pas une simple sensation, 517. — N'est point passive, comme on l'a toujours supposé. — Elle ne dépend pas de l'organisation dans sa première origine, 518. — Elle n'est pas la sensation continuée ni affaiblie, 518. — Obéit souvent aux ordres de la volonté, 519. — Est une force primitive qu'on ne peut pas expliquer, 520. — C'est à tort qu'on a voulu l'expliquer par les mots, 521. — Par des traces conservées dans le cerveau. — N'a pas besoin d'instrument direct physique, 523. — La faculté de se ressouvenir est virtuelle et non actuelle, 525. — Elle tient à l'intégrité du cerveau, comme condition, 527. — Des pertes partielles de mémoire, et des lois auxquelles il faut les rapporter, 530. — Elle ne peut pas avoir d'organe spécial, 530. — Les animaux inférieurs ont de la mémoire, et elle ne peut pas être rapportée chez eux au cerveau, 531. — Elle est plus ou moins active selon l'état des organes, 531.

Métaphysique. Son importance. — N'est pas étrangère à la physique, aux beaux-arts, 573.

Méthodes. Leur définition, 426. — De l'observation, de l'expérience, de l'analyse, de la synthèse, de l'analogie, de l'induction.

Moelle allongée. Est une réunion de ganglions, 117.

Moelle épinière. N'est pas un centre unique, comme on l'a cru ; elle se compose de plusieurs tubercules. — De sa formation dans les animaux des différentes classes, 136—142.

Moi. N'est d'abord pour nous qu'une abstraction nominale qui prend dans la suite une valeur substantielle, 35. — Usage et importance de ce mot indéterminé dans l'idéologie, 36. — Du *moi sentant* ; comment on procède légitimement à son admission ; 213. — Dans le principe il n'exprime qu'un fait, ce n'est qu'une dénomination abstraite, 215. Y a-t-il un *moi partiel* ? Idée ridicule de Cabanis à ce sujet, 64.

Molécule. Leur forme et leur arrangement pris à tort comme moyen d'explication dans la physique et la physiologie, 459.

Mollusques. Leur cerveau, 120. — Mal partagés sous le rapport des fonctions animales, 127.

Morales (sciences). De leur objet, comment on doit les étudier, et comment on les a étudiées jusques ici, 406.

Mort. Sa définition, 632. — Ne détruit pas l'âme, ni ses matériaux, ni sa force active, 633.

Mots. Comment ils égarent, 38.

Mouvement. Comment se forme cette notion, 342.

Mouvemens volontaires. A quels caractères on les distingue des mouvemens convulsifs et de pure irritabilité, 95.

Mouvemens (volontaires). Dépendent d'une action primitive et directe de la volonté, 513. — Tous les intermédiaires imaginés sont hypothétiques, 584.

N.

Nature. Nous ne pouvons pas pénétrer la nature des choses, de la matière, de Dieu et de nous-même, 382.

Nerfs. Ont les mêmes apparences organiques dans toutes leurs divisions. — Ne peuvent pas rendre raison de leurs propriétés de sentir par leur organisation. — Dans les organes des sens, ce n'est pas seulement et exclusivement la portion nerveuse qui sent, 79. — On a tiré, des expériences de division, de compression, etc., des nerfs, plus de conséquences que n'en renferment immédiatement les faits de ce genre, 72, 76.

Notions. Leur définition dans le système de Platon, 263. — Dans celui de Kant, 30.

O.

Observation. Est l'âme universelle et commune de toutes les sciences ; comment on a entendu et on doit entendre ce principe, 41.

Objectif. La distinction de l'objectif et du subjectif est le fondement de la connaissance et des sciences, 360.

Organique (Règne). Il est faux qu'il n'y ait pas de ligne de démarcation entre le règne organique et inorganique, 65.

Organisation. On a à tort subordonné la vie à l'organisation, 174.

Organoscopie. Les preuves données en faveur de tel système en ce genre peuvent servir au système opposé, 513.

P.

Parole. Sa formation, 588.

Passions. Sont le plus haut degré de l'activité du *moi*, 547. — Prouvent la grandeur de l'homme par leur disproportion avec leur objet; conjectures sur cette disproportion, 548. — Comment elles forcent la volonté, 551. — On les a comparées ridiculement à l'attraction, 553. — Elles modifient les organes, 554. — Ces modifications des organes sont des effets, 555.

Perfectibilité. Ses preuves et ses espérances pour l'avenir, 21.

Philosophes. Ont souvent tout détruit, 20.

Physique (par opposition au moral), N'a pas été étudiée sous son véritable point de vue, 23. — Les deux sciences correspondantes se sont vicieusement confondues, 23. — ou violemment séparées, 25. — De l'unité de la science de l'homme, 26.

DES MATIÈRES. 673

— On a toujours cherché à expliquer le mécanisme d'action du moral et du physique, 33.

Physiques (sciences). On a toujours voulu pénétrer la cause première des phénomènes de la matière, mauvaise marche suivie jusqu'à Newton, et en partie même par Newton et après lui, 379.

Physiologie. S'est presque toujours jusques ici égarée dans le matérialisme, 29. — Elle est rappelée aujourd'hui à des idées plus saines, 30. — Toutes les écoles modernes de médecine sont en général matérialistes, médicalement parlant, à l'exception de celle de Montpellier, 31. — Celle-ci s'est déviée quelquefois dans l'animisme ; comment elle doit se réformer, 32. — La physiologie doit être séparée de la métaphysique, 42. Dans quel esprit elle doit être étudiée ; comment notre manière de voir s'écarte de celle de Bichat, de Bordeu, et de Barthez, 391, 395. — On a voulu jusques ici concevoir, expliquer les phénomènes vitaux, 396—402.

Plante. Ne sent pas, 65.

Pleurs. Supposent l'activité du moi et des idées, 590.

Plexus. Leur usage, 120.

Plis. La mémoire n'est pas un pli de la substance du cerveau, 521.

Politiques (sciences). Rapports généraux de notre doctrine avec les sciences politiques, 407. — Danger de l'application des systèmes incomplets.

Polypes. On a dit à tort qu'ils ne sentaient pas avec conscience, 80.

Potentiels. Les souvenirs sont potentiels et non actuels, 525.

Principe vital. Dans quel sens on doit entendre ce mot, 36.

R.

Raison pure. Ce qu'on entend par l'histoire critique des doctrines de ce genre, 282—289.

Raisonnement. Sa définition, 424.

Religion (science). Elle a son objet, sa certitude, on a voulu toujours ici concevoir la chose, au lieu de l'étudier dans les faits, 411. — La religion révélée a ses preuves, sa certitude, sa logique, 412. — Cette logique a été méconnue, et on a voulu expliquer les mystères. — Comment elle doit être isolée des sciences, et comment dans la suite elle peut s'associer à elles, 45.

Rêves. Leur théorie, 599.

Rire. Suppose l'activité du moi et des idées, 590.

S.

Sang. Jouit de la vie, 465.

Sciences. De leur classification naturelle et philosophique, 376.

Sensation. Sa définition, doit être phénoménale et ne doit pas reposer sur sa cause présumée, comme on a fait, 51.—N'est pas un mouvement physique ni un résultat de mouvement, 52.— N'est pas une combinaison chimique, 55. — Ne peut pas être considérée comme le résultat nécessaire de l'arrangement des tissus, 55. — Ne peut pas être confondue avec l'impression sans conscience, 56. — N'est pas la conscience de l'impression, 61. — N'est pas une forme transitoire de la contractilité, 62. — N'est pas une impression centralisée, 69. — Semble être perçue dans l'organe même qui la reçoit, 70.

Sens. Parmi les philosophes, les uns ont tout rapporté aux sens, les autres à la raison pure ; aucun système n'a montré la liaison naturelle qui existe entre les sensations et les idées, 281.

Sens moral, 566. — Comment on doit le concevoir, erreurs à cette occasion, 569.

Sensibilité (Voy. *Sensation.*) On a supposé à tort une chaîne de sensibilité progressive depuis la pierre jusqu'à l'homme, 65. — Danger de cette supposition arbitraire, 66. — Elle doit être considérée comme une force primitive, 203. — Avantages de l'admission de cette force, 207—211. — La sensibilité est à la fois active et passive, 233—245.

Sensualisme. Ce qu'on entend par là, et histoire critique des doctrines de ce genre, 289—293.

Signe. Les phénomènes sont les signes, mais non les qualités réelles de la matière, 455.

Somnambulisme. Sa théorie, 601.

Splanchnoscopie. Idée de Bichat hypothétique, 501.

Subjectif. La notion du subjectif et de l'objectif est la clef de la philosophie, 375.

Substance. Quelle notion nous pouvons en avoir.

Substratum. Ce que c'est ; comment on s'élève à l'idée et aux caractères du *substratum*, 370.

Sympathies. La doctrine des sympathies donne la clef de la physiologie entière, 169. — Elle a été étudiée d'une manière trop rétrécie, et a été embarrassée d'hypothèses jusques ici, 170.

T.

Temps. Comment se forme la notion du temps, 344.

Théologie. Ses bases, sa certitude, 413. — Fausse marche qu'on a suivie, 411.

Tissu cellulaire. Ses usages pour unir les parties, 187.

Trisplanchnique (Nerf.) C'est à tort qu'on en a fait un système nerveux particulier, 81. — Des discussions sur l'origine de ce nerf, 108. — De sa formation dans les animaux des différentes classes, 136—142. — Dans les invertébrés, il se confond avec la moelle épinière.

U.

Unité morale. Peut servir à détruire plusieurs erreurs idéologiques, 553. — Elle est absolue. — L'unité vitale est bien différente, 622.

V.

Vérité. Définition de la vérité, 430.
Vertébrés (animaux.) Développement progressif de leur cerveau, 128.
Volonté. Ses caractères, 558. — Doit être admise comme un fait, comme une force primitive, au-delà de laquelle on ne peut pas aller, 560. — Conséquences de ce principe pour l'idéologie toute entière, 561.
Volonté. Sa définition, ses caractères, 558.
Voix. Sa formation, 588.

Z.

Zoophytes. — Sentent et n'ont pas cependant de nerfs, 77.

FIN.

IMPRIMERIE DE GUEFFIER, RUE GUÉNÉGAUD, N°. 31.